Manfred Büchele, Thomas Mildner, Katharina Murschitz,
Günter H. Roth, Ulrike Wörle

Corporate Governance in Deutschland und Österreich

Austria: Forschung und Wissenschaft

RECHTSWISSENSCHAFT

Band 1

LIT

Manfred Büchele, Thomas Mildner, Katharina Murschitz,
Günter H. Roth, Ulrike Wörle

Corporate Governance in Deutschland und Österreich

LIT

Gedruckt auf alterungsbeständigem Werkdruckpapier entsprechend
ANSI Z3948 DIN ISO 9706

Gedruckt mit Unterstützung des Bundesministeriums für Bildung, Wissenschaft und Kultur in Wien und einem Druckkostenzuschuss des Vizerektors für Forschung der Leopold-Franzens-Universität Innsbruck

Bibliografische Information Der Deutschen Bibliothek
Die Deutsche Bibliothek verzeichnet diese Publikation in der Deutschen Nationalbibliografie; detaillierte bibliografische Daten sind im Internet über http://dnb.ddb.de abrufbar.

ISBN 3-7000-0529-6 (Österreich)
ISBN 3-8258-9436-3 (Deutschland)

Krotenthallergasse 10
A-1080 Wien
Tel. +43 (0) 1 / 409 56 61
Fax +43 (0) 1 / 409 56 97
e-Mail: wien@lit-verlag.at
http://www.lit-verlag.at

LIT LEKTORAT 2006
Fresnostr. 2
48159 Münster
Tel. +49 (0)251–62 03 20
Fax +49 (0)251–23 19 72
e-Mail: lit@lit-verlag.de
http://www.lit-verlag.de

Auslieferung:
Österreich: Österreichisches Buchzentrum (ÖBZ) IZ-NÖ. Süd, Straße 1, Objekt 34, A-2356 Wiener Neudorf, Postfach 133
Tel. +43 (0) 2236/63 535 - 236, Fax +43 (0) 2236/63 535 - 243, e-Mail: oebz@oebz.co.at

Deutschland: LIT Verlag Fresnostr. 2, D-48159 Münster
Tel. +49 (0) 2 51/620 32 - 22, Fax +49 (0) 2 51/922 60 99, e-Mail: vertrieb@lit-verlag.de

Vorwort

Das kapitalistische Unternehmertum ist im letzten Jahrzehnt in Mitteleuropa in eine neue Entwicklungsphase eingetreten, die durch die Globalisierung der Wirtschaft unter angloamerikanischem Vorzeichen ebenso bestimmt wird wie durch eine wachsende Aufgeschlossenheit breiterer Gesellschaftsschichten gegenüber dem Aktienwesen und eine vorurteilsfreiere Einstellung zum Privateigentum. Auf diese Weise hat auch die Frage nach einer besseren Ordnung von Leitung und Kontrolle im Aktienunternehmen eine Renaissance erlebt, nunmehr allerdings mit pointierter Fixierung auf das Aktionärsinteresse und den internationalen Kapitalmarkt, unter einem neuen Titel (Corporate Governance) und mit Einsatz eines neuen Instruments, der Corporate Governance-Kodizes. Gewiß wird das Pendel auch dieser Entwicklung wieder zurückschwingen, denn die sozialen Kosten der gegenwärtigen Eindimensionalität sind bereits unübersehbar, und es ist nicht schwer zu prophezeien, daß die in § 70 unseres österreichischen Aktiengesetzes eingebettete Frage, welchen Interessen die Aktiengesellschaft und ihr Leitungsorgan verpflichtet sind, erneut und mit Nachdruck aufgeworfen werden wird. Doch welche gesellschaftspolitische Lösung hierfür auch immer gefunden werden mag, die Regelungsaufgabe bleibt allemal, die professionellen Unternehmensleiter als Treuhänder der ihnen anvertrauten Interessen in wirksamer Weise rechenschaftspflichtig zu machen.

Das Institut für Handels- und Unternehmensrecht der Universität Innsbruck hat sich in den Jahren 2002 bis 2005 mit diesem Thema in einer Reihe von Beiträgen befaßt, die zum größten Teil in verschiedenen Zeitschriften Österreichs und Deutschlands veröffentlicht wurden. Es ist dabei gelungen, mehrere Zielsetzungen in glücklicher Weise miteinander zu verbinden. Die Teilthemen sind dem einheitlichen Konzept untergeordnet, die grundlegenden und die innovativen Aspekte der Diskussion für die Entwicklung des österreichischen Gesellschaftsrechts fruchtbar zu machen. Wir vermochten dabei ein Musterbeispiel für Teamwork unter einer größeren Zahl von Institutsmitarbeitern zu schaffen. Deren unterschiedliche Interessen- und Kompetenzschwerpunkte konnten für eine interdisziplinär und international ausgerichtete Problembehandlung nutzbar gemacht werden.

Diese Merkmale machen den besonderen Wert unseres Forschungsprojekts aus, ihnen verdankt es die großzügige Förderung, die es seitens der Universität Innsbruck mit Mitteln der Industriellenvereinigung Tirol und der Bank für Tirol und Vorarlberg erfahren hat, und sie sind auch der Grund dafür, daß wir alle Beiträge, jeweils überarbeitet, aktualisiert und teilweise erweitert, nachfolgend in einer Gesamtpublikation präsentieren wollen.

Innsbruck, im März 2006
Die Verfasser

Inhaltsübersicht

Sämtliche Verfasser sind Angehörige des Instituts für Unternehmens- und Steuerrecht der Leopold-Franzens-Universität Innsbruck.

Inhalt

Corporate Governance: Gesetz und Selbstverpflichtung [1]

Prof. Dr. Günter H. Roth, Dr. Manfred Büchele

I Einführung

A Beispiel: Die Sitzungsfrequenz des Aufsichtsrats

Die wesenstypische Aufgabe des Aufsichtsrats ist die Überwachung des Vorstands (§ 95 Abs 1 AktG), die mangelnde oder zweifelhafte oder jedenfalls immer verbesserungsfähige Effektivität dieser Kontrolle sein wesenstypisches Problem. Wo kann hier Reglementierung noch helfen? Soll man ihm zB vorschreiben, wie oft im Jahr er zusammenzutreten hat? Zwei Mal, vier Mal, sechs Mal? [2] Mit einer Versammlung pro Halbjahr begnügt das deutsche AktG (§ 110 Abs 3) sich bei nicht börsennotierten Gesellschaften, zwei pro Halbjahr verlangt es (seit der Reform durch das KonTraG von 1998) von börsennotierten Gesellschaften, eine Sitzung pro Vierteljahr empfahl es („soll") bis 2002. Das öAktG verlangt mindestens eine Sitzung im Vierteljahr (§ 94 Abs 3), bis 1997 genügten drei Sitzungen jährlich; sechs Sitzungen pro Jahr wünschte sich der German Code of Corporate Governance (GCCG) bei großen Publikumsgesellschaften. Der Österreichische Corporate-Governance-Kodex (ÖCGK) ebenso wie der Deutsche Corporate-Governance-Kodex (DCGK) wollen Ratsmitglieder, die zu oft „schwänzen", publik gemacht wissen. Insgesamt lässt sich also eine tendenzielle Verschärfung der diesbezüglichen Anforderungen in den letzten Jahren, zunächst im Gesetz und dann in der Entwicklung der Corporate-Governance-Kodizes, feststellen. [3]

B Der Begriff der Corporate Governance

Mit der Benennung der letzten Marksteine auf diesem Weg sind zugleich die beiden Begriffe gefallen, die das gesamte Spektrum des Themas in den letzten Jahren dominieren: Corporate Governance – Corporate-Governance-Kodizes. Welche aktienrechtliche Innovation verbirgt sich hinter diesen Anglizismen? Governance bedeutet in gängiger Wörterbuch-Übersetzung die Struktur und Verfassung von Herrschaft oder Leitungsmacht („kybernetes" = Steuermann) in einer Organisation, Corporate Governance (iF: CG) also in etwa die normative Ordnung von Unternehmensführung und -kontrolle in der AG. Eine

---

[1] Die Abhandlung basiert auf einer Publikation in GesRZ 2002, 63.
[2] Vgl bei *Lutter* bereits im Jahre 1995, ZHR 159 (1995), 287 (298).
[3] *Claussen/Bröcker*, AG 2000, 481 (482).

genauere Definition des Begriffes sucht man trotz – oder gerade wegen – seiner in jüngerer Zeit [4] ausufernden Verwendung vergeblich, vielmehr mischen sich mehr oder weniger spezifische Sinngehalte, die sich auf zwei Begriffskreise reduzieren lassen:

Im weiteren Sinn definiert Corporate Governance das Verhältnis von Vorstand und Aufsichtsrat zu den Aktionären und zum Kapitalmarkt. Corporate Governance ist damit untrennbar eingebunden in den Gedanken des „Shareholder Value" und in die Erscheinung der „Institutional Investors", also der Investment- und Pensionsfonds, Banken, Versicherungsgesellschaften etc.

Im engeren Sinn ist Corporate Governance die funktional verstandene „Spitzenverfassung", dh die sachgerechte Zuteilung der Aufgaben und die zweckmäßige Strukturierung sowie Zusammenarbeit zwischen Leitungs- und Überwachungsorgan, im Gleichgewicht zwischen erfolgsbezogener strategischer Führung und finanziell/betriebswirtschaftlicher Kontrolle. Mit anderen Worten: Corporate Governance ieS handelt von Verhaltensmaßstäben für die Unternehmensleitung und Unternehmensüberwachung.

Zusammengefasst ist unter Corporate Governance alles zu verstehen, was mit dem Organisationssystem im Sinne eines „Ordnungsrahmens" für die erfolgsorientierte Leitung und verantwortliche Überwachung eines Unternehmens (einschließlich eines systemgestützten Informations- und Interessenaustauschs zwischen Unternehmen und Umwelt) zusammenhängt und effizient und verlässlich den Interessen der Anleger an Kapitalmärkten dient. Dies beinhaltet unter anderem:

- Interne Struktur des Unternehmens (Organe, Entscheidungsträger, Befugnisse etc),
- internes Kontrollsystem,
- Arbeitnehmerbeziehungen,
- Risikomanagement und Finanzierungspolitik,
- Investor Relations,
- Kunden-, Lieferanten-, Behördenkontakte,
- externe Überwachung durch Wirtschaftsprüfer. [5]

C Die rechtswissenschaftliche Tradition des Themas

Darin erweist sich zunächst einmal, dass CG nicht mehr ist als ein neuer Name für ein altes Thema. Als Gegenstand rechtswissenschaftlicher und rechtspolitischer Auseinandersetzung hat dieses in Österreich wie in Deutschland Tradition; so waren Verantwortung und Überwachung des Managements Schwerpunkte der Reformgesetze beider Länder von 1965 ebenso wie der zahlreichen Studien zur Unternehmensverfassung in dem vorangegangenen und dem nachfolgenden Jahrzehnt, [6] wobei hier allerdings am Ende die Repräsentanz der Arbeitnehmer in der Organverfassung den dominierenden Akzent setz-

---

[4] Etwa seit 1985: *Hopt/Teubner,* Corporate Governance and Director's Liabilities; später *Assmann,* Corporate Governance, AG 1995, 288; *Feddersen/Hommelhoff/Schneider,* Corporate Governance, 1998; *Hopt/Wymeersch,* Comparative Corporate Governance, 1998.

[5] *Hübner-Schwarzinger,* SWK 1998, T 132.

[6] *Mestmäcker,* Verwaltung, Konzerngewalt und Rechte der Aktionäre, 1958; *Wiethölter,* Interessen und Organisation der AG, 1961; *Großfeld,* Aktiengesellschaft, Unternehmenskonzentration und Kleinaktionär, 1968; *Roth,* Das Treuhandmodell des Investmentrechts, 1972.

te.[7] Der bahnbrechende Klassiker zum Thema schließlich datiert nochmals eine Juristen-Generation weiter zurück: *Berle* und *Means*, The Modern Corporation and Private Property, 1932.

Es dürfte weniger an dem modischen Titel liegen, dass das Thema nunmehr eine ungeahnte Renaissance erlebt, sondern dieser charakterisiert lediglich die besonderen Umstände, in denen die neuerliche Aktualität begründet liegt. Es ist dies das Interesse des internationalen und zunehmend global agierenden Kapitalmarkts, an dem die angloamerikanischen Investoren dominieren (und noch mehr deren Sprache), an der Frage, wie gut das anzulegende Kapital bei den betreffenden Unternehmen aufgehoben ist und welchen Schutz gegen Missbrauch und Misswirtschaft die rechtlichen Rahmenbedingungen versprechen. Letzteres ist naturgemäß vor allem bei fremden Rechtsordnungen ein Unsicherheitsfaktor, den die betreffenden Volkswirtschaften in ihrem eigenen Interesse auszuräumen trachten. Die eher paternalistischen Strukturen der mitteleuropäischen Aktienwirtschaft, unter denen die Interessen aller Share- und Stakeholder, also aller mit dem Unternehmen wirtschaftlich verbundenen Personenkreise, bei einer verschworenen Machtelite von Banken und Großunternehmen (in Deutschland)[8], von Staat, Parteien und Sozialpartnern (in Österreich) traditionell als gut aufgehoben galten, können diesen internationalen Ansprüchen nicht mehr genügen. Geschärft wurde das Problembewusstsein durch spektakuläre Unternehmenszusammenbrüche, diese freilich nicht nur in Mitteleuropa, zB Enron, Swissair, Philipp Holzmann, Kirch-Gruppe, sowie durch den Einbruch der neuen Märkte nach der Börseneuphorie der 90er Jahre.

II Der Innovationsgehalt der Corporate-Governance-Kodizes

Seiner Provenienz entsprechend setzt das Regelungskonzept der CG allerdings auch inhaltlich eigene Akzente, und vor allem beschreitet es in Gestalt der Kodizes methodisch einen neuen Weg. Deshalb gilt für die gegenwärtige CG-Diskussion das Prädikat „*Alter Wein in neuen Schläuchen*“ auch nur mit Einschränkungen.

A Die transnationale Perspektive

Die Entwicklung der CG-Konzepte ist ihrem Ansatz nach systemübergreifend und rechtsvergleichend. Das ist die zwangsläufige Reaktion auf die Globalisierung der Kapitalmärkte, und so ist es ein vorrangiges Anliegen des DCGK, erst einmal das nationale Gesetzesrecht dem Ausländer verständlich zu machen, namentlich in den an das Board-System gewohnten Ländern um Vertrauen für das duale Führungssystem Vorstand – Aufsichtsrat zu werben (1. Präambel). Doch rechtsvergleichend, zumindest in Richtung USA, war auch bereits der Forschungsansatz der 60er und 70er Jahre.[9]

[7] *Th. Raiser*, Das Unternehmen als Organisation, 1969; *Ott*, Recht und Realität der Unternehmenskorporation, 1977; *Teubner*, Organisationsdemokratie und Verbandsverfassung, 1978; *Steinmann/Gerum*, Reform der Unternehmensverfassung, 1978; dMitbestG von 1976.

[8] Zur „Macht der Banken“ siehe *Hopt*, ZGR 2000, 779 (802 ff).

[9] Siehe die Zitate oben Fn 6 sowie mit besonderer Betonung des Kapitalmarktrechts *Hopt*, Kapitalanlegerschutz im Recht der Banken, 1975.

B Die interdisziplinäre Vernetzung – Einbeziehung wirtschaftswissenschaftlicher Erkenntnisse in die Problemanalyse

So werden die Anlageentscheidungen und Präferenzen der Akteure am Kapitalmarkt, seine Effizienz- und Bewertungskriterien als Parameter für die rechtspolitischen Weichenstellungen hingenommen und die verhaltenstheoretischen Prinzipien des Homo oeconomicus ernst genommen, was beispielsweise heißt, dass man sich mehr denn je für anreizgerechte Entlohnungskomponenten bei Vorstands- und Aufsichtsratsmitgliedern interessiert. [10] Doch die maßgeblichen Grundlagen hierfür wurden ebenfalls bereits in den 60er Jahren in den USA gelegt [11] und in Deutschland zur Kenntnis genommen [12], wenn auch damals wohl im rechtswissenschaftlichen Mainstream nur wenig rezipiert, weil vielfach das sozialpolitische Engagement den nüchternen Blick für diese Realitäten verstellte. (Die 68er Jahre verlangten in Europa nach Rechtssoziologie, erst die 80er und 90er brachten Law & Economics.)

C Verknüpfung von Gesellschafts- und Kapitalmarktrecht

Der Aktionär, aktienrechtlich Inhaber und Ausübender (oder auch nicht) seiner Mitgliedschaftsrechte, wird gleichzeitig als Käufer und Verkäufer am Aktienmarkt oder als treuhänderischer Verwalter von Spar- und Pensionsvermögen begriffen. Doch auch diese Zusammenschau ist in den USA schon das Charakteristikum der 30er Jahre (Securities Act, Securities Exchange Act, Securities Exchange Commission), wenngleich damals wohl primär in der gesetzgeberischen Kompetenzverteilung (zwischen bundes- und einzelstaatlicher Gesetzgebung) begründet. Das Sachanliegen wurde in den 70er Jahren von *Hopt* und *Roth* aufgegriffen, [13] doch blieb es damals insgesamt zunächst noch nachrangig gegenüber der Verbindung von Gesellschafts- und Arbeitsrecht: Mitbestimmung.

Gleichzeitig hat sich das Bild von diesem Aktionär und die Erwartungshaltung in Bezug auf sein Agieren und Reagieren in einer Weise verändert, die sich wiederum mit zwei Anglizismen trefflich charakterisieren lässt: von der „shareholder democracy" der 60er zum „shareholder value" der 90er Jahre. [14]

D Die Methode der freiwilligen Selbstkontrolle

Die Kodizes sind Regelwerke aus staatlich geförderter Privatinitiative [15], mit denen sich die Unternehmen selbst oder auf dem Weg über „Arbeitskreise" bzw „Kommissionen" in Ergänzung der Gesetze einen zusätzlichen Ordnungsrahmen schaffen und diesem freiwillig unterwerfen, aber in verbindlicher und veröffentlichter Weise. [16] Dabei hat sich die Vorgangsweise durchgesetzt, dass pro Land nur ein oder einige wenige Kodizes als Quintessenz anerkannter Professionalität auf höherer (zB Verbands-)Ebene ausformuliert wer-

---

10 Vgl dazu ausführlich *Büchele*, GesRZ 2004, 165 (Teil I); *ders*, GesRZ 2004, 240 (Teil II).
11 *Henry G. Manne*, Insider Trading and the Stock Market, 1966; *ders*, 73 J Pol Econ 110 (1965).
12 Siehe oben Fn 6.
13 Oben Fn 9.
14 Vgl hierzu *Zimmermann/Wortmann*, DB 2001, 289 (293 f).
15 Siehe *Johnston/Shelton* bei *Seibert*, AG 1999, 337 (340); *Seibt*, AG 2003, 465 (470). AA *Seidel*, ZIP 2004, 285 (289).
16 AA *Kiethe*, WM 2004, 458 (459). Diff *Borges*, ZGR 2003, 508 (513 ff).

den, das einzelne Unternehmen aber zumindest theoretisch frei ist, sich diesem Regelwerk auch nur partiell oder modifiziert zu unterwerfen („comply or explain"). Insgesamt gibt es in Europa schon über 50 Kodizes und Entwürfe, womit nunmehr alle EU-Staaten – mit den Ausnahmen Luxemburg, Lettland und Estland – über (zumindest) einen Corporate-Governance-Kodex verfügen.[17]

Ihren Ursprung hat die Entwicklung von CG-Grundsätzen in Richtlinien großer angloamerikanischer institutioneller Investoren genommen, nach denen diese ihre Portfolio-Gesellschaften beurteilen. Noch beim aktuellen deutschen Regelwerk, dem DCGK, sind die inhaltlichen Anklänge an die „Corporate Governance Core Principles & Guidelines" des California Public Employees' Retirement System (CalPERS)[18] frappierend.

Der Ausgangspunkt einer allgemein verbindlichen CG-Reglementierung war in Großbritannien der „Cadbury Report" mit dem „Code of Best Practices" von 1992. In diesem wurden erstmals die Strukturierung und die Funktionen des obersten Leitungsorgans eines börsennotierten Unternehmens, des „Board of Directors", analysiert und praxisbezogene Verhaltensregeln für britische Aktiengesellschaften mit börsennotierten Titeln aufgestellt. Dem Cadbury Report folgte der Greenbury Report (1995), der die Vergütung von Führungskräften behandelte, und der Hampel Report (1998), der die Erfahrungen der vergangenen Jahre aufnahm, sowie der darauf aufbauende Combined Code (ebenfalls 1998).[19] Im September 1999 trat der Turnbull Report hinzu.

In Deutschland entzündete sich die Kritik vor allem an der Arbeitsweise des Aufsichtsrats und der des Abschlussprüfers, wenn zB kurz nach Erteilung eines uneingeschränkten Bestätigungsvermerks ein Unternehmen in Zahlungsschwierigkeiten geriet oder sogar den Konkurs anmelden musste.[20] Daran anschließend wurde in Deutschland das „Gesetz zur Kontrolle und Transparenz im Unternehmensbereich" (KonTraG) verabschiedet.[21] Die OECD legte 1999 ihre eigenen „OECD Principles of Corporate Governance" vor, die Standards guter Unternehmensleitung und -kontrolle formulieren. Diese supranationalen Grundsätze entstanden insbesondere vor dem Hintergrund der Finanzkrisen in Asien und in anderen Ländern.[22]

Im Jahr 2000 erreichte die Diskussion über Grundsätze ordnungsmäßiger Unternehmensführung und –kontrolle in Deutschland einen neuen Höhepunkt; seitdem haben sich vier Initiativen um die Formulierung von Corporate-Governance-Kodizes bemüht:

---

17 Vgl die Kodex-Übersicht des *European Corporate Governance Institute* (ECGI), online abrufbar unter http://www.ecgi.org/codes/all_codes.php.

18 The California Public Employees' Retirement System Corporate Governance Core Principles & Guidelines vom 13. April 1998, im Volltext online abrufbar unter http://www.calpers-governance.org/principles/domestic/us/page01.asp.

19 Der Combined Code ist seit dem Jahr 2000 als Mindeststandard von den an der Londoner Börse gelisteten Unternehmen zu beachten. Die derzeit in Geltung befindliche Fassung des Combined Code wurde im Juli 2003 veröffentlicht und ist unter http://www.frc.org.uk/documents/pagemanager/frc/combinedcodefinal.pdf online abrufbar. Vgl umfassend zur Geschichte der englischen Corporate Governance *Goulding/Miles/Schall*, ECFR 2005, 20 (24 ff).

20 *Schäfer*, RWZ 2000, 80.

21 Allgemein zur Corporate Governance nach dem KonTraG *Hommelhoff/Mattheus*, AG 1998, 249.

22 Dazu ausführlich *Seibert*, AG 1999, 337. Mit Beschluss der „neuen" OECD-Grundsätze der Corporate Governance durch den OECD-Ministerrat am 13./14.5.2004 (online abrufbar unter http://www.oecd.org/dataoecd/57/19/32159487.pdf) erfolgte eine Auffrischung der immerhin doch 5 Jahre alten Ursprungsgrundsätze.

- Frankfurter Grundsatzkommission Corporate Governance: Code of Best Practices[23] (1. Version: Januar 2000, 2. Version: Juli 2000)
- Berliner Initiativkreis: German Code of Corporate Governance (GCCG) vom Juni 2000
- Deutsche Vereinigung für Finanzanalyse und Asset Management: Scorecard for German Corporate Governance[24] (Juni 2000 und Dezember 2003)
- Regierungskommission „Deutscher Corporate-Governance-Kodex" (Abschlussbericht der Regierungskommission „Corporate Governance – Unternehmensführung – Unternehmenskontrolle – Modernisierung des Aktienrechts" vom Juli 2001), DCGK einschließlich mehrerer Abänderungen als quasi-amtlicher Kodex, in Bezug auf welchen der Gesetzgeber den börsennotierten Gesellschaften schließlich ein „comply or explain" zur Pflicht gemacht hat (§ 161 dAktG von 2002).

In Österreich setzte die Diskussion kurz darauf ebenfalls ein; am 21. November 2001 wurde vom Institut Österreichischer Wirtschaftsprüfer (IWP) der erste Entwurf eines „Code of Corporate Governance für Österreich" (CCGÖ) präsentiert. Eine überarbeitete – definitive – Fassung, nunmehr unter dem Titel „Österreichischer Corporate Governance Kodex" (ÖCGK), liegt seit September 2002 vor (nunmehriger Stand Januar 2006); als Verfasser fungiert ein österreichischer Arbeitskreis für Corporate Governance.[25]

E Notwendigkeit/Zweck/Ziel von Corporate-Governance-Standards bzw -Kodizes

Als Hauptargument für die Entwicklung und Umsetzung von CG-Standards wird großen (börsennotierten) Unternehmen ans Herz gelegt, sich einer kapitalmarktorientierten Sichtweise zu befleißigen, mit dem Ziel, Investoren und professionelle Finanzanalysten auf sich aufmerksam zu machen und deren Vertrauen zu gewinnen.[26] Ein Gutteil der Bemühungen zur Einführung einer CG wird auf diese „Investor Relations" verwendet; kurzum: es wird Öffentlichkeitsarbeit (Public Relations) betrieben.

Im Vordergrund steht hier unübersehbar das Faktum, dass sich vermehrt internationale institutionelle Anleger wie das vorerwähnte CalPERS an börsennotierten Gesellschaften beteiligen („Pensionskassen-Korporatismus")[27], die auf die Beachtung von „guten" CG-Grundsätzen Wert legen, weil sie sich davon eine langfristige Steigerung des Unternehmenswerts und damit auch einen Kurszuwachs für die von ihnen verwalteten Gelder erwarten.

CG-Regeln haben dabei die Funktion eines vorgeschalteten Filters: Zunächst sollen die Kompetenzen, die Kommunikation und die Kontrolle („3 Ks") von Entscheidungsgremien börsennotierter Unternehmen in ein standardisiertes Raster gepackt werden, anschließend bewerten die professionellen Unternehmensanalysten diese „Soft Factors" anhand einer Checkliste, um letztendlich ihre Kaufentscheidung zu treffen. Grundsätzlich wird also davon ausgegangen, dass Aktien angepasster Unternehmen (Unternehmen, die

---

23 Im Folgenden kurz CoBP.

24 Im Folgenden kurz Scorecard. Seit September 2005 ist ein Corporate Governance-Kriterienkatalog unter http://www.dvfa.de/pdf/cg_kriterienkatalog.xls online abrufbar.

25 Der Österreichische Corporate Governance Kodex (ÖCGK) ist unter http://www.corporate-governance.at/ online abrufbar.

26 *Hommelhoff*, ZGR 2001, 238 (245).

27 *Schneider*, ÖBA 2001, 275.

die CG-Standards befolgen) von den Investoren prinzipiell eher gekauft werden als Aktien von nicht angepassten, da diese ja ein höheres strukturelles Risiko in Bezug auf die Prinzipien der Unternehmensführung und -kontrolle in sich tragen könnten. In der Scorecard wird dies folgendermaßen formuliert: „Kapitalmarktorientierte Unternehmen müssen über die gesetzlichen Verpflichtungen hinaus anspruchsvollen CG-Grundsätzen genügen, wenn sie im (globalisierten) Wettbewerb um (Risiko-)Kapital bestehen wollen."

Zusätzlich soll durch die Befolgung von CG-Grundsätzen aber auch das Vertrauen und der Goodwill von Mitarbeitern, Geschäftspartnern, Medien und Öffentlichkeit gestärkt und vertieft werden, da diesen „interessierten Adressen" („Stakeholder")[28] durch vermehrte Transparenz (ebenfalls ein CG-Ansatz) ein zutreffenderes Bild von der Unternehmensleitung und -überwachung vermittelt wird.[29] Ihrem Inhalt und ihrer Zielsetzung nach sind die CG-Grundsätze somit auch verallgemeinerte Managementgrundsätze, zielgerichtet auf die Anleger, an die sie zur Pflege der Investor Relations adressiert sind.[30]

Ein Unternehmen soll nämlich intern und extern so strukturiert sein, dass einerseits seine inneren Abläufe und Funktionsweisen als transparent, berechenbar sowie kohärent und andererseits sein äußeres Wirken als verantwortungsbewusst und fair wahrgenommen werden. Eine gute Reputation eines Unternehmens ist für seinen Auftritt und Erfolg auf globalisierten Kapitalmärkten von größter Bedeutung.[31]

III Das kapitalistische Weltbild

Die geistige Grundlage der CG-Bewegung ist der aktuelle Entwicklungsstand unserer Wirtschaftsordnung im Zeichen von Marktwirtschaft, Kapitalismus und Globalisierung. Zweck der CG ist es, die Verantwortung der Manager gegenüber den Eigentümern und deren Kontrolle über das Management zu gewährleisten; sie steht damit im Dienste des *Prinzipal-Agent-Problems*, des Problems also, dass der Prinzipal die Verwaltung seines Vermögens aus der Hand geben und dem Agenten anvertrauen muss, damit aber zwangsläufig das Risiko eingeht, dass die Treuhänder zuallererst ihre eigenen – evt abweichenden – Interessen verfolgen.[32] Den Interessenkonflikt gilt es durch Kontrolle zu beherrschen oder durch geeignete Anreizstrukturen zu entschärfen.

Prinzipal bzw Eigentümer sind aber die *Eigenkapitalgeber*, die Verantwortung der Manager bezieht sich auf die optimale Wahrung dieser Eigentümerinteressen, dh auf die höchstmögliche Wertsteigerung des Eigentumssubstrats, also des Unternehmens bzw der Eigentumsanteile. Diese unipolare Fixierung wird nicht mehr in Frage gestellt, gegenteilige Bekundungen wie etwa in § 70 öAktG werden nicht mehr zur Kenntnis genommen oder als bloße Floskel ohne ernst gemeinte Aussage, geschweige denn Verbindlichkeit, abgetan.[33] Hier tritt tatsächlich ein Paradigmenwechsel im Vergleich zu früheren Phasen der Aktienrechtsdiskussion zutage: damals gab die Bipolarität von Kapital und Arbeit in der Unternehmensverfassung den Ton an (§ 70 öAktG), jetzt geht es allein noch um den

28 Vgl zum Stakeholder Value *Teichmann*, ZGR 2001, 645 (648 ff).
29 Allgemein zu den Zielen von CG *Burkhalter*, Einheitsaktien, 2001, 229.
30 *Claussen/Bröcker*, AG 2000, 481 (481 und 485).
31 *Von der Crone*, ZSR, NF 119 (2000) II. Halbband, 239 (259 ff).
32 Dazu *Teichmann*, ZGR 2001, 645 (646) und *Von der Crone*, siehe vorige Fn.
33 *Schredelseker*, Grundlagen der Finanzwirtschaft, 2002, 151 iVm 154 ff.

Aktionär. (Ein prominenter Referent formulierte dies auf einem Symposium in Wien folgendermaßen: Arbeitnehmer sind eine herausgehobene Gruppe von Gläubigern. – Das wäre in den 70er Jahren reaktionär gewesen.)

Damit sind die gedankliche Prämisse und der wirtschaftstheoretische Ausgangspunkt für die Entwicklung jeglicher Konzepte zur CG definiert, die man nicht ignorieren kann und über deren soziale bzw gesellschaftspolitische Implikationen man sich Rechenschaft abzulegen hat. Es geht um die Frage, welche Produktionsfaktoren oder in Unternehmen involvierten Interessen den Anspruch erheben, dass die unternehmerische Aktivität und Gestaltungsfreiheit zu ihrem Vorteil eingesetzt werde, und warum sie diesen Anspruch mit Erfolg erheben können. Das ist eine Frage von Risikozuordnung:

- Wer ist am besten geeignet und willens, die mit der Vorteilszuweisung notwendigerweise (keine Externalisierung!) verbundene Risikozurechnung zu tragen?

und marktwirtschaftlicher Potenz:

- Wer setzt sich im Wettbewerb um die Herrschaftsposition im Unternehmen durch?,

und auf diese Weise kristallisiert sich der Träger des Eigenkapitalanteils als derjenige Faktor heraus, dem das Residuum der unternehmerischen Aktivität zukommt, während die anderen Faktoren als Vertragspartner zu vorweg ausgehandelten Konditionen in die unternehmerische Aktivität eingebunden werden.

Diese Position des Prinzipals und Eigentümers vermochte das Eigenkapital zu erringen, denn:

1. es ist am besten zur Risikotragung befähigt, weil von seiner Rendite typischerweise keine Existenz abhängig ist und weil Risikostreuung durch Diversifikation möglich ist (Portfolio-Theorie);
2. es lässt sich am effizientesten organisieren und akkumulieren – Konzentration des darin verkörperten Machtanspruchs;
3. es kann im marktwirtschaftlichen Sinne am leichtesten reagieren: Flexibilität, Mobilität, im Zeichen der Globalisierung und des freien Kapitalverkehrs weltweit. Dieser Umstand macht das Kapital zur knappsten Ressource („scheu wie ein Reh"), gibt ihm Marktmacht und Verhandlungsstärke.

„Für einen Finanzwirtschaftler, insbesondere für einen Finanzwirtschaftler, der sich zu einer gleichermaßen wettbewerbsorientierten wie sozialstaatlichen Grundorientierung der Gesellschaft bekennt, ist die für die Unternehmensführung zentrale Kernfrage, welches das Leitziel unternehmerischer Tätigkeit sein solle, längst beantwortet: Wenn nicht am geschaffenen Wert für die Eigentümer des Unternehmens, am vielberühmten und viel geschmähten Shareholder Value, woran sonst, um Himmels willen, sollen Manager sich orientieren? Jede andere Zielorientierung, sei es die obligate Gewinnmaximierung, die Umsatz-, die Marktanteils- oder die Wachstumsmaximierung führt, wenn man etwas weiter denkt, regelmäßig in heillose intellektuelle Verwirrung... ...

Alle halbwegs ernst zu nehmenden finanztheoretischen Arbeiten gehen wie selbstverständlich davon aus, dass unternehmerische Entscheidungen daran zu messen sind, ob und inwieweit sie sich dazu eignen, den Wert (Barwert, Kapitalwert) der Unternehmung zu erhöhen... ...

Für einen Finanzwirtschaftler ist das Ziel der Unternehmenswertmaximierung nicht nur eine von vielen möglichen Grundhaltungen in der Unternehmensführung, aus denen man sich diejenige, die einem am besten gefällt, aussuchen könne, sondern es ist die Einzige, die in einer auf Privateigentum gegründeten Marktwirtschaft Sinn gibt. Sie ist nach allem, was wir bislang wissen, wahrscheinlich auch die Unternehmungsführungsphilosophie, mit der die Interessen anderer am Unternehmensprozess Beteiligter bestmöglich Berücksichtigung finden, da sie eine effiziente Allokation knapper wirtschaftlicher Ressourcen erzwingt.“ [34]

IV Kodexinhalte

Die Kodizes enthalten Aussagen dreierlei Art: Zum einen Darstellungen des Gesetzesrechts in berichtender Form, zweitens eigene verbindliche Normierungen und drittens unverbindliche Wunschziele. ZB wird Vorstandsmitgliedern empfohlen, ihre fixen und erfolgsabhängigen Vergütungen individualisiert offen zu legen – Regel 31 ÖCGK (R). Unter dem Gesichtspunkt des normativen Beitrags steht natürlich das zweitgenannte Element im Vordergrund. Sowohl der österreichische als auch der deutsche Kodex entwickeln hier ein breites Spektrum zusätzlicher Verhaltenspflichten für Vorstand und Aufsichtsrat, während etwa die Transparenzrichtlinie der Swiss-Exchange [35] sich ganz auf Publizitätserfordernisse beschränkt. Nachfolgend einige charakteristische Beispiele.

A Qualifikation der Vorstandsmitglieder

Der Aufsichtsrat hat eine Altersgrenze für Vorstandsmitglieder festzulegen (5.1.2 Abs 2 DCGK, Regel 38 ÖCGK (C)), bei der erstmaligen Bestellung soll die maximale Bestelldauer (nach dem Gesetz fünf Jahre) nicht ausgeschöpft werden (5.1.2 Abs 2 DCGK). Aufsichtsrat und Vorstand zusammen sorgen für eine langfristige Nachfolgeplanung (5.1.2 Abs 1 DCGK).

B Vergütung der Vorstandsmitglieder

Die Bezüge der Vorstandsmitglieder sind in allen ihren Bestandteilen vom Aufsichtsrat bzw seinem zuständigen Ausschuss (vgl § 110 Abs 4 S 2 öAktG) festzusetzen, wofür das Gesetz als Kriterien der Angemessenheit die Aufgaben der einzelnen Vorstandsmitglieder und die (wirtschaftliche) Lage des Unternehmens nennt (§ 87 Abs 1 dAktG, § 78 Abs 1 öAktG). Der DCGK spezifiziert dies dahin gehend, dass die Gesamtvergütung fixe und variable Bestandteile zu umfassen hat – die letzteren sollen wiederum aus einmaligen und jährlich wiederkehrenden, an den geschäftlichen Erfolg gebundenen Komponenten sowie aus Komponenten „mit langfristiger Anreizwirkung und Risikocharakter“ bestehen (4.2.3 Abs 1, ähnlich Regel 27 ÖCGK (C). Ganz im Vordergrund stehen dabei Optionen auf den Erwerb von Aktien des eigenen Unternehmens, wofür der DCGK die vorherige Festlegung von anspruchsvollen, relevanten Vergleichsparametern verlangt, um die Angemessenheit derartiger Aktienoptionspläne zu gewährleisten; die konkrete Ausgestaltung ist offen zu legen, ihre nachträgliche Änderung ausgeschlossen (4.2.3 Abs 2 und 3, teilweise übereinstimmend die Regeln 28 ff des ÖCGK). Eine noch weiter gehende Transparenz

---

34 *Schredelseker,* siehe vorige Fn, 121; ähnlich *Semler* in *Lutter/Scholz/Sigle* (Hrsg), FS Peltzer, 489 (492).

35 Die Richtlinie betreffend Informationen zur Corporate Governance (Corporate Governance-Richtlinie, RLCG) ist online abrufbar unter http://www.ecgi.org/codes/documents/rlcg_02_de.pdf. Als Ergänzung hierzu steht in der Schweiz freilich der Swiss Code of Best Practice for Corporate Governance (Swiss Code), online abrufbar unter http://www.ecgi.org/codes/documents/swisscodeofbestpractice_german.pdf, zur Verfügung.

sämtlicher Vergütungsbestandteile bei jedem einzelnen Vorstandsmitglied ist in Deutschland seit dem VorstOG von 2005 sogar gesetzlich vorgeschrieben.[36]

C Vergütung der Aufsichtsratsmitglieder

Auch die Vergütung der Aufsichtsratsmitglieder, vom Gesetz an ähnliche Parameter wie die Vorstandsbezüge gebunden (§ 98 Abs 1 öAktG, § 113 Abs 1 dAktG), unterteilt 5.4.7 Abs 2 DCGK in feste und erfolgsorientierte, auf den langfristigen Unternehmenserfolg bezogene Bestandteile. Nach deutschem Recht sind Aktienoptionen hier allerdings ausgeschlossen,[37] entgegengesetzt die Situation in Österreich.

Auch dem speziellen Problem zusätzlicher Beratungs- oder Vermittlungsverträge und -entgelte stellen sich ÖCGK und DCGK in diesem Zusammenhang und verlangen, dass die hierfür gezahlten Vergütungen an Aufsichtsratsmitglieder gesondert angegeben werden (Regeln 48 (L) und 49 (C) ÖCGK, 5.4.7 Abs 3 Satz 2 DCGK).

Ganz allgemein verlangen die Kodizes bei den Bezügen und Vergütungen noch mehr Transparenz als das Gesetz, nämlich individualisierte und spezifizierte, evt auch einen weiteren Personenkreis erfassende Angaben im Corporate Governance Bericht (5.4.7 Abs 3 Satz 1 DCGK).

D Aufsichtsratsmandate

Die Höchstzahl von Aufsichtsratsmandaten einer Person, vom Gesetz auf zehn limitiert (§ 100 Abs 2 Nr 1 dAktG, § 86 Abs 2 Z 1 öAktG), beschränkt Regel 56 (L) ÖCGK auf acht in börsennotierten Gesellschaften (vgl nunmehr auch §86 Abs 4 öAktG idF GesRÄG 2005). Der DCGK legt für Vorstandsmitglieder börsennotierter Gesellschaften fünf Mandate in konzernexternen börsennotierter Gesellschaften als Obergrenze fest (5.4.5 Satz 2), dem ÖCGK genügen hier bereits vier Mandate (Regel 57 (C)). Die „Beförderung“ ehemaliger Vorstandsmitglieder in den Aufsichtsrat wird durch Einführung der Qualifikation „unabhängiges Mitglied“ begrenzt (Regeln 40 (L) und 55 (C) sowie Anhang 1 ÖCGK, 5.4.2 DCGK), die Aufsichtsratsverflechtung mit Konkurrenzunternehmen (Regel 45 ÖCGK (C), 5.4.2 DCGK) oder auch die wechselseitige „Überkreuzverflechtung“ zwischen Vorständen und Aufsichtsräten verschiedener Unternehmen (Regel 44 (L) und Anhang 1 ÖCGK, §100 Abs 2 Z 3 dAktG; einschränkend § 86 Abs 2 Z 3 öAktG idF GesRÄG 2005) abgelehnt. Auch sonstige Interessenkonflikte aus der Ausübung von Funktionen bei anderen Unternehmen sollen ausgeschlossen, allgemein etwaige Interessenkonflikte von Vorstands- und Aufsichtsratsmitgliedern offen gelegt werden (4.3.4 und 5.5.2 DCGK, Regeln 23 (L), 44 (L), 46 (C), 53 (C) und Anhang 1 ÖCGK). Vorstandsmitglieder bedürfen der Zustimmung des Aufsichtsrats nicht nur generell zur Übernahme von Nebentätigkeiten, sondern auch speziell zur Übernahme von Aufsichtsratsmandaten (4.3.5 DCGK, Regel 25 ÖCGK (L)).

---

[36] Vgl dazu das Gesetz über die Offenlegung der Vorstandsvergütungen (Vorstandsvergütungs-Offenlegungsgesetz – VorstOG), welches am 10.8.2005 durch BGBl I, Nr. 47, S. 2267 verkündet wurde und am 11.8.2005 in Kraft trat.

[37] BGH 16.2.2004, II ZR 316/02 – *Mobilcom*, ZIP 2004, 613.

E Kontrolle und Verantwortung

Die Effektivierung der Überwachungsaufgabe des Aufsichtsrats durch Einrichtung geeigneter Ausschüsse lassen sich Gesetze und Kodizes angelegen sein. So verlangt in Österreich seit 1997 schon das AktG unter bestimmten Voraussetzungen die Einrichtung eines Bilanz- und Prüfungsausschusses (§ 92 Abs 4 öAktG, Regel 40 ÖCGK (L), „Audit Committee"), in Deutschland der DCGK (5.3.2). Weitere „fachlich qualifizierte" Ausschüsse sind je nach den Gegebenheiten und Erfordernissen einzurichten (5.3.1 DCGK, konkreter die Regeln 39 ff ÖCGK).

Für die begleitende Überwachung der Unternehmensführung haben schon die Gesetze die beiden Kerninstrumente der Zustimmungsvorbehalte und der Berichterstattung festgelegt, wobei das öAktG die Ersteren (§ 95 Abs 5), das dAktG die Letztere (§ 90) stärker konkretisiert. Die beiden Kodizes befassen sich ebenfalls mit diesen beiden Themen und setzen einen übereinstimmenden Akzent bei den Berichtspflichten des Vorstands: Diese sollen im jeweiligen Unternehmen noch weiter ausdifferenziert werden, die Berichte sind rechtzeitig, idR mindestens eine Woche vor den Aufsichtsratssitzungen schriftlich zu erstatten (Regel 12 ÖCGK (C), 3.4 DCGK). Hinsichtlich der unternehmensspezifischen Formulierung von Zustimmungsvorbehalten bleibt gerade der deutsche Kodex, dem das Gesetz das größere Regelungsdefizit hinterlässt, eher unscharf (3.3 DCGK).

Die Verantwortung der Vorstands- und Aufsichtsratsmitglieder hat schon das Gesetz in die Strenge des normativ Möglichen gefasst (§§ 93, 116 dAktG, 84, 99 öAktG); wenn die Gesellschaft hierfür Versicherungsschutz beschafft, so verlangt der DCGK einen angemessenen Selbstbehalt der betroffenen Personen (3.8 Abs 2).[38]

V Verbindlichkeit der Kodizes und Sanktionen

A Comply or explain

Die ursprüngliche Grundidee der Kodexbewegung ist, dass die angesprochenen Gesellschaften durch den indirekten Zwang des Kapitalmarkts und der an ihm agierenden Investoren (oben II. E.) dazu bewogen werden, sich einem bestimmten Kodex ausdrücklich und öffentlich zu unterwerfen, dh dessen Regeln für verbindlich zu erklären oder zu definieren, in welchen Punkten und in welcher Weise sie sich Abweichungen hiervon vorbehalten. So ging bereits die Grundsatzkommission davon aus, dass ökonomische Gründe (der angemessenen und nachhaltigen Kapitalversorgung als Existenzgrundlage) zumindest die börsennotierten Unternehmen dazu „zwingen" werden, ein für alle Wettbewerber gleichermaßen anerkanntes Mindestmaß an Vorgaben für die Unternehmensleitung und -kontrolle zu akzeptieren:[39]

Der auf die Unternehmen ausgeübte öffentliche Druck – eventuell auch nur in Form von Gruppenzwang (Peer Pressure) – soll dazu animieren, den Kodex zumindest im Grundsatz freiwillig anzuerkennen. Auf die Verweigerung der Anerkennung könnte die „Financial Community" zunächst mit einer Brandmarkung der abweichenden Unterneh-

---

[38] Hierzu *Schüppen/Sanna*, ZIP 2002, 550 (553).

[39] So auch *Theisen*, RWZ 2001/51.

men reagieren. Es folgt die *Nichtaufnahme in einen Index*,[40] was sich bereits in gravierenden Kurseinbußen niederschlägt. Schlussendlich wird die Zulassung zum Börsenhandel verweigert,[41] was für die Unternehmensfinanzierung existenzielle Bedeutung haben kann.[42]

Deutsche Gründlichkeit geht noch einen Schritt weiter und macht in einem durch das TransPuG neu geschaffenen § 161 AktG das „comply or explain" den Adressaten zur Pflicht. „Vorstand und Aufsichtsrat der börsennotierten Gesellschaft erklären jährlich, dass den vom Bundesministerium der Justiz im amtlichen Teil des elektronischen Bundesanzeigers bekannt gemachten Empfehlungen der „Regierungskommission Deutscher Corporate Governance Kodex" entsprochen wurde und wird oder welche Empfehlungen nicht angewendet wurden oder werden. Die Erklärung ist den Aktionären dauerhaft zugänglich zu machen."

Gleichzeitig wird damit ein entsprechendes Kodexmonopol begründet.[43] Verlangt wird hier im Übrigen nicht eine Erklärung der AG, vertreten durch ihren Vorstand, sondern Vorstand und Aufsichtsrat als Organe sollen offenbar die Verpflichtungen eingehen. Was jedoch gilt, wenn sich die beiden Organe nicht auf eine gemeinsame Linie verständigen, bleibt offen.[44]

B Sanktionen

Die bisherigen Erfahrungen mit Systemen der Selbstverpflichtung oder „freiwilligen Selbstkontrolle" stimmen eher skeptisch. Systeme der Selbstverpflichtung iS eines „good behavior in business", wie zB im Rahmen des Insiderhandels und der Unternehmensübernahmen, sind in der Praxis allesamt gescheitert.[45]

In Betracht kommt allerdings auch eine durchsetzbare Haftung für die in diesem Zusammenhang abzugebenden Erklärungen an die Öffentlichkeit, etwa eine Haftung in Anlehnung an die anerkannten Grundsätze der Prospekthaftung.[46] Die *börsengesetzliche Prospekthaftung* schützt den Anleger für den Fall, dass er Wertpapiere aufgrund eines wesentlich unrichtigen oder unvollständigen Prospekts erworben und einen entsprechenden Schaden erlitten hat. Der Emissionsprospekt – als essenzielle Basis der Anlageentscheidung – kann aber durchaus dem Geschäftsbericht eines börsennotierten Unternehmens gleichgehalten werden, womit dem am Kapitalmarkt geschädigten Anleger bei *aktienkurskausalen Abweichungen* von der Entsprechenserklärung (vgl § 46 Abs 2 Z 2 dBörsG) der Weg zur Prospekthaftung geebnet wird. Denkbar ist auch eine bürgerlich-rechtliche Prospekthaftung[47] oder die Haftung aus culpa in contrahendo (cic; schuldhafte Pflichtverletzung im Zuge der Vertrags*anbahnung*), wenn dem anderen Teil (hier dem Investor) ein Schaden entsteht.[48]

---

40 Siehe *Schneider*, DB 2000, 2413 (2416).
41 Vgl *Lutter*, ZGR 2001, 224 (236); kritisch *Schneider*, DB 2000, 2413 (2416) und ÖBA 2001, 275.
42 *Kallmeyer* in *Lutter/Scholz/Sigle* (Hrsg), FS Peltzer, 205 (211).
43 So auch *Seidel*, ZIP 2004, 285 (287).
44 Siehe dazu *Seibt*, AG 2002, 249 (258 f).
45 *Fleischer*, ZHR 168 (2004), 673 (703); *Schneider*, DB 2000, 2413 (2416); *Hommelhoff*, ZGR 2001, 238 (242).
46 Zur Prospekthaftung nach österr und dt Recht *Renner*, ÖBA 2001, 589.
47 Vgl dazu OLG Hamburg 18.2.2000, AG 2001, 141 (142).
48 Vgl *Ettinger/Grützediek*, AG 2003, 353 (357 f).

Der Anleger könnte als Wiedergutmachung zumindest verlangen, so gestellt zu werden, als hätte er die Anlageentscheidung nicht getroffen, zB indem ihm die erworbenen Aktien gegen Erstattung des Kaufpreises wieder abgenommen werden,[49] möglicherweise unter dem Gesichtspunkt der nicht eingehaltenen Zusicherung sogar einen weitergehenden Schadensersatz.

Der springende Punkt ist dabei stets, dass die Haftung nicht bei der AG lokalisiert bleibt, sondern auf deren Organe (dh Organmitglieder) verlagert wird – auch das ein von der Prospekthaftung her vertrautes Effektivitätsproblem. Nicht tangiert sind hier freilich jene Organmitglieder, die in den Genuss einer (meist vom eigenen Unternehmen abgeschlossenen und bezahlten) D&O-Versicherung kommen. Die Schwierigkeit bleibt freilich stets, den Kausalzusammenhang zwischen einem (Aktien-)Kursverlust oder einer auch nur suboptimalen Kursentwicklung und dem CG-Verstoß herzustellen.[50] Die nahe liegende Lösung einer Beweislastumkehr, dass sich der Haftungsverpflichtete vom Kausalzusammenhang freizubeweisen hätte, droht umgekehrt wiederum die Organmitglieder, wenn man die viel berufene „Psychologie der Märkte“[51] ernst nimmt, uU vor praktisch unlösbare Probleme zu stellen; und qualifizierte Personen durch uferlose Haftungsrisiken von der Übernahme derartiger Ämter abzuschrecken, kann auch nicht der Sinn des CG-Systems sein.

Eine Art (formeller) „interne Kontrolle“ befürwortet die Kodex-Kommission zumindest im Ansatz, wenn sie in Punkt 7.2.3 Abs 2 DCGK fordert, dass der Abschlussprüfer einen (nicht öffentlich zugänglichen) Prüfungsbericht anfertigen bzw den Aufsichtsrat informieren möge, falls er (der Abschlussprüfer) im Zuge der Durchführung der Abschlussprüfung Tatsachen feststellte, die eine Unrichtigkeit der von Vorstand und Aufsichtsrat abgegebenen Erklärungen zu einem CG-Kodex ergäben.

VI Bewertung

A Übernormierung

Die Kodexregeln sind zwar als Normen von anderer Rechtsqualität als Gesetze, aber sie statuieren nichtsdestoweniger normative Verhaltensanforderungen oder -erwartungen, die zu denjenigen der Gesetze hinzutreten. Das bedeutet in Summe eine weiter gesteigerte Belastung der Normadressaten, also gerade das Gegenteil von dem, was unter dem Stichwort der Deregulierung eigentlich der Zeitgeist sein sollte und beispielsweise im deutschen Gesetz über die kleine Aktiengesellschaft von 1995 tatsächlich auch schon gewisse Ansätze gefunden hat.[52]

Demgegenüber nimmt man gelegentlich gerade für die Kodexbewegung einen gewissen Deregulierungseffekt in Anspruch, nämlich eine Entlastung der gesetzgeberischen Reglementierung, wenn der Kodex an die Stelle von Gesetzesrecht tritt. Das soll beispielsweise für Großbritannien gelten, wo der Code of Best Practices (vgl oben II. D.),

---

[49] Siehe Fn 47, 141 (144); *Assmann*, AG 2002, 153 (157); *Roth* in *Assmann/Schütze* (Hrsg), Kapitalanlagerecht, § 12 Rn 58.

[50] Ausführlich dazu *Ettinger/Grützediek*, AG 2003, 353 (362 ff).

[51] Siehe oben Fn 46, 589 (598).

[52] Kritisch auch *Claussen/Bröcker*, AG 2000, 481 (482).

ähnlich wie der City Code auf dem Gebiet des Übernahmerechts, die Lücken füllt, die eine bewusst kursorische Gesetzgebung hinterlässt. Auch für Österreich wurde schon die Meinung vertreten, dass ein Kodex die Aufgaben übernehmen könnte, die in Deutschland Gesetzesnovellen zugewiesen wurden und werden sollen. Tatsache ist aber, dass Österreich wie Deutschland in den letzten Jahren (namentlich 1997 bzw 1998) bereits ihre Aktiengesetze in bedeutendem Umfang mit zusätzlichen Anforderungen angereichert haben, sodass die Kodexbewegung hier eigentlich nur als weiterer Schritt auf dem Weg zu einer immer dichteren Reglementierung verstanden werden kann.

B Das kodexspezifische Leistungspotenzial

In bestimmten Bereichen oder in gewisser Hinsicht vermag eine Kodexnormierung derjenigen durch das Gesetz durchaus überlegen zu erscheinen, weil sie die Möglichkeit hat, flexibler zu sein oder mehr ins Detail zu gehen.[53] Damit ist Folgendes gemeint:

a) *Flexibilität* bedeutet hier nicht nur mehr Wandlungsfähigkeit im Zeitablauf, weil vielleicht ein Kodex schneller und leichter an gewandelte Bedürfnisse und Anschauungen anzupassen ist als das Gesetz, sondern vor allem die Fähigkeit zur Adaptierung an die Bedürfnisse und Gegebenheiten des einzelnen Unternehmens bei gleichzeitiger Aufrechterhaltung des normativen Anspruchs. Der Kodex gibt eine als optimal verstandene Kurslinie vor, zB hinsichtlich der Komposition verschiedener Vergütungselemente oder hinsichtlich bestimmter Faktoren bei der Zusammensetzung des Aufsichtsrats. Die einzelne Gesellschaft ist frei, sich in diesen Punkten anders zu entscheiden oder sich überhaupt erst eine maßgeschneiderte Regelung zu verordnen, doch stellt sie der Kodex insoweit unter Entscheidungs-, Begründungs- und Publizitätszwang, und vor allem von Letzterem darf man sich die heilsame Wirkung erwarten, dass Abweichungen von der Ideallinie nur gewagt werden, wenn eine plausible Rechtfertigung möglich erscheint.[54]

b) *Ein höherer Konkretisierungsgrad* seiner Anforderungen ist dem Gesetz häufig deswegen nicht möglich, weil das tatsächlich Überreglementierung bedeuten und die individuelle Gestaltungsfreiheit der Normadressaten in unvertretbarer Weise einschränken würde. Als Beispiel mag die Altersgrenze für Vorstandsmitglieder oder der Selbstbehalt bei D&O-Haftpflichtversicherungen dienen; dasselbe gilt letztlich auch für die zuvor genannten Fragen der Vergütungskomponenten und ihrer Höhe oder der Zusammensetzung des Aufsichtsrats, ferner der Bildung von Ausschüssen, der Teilnahme an den Sitzungen etc. Es ist sachgerecht, hier dem einzelnen Unternehmen eigene Festlegungen zu überlassen; einen Zwang hierzu könnte das Gesetz aber allenfalls in der Weise ausüben, dass es den notwendigen Satzungsinhalt entsprechend erweitert. Das wiederum müsste in vielen der vorgenannten Punkte als überholter Gesetzespaternalismus oder sogar als kleinlich und beckmesserisch erscheinen.[55] Es gibt maW Gegenstände, deren normative Erfassung an sich sinnvoll und nach dem Maßstab guter Unternehmenspraxis oder vernünftigen Sachverstands wünschenswert erscheinen

---

53 *Hommelhoff*, ZGR 2001, 238 (242 f).
54 Ähnlich *Lutter*, ZGR 2001, 224 (236).
55 Im Ergebnis ähnlich *Hommelhoff/Mattheus*, AG 1998, 249 (250).

kann, die aber für den Gesetzgeber selbst irgendwie unterhalb seines Niveaus liegen.[56] Hier füllt die Mischung aus individueller Selbstverpflichtung und professioneller Standardisierung, die das Kodexsystem ermöglicht, in idealer Weise die Lücke.[57]

C Rechtliche Normierung und wirtschaftliche Anreizstruktur

Wenn wir abschließend nach dem Nutzen der Kodizes für die Aktienwirtschaft fragen, so ist damit nicht der wirtschaftliche Nutzen gemeint, den die Kodexbewegung, wie gezeigt, ganz unverhohlen anstrebt, nämlich die Position des Anbieters von Anlagetiteln am internationalen Kapitalmarkt zu verbessern. Ob diese Erwartungen sich erfüllen, bleibt abzuwarten,[58] ist jedenfalls nicht der Gegenstand der nachfolgenden Überlegungen. Hier geht es vielmehr um die Frage, ob und inwieweit das Ziel einer effektiv besseren Corporate Governance (im Unterschied zu dem Anklang, den sie am Kapitalmarkt findet) durch eine stärkere Reglementierung erreicht werden kann, und sei es durch eine Reglementierung in der besonderen Form der Kodizes, also eines „soft law" mit freiwilliger Unterwerfung und den Möglichkeiten individueller Abweichungen.

Angestrebt wird unternehmerisches Wohlverhalten im weitesten Sinne, und geeignete Auswahl- und Kontrollmechanismen werden hierfür als besonders wichtig angesehen. Das erstgenannte Ziel des unternehmerischen Wohlverhaltens lässt sich in etwa dahin gehend ausdifferenzieren, dass beim Agenten die folgenden Attribute gewährleistet werden sollen:

- Leistungsfähigkeit oder unternehmerische Qualitäten,
- Leistungsbereitschaft im Sinne von Pflichterfüllung,
- „Treue" gegenüber den anvertrauten Interessen, Freiheit von Interessenkonflikten.

Das Recht setzt als Methode der Verhaltenssteuerung die Ausdifferenzierung von Pflichten und deren Absicherung durch Haftungssanktionen ein, es kann sich demgemäß am erfolgreichsten mit dem zweitgenannten Element befassen, vielleicht auch noch mit dem dritten, und diese beiden stehen traditionell im Vordergrund einer rechtlichen Normierung. Wichtig sind gewiss alle drei Elemente, aber wenn man denn gewichten soll, kommt wohl doch dem Erstgenannten die Priorität zu.

Auf der Ebene des Kontrollorgans wiederholt sich dieses Anforderungsspektrum, wenn auch vielleicht mit etwas abweichender Akzentuierung.

Es ist leicht einsichtig, dass vor dieser Aufgabe der vernünftige Sinn und die praktische Effektivität jeglicher Normierung alsbald an ihre Grenzen stoßen, und es ist daher kein Zufall, dass namentlich die Wirtschaftswissenschaften schon lange ihr Augenmerk mehr auf geeignete Anreizstrukturen richten, die den Agenten in der gewünschten Richtung motivieren, und auf marktwirtschaftliche Auslesemechanismen denn auf rechtlichen Zwang.[59] Im Arsenal der Anreize oder Stimuli nimmt die Unternehmensübernahme schon lange einen hervorragenden Platz ein.[60] Im System der (notfalls feindlichen) Übernahme wird das Unternehmen, welches das ihm innewohnende wirtschaftliche Potenzial noch

---

56 Vgl *Theisen*, RWZ 2001/51; *Claussen/Bröcker*, AG 2000, 481 (483).

57 So auch *Sünner*, AG 2000, 492 (498).

58 Siehe dazu die empirische Analyse hinsichtlich Selbstregulierung und Kapitalmarktrelevanz des DCGK von *Nowak/Rott/Mahr*, ZGR 2005, 252.

59 Vgl *Götze*, Aktienoptionen für Vorstandsmitglieder und Aktionärsschutz, 2000, 49.

60 *Manne*, Mergers and the Market for Corporate Control, 73 JPol Econ 110 (1965).

nicht zu realisieren vermochte, als Zielunternehmen auserkoren. Da das Potenzial noch nicht realisiert wurde, sind die Aktien relativ billig zu haben. Der Erwerbsinteressent kann einen Preis bieten, der den Altaktionären einen gewissen Kursgewinn beschert und gleichzeitig dem Erwerber noch genügend Spielraum verspricht, um den Unternehmenswert unter seiner Verantwortung noch weiter zu erhöhen. Erreicht werden kann diese Absicht nur, wenn der Erwerber eine bessere CG im Unternehmen zu installieren in der Lage ist, ebenso wie die ursprüngliche Unterentwicklung des Unternehmens vermutlich in einer schwachen CG begründet ist. Im Zuge des Übernahmeprozesses wird die Unternehmensführung durch eine bessere ausgetauscht, und umgekehrt wirkt das Risiko einer drohenden Übernahme auf jede amtierende Unternehmensführung als Anreiz, die bestmöglichen Leistungen zu erzielen. [61]

Es ist daher der Zweck eines modernen Übernahmerechts, ein möglichst störungs- und missbrauchsfreies Funktionieren dieses Mechanismus zu gewährleisten. Angesichts dessen ist es mehr als eine Ironie, wenn der deutsche Gesetzgeber etwa zur gleichen Zeit, zu der die Kodexbewegung in Deutschland ihren normativen Abschluss und amtlichen Segen findet, in seinem nationalen Alleingang eines Übernahmegesetzes von 2001 eben gerade dieses positive Steuerungspotenzial feindlicher Übernahmen in entscheidenden Punkten dadurch geschwächt hat, dass er der amtierenden Unternehmensleitung von Gesetzes wegen Abwehrstrategien an die Hand gibt. [62] An dieser Einschätzung vermag auch die nunmehrige Verabschiedung der EU-Übernahmerichtlinie nichts zu ändern, da sich die Mitgliedstaaten und das Europäische Parlament *lediglich* auf ein *Optionsmodell* einigen konnten, das den Mitgliedstaaten und, auf einer zweiten Stufe, den Unternehmen ein Wahlrecht im Hinblick auf den Abbau von Übernahmehindernissen (insbes Verzicht auf Vorratsbeschlüsse, aber auch andere Verteidigungsmöglichkeiten) bzw die Anwendung der Neutralitätspflicht gestattet. [63]

---

61 *Roth*, Wertpapierrecht, 169; *ders*, Handels- und GesellschaftsR, Rn 484.

62 Kritisch deshalb *Drygala*, ZIP 2001, 1861.

63 Siehe dazu insbes Art 12 der Richtlinie 2004/25/EG, veröffentlicht im ABl L 142/12 vom 30.4.2004, und *Maul/Muffat-Jeandet*, AG 2004, 221 (222). Ferner den nachfolgenden Beitrag von *Roth*, IV. D. a.E.

Die (Ohn-)Macht der Hauptversammlung oder: Unlautere Werbung für Aktienrecht [1]

Prof. Dr. Günter H. Roth

Es ist die organisationsrechtliche Grundkonzeption des globalen, nämlich in diesem Sinne weltweit übereinstimmenden Aktienrechts, dass die Aktionäre als die wirtschaftlichen Eigentümer selbst oder durch ihre Repräsentanten die „control" über das Aktienunternehmen ausüben und ausüben sollen, die Kontrolle also in dem doppelten Sinne des englischsprachigen Ausdrucks: die oberste Entscheidungs- und Lenkungsmacht oder Herrschaft und die Oberaufsicht oder Überwachung. Demgegenüber ist die tatsächliche Unternehmensleitung aus praktischer Notwendigkeit und wirtschaftlicher Effizienz einem anderen Organ anvertraut, dem Vorstand, Board oder CEO, PDG [2] etc., und damit ist jenes Spannungsverhältnis zwischen den zwei Polen der Unternehmensorganisation oder -verfassung begründet, welches unter dem Begriff der Corporate Governance die aktienrechtlichen Reformüberlegungen der letzten Jahre bestimmte. Der eine Aspekt dieses Spannungsverhältnisses betrifft die Grenzziehung zwischen den beiden Kompetenzbereichen, die Abgrenzung zwischen den dem Prinzipal verbleibenden Grundentscheidungen und der Unternehmens- bzw. Geschäftsführung, wofür die Entscheidung über die Gewinnverwendung ein klassisches Beispiel bietet. Das zentrale Funktionsproblem der AG als Rechtsform besteht sodann darin, dass in der Variante der großen Publikums-AG die Aktionäre nicht in der Lage sind, die ihnen demnach zugewiesene Oberherrschaft und –aufsicht rollenkonform wahrzunehmen.

I Einleitung

Die ökonomische Theorie hat die Bipolarität der Unternehmensorganisation schon lange in die Begrifflichkeit von „Principal and agent" gekleidet [3] – gelegentlich als Agentur (-verhältnis, -problem), [4] mE besser mit Treuhand verdeutscht. Und noch länger sind ihr die Funktionsdefizite auf Seiten der Aktionäre als Prinzipale bekannt, die wiederum auf die

---

[1] Die Abhandlung basiert auf einer Publikation in ZIP 2003, 369. Gesetzeszitate beziehen sich daher, soweit nicht anders vermerkt, auf deutsche Gesetze.

[2] Chief Executive Officer, Président Directeur Général.

[3] *Jensen/Meckling*, 5 Journal of Financial Economics (1976), 305; *Schredelseker*, Grundlagen der Finanzwirtschaft, 2002, 163.

[4] *Ruffner*, Die ökonomischen Grundlagen eines Rechts der Publikumsgesellschaft, 2000, 131.

Kompetenzverteilung zumindest insoweit zurückwirken, als man hierbei auch die Leistungsfähigkeit der Entscheidungsprozesse berücksichtigen wird. Wissenschaftliches Allgemeingut ist diese Erkenntnis eigentlich schon seit 70 Jahren, seit in den USA *Berle* und *Means*[5] auf die Trennung von „ownership and control"[6] in der zeitgenössischen Corporation aufmerksam machten. Praktische Bedeutung hat sie diesseits des Atlantik freilich erst damit gewonnen, dass auch hier die AG sich zunehmend zum Instrument der Unternehmensfinanzierung an einem breiteren nationalen wie auch an einem durchlässigeren globalen Kapitalmarkt fortentwickelte und von der Rechtspolitik in dieser Rolle wahrgenommen wurde. Zum Charakteristikum der Rechtspolitik auf diesem Gebiet wird damit gleichzeitig ein Mix von Detailkorrekturen an den Symptomen und Verdrängung der eigentlichen Ursachen des Funktionsdefizits. Das beginnt in Deutschland mit dem AktG von 1965 und bestätigt sich in dem Corporate Governance Kodex von 2002 (DCGK).[7]

II Aussagen des DCGK zur Hauptversammlung

In seinem 2. Abschnitt über „Aktionäre und Hauptversammlung" wiederholt der Kodex zunächst die Grundnorm des § 118 Abs 1 AktG und verdeutlicht das Prinzip der Präsenzversammlung mit dem Zusatz, dass die Aktionäre in der Hauptversammlung ihr Stimmrecht ausüben. In der Folge werden auf einer Seite Kernaussagen über die Entscheidungskompetenzen und den Funktionsmechanismus der Hauptversammlung getroffen, andererseits gewisse Hilfestellungen für die Ausübung der Aktionärsrechte gegeben. Für das richtige Verständnis der Einzelheiten ist es wichtig, das sprachliche Grundprinzip des Kodex im Auge zu behalten, das in der Präambel erklärt wird: Sätze in der schlichten Aussageform stellen das geltende Gesetzesrecht fest. Mit Sollenssätzen drückt der Kodex seine eigenen normativen Festlegungen aus, die nach Maßgabe des neuen § 161 AktG[8] und seines Regelungsprinzips von „comply or explain"[9] für die Aktiengesellschaften verbindlich sind. Formulierungen mit „sollte" oder „kann" sprechen unverbindliche Empfehlungen (Anregungen) aus.

Da das Gesetz die auf der Hauptversammlung auszuübenden Aktionärsrechte im Wesentlichen als zwingendes Recht normiert, sind auch die Aussagen des Kodex hierzu insoweit wiederholende bzw. beschreibende Feststellungen. Für die Kommunikation mit den

---

5 The modern corporation and private property, 1932; bereits vorher *Ripley*, Main Street and Wall Street, 1927; *Brookings*, Industrial ownership, 1925; spätere einschlägige Veröffentlichungen von *Adolf A. Berle* datieren noch aus den Jahren 1954 - 1968. Vgl ferner *Galbraith*, The new industrial state, 1969. Rechtstatsächliche Hinweise aus Deutschland um 1970: *Roth*, Treuhandmodell des Investmentrechts, 1972, 186; *ders*, in: Festschrift Paulick, 1973, 81.

6 Ein bezeichnendes Missverständnis ist es, „control" hier mit Verfügungsgewalt zu übersetzen (*Ruffner* (Fn 4, 131). *Berle* und *Means* beschreiben nicht die funktionsgerechte Trennung von Gesellschaftern und Management (vgl. § 76 Abs 1 mit § 119 Abs 2 AktG, hierzu zuletzt *Fleischer*, ZIP 2003, 1), sondern das Abwandern der „control" von den Aktionären zum Management als Funktionsstörung. Vgl zur deutschen und englischen Terminologie auch *Schredelseker*, Eigentümerkontrolle in der großen AG, 1975, 94; ferner *Bassen*, ZBB 2002, 430 Fn 13 („Steuerung").

7 ZIP 2002, 452 mit 2276 und Änderungen vom 21.5.2003 sowie 2.6.2005.

8 Aus dem TransPuG v 19.7.2002.

9 Hierzu *Peltzer*, Deutsche Corporate Governance, 2003, 58; *Schüppen*, ZIP 2002, 1269; *Roth/Büchele*, GesRZ 2002, 63, 68 (der vorstehende Beitrag).

Aktionären im Vorfeld der Hauptversammlung und während der Hauptversammlung einschließlich der Kommunikation der Aktionärsvoten bzw. –weisungen hingegen lässt das Gesetz Spielräume, die der Kodex in mehrfacher Hinsicht mit verbindlichen Anordnungen und unverbindlichen Anregungen ausfüllt. Folgende Ausschnitte sollen hier problematisiert werden unter der Hypothese, dass der DCGK, entsprechend seiner übergreifenden Zweckbestimmung, grenzüberschreitende Werbung für die deutsche Aktienwirtschaft und die Vertrauenswürdigkeit ihrer rechtlichen Rahmenbedingungen zu betreiben,[10] eine Art von Schönwetterbild der Hauptversammlung und ihrer Machtausübung zeichnet, welches den Realitäten der großen Publikums-AG[11] nicht gerecht wird.

A Zu den Entscheidungskompetenzen

DCGK Pkt. 2.2.1. „Der Vorstand legt der Hauptversammlung den Jahresabschluss und den Konzernabschluss vor. Sie entscheidet über die Gewinnverwendung …„

B Zur Ausübung des Stimmrechts

DCGK Pkt 2.3.3. „Die Gesellschaft soll den Aktionären die persönliche Wahrnehmung ihrer Rechte erleichtern. Auch bei der Stimmrechtsvertretung soll die Gesellschaft die Aktionäre unterstützen. Der Vorstand soll für die Bestellung eines Vertreters für die weisungsgebundene Ausübung des Stimmrechts der Aktionäre sorgen; dieser sollte auch während der Hauptversammlung erreichbar sein." Pkt 2.3.4. „Die Gesellschaft sollte den Aktionären die Verfolgung der Hauptversammlung über moderne Kommunikationsmedien (zB Internet) ermöglichen."

III Entscheidungskompetenz der Aktionäre

A Gewinnverwendung – Rücklagenbildung

Hinsichtlich seiner Gewinnverwendungsaussage (Pkt 2.2.1. Satz 2) mag der Kodex sich zugute halten, dass er nicht viel anderes tut, als in abgewandelter Form die gesetzliche Regelung des § 174 Abs 1 Satz 1 AktG zu wiederholen. Aber schon das wäre weder Grund noch Entschuldigung genug, um eine irreführende Formulierung aus einem Gesetzestext in eine Darstellung der Rechtslage zu transferieren, die ersichtlich mit dem Anspruch seriöser Information und größerer Allgemeinverständlichkeit auftritt und sich noch dazu in prospekthafter Manier an ein überwiegend mit der (nationalen) Rechtslage wenig vertrautes Anlegerpublikum wendet. Noch gravierender ist jedoch, dass die Irreführung durch den Gesetzestext in mehrfacher Weise abgeschwächt ist und diese Elemente im Kodex fehlen: § 174 Abs 1 Satz 1 AktG spricht nicht von der Entscheidung über die Gewinnverwendung, sondern wesentlich gesetzestechnischer von einer „Beschlussfassung" über die Verwendung des „Bilanzgewinns." Er setzt dabei, wie jedes moderne und komplizierte Gesetz, bei seinem Adressaten eine gewisse juristische Professionalität voraus, welche die Erkenntnismöglichkeit impliziert, dass ein formelles Beschließen nicht unbedingt mit

[10] *Hommelhoff*, ZGR 2001, 238, 245; *Claussen/Bröcker*, AG 2000, 481.
[11] *Roth*, Handels- und GesellschaftsR, 6. Aufl, § 19/1.

einem materiellen Entscheiden gleichbedeutend oder gleichwertig ist und dass der Terminus Bilanzgewinn im Verhältnis zum Gewinnbegriff des allgemeinen Sprachgebrauchs möglicherweise etwas Spezifisches und Abweichendes bedeutet.

Vor allem aber gibt das Gesetz den entscheidenden Hinweis gleich selbst im anschließenden Satz 2: Die Hauptversammlung „ist hierbei an den festgestellten Jahresabschluss gebunden.“ Diese Einschränkung unterschlägt der Kodex – man möchte hinzufügen: bedenkenlos.

Denn das ist ja bekanntlich (sc. für deutsche Fachjuristen) das Entscheidende an der aktienrechtlichen Kompetenzverteilung, das ist der Ausgangspunkt für die permanente und zuletzt wieder im TransPuG aktuell gewordene Diskussion um die Feinheiten des § 58 Abs 2 AktG. Die maßgeblichen Vorgaben für die Gewinnverwendung werden bereits im Jahresabschluss getroffen. Zu den Positionen seiner Gewinn- und Verlustrechnung (§ 242 Abs 2, 3 HGB) gehört die Rücklagenbildung (§ 158 Abs 1 Z 4 AktG); in dem Posten „Bilanzgewinn“ (aaO Z 5), an den § 174 Abs 1 Satz 1 anknüpft, ist sie bereits berücksichtigt. Der für die Verteilungsproblematik materiell bedeutsame Saldo aus der Gewinn- und Verlust-Rechnung ist also nicht die Z 5 aaO, sondern der Jahresüberschuss (§ 275 Abs 2 Z 20, Abs 3 Z 19 HGB), an den § 158 Abs 1 AktG erst anschließt. Und selbst in dessen Errechnung kann bereits eine Bildung sog „stiller Reserven“ Eingang gefunden haben, wenn nämlich Kostenpositionen (Abschreibungen, Rückstellungen) im Rahmen der bestehenden Bewertungsspielräume möglichst hoch angesetzt werden.

Die Schlüsselkompetenz ist also diejenige zur *Feststellung des Jahresabschlusses*, und sie liegt grundsätzlich bei Vorstand und Aufsichtsrat (§ 264 HGB, §§ 170 - 172 AktG), nur ausnahmsweise bei der Hauptversammlung, wenn Vorstand und Aufsichtsrat dies wollen oder sich über den Jahresabschluss nicht einigen (§§ 172, 173 Abs 1 AktG). Hieran knüpft dann wieder die mehrfach (1994, 2002) [12] modifizierte Deckelung der Rücklagenbildung in § 58 Abs 2 Satz 1, 2 AktG. Nun ist es freilich nicht so, als ob diese grundsätzliche Kompetenzzuweisung des deutschen AktG im internationalen Vergleich etwas Ungewöhnliches wäre, [13] sondern die deutsche Besonderheit ist gerade umgekehrt die quotenmäßige Restriktion der Rücklagenbildung von Gesetzes wegen mit ihrer wiederholt abgewandelten Dispositivität. Diesen Hang zum Perfektionismus dem ausländischen Anleger als Charakteristikum zu verdeutlichen, erschien dem deutschen Kodex vielleicht zu kompliziert; doch weder dieser Umstand noch die rechtsvergleichenden Übereinstimmungen sind geeignet, die undifferenzierte Behauptung, mit der der Kodex sich stattdessen begnügt, richtiger oder weniger missverständlich erscheinen zu lassen. Zu Recht und in vorbildhafter Weise formuliert demgegenüber der österreichische Kodex [14] den entsprechenden Punkt wesentlich vorsichtiger:

„... der Vorstand ... beantragt die vom Aufsichtsrat genehmigte Gewinnverteilung. Die Aktionäre sind bei dem Gewinnausschüttungsbeschluss an den Bilanzgewinn gebunden, so dass letztlich über die Dividendenpolitik immer Vorstand und Aufsichtsrat die letzte Entscheidung haben.“ [15]

---

[12] G v 2.8.1994 (BGBl I, 1961) und v 19.7.2002 (BGBl I, 2681).

[13] Überblick bei *Großfeld*, Int. Encycl. Comp. Law Bd. XIII 4 - 64 ff., dort Nr. 65, 68 auch zur abweichenden Rechtslage in der Schweiz und Frankreich

[14] Österreichischer Corporate Governance Kodex, September 2002, Österr. Arbeitskreis für Corporate Governance (Hrsg).

[15] Anhang, 34.

Angesichts dessen darf es schon als bemerkenswert bezeichnet werden, dass die diesbezügliche Kritik am deutschen Kodex seit ihrer ersten Publikation im Jahre 2003 [16] weder bei den Kodex-Verfassern noch im Schrifttum irgendwelche Resonanz fand.

B Dividendenausschüttung und Shareholder Value

I Theorie

Eine Kritik an dieser unkritischen Formulierung des DCGK darf die Frage nicht unterschlagen, ob die Entscheidungskompetenz über die Gewinnverwendung im Lichte wirtschaftstheoretischer Aufklärung überhaupt noch die Bedeutung beanspruchen kann, die ihr traditionell in Rechtswissenschaft und -politik beigemessen wird. Gemäß dieser Tradition bezeichnet das Thema Dividendenpolitik bzw. Gewinnverwendung bei der AG einen für ihre Unternehmensverfassung charakteristischen Interessenkonflikt, die Kollision zwischen den Interessen der Unternehmensführung (des Managements) und der Aktionäre oder auch zwischen Großaktionär und Kleinaktionären. [17] Die Eigenkapitalakkumulation wird als dem Wohl und Interesse des Unternehmens dienlich verstanden, weil sie die Eigenkapitalbasis des Unternehmens stärkt, seine Finanzierung erleichtert, die Abhängigkeit von Kreditgebern und die Insolvenzgefahr verringert. [18] Dieser durch Rücklagenbildung verbesserte Bestandsschutz kommt allen Gruppen zugute, die am Bestand des Unternehmens interessiert sind, so den Arbeitnehmern, vor allem aber dem Management, dem sicherer Bestand und Wachstum des Unternehmens, Macht und Unabhängigkeit von fremden Einflüssen ein vorrangiges Eigeninteresse sind. [19] Für den Aktionär hingegen ist die Dividendenausschüttung nicht nur ein sichtbarer Ausdruck der auf seinen Investitionsbeitrag entfallenden Unternehmensrendite, sondern sie gibt ihm Liquidität zurück, die er für seinen persönlichen Konsumbedarf oder für individuelle Investitionsentscheidungen ausnutzen kann. Sie ist für ihn also in dem doppelten Sinn von Bedeutung, als sie sein verwendbares Vermögen vermehrt und seine Entscheidungsmacht vergrößert. Dem widerspricht jedoch das auf *Modigliani* und *Miller* zurückgehende Irrelevanztheorem, [20] dem zufolge es für die Interessen der Aktionäre schlicht gleichgültig ist, ob die AG, an der sie beteiligt sind, ihre Gewinne ausschüttet oder einbehält (= „thesauriert"). Denn im letzteren Fall schlägt die Rücklagenbildung sich gleichwertig in einer Erhöhung des Shareholder Value nieder, der dem Aktionär auf dem Weg über den Börsenkurs zugute kommt, und dies „netto" u. U. sogar noch in steuerlich begünstigter Form. [21]

Der Shareholder-Value-Ansatz [22] besagt als Methode der Bewertung von Kapitalinvestitionen, dass der gegenwärtige Marktwert eines Unternehmens oder einer Unterneh-

---

16 ZIP 2003, 369.

17 *Großfeld* (Fn 12): „One of the most important rights within a corporation is the authority to decide how to use the corporate profits."

18 Zum letzteren *Roth*, Unterkapitalisierung und persönliche Haftung, ZGR 1993, 170.

19 So schon *Galbraith*, The new industrial state, 1969; ferner *Schredelseker*, Eigentümerkontrolle (Fn 5), 62 ff mit Verweis auf *Baumol*, *Williamson* und *Marris*.

20 *Modigliani/Miller*, Dividend Policy, Journal of Business 1961, 411; hierzu *Schredelseker*, Finanzwirtschaft (Fn 2), 361 ff.; *Spremann*, Wirtschaft, Investition und Finanzierung, 5. Aufl, 465 ff.

21 Das ist die derzeit aktuelle Frage der Besteuerung von Veräußerungs- („Spekulations"-) Gewinnen bei Wertpapieren, §§ 22 f EStG.

22 *Spremann* (Fn 19), 459 ff; aus dem juristischen Schrifttum *Mülbert*, ZGR 1997, 129; *Enzinger*, GesRZ 1997, 218.

mensbeteiligung sich ergibt als Barwert aller zukünftigen Zahlungszuflüsse, die erwartet werden können. Dabei werden die prognostizierten Zuflüsse diskontiert (= abgezinst) mit gegenwärtig gültigen Diskontfaktoren, die sich nach der jeweiligen Kapitalmarktsituation richten, und unter Einrechnung des spezifischen Risikos der konkreten Investition, welches in einem entsprechend höheren Diskontsatz zu Buche schlägt. Hierfür ist die wesentliche Erkenntnis, dass als Zahlungszuflüsse, die den Ausgangspunkt für die vorerwähnte Rechenoperation abgeben, nicht allein die Ausschüttungen zu berücksichtigen sind, die auf das investierte Kapital erfolgen bzw. zu erwarten sind. Der heutige Entnahmeverzicht stärkt die Ertragskraft des Unternehmens in der Zukunft; mit den Mitteln, die heute im Unternehmen reinvestiert anstatt ausgeschüttet werden, erwirtschaftet das Unternehmen in den Folgejahren entsprechend höhere Zahlungszuflüsse, die dann umso höhere Ausschüttungen ermöglichen. Maßgeblich für die Bewertung ist also die Summe von Ausschüttungen und Reinvestitionen, der sog Cash Flow.

Mit der erwähnten Zusammenfassung von Ausschüttungen und Reinvestitionen unter dem Begriff des Cash Flow ist die Konsequenz für die Beurteilung der Dividendenausschüttung als Determinante des Aktienwerts bereits vorgegeben. Sie ist hierfür grundsätzlich irrelevant, Ausschüttungen und Thesaurierungen sind für die Kapitalbewertung gleichwertig.[23]

Diese wirtschaftstheoretische Gleichwertigkeit für das Interesse des Aktionärs gilt in einem doppelten Sinn: Sie gilt einerseits für das Aktionärsinteresse an *Wertoptimierung*, weil die für Reinvestitionen zurückgelegten Beträge auf dem Weg über höhere Cash Flow-Erwartungen für die Zukunft den Gegenwartswert des Unternehmens erhöhen und dies sich an der Börse in einem entsprechend höheren Kurswert der Aktie niederschlägt. Die Gleichwertigkeit gilt andererseits auch für einen etwaigen *Liquiditätsbedarf* des Aktionärs; denn die ihm vorenthaltene Dividende findet im höheren Kurswert der Aktie ihren Ausgleich, und diesen kann er im gewünschten Umfang über einen Aktienverkauf an der Börse realisieren. Vorausgesetzt ist natürlich, dass er über genügend Aktien (n) in entsprechender Stückelung verfügt, aber dann gilt: Der Kurswert seiner Aktien erhöht sich in dem Maße, in dem eine ausschüttbare Dividende nicht ausgeschüttet wird, und durch den Verkauf von x Aktien aus dem Bestand von n kann der Aktionär den Betrag erlösen, der ihm ansonsten als Dividende zuflösse, während der Restbestand von n-x dann noch den gleichen Kurswert hat, den bei ausgeschütteter Dividende der gesamte Bestand von n hätte.

Damit ist die Shareholder Value-Theorie die Lösung des gordischen Knotens für den Kompetenzkonflikt: Er löst sich in nichts auf. Die kollidierenden Interessen werden miteinander versöhnt. Der Cash Flow kann im Unternehmen bleiben und dort Investitionen finanzieren, die Aktionäre erhalten dennoch den Wert und sind in ihren Bedürfnissen befriedigt, der Börsenkurs liefert den Kontrollmechanismus. Auf diese Weise bietet die Theorie eine wesentliche Argumentationshilfe zur Stützung der Interessen des Managements an Eigenfinanzierung durch autonome Rücklagenbildung.

---

[23] Statt anderer: *Spremann* (Fn 19), 465 ff.

2 *Einschränkungen*

a Rentabilität der Investitionen

Die Annahme der Gleichwertigkeit gilt nur unter der Prämisse, dass die aus den Investitionen zu erwartende Rendite mindestens dem maßgeblichen Diskontsatz (= Kapitalkostensatz, unter Einrechnung des Risikos) entspricht. Andernfalls erhöht sie den zukünftig zu erwartenden Cash Flow nicht in dem Maße, dass der daraus abzuleitende höhere Gegenwartswert den Verzicht auf Dividende kompensiert, und dann lässt sich die Thesaurierung so nicht rechtfertigen, muss vielmehr das Management die liquiden Mittel an die Aktionäre auskehren.[24] Doch das Management mag insoweit zur Überschätzung neigen, zumal das in seinem Interesse liegt. Innerhalb der Hierarchie mag zudem leicht ein gruppendynamischer Zweckoptimismus die Oberhand gewinnen.

b Die zeitliche Dimension

Die nüchterne Feststellung, dass reinvestierte Gewinne dem Aktionär über den Aktienkurs eben doch nicht in gleicher Weise (und Höhe) zugute kommen wie ausgeschüttete, ist älter als der Modebegriff Shareholder Value.[25] Das lässt sich auch von einem an Zahlungsflüssen orientierten Bewertungsansatz her ohne weiteres erklären. Nach dieser Betrachtung ist die heutige Reinvestition nur deswegen einer Ausschüttung gleichwertig, weil sie für die Zukunft höhere Ausschüttungen erwarten lässt, seien es spätere Jahresdividenden oder Liquidationserlös, Barabfindung etc. Relevant sind nur Zahlungszuflüsse, die letztlich die Eigentümer beanspruchen können.[26] Wenn Aktionär und Kapitalmarkt aber für alle absehbare Zukunft immer nur mit einer restriktiven Dividendenpolitik der Gesellschaft rechnen dürfen, dann diskontiert auch die Bewertung den erwartbaren Cash Flow nicht in voller Höhe. Und die AG hat die Möglichkeit, über die „Signalwirkung einer konstanten Dividendenpolitik“[27] die Erwartungen in entsprechender Weise zu konditionieren – eine Möglichkeit, von der gerade die größeren Publikumsgesellschaften in markanter Weise Gebrauch machen.

c Prämissen betreffend die Börsenkursbildung

Die Theorie setzt zum einen voraus, dass für die Aktien ein funktionsfähiger Kapitalmarkt vorhanden ist, gilt also von vornherein nur für die im weiteren Sinne börsennotierte AG. Ferner basiert die Theorie auf bestimmten Grundannahmen über die Bestimmungsfaktoren des Börsenkurses im Sinne einer rationalen Messung des korrekten anteiligen Unternehmenswerts.

Die praktischen Einwände hiergegen betreffen zum einen das Kriterium der Zukunftserwartungen bzw. -prognosen: Inwieweit darf *in der Realität* mit einer rationalen, korrekten und exakten Einschätzung und Diskontierung gerechnet werden – im Unterschied zu

---

24 *Mülbert*, ZGR 1997, 132, 160.

25 Frankfurter Institut für Wirtschaftspolitische Forschung, *Engels* (Hrsg), Mehr Beteiligungskapital, 1983, 37; *Spremann* (Fn 19), 331.

26 *Spremann* (Fn 19), 467.

27 *Spremann* (Fn 19), 330; Schredelseker, Finanzwirtschaft (Fn 2), 371.

ungefähren und ungenauen Vermutungen, spekulativen Annahmen, irrationalen Trends. In irgendeiner Weise ist dies das Problem jeder wirtschaftswissenschaftlichen Theorie, dass sie vollkommene Rationalität und Berechenbarkeit zugrunde legt, damit aber die Komplexität der Wirklichkeit mehr oder minder weit reduziert und deshalb für praktische und politische Zwecke als Instrument und Handlungsanweisung nur beschränkt tauglich ist.[28] Zugespitzt stellt sich das Problem jedoch im vorliegenden Zusammenhang, weil zukünftige Wirtschaftsdaten, teils mehrere Jahre entfernt, prognostiziert werden müssen, bereits relativ geringe Ungenauigkeiten sich im Rechenergebnis zu beträchtlichen Abweichungen akkumulieren können, und andererseits die behauptete Gleichwertigkeit nur geringe Toleranzen zulässt.

Der zweite und wohl entscheidende Punkt sind aber die dem Börsenkurs immanenten Verzerrungen und Verfälschungen, Irrationalitäten und Überreaktionen, mit denen die Wirtschaftstheorie immer noch ihre liebe Mühe hat, für die uns aber gerade die letzten zehn Jahre wieder die augenfälligsten Beispiele (in beiden Richtungen) geliefert haben. Theoretisch sollte der gegenwärtige Börsenkurs das Zukunftspotenzial des Unternehmens, berechnet und diskontiert auf die vorgenannte Weise, korrekt antizipieren; doch die Realität der Börsenkursentwicklung, empirisch beobachtet, ist immer noch ziemlich weit davon entfernt, diesen Anspruch einzulösen.[29] Deshalb kann und wird der wirtschaftstheoretische Nachweis, dass für den Aktionär Dividendenausschüttung und Rücklagenbildung gleichwertig sind, den Juristen bis auf weiteres nicht davon abhalten, der aktienrechtlichen Verteilung der Entscheidungskompetenzen über die Gewinnverwendung erstrangige Bedeutung beizumessen und deren Darstellung im deutschen Kodex als unzulässige Vereinfachung zu verurteilen.

IV Ausübung des Aktienstimmrechts

A Gesellschafterversammlung

Für den Kleinaktionär erwächst ein Partizipationsproblem von vornherein daraus, dass die Willensbildung als Beschlussfassung auf Hauptversammlungen konzipiert ist, bei denen die Stimmabgabe physische Anwesenheit (zumindest eines Vertreters) voraussetzt, § 118 Abs 1 mit § 134 AktG. Eine schriftliche Stimmabgabe als Alternative nach dem Vorbild des § 48 GmbHG kennt das AktG an sich nicht. Es liegt auf der Hand, dass dem Kleinaktionär, der sich, wenn er rein nach Anlagegesichtspunkten und noch dazu diversifizierend investiert, normalerweise nicht am Ort der Hauptversammlung befindet, schon die Anreise Kosten abverlangt, die den potenziellen Nutzen einer Teilnahme bei weitem übersteigen.[30]

B Depotstimmrecht

Deshalb ist schon das AktG 1965 in seinen umfangreichen §§ 128 mit 135 von der Idee geprägt, auf dem Umweg über die Stimmrechtsvollmacht eine Art von schriftlicher Ab-

---

[28] Vgl *Roth* (Fn 10), Rn 27.

[29] *Roth*, Shareholder Value und Dividendenausschüttung, in: *Koslowski* (Hrsg), Shareholder Value, 1998, 128; vgl. auch *Roth*, in: Festschrift Ostheim, 1990, 335.

[30] Exakte Kosten-Nutzen-Kalkulationen bei *Schredelseker*, Eigentümerkontrolle (Fn 5), 134 ff.

stimmung zu ermöglichen, und es will sich dabei das deutsche Universal- und Depotbankensystem zunutze machen. Das Vorbild sind die proxy-Regeln der amerikanischen Securities and Exchange Commission, die ihrerseits auf ein Gesetz von 1934 zurückgehen. Die Grundkonzeption besteht darin, dass aus den Beschlussagenden der Tagesordnung einer konkreten Hauptversammlung eine Art Fragebogen oder Stimmzettel entwickelt wird, auf dem der Aktionär seine Entscheidung zu jedem Einzelpunkt vermerken kann. Rechtlich nimmt dies die Form einer Weisung zur Stimmrechtsausübung an seine depotführende Bank an, der eine Stimmvollmacht (§ 134 Abs 3, § 135 Abs 2 AktG) erteilt ist. Die Bank ist gesetzlich verpflichtet, solche Weisungen per Formblatt einzuholen und, wenn sie erteilt werden, zu befolgen. Sie hat außerdem eigene Abstimmungsvorschläge zu unterbreiten und, wenn keine Weisungen erteilt werden, grundsätzlich (§ 135 Abs 5) gemäß diesen Festlegungen abzustimmen; auf ihrer eigenen Hauptversammlung – und seit dem KonTraG von 1998 in bestimmten anderen Fällen – darf sie nur nach ausdrücklichen Einzelweisungen abstimmen (§ 135 Abs 1 Satz 2, 3).

Das praktische Funktionieren dieses Systems hat die Fachöffentlichkeit zunächst wenig interessiert; noch 1985 muss *Zöllner* feststellen, dass repräsentative Untersuchungen darüber fehlen, in welchem Umfang die Aktionäre von ihrer Weisungsbefugnis Gebrauch machen.[31] Immerhin konnten für *abweichende* (sc. von den unterbreiteten Abstimmungsvorschlägen abweichende) Weisungen an Hand von Einzelfällen in Deutschland und den USA typische Quoten von 0,5 bis 2,75% festgestellt werden.[32] Festgestellt wurde ferner, dass es durch oder trotz des Depotstimmrechts und seiner gesetzlichen Feinregelung zur regelmäßigen Entlastung der Organmitglieder gemäß den Verwaltungsvorschlägen selbst dort kommt, wo das Unternehmen sich in der Krise befindet oder kurz darauf zusammenbricht.[33] In Übereinstimmung damit sagen Untersuchungen zur amerikanischen Praxis aus, dass selbst die proxy-Regeln immer noch eine effizientere Wahrnehmung seines Eigeninteresses durch den einzelnen Aktionär voraussetzen, als sie tatsächlich gewährleistet ist.[34]

Das österreichische Recht sieht übrigens bis heute in der AG eine vergleichbare Form der schriftlichen Abstimmung nicht vor.

Die Schwäche des Depotstimmrechts ist und blieb auch nach dem AktG 1965, dass die Banken, sofern sie das ihnen anvertraute Stimmrecht nach ihrem Gutdünken ausüben können – also überall dort, wo ihnen keine abweichenden Weisungen erteilt wurden –, dies regelmäßig inhaltlich im Sinne der Verwaltungsvorschläge des betreffenden Unternehmens tun. Es mag hier dahinstehen, worauf dieses Faktum beruht: Ob die Banken ebenso wenig wie der Kleinaktionär einen Anreiz verspüren, sich mit dem konkreten Unternehmen sachlich-kritisch auseinanderzusetzen, ob sie dessen Management bereits im Vorfeld der Hauptversammlung auf informellem Weg beeinflussen oder ob sie mit diesem interessemäßig verbunden sind. Das Phänomen als solches jedenfalls war bereits um

---

31 Kölner Komm AktG, 1. Aufl. 1985, § 128 Rn 2 aE.

32 Nachw aus der Zeit um 1970 bei *Roth*, in: Festschrift Paulick (Fn 4), 81, 93 f. Aktuellere Daten bei *Baums*, AG 1996, 11; *Baums/Fraune*, AG 1995, 97.

33 *Götz*, NZG 2002, 599, 604.

34 *Easterbrook/Fischel*, The economic structure of corporate law, 1991, 81; *Ruffner* (Fn 3), 193.

1970 bekannt,[35] wurde damals aber im Mainstream der Rechtspolitik als Problem nicht zur Kenntnis genommen und auch seither häufig heruntergespielt.[36]

C Aktionärsvereinigungen

Allerdings ist das System der Stimmrechtsvertretung nicht auf Banken beschränkt. Aktionärsvereinigungen waren von Anfang an einbezogen (§ 125 Abs 1, § 128 Abs 5, § 135 Abs 9 AktG), konnten naturgemäß aber den Startvorteil nicht wettmachen, den den Banken ihr unmittelbarer Zugang zum Aktionär über die Depotverwaltung verschaffte. Der Gesetzgeber hat sich im KonTraG 1998 auch hier um Abhilfe bemüht; seine Lösung, die Gesellschaften zu einem Hinweis auf die Möglichkeit zur Stimmrechtsvertretung durch Aktionärsvereinigungen zu verpflichten (§ 125 Abs 1 Satz 2 AktG), mutet aber eher rührend an.[37]

Einen anderen Ansatz verfolgt das UMAG 2005, indem es moderne Kommunikationsmedien für ein koordiniertes Handeln von Aktionären fruchtbar zu machen versucht. In einem Aktionärsforum des elektronischen Bundesanzeigers können Aktionäre und Aktionärsvereinigungen ihre Aktivitäten bündeln, um so eine kritische Masse zu erreichen: § 127a AktG.[38]

D Verwaltungsstimmrecht

Eine dritte Variante organisierter Stimmrechtsvertretung hat das NaStraG 2001 gesetzlich verankert: die Bevollmächtigung von Stimmrechtsvertretern, die von der AG selbst benannt bzw. zur Verfügung gestellt werden (§ 134 Abs 3 Satz 2 AktG). Praktisch läuft das auf eine Bevollmächtigung des Managements zur Stimmrechtsausübung in seiner eigenen Hauptversammlung hinaus. Erklärt und begründet wird das als weitere Annäherung an das amerikanische proxy-System, aber die damit verbundenen Probleme liegen auf der Hand.[39] Nun wird die unkritische Zustimmung zu den Verwaltungsvorschlägen nicht einmal mehr durch eine dazwischengeschaltete Bank gefiltert. Als mindestes wäre daher eine Parallelvorschrift zur Stimmrechtsausübung der Bank auf ihrer eigenen Hauptversammlung zu verlangen,[40] die die Stimmrechtsausübung von ausdrücklichen und konkreten Abstimmungsanweisungen des Aktionärs abhängig macht. Zwar braucht man sich selbst davon nicht allzuviel zu erwarten, weil auch diese Weisungen unreflektiert affirmativ erteilt werden können und bei realistischer Einschätzung der bisherigen Praxis unter

---

[35] S statt anderer *Vagts*, The modern corporation: Perspectives from the German, 80 Harvard L. Rev. (1966), 23, 57 ff; *Roth*, Treuhandmodell des Investmentrechts (Fn 4), 191, 309. Aus jüngerer Zeit *Adams*, ZIP 1996, 1590; *ders*, AG 1994, 148; *ders*, ZBB 1994, 77; *Wenger*, Institutionelle Defizite am deutschen Kapitalmarkt, 1996; *Herkenroth*, AG 2001, 33.

[36] Vgl auch noch 51. DJT 1996, Gutachten (*Mülbert*) und Beschlüsse; *Hopt*, Corporate Governance und deutsche Universalbanken, in: *Feddersen/Hommelhoff/Schneider* (Hrsg), Corporate Governance, 1996, 243; *ders*, ZGR 2000, 779, 802 ff.

[37] *Hüffer*, AktG^6, § 125 Rn 3: „Regelung wird nichts bewirken, ist aber auch nicht schädlich."

[38] „In ihrer Tragweite nur schwer abschätzbare Neuerung," *Spindler*, NZG 2005, 825, 827; vgl ferner *Noack*, ZGR 1998, 592, 613; NZG 2004, 297, 302.

[39] Vgl *Bachmann*, AG 2001, 635; *Habersack*, ZHR 165 (2001), 172; *Hanloser*, NZG 2001, 355; *Noack*, ZIP 2001, 57.

[40] *Hüffer*, (Fn 36), § 134 Rn 26 b; Regierungskommission Corporate Governance, Bericht (*Baums*, Hrsg) 2001, Rn 122.

§ 135 Abs 1 Satz 2 AktG wohl ganz überwiegend so erteilt werden; aber es ist doch bezeichnend, dass der Gesetzgeber von 2001 nicht einmal dieses Feigenblatt für nötig hielt, sondern sich zu einer „zunächst rudimentären"[41] Regelung bereit fand – als wäre der weiter gehende Regelungsbedarf noch nicht hinreichend substanziiert.

Es dürfte kein Zufall sein, dass das Verwaltungsstimmrecht zusammen mit den Neuregelungen zur Namensaktie eingeführt wurde. Das NaStraG trägt einerseits der wachsenden Verbreitung der Namensaktie Rechnung, versucht sie andererseits weiter zu fördern.[42] Die Namensaktie (als Alternative zur Inhaberaktie) ist dazu geeignet, das Verhältnis des Aktionärs zu seiner Gesellschaft zu entanonymisieren. Wenn die Gesellschaft ihre Aktionäre kennt, hat das einerseits den praktischen Vorteil, dass sie leichter und unmittelbar mit ihnen kommunizieren kann. Dem Aktionär andererseits bietet dies die Chance, dass die Entwicklung des Unternehmens für ihn transparenter wird, er sich stärker mit ihm identifiziert, und aus dieser Verbindung von besserer Information mit engerer Vertrautheit kann dann die Motivation erwachsen, sich auch stärker in der Willensbildung des Unternehmens zu engagieren und die Erleichterungen, die eine schriftliche Abstimmung per Vollmacht plus Weisungen bietet, tatsächlich und in einem partizipatorischen Sinn zu nutzen.

In nüchternerer Betrachtung freilich wird man die Herstellung eines unmittelbaren Kontaktes eher als Teil jener Public-Relations- Offensive des Unternehmensmanagements qualifizieren, zu der ebenso die allgemeine Öffentlichkeitsarbeit wie die Kontaktpflege mit den Effektenanalysten, institutionellen Investoren, Medien gehört und mittels derer das Management hauptsächlich seine Anlagetitel propagieren, vermarkten, bewerben – m.a.W. den Shareholder Value erhöhen bzw. schönreden[43] – möchte. Speziell im Hinblick auf die Stimmrechtsausübung erscheint dann die Kombination von Namensaktie und Verwaltungsvollmacht in erster Linie als Optimierung des Einflusses auf die Aktionäre zu dem Zweck, diese noch wirkungsvoller auf eine unkritische Billigung der Verwaltungsvorschläge einzuschwören. Das gilt für existenzbedrohende (sc. die Existenz der Vorstandsmitglieder und das Mandat von Aufsichtsratsmitgliedern bedrohende) Vorfälle nach Art eines feindlichen Übernahmeangebots ebenso wie für die Durchsetzung der eigenen Wünsche und Vorstellungen in anderen wichtigen oder routinemäßigen Agenden der Hauptversammlung. So gesehen, führt ein direkter Weg vom NaStraG des Januar 2001 zum WpÜG vom Dezember 2001 mit seinem berüchtigten § 33 Abs 2 (Ermächtigung zur Abwehr von Übernahmeangeboten per Vorratsbeschluss der Hauptversammlung). Es ist dabei nur ein geringer Trost, dass diese Ermächtigung ebenso wie ihre Alternative per Aufsichtsratsbeschluss kaum praktische Bedeutung erlangen dürfte[44] – dies freilich weniger mangels Realisierbarkeit in der Hauptversammlung,[45] sondern hauptsächlich wegen

---

41 Bericht des Rechtsausschusses, bei *Seibert*, ZIP 2001, 53, 56.

42 ZB durch Fortentwicklung des Aktienbuchs zum Aktienregister (§ 67 AktG) und Erleichterungen für die Stimmrechtsausübung in § 135 Abs 4, 7 AktG. Vgl v *Rosen/Seifert*, (Hrsg), Die Namensaktie, 2000; *Noack*, DB 2001, 27 und *ders*, in: Festschrift *Bezzenberger*, 2000, 291.

43 In den Grenzen des § 20a WpHG.

44 MünchKomm AktG/*Schlitt* § 33 WpÜG Rn 202 m Fn 475; *Seibt/Heiser*, ZIP 2002, 2193, 2195 m Fn 30.

45 Zu den mit der Beschlussfassung verbundenen formalen Schwierigkeit LG München, bei *Drinkuth*, AG 2005, 597.

der damit verbundenen negativen Signalwirkung für den Börsenkurs und für potenzielle Übernahmeinteressenten, die man damit geradezu auf sich aufmerksam macht.[46]

Größere Hoffnung hat man in die EG-Richtlinie gesetzt; sie sollte dieser Selbstaufgabe der Aktionärsinteressen einen Riegel vorschieben. Letztlich wurden auch diese Erwartungen enttäuscht; denn zwar finden die deutschen Abwehrmechanismen in der Richtlinie keine positive Legitimation, aber ihre Protagonisten vermochten sich eine Optionsvariante offen zu halten, wonach unsere gesetzliche Regelung prinzipiell aufrechterhalten werden kann – lediglich mit der mehr theoretischen[47] Einschränkung, dass die einzelne AG auch den gegenteiligen Weg einschlagen darf.[48]

E Virtuelle Hauptversammlung

Hatte man jahrzehntelang nur die schriftliche Abstimmung als Alternative zur physischen Teilnahme an der Hauptversammlung in Erwägung ziehen können, so legen die modernen Kommunikationstechnologien noch eine viel versprechendere Lösung nahe. Für Erleichterungen des Kommunikationsvorgangs als solchen in beiden Richtungen machen sie sich schon die letzten Gesetzesreformen zunutze: für die Mitteilungen der AG an ihre Aktionäre (§ 125 Abs 2, § 126 AktG) und für die Erteilung der Weisungen an die Stimmbevollmächtigten (§128 Abs 2 Satz 5 AktG).[49] Hierher gehören auch die formellen Vereinfachungen für die Einberufung der Hauptversammlung (§ 121 Abs 4 AktG),[50] die allerdings bei Publikumsgesellschaften kaum praktisch werden können, für das Teilnehmerverzeichnis (§ 129 Abs 4)[51] und für die Erteilung der Stimmvollmacht (§ 135 Abs 1, 2, 7 AktG).

Doch ein Quantensprung im Verhältnis hierzu wäre die Vermittlung einer tatsächlichen Teilnahme und effektiven Partizipation des Aktionärs an der Hauptversammlung „aus der Ferne" durch moderne Technologien. Für eine virtuelle Hauptversammlung erscheinen mir drei Elemente wesentlich:[52] (1) Übertragung der Hauptversammlung in Echtzeit an andere Orte bzw. Abrufbarkeit über Telefon- und andere Netze, (2) Online-Verbindung (Konferenzschaltung) zur Beteiligung an der Aussprache, Ausübung des Rede-, Frage- und Widerspruchrechts, (3) dasselbe zum Zweck der Stimmabgabe.

Durchführbar ist das Letztgenannte bereits nach geltendem Recht in der Form, dass die Entformalisierung der Erteilung von Weisungen ausgenutzt wird und diese dem auf der Hauptversammlung anwesenden und per Telekommunikation erreichbaren Stimmrechtsvertreter noch während der Hauptversammlung auf diesem Weg erteilt werden.[53] Auch seine Legitimation vermag der anweisende Aktionär auf diesem Weg ohne weiteres zu erbringen. Technisch ebenfalls ohne weiteres durchführbar ist der erstgenannte

---

46 *Seibt/Heiser* (Fn 43), bezeichnenderweise mit abweichender Einschätzung im erstgenannten Punkt; hierzu unten V A.

47 *Mülbert,* NZG 2004, 633, 634.

48 *Krause,* BB 2004, 113; *Seibt/Heiser* ZGR 2005, 200, 222, 231; *Schlitt* aaO Rn 18 ff.

49 *S Goedecke/Heuser,* BB 2001, 369.

50 In missverständlichem Wortlaut, s *Hüffer* (Fn 36), § 121 Rn 11 e.

51 *Seibert,* ZIP 2001, 54.

52 Zur virtuellen Hauptversammlung *Habersack,* ZHR 165 (2001), 172, 195; *Hasselbach/Schumacher,* ZGR 2000, 258; *Hanloser,* NZG 2001, 355; *Pentz,* NZG 2001, 346; *Zetsche,* Die virtuelle Hauptversammlung, 2002; *ders* ZIP 2001, 682; *Noack* NZG 2003, 241; 2004, 297.

53 Vgl *Fleischhauer,* ZIP 2001, 1133, 1134 und den dort 1135 erwähnten Präzedenzfall.

Punkt, rechtlich unumstritten aber nur, insoweit es um die Übertragung der Berichte der Gesellschaftsorgane geht,[54] während hinsichtlich der Beiträge von Aktionären Bedenken erhoben wurden, die hauptsächlich persönlichkeits- und datenschutzrechtlicher Art sind.[55] Man mag diese Bedenken in juristischer Hinsicht für überzogen oder ausräumbar halten, und das TransPuG hat sie in einem neuen § 118 Abs 3 AktG nun ja auch zur Disposition von Satzung bzw. Geschäftsordnung gestellt. Doch Tatsache ist, dass sich in jenen Bedenken zumindest ein zutreffender psychologischer Kern verbirgt, der das ganze Dilemma einer Aktivierung von Kleinaktionären zum Ausdruck bringt. Eben jene mediale Aufzeichnung des Geschehens, die abwesenden Aktionären die Partizipation ermöglichen soll, vermag anwesende Aktionäre in ihrer Spontaneität zu lähmen und dadurch deren Partizipation zu behindern. Was schließlich das zweitgenannte Element betrifft, die Teilnahme aus der Ferne, so dürfte es de lege lata – unabhängig von der Art der Beschlussfassung, d. h. Stimmrechtsausübung[56] – dem in § 118 Abs 1 AktG verankerten Grundsatz der Präsenzversammlung widersprechen und ohne eine entsprechende gesetzliche Öffnung nicht realisierbar sein.[57] Dafür spricht nicht zuletzt die Ausnahmeregelung, die soeben in § 118 Abs 2 Satz 2 (idF des TransPuG) für Aufsichtsratsmitglieder getroffen wurde; und eine weiter gehende, die Aktionäre einbeziehende Regelung hatte die Regierungskommission Corporate Governance vorgesehen,[58] doch konnte der Gesetzgeber sich zu einem so schnellen Schritt noch nicht entschließen.[59]

Die Vision einer virtuellen Teilnahme von mehreren zehn- oder gar hunderttausend Kleinaktionären, die per Bildschirm nicht nur den Ablauf der „Millionenshow" verfolgen, sondern sich mit Fragen und Redebeiträgen aktiv einmischen, ihren Exponenten vernehmlich den Rücken stärken oder gruppendynamische Prozesse befördern, scheint allerdings auch die erwähnte Regierungskommission nicht geleitet zu haben,[60] und das wäre in der Tat unrealistisch als Erwartung (aus noch darzulegenden Gründen) wie auch – wenn sie doch einträte – hinsichtlich der praktischen Funktionsfähigkeit.

F Institutionelle Investoren

Die Funktionsschwäche des Aktienstimmrechts ist ein Problem der Splitterbeteiligungen, des Kleinaktionärs, diese Einschränkung kann nicht deutlich genug betont werden. Einen anekdotischen Beleg hierfür lieferte *Adams* mit seiner Gegenüberstellung der Vorstandsbezüge von Daimler-Chrysler und BMW,[61] aus der sich ergibt, dass deren Exorbitanz nicht mit irgendeinem wahrnehmbaren Erfolg der Unternehmensführung, wohl aber mit der Abwesenheit von in Großaktionären manifestierter Eigentümerkontrolle positiv korrelierte. Sobald ein Großaktionär auftritt, wird auch die Motivation für eine wirksame

---

54 *Spindler*, ZGR 2000, 420, 433.

55 *Hasselbach/Schumacher*, ZGR 2000, 259, 263.

56 Insofern kann die Reform des § 108 Abs 4 AktG betr den Aufsichtsrat kein Argument sein, weil es dort gleichzeitig um die Form der Beschlussfassung geht.

57 Vorschlag der BNotKammer, *Fleischhauer*, ZIP 2001, 1133, 1135,

58 *Baums* (Hrsg), Bericht, 2001, Rn 115.

59 Vgl *Noack*, DB 2002, 620, 624.

60 Bericht, aaO, Rn 118.

61 ZIP 2002, 1325.

Kontrolle des Managements vorhanden sein, und das Problem der Machtbalance verlagert sich allenfalls in das Verhältnis von Aktionärsmehrheit und -minderheit.[62]

Der Beteiligungshöhe nach erlangen den (wie auch immer zu definierenden) Großaktionärsstatus häufig genug auch die institutionellen Investoren, und desgleichen wären bei ihnen im Regelfall die Professionalität und wirtschaftliche Expertise vorhanden, die als Voraussetzungen für die aktive Wahrnehmung der Eigentümerrolle genügen sollten. Deshalb wurden und werden einerseits viele Hoffnungen in das Aufkommen der institutionellen Investoren – als Mittel zur Lösung des Kleinaktionärsproblems – gesetzt,[63] zumal sie quantitativ dem unmittelbaren Streubesitz schon längst den Rang abgelaufen haben.[64] Andererseits wird aus den USA traditionell die Devise der Investment- und Pensionsfonds berichtet: „If we don't like the management we sell the stock" (vgl unten V A). Soweit in Deutschland nicht ohnehin die Situation bei den Fonds wegen deren Bankenabhängigkeit mit dem Depotstimmrecht in einen Topf zu werfen ist, sind die Eindrücke und Erfahrungen im einzelnen wenig substanziiert und insgesamt gemischt.[65] Versicherungsgesellschaften und Pensionsfonds mögen zwar durchaus klare Vorstellungen über die richtige oder wünschenswerte Geschäftspolitik ihrer Zielunternehmen haben, aber selbst in den USA gehen nur wenige so weit wie der größte amerikanische Pensionsfonds, der die Strukturen, die er bei Aktienunternehmen für erfolgversprechend hält (zB Aktienoptionen als Vergütungsbestandteil für Vorstandsmitglieder), als Zielvorgaben seiner Anlagestrategie offiziell verlautbart, und dies nicht nur in dem Sinne, dass er ihr *Vorhandensein* zur *Voraussetzung* seiner Investmententscheidungen erklärt,[66] sondern er will erklärtermaßen seinen Aktionärseinfluss auch aktiv zu ihrer *Verwirklichung* einsetzen.[67] Vor diesem Hintergrund ist es auch für Europa ein Hoffnungsschimmer, wenn neuestens von britischen Aktiengesellschaften berichtet wird, dass institutionelle Investoren immer mehr direkt und aktiv in unternehmerische Entscheidungen eingreifen und beispielsweise dem Bemühen eines Board-Vorsitzenden, trotz unglücklicher Unternehmensentwicklung seine Bezüge im Handstreich zu verdoppeln, sogleich einen Riegel vorschieben.[68]

V Der wirtschaftstheoretische Befund

A Das unbehebbare Funktionsdefizit

Eine effektive Kontrolle über seinen Agenten oder Treuhänder auszuüben, fordert dem Prinzipal ein bestimmtes Maß an Aufwand ab, welches die ökonomische Theorie als

---

62 Zutr *Micheler*, GesRZ-Sonderheft Corporate Governance, 2002, 47, 50.

63 *Schredelseker*, Finanzwirtschaft (Fn 2), 171.

64 Einige Daten bei *Baums*, AG 1996, 11, 20; dort auch eine durchaus skeptische Beurteilung; ferner *Schneider*, DB 2000, 2413, 2414; *Bongartz/Tonko*, Die Bank 2002, 536.

65 Überblick: *Baums/Buxbaum/Hopt* (Hrsg), Institutional Investors and Corporate Governance, 1993; Daten aus Deutschland: *Baums/Fraune*, AG 1995, 97.

66 Indirekt zeigt bereits dies Wirkung bei den AG, die ihre Aktien für die Fonds attraktiv erscheinen lassen wollen; s. *Bassen*, ZBB 2002, 433; *McKinsey*, Global Investor Opinion Survey, http://www.mckinsey.de/presse/020708_investor_opinion.htm.

67 The California Public Employees' Retirement System, Corporate Governance Core Principles & Guidelines vom 13. April 1998, im Volltext abrufbar unter http://www.calpers-governance.org/principles/domestic/us/page01.asp.

68 FAZ v 9.12.2002: Investoren in London lassen die Muskeln spielen.

Agenturkosten definiert und als Unterfall der allgemeinen Transaktionskosten eines Treuhandverhältnisses einordnet. Zwecks Minimierung dieser Kosten kann es für einen Prinzipal vernünftig sein, die Kontrolle auf ein bestimmtes Maß zu beschränken, wenn der erwartbare Nutzen aus wirkungsvolleren Kontrollmaßnahmen die höheren Kosten hierfür nicht mehr zu kompensieren verspricht. Zusätzliche Probleme der Kostenminimierung stellen sich, wenn eine Vielzahl von schlecht koordinierten Prinzipalen einem Treuhänder gegenübertritt. Denn wenn hier ein einzelner Aktionär mit erheblichem Aufwand effektive Kontrolle (jetzt zumindest im Sinne von Überwachung, für lenkende Einflussnahme fehlt ihm möglicherweise schon das Entscheidungsgewicht) auszuüben gedenkt, so kommt deren Nutzeffekt allen Mitaktionären kostenlos zugute; für jeden Einzelnen liegt damit die Versuchung nahe, stattdessen lieber als „free rider“ oder Trittbrettfahrer am Nutzen aus dem Aufwand anderer zu partizipieren: sog Problem des kollektiven Handelns.[69]

Ist mithin das Verhältnis unter den mehreren Prinzipalen ein typisches Koordinationsproblem, so tritt im Verhältnis zum Treuhänder ein Informationsproblem hinzu, besteht in dieser Beziehung eine typische Informationsasymmetrie, die wiederum nur mit erheblichem Aufwand zu beheben ist bzw. wäre. Das ist ein weiteres Hindernis für effektive Kontrolle.

Auf diese Weise ist dem einzelnen Aktionär ein opportunistisches (= eigensüchtiges) Verhalten im Verhältnis zu seinen Mitaktionären wie auch insbes. den Mitgliedern unternehmensleitender Organe im Verhältnis zu den Aktionären ermöglicht.

Die Konsequenz, die der Kleinaktionär als ökonomisch handelnder, dh. seinen persönlichen Nutzen maximierender Mensch daraus zieht, wird mit „rationaler Apathie“ beschrieben.[70] Es ist für ihn einfacher, sein Urteil über die Unternehmensführung dadurch auszudrücken, dass er seine Aktien verkauft oder im umgekehrten Fall weitere dazukauft, als durch Ausübung seiner Mitgliedschaftsrechte aktiven Einfluss auf das Unternehmen und das Leitungsorgan zu nehmen. Zwar wird die durch solche Buy-or-Sell-Strategien ausgelöste Bewegung der Aktienkurse das Management keineswegs gleichgültig lassen, und insgesamt ist auch das eine potenziell wirksame Methode der Ausübung von Aktionärskontrolle (Einzelheiten später), aber eben nur eine mittelbare und keinesfalls die qua Mitgliedschaft intendierte. Sein Stimmrecht hingegen wird dieser Aktionär entweder ruhen lassen (was dann zu niedrigen Kapitalpräsenzen auf den Hauptversammlungen führt) oder, und das ist im Ergebnis gravierender, tendenziell eher unkritisch i. S. der Verwaltungsvorschläge und -anträge ausüben. Es ist empirisch erhärtet[71] und verhaltenstheoretisch erklärbar, dass der Stimmrechtsausübung, je weniger sie sich auf substanzielle Information und kritische Auseinandersetzung stützt, desto mehr eine affirmative Tendenz innewohnt und das Management deshalb weitgehend problemlos Beschlüsse durchzudrücken vermag, die sich nachweislich auf die Aktionärsinteressen nachteilig auswirken[72] – ein Befund, der beispielsweise im Hinblick auf Hauptversammlungs-Ermächtigungen zu Abwehrstrategien im Übernahmekampf (§ 33 Abs 2 WpÜG) und zu einem Opting-out aus strengeren gesetzlichen Anforderungen zu denken geben sollte.[73] Amerikanische Un-

---

[69] *Micheler*, GesRZ-Sonderheft Corporate Governance, 2002, 47, 48.

[70] *Ruffner* (Fn 3), 176 mit 193; *Adams*, AG 1990, 63.

[71] Vgl *Ruffner* (Fn 3), 176 mit Fn 11.

[72] *Ruffner* (Fn 3), Fn 13.

[73] Hierzu *Jarrell/Poulsen*, 19 J. of Financial Economics (1987), 127.

tersuchungen stützen darüber hinaus die Annahme, dass die Versammlungsleiter durch geschickte Hauptversammlungs-Strategien, von der Steuerung der Reihenfolge der Anträge und der Diskussionsbeiträge bis zur Art der Präsentation und zur Verbindung von Anträgen, Ausnutzung gruppendynamischer Prozesse und psychologischer Manipulation,[74] das Abstimmungsverhalten noch weiter gehend in ihrem Sinne steuern können.

Deshalb droht der jüngste – einigermaßen verzweifelte – Lösungsvorschlag, die Aktionäre für ihre Teilnahme an der Hauptversammlung zu bezahlen,[75] das Ziel ebenfalls zu verfehlen, weil er eine Legitimation durch Partizipation auch nicht wirklich herzustellen vermag. Davon abgesehen, wäre der finanzielle Anreiz wohl allenfalls als Aufwendungsersatz zu rechtfertigen, als Gewinnbonus hingegen begegnet er dem Einwand der Ungleichbehandlung, die sachlich nicht gerechtfertigt wäre.[76] Derselbe Einwand steht dann aber auch entsprechenden gesetzgeberischen Maßnahmen entgegen, solange noch anerkannt ist, daß die Teilnahme für den Aktionär weder Rechtspflicht noch Obliegenheit ist.

Wenn eine derartige Funktionsschwäche in der Ausübung von Eigentümerherrschaft und -kontrolle beim Kleinaktionär gewissermaßen in der Natur der Sache begründet ist, dann sind insoweit auch alle gesetzespolitischen Reformmaßnahmen zum Scheitern verurteilt. Dann gilt es sich damit abzufinden, dass der interessierte und engagierte Kleinaktionär, so wie ihn sich das aktienrechtliche Modell vorstellt, eine „grande illusion" ist[77] und dass alle unsere Gesetzesreformen dem Kleinaktionär mehr zugetraut haben und zutrauen, als ihm zu leisten möglich ist.[78]

B Konsequenzen, Alternativen

Erwartungen mag man weiterhin in die institutionellen Investoren setzen; über deren Prädisposition für eine aktivere Rolle liegt mE der definitive Befund noch nicht vor. Ansonsten aber hat die Schlussfolgerung zu lauten, dass man die Kontrolle des Agenten einem anderen Organ als der Gesamtheit der Aktionäre anvertrauen muss. Was dies betrifft, scheint nun gerade die AG der deutschrechtlichen Tradition mit ihrer dreigliedrigen Organstruktur die passende Lösung anzubieten, und damit ist die nächste Frage aufgeworfen, warum auch der *Aufsichtsrat* seit 100 Jahren – und wieder trotz permanenter Reformbemühungen – die in ihn gesetzten Erwartungen nicht erfüllen kann. Meine Hypothese lautet, dass weder die Verringerung der Aufsichtsratsmandate, die eine Person gleichzeitig bekleiden kann (§ 100 Abs 2 Z 1 AktG), noch die Erhöhung der Sitzungsfrequenz (§ 110 Abs 3 AktG idF des TransPuG), die Verbesserung der Sitzungsteilnahme (§ 108 Abs 4 AktG, DCGK Pkt 5.4.6), die Effektivierung von Ausschüssen (DCGK Pkt 5.3) uam den Kern des Problems trifft, sondern dass es die faktische Abhängigkeit der Aufsichtsratsmitglieder vom, ihre emotionale Nähe zum, ihre professionelle Identifizierung mit dem Vorstand auszuräumen gälte,[79] welche die erste Vorbedingung für effektive

---

[74] Vereinfacht: Stimmungsmache bzw. Anheizen von Emotionen, verzerrte Informationen, einseitige Begründungen.

[75] *Klühs*, ZIP 2006, 107.

[76] Deshalb verlangt die hM zu Recht für eine diesbezügliche Maßnahme auf der Ebene der Gesellschaft die Zustimmung aller Aktionäre, s. *Noack* BB 2005 Heft 42 S. 1.

[77] *Ripert*, Le capitalisme moderne, Paris 1951, 90.

[78] *Schredelseker*, Eigentümerkontrolle (Fn 5), 122.

[79] bereits *Roth*, Treuhandmodell des Investmentrechts (Fn 4), 195, 314.

Kontrolle, eine „Distanz auf Armes Länge", untergräbt. Es ist nicht zuletzt eine Sache des Selbstverständnisses, ob das Aufsichtsrats-Mitglied seine Rolle als die eines Wahrers der Aktionärsinteressen wahrnimmt oder der Gravitationskraft des Managements als Aufgabe wie als Peergruppe erliegt. Die relevanten Fragen dafür sind: Wer nominiert neue Aufsichtsratsmitglieder, sucht sie also effektiv aus? Wie sehr hängen sie an ihrem Mandat, und von wem hängt ihre Wiederwahl ab? Besteht eine Art von Corpsgeist unter Vorstands- und Aufsichtsratsmitgliedern, von der tatsächlichen Personalunion zwischen den beiden Kategorien (bei verschiedenen und voneinander unabhängigen Unternehmen natürlich, wegen § 100 Abs 2, § 105 Abs 1 AktG) und den gleitenden Übergängen (bei demselben Unternehmen) ganz zu schweigen? Bezeichnend erscheint mir, dass in der breiten und andauernden Diskussion über den Aufsichtsrat Fragen in dieser Richtung am wenigsten gestellt werden.[80] Doch der Aufsichtsrat ist ein Thema für sich; seine Existenzberechtigung verspricht im Übrigen mit der Einführung der Europäischen AG in Deutschland (und Österreich) erneut zum Thema zu werden, weil dieser neuen Rechtsform in jedem Fall und überall eine monistische (Board-)Struktur zur Wahl gestellt ist.

C Der verbleibende Nutzeffekt des Stimmrechts

Trotzdem ist das Aktienstimmrecht auch in den Händen des Kleinaktionärs weder bedeutungs- noch wertlos. Das dem vorhandenen Aktienbestand nach geltendem Recht verliehene Stimmrecht ist schon deswegen unverzichtbar, weil nach allgemeiner Annahme der Kapitalmarkt dem Stimmrecht einen positiven Wert beilegt.[81] Das einer Aktie verliehene Stimmgewicht schlägt sich in ihrem Kurs nieder; markant ist das vor allem, wenn Aktienpakete gebildet wurden – für die dem Paket zugehörigen Aktien – oder gebildet bzw. vergrößert werden sollen – dann auch für die (noch) „freien" Aktien – oder in den USA, wenn ein Wettbewerb um Stimmrechtsvollmachten („proxy contest") stattfindet.[82] Der Grund für diese höhere Bewertung liegt i.W. darin, dass Großaktionäre, die an aktiver Einflussnahme auf das Unternehmen interessiert sind, durch Aufkauf von Stimmaktien Mehrheits- oder relevante Minderheitspositionen aufbauen bzw. entsprechend den gesetzlichen Regeln eine Übernahme durchführen wollen, und in dieser potenziellen Instrumentalisierung ist denn auch ein rudimentärer Kontrolleffekt der in Streubesitz befindlichen Aktien nachzuweisen. Denn im System der (notfalls *feindlichen) Übernahme* wird das Unternehmen, welches das ihm innewohnende wirtschaftliche Potenzial noch nicht zu realisieren vermochte, als Zielunternehmen auserkoren. Weil das Potenzial noch nicht realisiert wurde, sind die Aktien relativ billig zu haben. Der Erwerbsinteressent kann einen Preis bieten, der den Altaktionären einen gewissen Kursgewinn beschert und gleichzeitig dem Erwerber noch genügend Spielraum verspricht, um den Unternehmenswert unter seiner Verantwortung noch weiter zu erhöhen. Erreicht werden kann diese Absicht nur,

---

[80] immerhin *Lutter*, ZHR 159 (1995), 287, 301; *Feddersen*, AG 2000, 385, 389; *Schwark*, ZHR-Beiheft Nr 71, 2002, 75, 109; *Ulmer*, AcP 202 (2002), 143, 160 f; *Schreyögg/Pappenheim-Tockhorn*, AG 1994, 381; *Bichler/Ortmann*, Die Betriebswirtschaft 45 (1985), 4, 9 f; *Ziegler*, Kölner Z für Soziologie und Sozialpsychologie 36 (1984), 557; *Windolf/Beyer*, ebd, 47 (1995), 1; *Beyer*, Managerherrschaft in Deutschland? Corporate Governance unter Verflechtungsbedingungen, 1998. Vorher schon *Roth*, Supervision of corporate management, 51 North Carolina Law Rev (1973), 1369; *ders*, AG 1976, 180.

[81] Diesen Aspekt hatte ich vor 30 Jahren – *Roth*, Treuhandmodell (Fn 4) – unterschätzt.

[82] *Ruffner* (Fn 3), 194 Fn 90 mN.

wenn der Erwerber eine bessere Unternehmensführung im Unternehmen zu installieren in der Lage ist, ebenso wie die ursprüngliche Unterentwicklung des Unternehmens vermutlich in einer schwachen, die vorhandenen Chancen und die Entwicklungsfähigkeit nicht ausschöpfenden Geschäftsführung begründet ist. Im Zuge des Übernahmeprozesses wird das Spitzenmanagement durch ein besseres ausgetauscht, und umgekehrt wirkt das Risiko einer drohenden Übernahme auf jedes amtierende Leitungsorgan als Anreiz, die bestmöglichen Leistungen zu erzielen.[83]

Es ist daher der Zweck eines modernen Übernahmerechts, ein möglichst störungs- und missbrauchsfreies Funktionieren dieses Mechanismus zu gewährleisten. Angesichts dessen ist es mehr als eine Ironie, wenn der deutsche Gesetzgeber etwa zur gleichen Zeit, zu der die Kodexbewegung in Deutschland ihren normativen Abschluss und amtlichen Segen fand, in seinem nationalen Alleingang eines Übernahmegesetzes von 2001 eben gerade dieses positive Steuerungspotenzial feindlicher Übernahmen in entscheidenden Punkten dadurch schwächen wollte, dass er der amtierenden Unternehmensleitung von Gesetzes wegen Abwehrstrategien an die Hand gibt.[84]

VI Zusammenfassung

1. Die praktischen Erfahrungen ebenso wie wirtschaftswissenschaftliche Theorien warnen davor, sich über die reale Bedeutung des Aktienstimmrechts für den Kleinaktionär Illusionen zu machen.
2. Eben diese Illusionen prägen jedoch unverändert die deutsche Aktienrechtspolitik. Evident wurde das zuletzt in zweifacher Weise:
   (a) Der Deutsche Corporate Governance Kodex spiegelt eine vor allem für den ausländischen Adressaten missverständliche Kompetenz der Hauptversammlung über die Gewinnverwendung vor, indem er das AktG in irreführender Verkürzung zitiert.
   (b) Gesetzgeber und Kodex setzen große, wahrscheinlich zu große Erwartungen in die Idee der virtuellen Hauptversammlung bzw. die Wunderwirkung moderner Kommunikationstechnologien.
3. Das Stimmrecht des Kleinaktionärs hat seine Hauptbedeutung als Transaktionsobjekt im Zusammenhang mit Übernahmeaktionen, und diese Bedeutung gilt es zu stärken, nicht zu schwächen.
4. Ansonsten wäre es speziell bei der Publikums-AG die Rolle des Aufsichtsrats, die Funktionslücke zu füllen, die die Apathie des Kleinaktionärs hinterlässt. Seine Unabhängigkeit verdient mehr als Sitzungsfrequenzen und formale Perfektion die Aufmerksamkeit der Rechtspolitik (hierzu der nachfolgende Beitrag).

---

[83] *Roth/Büchele*, GesRZ 2002, 63, 71 (der voranstehende Beitrag).

[84] Kritisch deshalb *Drygala*, ZIP 2001, 1861. Zu der begrenzten praktischen Relevanz des § 33 Abs 2 WpÜG bereits oben IV D aE.

Die Unabhängigkeit des Aufsichtsrats – Recht und Wirklichkeit [1]

Prof. Dr. Günter H. Roth, Dr. Ulrike Wörle

I Einleitung

Die Aktiengesellschaft ist eines der Meisterstücke der modernen industriellen Wirtschaft – so die amtliche Begründung des spanischen Aktiengesetzes von 1951. Sie ist geprägt durch Arbeitsteilung, Spezialisierung und Risikoaufteilung. Nach ihrer Grundkonzeption führt sie eine Vielzahl kleiner Kapitalgeber mit dem unternehmerischen Sachverstand zusammen. Allerdings hat diese Konstruktion eine entscheidende Schwachstelle: Viele kleine Kapitalgeber können die unternehmerische Tätigkeit nicht selbst so überwachen wie zB die Gesellschafter einer Personengesellschaft. Die Ökonomen bezeichnen dieses Problem des Auseinanderfallens von Eigentum und Verfügungsmacht als „Prinzipal-Agent-Problem“, den potentiellen Konflikt zwischen den Interessen der Aktionäre, den eigentlichen Eigentümern der Gesellschaft, und den Interessen der für ihre Rechnung handelnden Manager. [2] Zur Entschärfung dieses Konflikts wurde in Deutschland, in Österreich und in einigen anderen kontinentaleuropäischen Ländern [3] der Aufsichtsrat eingerichtet. [4] Im sog dualistischen System wird dieser als Kontrollorgan dem Vorstand übergeordnet, um dafür zu sorgen, dass der Vorstand den Interessen der Aktionäre verpflichtet bleibt. [5] Wenn allerdings die (Mit-)Eigentümer im Aufsichtsrat nicht selbst ihre Interessen wahrnehmen, entsteht eine weitere Prinzipal-Agent-Beziehung: Das Aufsichtsratsmitglied wird in seiner Kontrollfunktion zum Treuhänder der Anteilseigner und verfolgt dabei uU Interessen, die in Konflikt mit jenen des Eigentümers treten.

---

1 Der Beitrag basiert auf einer in der ZGR 2004, 565–630 erschienenen Publikation. In seiner vorliegenden Fassung befindet er sich auf dem Stand 1.1.2006. *Dr. Ulrike Wörle* war bis 2005 Universitätsassistentin am Institut für Handels- und Unternehmensrecht der Universität Innsbruck und betreut nun das Beteiligungsmanagement einer Bank.

2 Siehe zB *Picot/Dietl/Franck,* Organisation^{2} (1999), 85 ff; *Jost* (Hrsg), Die Prinzipal-Agent-Theorie in der Betriebswirtschaftslehre (2001); *Wöhe,* Einführung in die Allgemeine Betriebswirtschaftslehre^{21} (2002), 69, 75; *Roth,* ZIP 2003, 369; *Lutter,* ZIP 2003, 737. Sehr kritisch deswegen bereits *Adam Smith,* The Wealth of Nations, deutsche Taschenbuch-Ausgabe (2003).

3 In den Niederlanden, in mehreren osteuropäischen Ländern, in Frankreich optional, in Italien neuerdings.

4 Vgl *Schilling,* FAZ Nr 199 v. 27.8.1994, 11 und zur Entstehungsgeschichte des Aufsichtsrats *Wiethölter,* Interessen und Organisation der Aktiengesellschaft im amerikanischen und deutschen Recht (1961), 270 ff; *Hommelhoff,* in *Schubert/Hommelhoff* (Hrsg), Hundert Jahre modernes Aktienrecht (1985), 53, 91 ff.

5 Ausführlich *Mestmäcker,* Verwaltung, Konzerngewalt und Rechte der Aktionäre (1958), 78 ff. Hingegen befürwortet aus der Sicht der Praxis *Kallmeyer,* ZIP 2003, 1531 das monistische System (Alternativmodell der Europäischen AG).

II Funktion und Funktionsdefizite des Aufsichtsrats

A *Die Überwachungsaufgabe des Aufsichtsrats*

Die zentrale Aufgabe des Aufsichtsrats ist die Überwachung der Geschäftsführung des Vorstands.[6] Auch die Personalkompetenz[7] kann als Teil der Überwachungsaufgabe (iwS) aufgefasst werden, denn zu einer sinnvollen Überwachung gehört auch die Möglichkeit, auf die zu prüfenden Personen einzuwirken.[8]

Die Überwachungsaufgabe (ieS)[9] umfasst zweierlei: *Aufsicht*[10] und *Rat*. Der Kontrolle durch den Aufsichtsrat unterliegen neben Jahresabschluss, Konzernabschluss, Lagebericht und Gewinnverwendungsvorschlag[11] alle Geschäftsführungsmaßnahmen, die zum Pflichtenkreis des Vorstands gehören, also vor allem das, worüber der Vorstand zu berichten hat. Zu berichten ist über die beabsichtigte Geschäftspolitik und andere grundsätzliche Fragen der Unternehmensplanung, insb Finanz-, Investitions- und Personalplanung, bei Bedarf über die Produktions-, Absatz-, Beschaffungs-, Entwicklungs-, Kosten- oder Ergebnisplanungen;[12] auch über für die Rentabilität oder Liquidität der Gesellschaft bedeutende Vorkommnisse.[13]

Spiegelbildlich zu den Berichtspflichten des Vorstands erstrecken sich die Überwachungspflicht und das Überwachungsrecht des Aufsichtsrats auf Vergangenes, Gegenwärtiges und Zukünftiges. Prüfungsmaßstab ist generell die Rechtmäßigkeit, Ordnungsmäßigkeit, Wirtschaftlichkeit und Zweckmäßigkeit.[14]

Für das Wohlergehen eines Unternehmens ist die Planung seiner Zukunft von wesentlich größerer Bedeutung als die retrospektive Kontrolle, denn bei abgeschlossenen Vorgängen kann der Aufsichtsrat kaum mehr tun, als Geschäftsführungsmängel beanstanden, damit gleichartige Mängel in der Zukunft vermieden werden.[15] Er ist daher auch dazu berufen, den Vorstand zu *beraten*.[16] Beratung des Vorstands ist iS von „vorbeugender

[6] § 111 Abs 1 dAktG, § 95 Abs 1 öAktG. Die Überwachung der nachgeordneten Führungskräfte gehört zu den Aufgaben des Vorstands. Zur wechselseitigen Überwachung innerhalb des Vorstands *Hoffmann-Becking*, NZG 2003, 745.

[7] Bestellung und Abberufung des Vorstands einschließlich Festsetzung der Vergütung (§§ 84, 87 dAktG; §§ 75, 78 öAktG).

[8] Vgl *Lutter/Krieger*, Rechte und Pflichten des Aufsichtsrats[4] (2002), Rn 100 ff; *Hoffmann/Preu*, Der Aufsichtsrat[5] (2003), Rn 101, 106 f, 302.

[9] Ausführlich *Lutter/Krieger*, aaO (Fn 8), Rn 61 ff; *Hoffmann/Preu*, aaO (Fn 8), Rn 100 - 108.1; *Semler* und *v. Schenck*, in Semler/v. Schenck, Arbeitshandbuch für Aufsichtsratsmitglieder[2] (2004), § 1 Rn 75 ff, § 7 Rn 23 ff; *Hüffer*, AktG[6] (2004), § 111 Rn 2 ff; auch *Lutter*, ZHR 159 (1995) 287, 289 ff.

[10] Die Begriffe „Aufsicht", „Überwachung" und „Kontrolle" haben den gleichen Bedeutungsinhalt. Vgl *Jabornegg/Strasser*, AktG[4] (2001), §§ 95 - 97 Rn 7.

[11] § 171 Abs 1 dAktG, § 96 öAktG. Hierzu *Roth*, ZIP 2003, 369.

[12] Begr RegE KonTraG 1998, BT-Drucks 13/9712, 15.

[13] § 90 Abs 1 dAktG; § 81 Abs 1 öAktG.

[14] HM; *Hüffer*, AktG[6], § 111 Rn 6; ausführlich *Lutter/Krieger*, aaO (Fn 8), Rn 71 ff; *Hoffmann/Preu*, aaO (Fn 8), Rn 102, 104; *v. Schenck*, in Semler/v. Schenck, aaO (Fn 9), § 7 Rn 117 ff; ähnlich *Jabornegg/Strasser*, AktG[4], §§ 95 - 97 Rn 10.

[15] *Hoffmann/Preu*, aaO (Fn 8), Rn 247.1.

[16] *Hüffer*, AktG[6], § 111 Rn 5; ausführlich *Lutter/Krieger*, aaO (Fn 8), Rn 94 mwN; *Siebel* und *v. Schenck*, in Semler/v. Schenck, aaO (Fn 9), § 5 Rn 15 f; § 7 Rn 106 f; *Hoffmann/Preu*, aaO (Fn 8), Rn 104; *Hoffmann-Becking*, MünchHdb GesR, Bd IV, AG[2] (1999), § 29 Rn 31; *Potthoff/Trescher*, Das Aufsichtsratsmitglied[5] (2001), 220 ff; *Jabornegg/Strasser*, AktG[4], §§ 95 - 97 Rn 4, Vor §§ 86 - 89 Rn 5.

Überwachung", „in die Zukunft gerichteter Kontrolle" und nicht als Mit- oder Obergeschäftsführung zu verstehen.[17] Der Aufsichtsrat soll dem Vorstand Hilfestellung bei der Entscheidungsfindung durch kritische Stellungnahme leisten, er ist jedoch nicht dazu verpflichtet und auch nicht berechtigt, „entscheidungsreife Alternativpläne" vorzulegen.[18]

Die dem Aufsichtsrat zur Erfüllung seiner kontrollierenden und beratenden Überwachungsaufgabe zur Verfügung stehenden *Mittel* reichen von reinen Informationsrechten über Einsichtsrechte bis hin zu Einwirkungsmöglichkeiten.[19] IdR erfüllt der Aufsichtsrat seine Aufgabe, indem er die Vorstands*berichte* sorgfältig prüft, sie erörtert und gegebenenfalls Stellungnahmen abgibt.[20] Sind die Berichte offensichtlich unvollständig, unrichtig oder widersprüchlich oder erachtet er Informationen zu speziellen Bereichen der Geschäftstätigkeit für erforderlich, so hat er Aufklärung und weitere Berichte zu verlangen,[21] in weiterer Folge von sich aus Überwachungsmaßnahmen zu ergreifen, zB Unterlagen einzusehen, Vermögensgegenstände zu besichtigen, bei Bedarf Sachverständige beizuziehen.[22]

Findet der Aufsichtsrat Anlass zur Beanstandung einer Geschäftsführungsmaßnahme und zeigt sein Drängen auf Beseitigung keine Wirkung, so hat er sich für bestimmte Arten von Geschäften seine Zustimmung vorzubehalten,[23] für den Vorstand eine Geschäftsordnung zu erlassen[24] und als schwerwiegendste Einwirkung bei Vorliegen wichtiger Gründe den Vorstand abzuberufen.[25] Bei Zweifeln an der *Zweckmäßigkeit* einer *geplanten* Maßnahme genügt der Aufsichtsrat seiner Beratungspflicht idR durch formlose Erörterung mit dem Vorstand, allenfalls hat er eine Stellungnahme abzugeben.[26] Der Vorstand seinerseits hat die Ratschläge des Aufsichtsrats in dem Sinne zu berücksichtigen, dass er sie bei seiner Entscheidung in Erwägung ziehen muß; ob er letztlich dem Rat folgt, liegt in seiner Leitungsverantwortung.[27]

B Defizite in der Unternehmenskontrolle

1 Bestandsaufnahme

Die sich in den letzten Jahren häufenden Unternehmensschieflagen, spektakuläre Unternehmenskrisen oder gar -zusammenbrüche in der Old wie in der New Economy[28] haben

---

17 *Lutter/Krieger,* aaO (Fn 8), Rn 94; BGHZ 114, 127, 130; *Hoffmann/Preu,* aaO (Fn 8), Rn 100, 104 f; *v. Schenck,* in Semler/v. Schenck, aaO (Fn 9), § 7 Rn 106.

18 *Lutter/Krieger,* aaO (Fn 8), Rn 94.

19 Ausführlich *Lutter/Krieger,* aaO (Fn 8), Rn 100 ff; *v. Schenck,* in Semler/v. Schenck, aaO (Fn 9), § 7 Rn 39 ff, 144 ff, 199 ff.

20 Vgl *Lutter/Krieger,* aaO (Fn 8), Rn 70; *v. Schenk,* in Semler/v. Schenck, aaO (Fn 9), § 7 Rn 119, 168 ff.

21 *Lutter/Krieger,* aaO (Fn 8), Rn 70; *v. Schenck,* in Semler/v. Schenck, aaO (Fn 9), § 7 Rn 139, 175, 183, 227; *Jabornegg/Strasser,* AktG^4, §§ 95 - 97 Rn 11.

22 § 111 Abs 2 dAktG; § 95 Abs 3 öAktG; *v. Schenck,* in Semler/v. Schenck, aaO (Fn 9), § 7 Rn 186, 226 ff.

23 *Hoffmann/Preu,* aaO (Fn 8), Rn 102.9; *Lutter/Krieger,* aaO (Fn 8), Rn 103 ff.

24 § 77 Abs 2 Z 1 dAktG; *Hoffmann/Preu,* aaO (Fn 8), Rn 234.

25 *V. Schenck,* in Semler/v. Schenck, aaO (Fn 9), § 7 Rn 199 ff; *Lutter/Krieger,* aaO (Fn 8), Rn 89, 121; *Hoffmann/Preu,* aaO (Fn 8), Rn 106, 200.

26 *Lutter/Krieger,* aaO (Fn 8), Rn 98; *v. Schenck,* in Semler/v. Schenck, aaO (Fn 9), § 7 Rn 176 ff.

27 *Lutter/Krieger,* aaO (Fn 8), Rn 94 f, 101; *Hoffmann/Preu,* aaO (Fn 8), Rn 104; *v. Schenck,* in Semler/v. Schenck, aaO (Fn 9), § 7 Rn 179.

28 *Beispiele*: Insolvenz der *Philipp Holzmann AG*: ausgelöst ua durch unwirtschaftliche Vermietungsgaranti-

im In- und Ausland den Ruf nach besserer Unternehmenskontrolle laut werden lassen.[29] Ohne zu verkennen, dass die Ursache zumeist in gravierenden Managementfehlern oder gar krimineller Energie zu orten ist, hat man in diesen Fällen immer wieder auch die Frage aufgeworfen, ob die Krisen, die Missstände oder die Manipulationen nicht durch eine *effiziente Kontrolle seitens des Aufsichtsrats* frühzeitig aufzudecken bzw zu verhindern gewesen wären. Im Fall *Balsam/Prodeco* zB wurde ein Aufsichtsrat zur Zahlung von Schadenersatz verpflichtet, weil er Hinweisen auf unseriöse Geschäfte seines Vorstands nicht ausreichend nachgegangen war.[30] In jüngster Zeit erregen zudem exorbitante Vorstandsvergütungen, insb Aktienoptionspläne und Abfindungen, die Gemüter einer breiten Öffentlichkeit.[31] Deren Gewährung durch den Aufsichtsrat bei gleichzeitig sinkendem Unternehmenswert stößt – milde formuliert – auf fassungsloses Staunen und trägt zur verstärkten Kritik an deutschen Kontrollorganen bei.

Voraussetzung effizienter Überwachung ist eine adäquate Versorgung mit Informationen, ausreichende Qualifikation, hinreichende Distanz zu den zu Kontrollierenden, zeitliches Engagement und gewissenhafte Arbeit des Organs sowie des einzelnen Aufsichtsratsmitglieds. Überwachungsdefizite sind weniger in einem nicht ausreichenden Überwachungsinstrumentarium begründet,[32] sie lassen sich vielmehr sowohl auf *organbedingte Schwächen* zurückzuführen, insb auf

- die *Größe* des Organs;
- die *Organisation* der Aufsichtsratstätigkeit (zu wenige Sitzungen, verspäteter Zugang der Sitzungsunterlagen, kurzfristige Einladungstermine, zu geringe Sitzungsdauer,[33] schlechte Verhandlungsführung durch den Aufsichtsratsvorsitzenden, ungenügende Nutzung der Ausschussarbeit);[34]

---

en bei Bauprojekten; *Schneider AG*: falsche Gebäudeflächenangaben zur Erschleichung von Bankkrediten; *Bremer Vulkan AG*: rechtzeitige Sanierung unterblieb; die Krise in der *Hypovereinsbank AG*: schwerwiegende Deckungslücken bei Hypothekarkrediten; *Balsam/Prodeco*: Factoring fingierter Forderungen; *Bankgesellschaft Berlin*: Fragwürdige Immobiliengeschäfte; sowie Insolvenzen am *Neuen Markt* gelisteter Unternehmen: geschönte Umsatzprognosen kurz vor dem Zusammenbruch. So die Kurzbeschreibungen bei *Hoffmann/Preu*, aaO (Fn 8), Rn 102.4; auch *Ulmer*, AcP 202 (2002) 143, 146. In Österreich die Beinahe-Insolvenz der *Bank Burgenland*.

29 Neben derjenigen durch den Aufsichtsrat: Kontrolle durch den Abschlussprüfer. Selbstkontrolle durch den Vorstand.

30 LG Bielefeld BB 1999, 2630 = ZIP 2000, 20; Literaturangaben zu diesem Fall bei *Hoffmann/Preu*, aaO (Fn 8), Rn 515.2, Fn 28.

31 ZB jene, die an *Klaus Esser* nach der Übernahme von Mannesmann durch Vodafone gezahlt wurde. Dazu zB *Lutter/Zöllner*, FAZ Nr 34 v. 10.2.2004, 12. Vgl *Adams*, ZIP 2002, 1325; *ders*, Ausplünderung, Manager Magazin 12/2002, 140; *Lutter*, ZIP 2003, 737, 739; Übersicht über die Vorstandsbezüge in den Dax 30-Unternehmen in den Geschäftsjahren 2002 bis 2005, *DSW*, Verdienen Vorstände was sie verdienen?, 17.12.2003, http://www.wertpapier.de/ unter Anlegerschutz, Archiv und http://dsw-info.de unter Publikationenen, Studien; Gehaltsangaben auch bei *Machatschke/Scholtys*, Wer sein Geld wert ist – und wer nicht, manager-magazin 12.9.2002, http://www.manager-magazin.de/unternehmen/vorstandsgehaelter/0,2828,212381,00.html; speziell zu Aktienoptionen *Grimm*, Milliardenfalle im Bilanzgeflecht?, manager-magazin 6.9.2002, http://www.manager-magazin.de/geld/geldanlage/0,2828,212538,00.html; *Lange*, Das schnelle Geld, manager-magazin 7.9.2002, http://www.manager-magazin.de/geld/geldanlage/0,2828,212537,00.html.

32 Siehe oben bei Fn 19 ff.

33 Drei bis vier Stunden. Vgl *Bleicher*, Aufsichtsrat im Wandel, 1987, 44.

34 *Scheffler*, ZGR 1993, 63, 71; auch *Theisen*, Zur Reform des Aufsichtsrats, in *Dörner/Menold/Pfitzer* (Hrsg), Reform des Aktienrechts^2 (2003), 431, 436 f.

- die Arbeitsweise im Aufsichtsrat, dessen Sitzungen *ritualisiert* ablaufen, die mehr Ort der Akklamation denn Ort problemorientierter Diskussion sind;
- das *Funktionsverständnis* des Gesamtorgans, das mehr als Repräsentativorgan oder als Ort der Beziehungspflege verstanden wird, denn als Kontrollorgan;
- die unzureichende Wahrung der *Verschwiegenheit;*

als auch auf Mängel *in der Person des einzelnen Aufsichtsratsmitglieds*, insb auf

- die *zu* große Anzahl der wahrgenommenen Aufsichtsratsmandate und damit zusammenhängend, die *zu geringe Zeit*, sich mit den Erfordernissen des jeweiligen Unternehmens ausreichend zu beschäftigen;
- Bequemlichkeit, Desinteresse;
- die unzureichende Qualifikation;
- ein falsches Rollenverständnis;
- die mangelnde Unabhängigkeit der Organmitglieder.

2 Corporate Governance

Als Reaktion auf Schwächen und Fehlverhalten hat der Gesetzgeber daher in den letzten Jahren Maßnahmen ergriffen, die die Effizienz der Unternehmensüberwachung verbessern sollen, insb auch Maßnahmen, die jene in der Person des Aufsichtsratsmitglieds begründeten Mängel reduzieren sollen (KonTraG 1998, TransPuG 2002; in Österreich GesRÄG 2005).[35]

In Stichworten: Bei der Anzahl der höchstzulässigen Aufsichtsratsmandate wird der Vorsitz doppelt gezählt. Die Transparenz der Wahlvorschläge für den Aufsichtsrat wurde verbessert: es ist der konkret ausgeübte Beruf anzugeben, bei börsennotierten Gesellschaften auch alle weiteren Aufsichtsratsmandate und fakultativ Mandate in vergleichbaren Gremien im In- und Ausland. Die Mindestanzahl der Sitzungen wurde auf zwei pro Kalenderhalbjahr erhöht. Die Rolle des Aufsichtsrats bei der Feststellung des Jahresabschlusses wurde aufgewertet, namentlich hat nunmehr er – und nicht der Vorstand – den Prüfauftrag zu erteilen. Die Berichtspflicht des Vorstands wurde erweitert und konkretisiert, ihre Grundlage durch Einrichtung eines Risikofrüherkennungssystems verbessert.[36]

Im Zuge der Globalisierung der Wirtschaft und der Internationalisierung der Kapitalmärkte operieren immer mehr deutsche Unternehmen auf ausländischen Märkten oder notieren an ausländischen Börsen; institutionelle Anleger wie Versicherungs- und Kapitalanlagegesellschaften, Pensions- und Investmentfonds gewinnen auch in Deutschland an Bedeutung und treten zunehmend an die Stelle der klassischen Bankenfinanzierung.[37] Insbeson-

---

[35] Gesetz zur Kontrolle und Transparenz im Unternehmensbereich, dBGBl I 1998, 786; Überblick über die Neuregelungen bei *Claussen*, DB 1998, 177; *Zimmer*, NJW 1998, 3521; speziell hinsichtlich der Anforderungen an den Aufsichtsrat *Feddersen*, AG 2000, 385, insb 386 - 388. Transparenz- und Publizitätsgesetz, dBGBl I 2002, 2681; Überblick über die die Aufsichtsratstätigkeit betreffenden Neuregelungen bei *Bosse*, DB 2002, 1592; *Götz*, NZG 2002, 599. Gesellschaftsrechtsänderungsgesetz 2005, öBGBl I 2005/59; Überblick bei *Reich-Rohrwig/Priemayer*, ecolex 2005, 618; auch unten bei Fn 52, 78, 84 ff, 265.

[36] Dazu zB *PricewaterhouseCoopers*, Entwicklungstrends des Risikomanagements von Aktiengesellschaften in Deutschland, 2000; *Büchele*, GesRZ 2003, 214.

[37] Zwar finanzieren sich deutsche Unternehmen überwiegend (in den 90er Jahren durchschnittlich zu 61%) durch einbehaltene Gewinne und andere interne Finanzierungsquellen, wichtigste externe Finanzierungsquelle waren und sind – anders als in den USA – lang- und kurzfristige Bankkredite. Nur zu einem geringen Teil erfolgt die Finanzierung über die Ausgabe neuer Aktien, bei steigender Tendenz: 1991 waren es 1,7%,

dere große institutionelle Investoren aus den angelsächsischen Ländern treffen ihre Anlageentscheidungen nicht nur anhand der Performance des Unternehmens, sondern auch anhand der Qualität der Unternehmensführung und -überwachung[38] (Neudeutsch: *Corporate Governance*[39]). Der vielzitierten Studie von *McKinsey* zufolge sollen Investoren bereit sein, eine Prämie für Unternehmen mit hohen Standards in der Unternehmensleitung und -überwachung zu zahlen; für Deutschland werden 13% angeführt.[40] Dies hat durchaus rationale Gründe, denn wird das Unternehmen gut überwacht, so sind mit einer Investition weniger Risiken verbunden, die Kosten der Überwachung durch den Investor selbst sind geringer und er ist bereit, das zu honorieren. Auch die bedeutenden ausländischen Börsen verlangen die Einhaltung bestimmter Standards guter Unternehmensführung und -überwachung und bestrafen Verstöße dagegen mit dem Verlust der Notierung.[41] Daher wurden – dem internationalen Trend folgend – in Deutschland und Österreich als weitere Maßnahme zur Steigerung der Effizienz der Unternehmenskontrolle und mehr noch, um zu verhindern, dass einheimischen Unternehmen im Verhältnis zu ihren ausländischen Konkurrenten ein Wettbewerbsnachteil erwächst, und um dem Bedürfnis der institutionellen Anleger nachzukommen, sog Corporate Governance Kodices – Standards „guter" Unternehmensführung und -überwachung – erlassen.[42] Geschäftspartner und institutionelle Anleger aus dem Ausland sind an derartige Regelwerke gewöhnt und erwarten daher, sie auch hierzulande vorzufinden. Mit dem Kodex steht ihnen ein Katalog zur Verfügung, anhand dessen sie schnell und übersichtlich ersehen können, welche Elemente guter Un-

---

1998 bereits 11,9%. Vgl Tabelle 2 bei *Jürgens/Rupp/Vitols*, Corporate Governance and Shareholder Value in Deutschland, Veröffentlichungsreiche des Wissenschaftszentrums Berlin für Sozialforschung, März 2000, 7, http://bibliothek.wz-berlin.de/pdf/2000/ii00-202.pdf. *Institutionelle Anleger* hielten 1999 rd 45% der Aktien an deutschen Börsen notierter Gesellschaften; *Deutsches Aktieninstitut*, DAI-Factbook 2000, Tz 08.1 - 3-b, 3 ff. Zu Änderungen im Aktienwesen in Deutschland in den letzten zehn Jahren vgl *Ulmer*, AcP 202 (2002) 143, 144 f.

[38] Vgl insb die Grundsätze / Richtlinien der großen amerikanischen Pensionsfonds wie *CalPERS (= The California Public Employees' Retirement System)*, Principles for Good Governance in Germany, http://www.calpers-governance.org/principles/international/germany/page01.asp und *TIAA-CREF (= Teachers Insurance and Annuity Association-College Retirement Equities Fund)*, Policy Statement on Corporate Governance, http://www.tiaa-cref.org/pubs/html/governance_policy/index.html.

[39] Unter dem aus den USA stammenden Begriff Corporate Governance wird allgemein die verantwortungsvolle, auf langfristige Wertschöpfung und Steigerung des Unternehmenswerts ausgerichtete Leitung und Kontrolle von Unternehmen verstanden. Der Begriff fasst damit ein breites Spektrum traditioneller und moderner Themen und Probleme zum Gesellschafts- und Kapitalmarktrecht zusammen. ZB *Roth/Büchele*, GesRZ 2002, 63.

[40] *McKinsey*, Global Investor Opinion Survey on Corporate Governance, Juli 2002, Exhibit 4, http://www.mckinsey.de/_downloads/Presse/global_investor_opinion_survey_2002.pdf.

[41] Vgl New York Stock Exchange Listed Company Manual, Section 3 Corporate Responsibility, 303A.00 Corporate Governance Standards, http://www.nyse.com unter Listed Companies. NASD Manual Online, Marketplace Rules, Section 4300 Qualification Requirements, IM-4300, 4350 - 1 (a), IM-4350 - 6, 4802, http://nasd.complinet.com/nasd/display/index.html; siehe auch unten bei Fn 271 ff. Dazu *Gruson/Kubicek*, AG 2003, 337, 343 ff. Die Listing Rules (LR) der Financial Services Authority (FSA) als UK Listing Authority fordern eine Compliance-Erklärung (ähnlich der deutschen Entsprechenserklärung nach § 161 AktG) im Geschäftsbericht zum derzeit geltenden britischen Combined Code on Corporate Governance, Juli 2003 (http://www.fsa.gov.uk/pubs/ukla/lr_comcode2003.pdf); vgl FSA Handbook online, LR 9.8.6 R, LR 9.8.7 R, http://www.fsa.gov.uk/; dazu *Seibt*, DB 2003, 2107, 2108.

[42] Damit wurde hierzulande ein neuer Weg beschritten, bei dem Regeln der Unternehmensverfassung nicht mehr im Gesetz festgeschrieben werden, sondern sich Unternehmen diesen Regeln in Form einer freiwilligen Selbstverpflichtung unterwerfen. Zu Entstehungsgeschichte und Rechtsnatur der Corporate Governance Kodices *Claussen/Bröcker*, AG 2000, 481; *Roth/Büchele*, GesRZ 2002, 63; *Borges*, ZGR 2003, 508.

ternehmenskontrolle von Unternehmen in Deutschland erfüllt werden bzw welche Punkte ein Unternehmen aus welchen Gründen nicht erfüllt („comply or explain" = das Unternehmen hat hierzu öffentlich und verbindlich Stellung zu beziehen, vgl § 161 AktG). Etwa die Hälfte des Inhalts des *Deutschen Corporate Governance Kodex* (DCGK)[43] und des *Österreichischen Corporate Governance Kodex* (ÖCGK)[44] gibt bestehendes Gesetzesrecht wieder, im ÖCGK deutlich ersichtlich durch ein „L" (legal requirement) am Seitenrand, im DCGK durch festgelegte sprachliche Mittel („muß") kenntlich gemacht. Die andere Hälfte – im ÖCGK etwas mehr – sind verbindliche Empfehlungen („C" = comply or explain; „soll"), die über die gesetzlichen Anforderungen hinausgehen, und zu einem geringen Teil unverbindliche Anregungen („R" = recommendation, „sollte", „kann"), deren Nichteinhaltung weder offen gelegt noch begründet zu werden braucht.[45]

3 Die Person des Aufsichtsratsmitglieds

Unabhängigkeit und *Qualifikation* von Aufsichtsratsmitgliedern und *genügend verfügbare Zeit* sind Forderungen, die nicht das Organ Aufsichtsrat betreffen, sondern dessen Mitglieder, denn ein Kollegialorgan kann nur so unabhängig und so qualifiziert sein wie die Summe seiner Mitglieder. Deshalb wird mit der Feststellung, dass die Kontrolle durch den Aufsichtsrat mangelhaft oder zumindest suboptimal ist, der Blick zwangsläufig auf die Person des einzelnen Aufsichtsratsmitglieds gerichtet. Aufgeworfen ist damit zunächst einmal die Frage nach der personellen Zusammensetzung deutscher Aufsichtsräte sowie nach der Auswahl der Mitglieder des Aufsichtsrats und der Entscheidungsgewalt darüber. Zum ersten sind empirische Daten verfügbar, zum zweiten gibt es klare gesetzliche Vorgaben und immerhin vereinzelte kritische und auch empirisch fundierte Stellungnahmen zum Verhältnis von Gesetz und praktizierter Rechtswirklichkeit. Auf dieser Grundlage soll der Frage nachgegangen werden, ob die Besetzung deutscher Aufsichtsräte tatsächlich im Sinne des Gesetzes, nämlich nach dem Kriterium der bestmöglichen Wahrung der Interessen der Aktionäre, der optimalen Überwachung der Geschäftsführung des Vorstands vorgenommen wird. Im einzelnen werden folgende Feststellungen von Interesse sein: *Wer wählt die Mitglieder aus? Welche Personen werden ausgewählt? Aufgrund welcher Kriterien?* Des weiteren soll untersucht werden, inwieweit die diesbezüglichen Kodex-Regeln eine tatsächliche Verbesserung im Hinblick auf die Effizienz der Kontrolle darstellen und bei welchen Punkten nach wie vor Handlungsbedarf besteht.

Doch sind damit unter dem Gesichtspunkt der Unabhängigkeit des Aufsichtsrats nur die zwei offensichtlichsten Quellen für mögliche Beeinträchtigungen der Unabhängigkeit abgehandelt. Unsere Hypothese lautet, dass die Unabhängigkeit der Aufsichtsratsmitglieder iSv Unabhängigkeit von der zu beaufsichtigenden Unternehmensleitung unter *drei wesentlichen Aspekten* gefährdet ist:

- durch *personelle* Abhängigkeit im Hinblick auf den Bestellungsvorgang und eine mögliche bzw angestrebte Verlängerung des Mandats,

---

[43] Der Öffentlichkeit vorgestellt am 26.2.2002, geänderte Fassungen v. 7.11.2002, 21.5.2003, 2.6.2005, http://www.corporate-governance-code.de/.

[44] Der Öffentlichkeit vorgestellt am 1.10.2002, geänderte Fassungen v. 22.2.2005, 1.1.2006, http://www.corporate-governance.at/.

[45] Vgl *Lutter/Krieger*, aaO (Fn 8), Rn 6.

- durch *interessemäßige* Abhängigkeit von der Unternehmensleitung bzw Verknüpfung mit deren Interessen,
- durch eine persönliche Identifikation mit der Unternehmensführung, die wir in Kurzschrift als *mentale Abhängigkeit* bezeichnen wollen und die mit Attributen wie professionelle Zugehörigkeit, Befangenheit im Urteil, Corpsgeist, peer pressure, Solidarität, Konditionierung[46] etc zu beschreiben ist.

Unsere Hypothese lautet weiter, dass der letztgenannte Aspekt, der bislang am wenigsten erörterte, gleichzeitig der letztlich wichtigste ist, und die abschließende Frage wird lauten, was zu seiner Aufhellung aus dem bisher erschlossenen Material gewonnen oder in sonstiger Weise beigetragen werden kann.

III Die Auswahl der Aufsichtsratsmitglieder

A Der Bestellungsvorgang: Gesetz und Praxis

1 Wahlvorschläge

Die Aufsichtsratsmandatare der Anteilseigner werden von der Hauptversammlung gewählt,[47] von bestimmten Aktionären entsandt[48] oder vom Gericht bestellt.

Steht die Wahl eines, mehrerer oder aller Aufsichtsratsmitglieder auf der Tagesordnung der Hauptversammlung, so sieht das deutsche AktG vor, dass der bestehende *Aufsichtsrat* (und nur dieser) der Hauptversammlung, und zwar schon in der Bekanntmachung der Tagesordnung, einen Wahlvorschlag unterbreiten muss, welcher den Namen, den ausgeübten Beruf, den Wohnort der Kandidaten enthält; in börsennotierten Gesellschaften sind überdies Angaben zu Mitgliedschaften in anderen Aufsichtsräten mitzuteilen.[49] Die gesetzliche Pflichtbindung und Haftung der Aufsichtsratsmitglieder erstreckt sich auch und gerade auf die Ausarbeitung des Wahlvorschlags.[50] Zur Begründung seines Vorschlags ist der Aufsichtsrat aber nicht verpflichtet, obwohl dies die Transparenz des Wahlprozesses verbessern und die Wahrscheinlichkeit einer intensiveren Interessenvertretung der Aktionäre erhöhen würde.[51] Auch schreibt das dAktG in keiner Weise vor, wie viele Kandidaten in einen Wahlvorschlag aufzunehmen sind. Während der Beratung

---

46 Duden Fremdwörterbuch: Konditionierung = das Ausbilden bedingter Reaktionen bei Mensch od. Tier, wobei eine Reaktion auch dann eintritt, wenn anstelle des ursprünglichen Auslösereizes ein zunächst neutraler Reiz tritt (Psychol.).

47 § 101 Abs 1 dAktG; § 87 Abs 1 öAktG. Das im öAktG vorgesehene Recht eines Minderheitsdrittels auf einen Vertreter im Aufsichtsrat hat keine praktische Bedeutung. Umfassend *Bollweg*, Die Wahl des Aufsichtsrats in der Hauptversammlung der Aktiengesellschaft (1997).

48 Nach § 101 Abs 2 dAktG / § 88 Abs 1 öAktG kann bestimmten Aktionären oder den jeweiligen Inhabern bestimmter Aktien in der Satzung das Recht eingeräumt werden, Mitglieder in den Aufsichtsrat zu entsenden. Die Gesamtzahl der entsandten Aufsichtsratsmitglieder darf ein Drittel aller Anteilseignervertreter nicht übersteigen. Von dieser Möglichkeit wird nur selten Gebrauch gemacht. *Lutter/Krieger*, aaO (Fn 8), Rn 14.

49 §§ 124 Abs 3, 125 Abs 1 S 3 dAktG. Diese Angaben sollen um Angaben zu Mitgliedschaften in vergleichbaren in- und ausländischen Kontrollgremien ergänzt werden.

50 Hierzu *Lutter*, ZIP 2003, 417, 419; dazu *Sünner*, ZIP 2003, 834, 837; auch *Säcker*, AG 2004, 180, 182; *Lange*, NZG 2004, 265, 270.

51 Vgl *Schilling*, FAZ Nr 199 v. 27.8.1994, 11; *Lutter*, ZIP 2003, 417, 419; dazu *Sünner*, ZIP 2003, 834, 837.

zum dAktG 1965 stand zur Diskussion, den Aufsichtsrat zur Erstattung von Alternativvorschlägen zu verpflichten, indessen hat sich seit damals nichts daran geändert, dass es genügt, wenn der Aufsichtsrat für jeden zu besetzende Aufsichtsratsposten eine Person vorschlägt und dann über die gesamte Liste en bloc abgestimmt wird; und so war es bisher in der Praxis die Regel.[52] Zulässig ist die Blockabstimmung[53] zwar nur dann, wenn der Versammlungsleiter die Aktionäre auf ihr Recht hinweist, gegen die Liste zu stimmen und durch deren mehrheitliche Ablehnung Einzelabstimmungen herbeizuführen.[54] Widerspricht auch nur ein anwesender Aktionär der Blockabstimmung, so muss sogleich über deren Zulassung abgestimmt werden.[55] Eine echte Wahl im Sinne einer *Auswahl*, zumindest unter mehreren vom Aufsichtsrat für geeignet befundenen Kandidaten, ist den Aktionären damit nicht eröffnet. Das Gegenargument, dass sich bei einer echten Auswahlmöglichkeit für die Aktionäre kein qualifizierter Kandidat mehr zur Verfügung stellen würde, weil sich niemand dem Risiko einer Wahlniederlage aussetzen wolle,[56] stellt dem Selbstbewusstsein unserer Aufsichtsratsmitglieder kein gutes Zeugnis aus. Aber die richtige Antwort hat schon *Lutter* 1995 gegeben: Wenn der Filter der Vorauswahl (durch den amtierenden Aufsichtsrat, den Vorstand) das Problem ist, dann wird mit einer Erhöhung der „gefilterten" Menge die Breite der Auswahl nicht größer, sondern lediglich ein Schaukampf des Hauptkandidaten mit „Sparringpartnern" inszeniert.[57]

Freilich ist neben dem Aufsichtsrat auch *jeder Aktionär* befugt, einen Wahlvorschlag abzugeben,[58] und dies auch noch auf der Hauptversammlung.[59] Und das AktG stellt an sich ein ausreichendes Instrumentarium zur Verfügung, um den Aktionären eine Auswahl zu ermöglichen: So könnte zB zwischen dem Wahlvorschlag des Aufsichtsrats und jenem eines Aktionärs ausgewählt werden, aber auch Abstimmung über jeden Kandidaten einzeln ist zulässig.[60] Zur Unterstützung der Vorschläge von Aktionären sieht das dAktG

---

52 *Semler*, MünchHdb GesR, Bd IV, AG^2 (1999), § 39 Rn 70; *Steiner*, Die Hauptversammlung der Aktiengesellschaft (1995), § 15 Rn 11; *Hoffmann/Preu* aaO (Fn 8), Rn 702. Siehe aber unten bei Fn 95.

53 Auch Listen- oder Globalwahl genannt.

54 So die überwiegende Meinung; zB *Hüffer*, AktG^6, § 101 Rn 6; *Semler*, MünchHdb GesR, Bd IV, AG^2, § 39 Rn 81; ausführlich *Dietz*, BB 2004, 452, 454 ff. Nun auch BGH v. 21.6.2003 – II ZR 109/02; BB 2003, 1896.

55 So das LG München I v. 15.4.2004 – 5HK O 10813/03, ZIP 2004, 853. In diesem Verfahren wurde die Aufsichtsratswahl der Bayerischen HypoVereinsbank AG auf der Hauptversammlung v. 14.5.2003 auf Anfechtungsklage eines Aktionärs für nichtig erklärt. Dazu *Linnerz*, BB 2004, 958, 963; *Segna*, DB 2004, 1135. – Als Reaktion auf die beiden vorgenannten Entscheidungen hat die HVB auf der Hauptversammlung 2004 die Aufsichtsratsmitglieder per Einzelabstimmung wählen lassen. Dazu zB Manager Magazin 15.4.2004, http://www.manager-magazin.de/unternehmen/artikel/0,2828,295459,00.html; FTD v. 15.4.2004, http://www.ftd.de/ub/fi/1081867244671.html; auch unten Fn 62, 64.

56 Vgl *Schilling*, FAZ Nr 199 v. 27.8.1994, 11.

57 ZHR 159 (1995), 287, 302.

58 § 127 dAktG. Dieser muss die gleichen Angaben enthalten wie ein Vorschlag des Aufsichtsrats.

59 Dies ergibt sich aus § 124 Abs 4 S 2 dAktG, denn Gegenstand der Hauptversammlung ist die „Wahl des Aufsichtsrats" und der Vorschlag eines Aktionärs stellt einen Antrag zu diesem Tagesordnungspunkt dar. Siehe auch *Eckardt*, in *Geßler/Hefermehl/Eckardt/Kropff*, AktG (1974), Vorb vor § 118 Rn 50, § 127 Rn 4; *Semler*, MünchHdb GesR, Bd IV, AG^2, § 35 Rn 64; *Ramm*, NJW 1991, 2753, 2754; *Steiner*, Die Hauptversammlung der Aktiengesellschaft, 1995, § 15 Rn 14; *Schaaf*, Die Praxis der Hauptversammlung (1996), Rn 469.

60 Vgl *Hüffer*, AktG^6, § 101 Rn 6.

überdies vor, dass auf Verlangen einer Minderheit von 10% über diese, wenn sie vor der Hauptversammlung eingereicht werden, zuerst abgestimmt werden muss.[61]

In der Praxis sind Wahlvorschläge von Aktionären zwar nicht die Regel, immerhin kommen sie gelegentlich vor.[62] Zumeist schlagen (Klein-)Aktionäre allerdings sich selbst vor, was im Hinblick auf die Anforderungen an die fachliche Qualifikation von Aufsichtsratsmitgliedern nicht unbedingt zu einem bestellungsfähigen Gegenkandidaten[63] führt. Wahlvorschläge, mit geeigneten Kandidaten, werden eher von Aktionärsvereinigungen eingebracht (zB Deutsche Schutzvereinigung für Wertpapierbesitz, Schutzgemeinschaft der Kapitalanleger, Dachverband der Kritischen Aktionärinnen und Aktionäre). Doch Erfolg beschieden in dem Sinne, dass eine darin namhaft gemachte Person zum Aufsichtsrat gewählt wird, ist ihnen zumindest in Publikumsgesellschaften nicht. In der Praxis ist es nämlich die Regel – und das nicht nur bei der Wahl zum Aufsichtsrat –, dass die Hauptversammlungen den Beschlussvorschlägen der Organe der Gesellschaft folgen, und das zumeist mit über 99%.[64] Angesichts dessen ist mit der Aufnahme eines Kandidaten in den Wahlvorschlag des Aufsichtsrats seine Bestellung de facto bereits vorweggenommen. Nicht die Aktionäre in der Hauptversammlung wählen im eigentlichen Sinne von Auswählen die Mitglieder des Aufsichtsrats, die Vertreter zur Wahrung ihrer Interessen gegenüber dem Vorstand, *es ist der bisherige Aufsichtsrat, der seine Nachfolger bestimmt.*

2 *Die materielle Auswahl*

Ist es tatsächlich der gesamte Aufsichtsrat, der den Wahlvorschlag an die Hauptversammlung kollegial erarbeitet, darüber berät und in weiterer Folge festlegt? Schenkt man der Literatur[65] Glauben, dann nein. „Die Auswahl der Anteilseignervertreter in Gesellschaften ohne bestimmenden Großaktionär erfolgt in einem Geheimverfahren in zwei verschiedenen Spielarten:

1. Durch Kooptation,[66] aber mitnichten durch den Gesamtaufsichtsrat oder auch nur die Anteilseignerbank, sondern durch den Aufsichtsratsvorsitzenden nach Rücksprache mit zwei bis drei Leading-Persons im Aufsichtsrat und dem Vorstandsvorsitzenden; oder

---

61 Im einzelnen § 137 dAktG.

62 *Beispiel*: Von den von etwa einem Dutzend Personen eingebrachten Gegenanträgen zur Hauptversammlung 2003 der HVB (vgl Fn 55, 64) betrafen mehr als die Hälfte den Tagesordnungspunkt „Wahl des Aufsichtsrats". Überwiegend sprachen sich die Aktionäre allerdings lediglich gegen den Wechsel des ehemaligen Vorstandsvorsitzenden in den Aufsichtsrat aus, also gegen die Bestellung einer einzigen Person auf der Liste. Einige Aktionäre schlugen auch einen Alternativkandidaten vor. Vgl http://www.hvbgroup.com.

63 Ausnahmebeispiel: der Geschäftsführer einer Wirtschaftsprüfungsgesellschaft.

64 Siehe *Bleicher/Leberl/Paul*, Unternehmensverfassung und Spitzenorganisation (1989), 73; *Lutter*, ZHR 159 (1995), 287, 301; zum Stimmverhalten vgl *Baums/Fraune*, AG 1995, 97, 110 Tabelle 17; auch unten bei Fn 180 ff. Das war schon vor 30 Jahren nicht anders, *Roth*, Die Herrschaft der Aktionäre in der Publikumsgesellschaft, in FS Paulick (1973), 81, 86. – Den Unmut der Aktionäre der HVB (vgl oben Fn 55, 62) über die Nominierung des ehemaligen Vorstandssprechers spiegelt auch das Abstimmungsergebnis der Hauptversammlung 2003 wider: Die Kandidatenliste wurde mit „nur" 97,51% der Stimmen angenommen; auf der Hauptversammlung 2004 erhielt der neuerlich Nominierte 97,31%, die übrigen Personen jeweils über 99% der Stimmen. Vgl http://www.hvbgroup.com.

65 ZB *Schreyögg*, AG 1983, 278, 279; *Biehler/Ortmann*, DBW 1985, 4, 8, 10; *Schilling*, FAZ Nr 199 v. 27.8.1994, 11; *Windolf/Beyer*, KZfSS 1995, 1, 17; *Windolf/Nollert*, PVS 2001, 51, 53.

66 Kooptation = Ergänzungs- oder Zuwahl, die Erwählung neuer Mitglieder eines Kollegialorgans durch dieses selbst.

2. durch den Vorstand nach Rücksprache mit dem Aufsichtsratsvorsitzenden, der sich seinerseits im Gespräch mit zwei bis drei Leading-Persons absichert."[67]

Damit hat sich ein Auswahlverfahren contra legem durchgesetzt, denn der Gesetzgeber hatte, gerade um zu verhindern, dass der Vorstand die Auswahl seiner zukünftigen Überwacher beeinflusst oder gar bestimmt, die Pflicht zur Erstattung eines Wahlvorschlags – anders als bei allen anderen der Hauptversammlung zur Beschlussfassung vorzulegenden Tagesordnungspunkten – dem Aufsichtsrat allein vorbehalten.[68] Das scheinen heute nicht einmal mehr die Rechtsgelehrten ernst zu nehmen, denn nach *Semler*[69] schließt dies nicht aus, dass der Aufsichtsrat vor der Beschlussfassung über seinen Wahlvorschlag die Meinung des *Vorstands* einholt, und begründet dies damit, dass zur Überwachungsaufgabe des Aufsichtsrats auch die Beratung des Vorstands zähle, daher stehe es dem gegenwärtigen Aufsichtsrat zu, beim Vorstand Erkundigungen darüber einzuholen, ob er eine bestimmte Person zukünftig als Ratgeber haben möchte. *Semler* verkennt dabei, dass die Beratung durch den Aufsichtsrat eine Form der Kontrolle ist, nicht mit der Tätigkeit eines Unternehmensberaters oder externen Marketingexperten gleichzusetzen. Ob der Vorstand eine Person um Rat fragen möchte oder nicht, ist irrelevant, denn der Aufsichtsrat ist von Gesetzes wegen verpflichtet, nicht nur berechtigt, kritische Stellungnahmen abzugeben, auch wenn dies dem Vorstand nicht konveniert.

Den Wahlvorschlag beschließt zwar formal die Bank der Aktionärsvertreter im Aufsichtsrat mit einfacher Mehrheit,[70] doch ausgesucht wurden die in den Vorschlag aufgenommenen Kandidaten von Personen, die aus der Sicht der Prinzipal-Agent-Theorie kein originäres Interesse an einer effektiven Überwachung der Geschäftsführung haben. Selbst dem Großaktionär, der gewiss – soweit vorhanden – bei der Vorauswahl ebenfalls ein gewichtiges Wort mitzureden hat, muss ein solches Interesse vom Hintergrund der realen Eigentumsverhältnisse in vielen Fällen abgesprochen werden, nämlich dann, wenn er seinerseits wiederum eine AG ist, deren Beteiligungsrechte vom Vorstand ausgeübt werden.

Verständlich ist zwar, dass der Vorstand sich im Aufsichtsrat kompetente, für die Geschäftsbeziehungen des Unternehmens nützliche Gesprächspartner wünscht und in diesem Sinne auf dessen Besetzung Einfluss nehmen möchte, zu rechtfertigen ist es vom Blickpunkt der Kontrollaufgabe des Aufsichtsrats her nicht: „Der Gedanke liegt nicht fern, dass Kontrolleure, die ihr Mandat den zu Kontrollierenden verdanken (und für dessen Verlängerung auf diese angewiesen sind, wäre zu ergänzen) im Regelfall ihre Hauptaufgabe nicht gerade darin sehen werden, diesen besonders scharf auf die Finger zu blicken."[71] Im Extremfall sind dann die Arbeitnehmervertreter im Aufsichtsrat die einzigen Personen, die die Kontrollaufgabe wahrnehmen, und sie tun es wiederum nur im Hinblick auf einen Teilausschnitt aus dem unternehmensrelevanten Interessenspektrum. Eine Aufgabe des Aufsichtsrats ist bekanntlich die Auswahl und Ernennung des Vorstands. Im Hinblick darauf kann dann der (allseits behauptete) bestimmende Einfluss des Vorstands auf die

---

67 *Lutter*, ZHR 159 (1995), 287, 301; auch *Ulmer*, AcP 202 (2002), 143, 161. Im deutlichen Gegensatz dazu die normativen Ansprüche von *Lutter*, ZIP 2003, 417. In den USA ist es gefestigte Erkenntnis, dass nach dem dortigen System das Management de facto über die Besetzung des board und namentlich seiner outside directors bestimmt; *Becker*, in *G.S. Becker/G.N. Becker*, Die Ökonomik des Alltags (1998), 193.

68 Vgl Begr zum RegE des dAktG 1965; *Kropff*, AktG (1965), § 124, 174.

69 *Semler*, in Semler/v. Schenck, aaO (Fn 9), § 4 Rn 3.

70 § 124 Abs 3 S 4 1. Halbs AktG; *Hüffer*, AktG^{6}, § 124 Rn 17.

71 *Ulmer*, AcP 202 (2002), 143, 161.

Wahllisten des Aufsichtsrats den – wohl nicht in dieser Schärfe zutreffenden – Eindruck erwecken, dass der Vorstand bzw der Vorstandsvorsitzende den Aufsichtsrat aussucht und dieser im Gegenzug die Personalentscheidungen über den Vorstand nach dessen Wünschen trifft.[72]

Das *österreichische AktG* enthält keine Vorschrift, nach der (allein) der Aufsichtsrat der Hauptversammlung einen Vorschlag für die Wahl des Aufsichtsrats zu unterbreiten hat. Überhaupt lässt das öAktG vieles hinsichtlich der Wahl der Aufsichtsratsmitglieder im Dunkeln bzw überlässt es der Satzung.[73] Steht in Österreich die Wahl des Aufsichtsrats auf der Tagesordnung der Hauptversammlung, so ist in der Einladung dazu lediglich als Tagesordnungspunkt zu lesen „Wahl des Aufsichtsrates". Die Kandidaten, von wem auch immer vorgeschlagen – idR werden dies wohl die gleichen Personengruppen sein wie in Deutschland –, werden den Aktionären zumeist erst auf der Hauptversammlung bekannt gegeben[74] (abgesehen von Personen, von deren Nominierung durch die Medien berichtet wird).

Im Hinblick auf die Transparenz der Vorgänge und die Stärkung der Rechte der Aktionäre brachte bereits der ÖCGK in seiner ersten Fassung[75] eine begrüßenswerte – damals noch als unverbindliche Empfehlung („Anregung" in der Terminologie des deutschen Kodex, nun C-Regel) formulierte – Verbesserung: „Die Kandidaten der Aufsichtsratswahl sind eine Woche vor der Hauptversammlung bekannt zu geben und *vorzustellen*;" dies hat auf der Website der Gesellschaft zu geschehen.[76] Seit kurzem haben generell in allen Gesellschaften[77] die vorgeschlagenen Personen der Hauptversammlung gegenüber ihre fachliche Qualifikation, ihre beruflichen oder vergleichbaren Funktionen (zB Haupt- und Nebenberufe, Mandate im Ausland, politische Mandate) sowie allfällige Befangenheitsgründe (zB Mandate in Konkurrenzunternehmen) darzulegen.[78] Anhand dieser Informationen, – die zumindest in börsennotierten Gesellschaften (aufgrund des ÖCGK) eine Woche vor der Hauptversammlung veröffentlicht werden – sollte es einem Aktionär möglich sein, sich eine fundierte Meinung über die Eignung der vorgeschlagenen Person(en) zu bilden. Ein aktiver Kleinaktionär oder kleiner Minderheitenaktionär hat somit nun auch *de facto* die Möglichkeit, selbst – gegebenenfalls im Zusammenwirken mit anderen Minderheitsaktionären – *vor* der Hauptversammlung einen Alternativvorschlag einzubringen oder aber der sein Stimmrecht ausübenden Bank eine Weisung hinsichtlich des Abstimmungsverhaltens zu erteilen.

72 „Wechselseitige Kooptation", *Windolf/Nollert*, PVS 2001, 51, 53.

73 § 113 Abs 2 öAktG.

74 Nach der Judikatur ist dies zulässig. Vgl *Jabornegg/Strasser*, AktG[4], § 108 Rn 2 a.E.; OGH GesRZ 1981, 115 betr. Wahl des Geschäftsführers einer GmbH.

75 Vgl oben Fn 44.

76 Ziff. 5 wurde mit der Fassung 1. Jänner 2006 deutlicher formuliert und zur C-Regel.

77 Börsennotiert und nichtbörsennotiert, auch in GmbHs.

78 § 87 Abs 1a öAktG, eingeführt mit GesRÄG 2005 (o. Fn 35), EBRV 7; gilt für alle ab dem 1.1.2006 gewählten – nicht entsandten oder gerichtlich bestellten – Aufsichtsratsmitglieder. Die Informationen können mündlich oder schriftlich an die Hauptversammlung herangetragen werden; der Kandidat muss in der HV daher nicht anwesend sein.

B Zur Person des Aktionärsvertreters: rechtliche Vorgaben

Die personelle Zusammensetzung deutscher Aufsichtsräte ist nicht erst ein Thema der Diskussion um gute Corporate Governance, sondern erregt schon seit Jahrzehnten immer wieder Kritik. Im Zentrum standen und stehen vor allem Bankenvertreter, mit deren gehäufter Wahrnehmung von Aufsichtsratsmandaten ua die *Macht der Banken* thematisiert wird. Die weitreichende personelle Verflechtung von Unternehmungen über Vorstands- und Aufsichtsratsmandate hat zusammen mit der damit einhergehenden kapitalmäßigen Verflechtung zur Prägung des Begriffs „Deutschland AG" geführt. Für Kontrolldefizite verantwortlich gemacht wird darüber hinaus die Praxis, dass ehemalige Vorstandsmitglieder in den eigenen Aufsichtsrat wechseln und namentlich die ehemaligen Vorstandsvorsitzenden dort vielfach den Vorsitz übernehmen.

1 Gesetzliche Bestellungsvoraussetzungen

Zur Beantwortung der Frage, *welche Personen* zur Wahl in den Aufsichtsrat vorgeschlagen und anhand welcher Kriterien sie ausgewählt werden sollen, ist ein Blick ins Gesetz wenig hilfreich. Das deutsche wie das österreichische AktG stellen hierfür nur wenige Voraussetzungen auf.[79] In beiden Ländern sind die Bestimmungen ausschließlich so formuliert, dass sie festlegen, welche Personen disqualifiziert sind, nicht hingegen gesagt wird, über welche Fähigkeiten oder Eigenschaften eine Person positiv verfügen muss.

Die Person darf nicht zugleich Vorstandsmitglied oder Angestellter der AG sein.[80] In Deutschland erstreckt sich diese *Inkompatibilitätsvorschrift* nicht auf alle Angestellten der AG, sondern es werden abschließend neben den Vorstandsmitgliedern deren dauernde Stellvertreter, Prokuristen und zum gesamten Geschäftsbetrieb ermächtigte Handlungsbevollmächtigte genannt.[81] Das weiterreichende österreichische Bestellungsverbot ist von dem Gedanken getragen, dass Personen, die *in persönlicher Abhängigkeit* vom Vorstand für die AG tätig sind, die Überwachungsaufgabe des Aufsichtsrats über eben diesen Vorstand aufgrund ihres Abhängigkeitsverhältnisses nicht mit hinreichender *Unabhängigkeit* wahrnehmen können.[82]

Auch dürfen Personen, die schon eine *bestimmte Höchstzahl* von Aufsichtsratsmandaten innehaben, weder als Arbeitgeber- noch als Arbeitnehmervertreter zu Aufsichtsratsmitgliedern bestellt werden.[83] Nach deutschem wie österreichischem AktG sind dies *zehn* Aufsichtsratsmandate bzw in Österreich acht Mandate in börsennotierten Gesellschaften,

---

79 § 100 dAktG, § 86 Abs 2 öAktG.

80 § 90 Abs 1 öAktG. Die im Wortlaut ausgedrückte Beschränkung auf „die Geschäfte führende" Angestellte wird von der hM vernachlässigt, *Jabornegg/Strasser*, AktG^4, § 90 Rn 19; OGH RdW 1998, 73. Dieses Bestellungsverbot gilt nicht für Arbeitnehmervertreter im Aufsichtsrat, weil deren hinreichende persönliche und wirtschaftliche Unabhängigkeit vom Einfluss des Vorstands durch den besonderen Kündigungsschutz für Betriebsratsmitglieder abgesichert wird. Gewerkschaftsfunktionäre oder Mitglieder von Betriebsräten, die nicht zugleich Arbeitnehmer der AG sind, schließt der österreichische § 110 Abs 1 ArbVG, anders als in Deutschland, sogar aus, um zu verhindern, dass auf diese Weise überbetriebliche Interessen- oder Verbandspolitik in den Aufsichtsrat hineingetragen wird. Vgl *Jabornegg/Strasser*, AktG^4, § 86 Rn 12.

81 § 105 Abs 1 dAktG.

82 Vgl *Jabornegg/Strasser*, AktG^4, § 86 Rn 12.

83 § 100 Abs 2 S 1 Nr 1, S 2 dAktG; § 86 Abs 2 bis 4 öAktG.

wobei der Vorsitz jeweils doppelt zählt.[84] In Deutschland dürfen weitere fünf konzerninterne Mandate wahrgenommen werden; in Österreich beträgt die absolute Obergrenze für diese und ähnliche Sonderfälle zwanzig.[85] Mandate in vergleichbaren Gremien im Ausland werden weder in Deutschland noch in Österreich in die Zählung miteinbezogen.[86] Des Weiteren darf ein Vorstandsmitglied eines abhängigen Unternehmens nicht zugleich Aufsichtsratsmitglied des (be-)herrschenden Unternehmens sein (sog Bestellung gegen das *natürliche Organisationsgefälle* im Konzern).[87] Schließlich darf ein Vorstandsmitglied einer Gesellschaft (A) nicht zum Mitglied des Aufsichtsrats (B) bestellt werden, wenn jenem Aufsichtsrat (A) ein Vorstandsmitglied dieser Gesellschaft (B) angehört (sog *Überkreuzverflechtungsverbot*); in Österreich sind konzernmäßig verbundene Unternehmen davon ausgenommen.[88] Bestellungshindernisse ergeben sich vereinzelt auch aus anderen Gesetzen.[89]

2 Regeln im DCGK und ÖCGK, die die Auswahl von Aufsichtsratsmitgliedern zum Gegenstand haben

Im Interesse einer *unabhängigen Kontrolle* sehen der DCGK und der ÖCGK eine Reihe von Regeln vor, die – entsprechend der Empfehlung der EG-Kommission[90] – im Jahre 2005 bzw 2006 deutlich verschärft wurden:[91] Dem Aufsichtsrat soll eine ausreichende Anzahl unabhängiger Mitglieder (ausreichend nach des Aufsichtsrats eigener Einschätzung) angehören;[92] auch eine Definition, was unter „unabhängig" zu verstehen ist, wird in beiden Kodices erstmals festgeschrieben.[93] In Deutschland sollen bei Wahlvorschlägen potentielle Interessenkonflikte berücksichtigt werden.[94] Wahlen sollen als Einzelwahl durchgeführt werden; Kandidaten*vorschläge* für den Aufsichtsrats*vorsitz* sollen den Aktionären bekannt gegeben werden.[95] – Diese beiden letztgenannten Punkte sind insofern beachtenswert, als es bisher Praxis war, Wahlen en bloc durchzuführen,[96] und es nach ge-

84 § 100 Abs 2 Z 1 dAktG; § 86 Abs 2 Z 1, Abs 4 öAktG; diese Empfehlung des ÖCGK wurde mit GesRÄG 2005 (o. Fn 35) in das öAktG übernommen.

85 Vgl *Jabornegg/Strasser*, AktG⁴, § 86 Rn 16. Krit *Schima*, GesRZ 2003, 199, 203. Mit GesRÄG 2005 (o. Fn 35) wurde das sog Bankenprivileg aufgehoben und statt dessen ein sog Beteiligungsprivileg eingeführt.

86 Ganz hM, siehe *Hüffer*, AktG^6, § 100 Rn 3; *Mertens*, in KölnerKomm^2 (1996), § 100 Rn 17; *Jabornegg/Strasser*, AktG^4, § 86 Rn 16; aA *Koppensteiner*, GmbHG^2 (1999), § 30 a Rn 8.

87 § 100 Abs 2 Z 2 dAktG ist nicht auf leitende Angestellte des abhängigen Unternehmens anzuwenden; gilt nach hM – anders als bei der Höchstzahl – auch für Vorstandsmitglieder von abhängigen Untenehmen, die nicht in Deutschland ihren Sitz haben. Vgl dazu *Hüffer*, AktG^6, § 100 Rn 5. § 86 Abs 2 Z 2 öAktG idF GesRÄG 2005 (o. Fn 35).

88 § 100 Abs 2 Z 3 dAktG; vgl dazu *Hüffer*, AktG^6, § 100 Rn 6. § 86 Abs 2 Z 3 öAktG idF GesRÄG 2005 (o. Fn 35).

89 ZB § 48 Abs 5 GWB, § 63 Abs 4 öRichterdienstgesetz, für Bürgermeister gem öUnvereinbarkeitsG 1983.

90 Empfehlung der Kommission v. 15. Februar 2005 zu den Aufgaben von nicht geschäftsführenden Direktoren / Aufsichtsratsmitgliedern / börsennotierter Gesellschaften sowie zu den Ausschüssen des Verwaltungs- / Aufsichtsrates, ABl L 52/51 v. 25.2.2005. Die Empfehlung ist in den Mitgliedstaaten bis zum 30. Juni 2006 entweder in den nationalen Kodices oder in Gesetzesform umzusetzen. Dazu unten bei Fn 266, 269 f, 284 ff.

91 Zu den Änderungen im DCGK vgl zB *Lieder*, NZG 2005, 569.

92 Ziff 5.4.2 DCGK, eingefügt mit der Anpassung 2. Juni 2005; Ziff 53 ÖCGK und Ziff 39 für sämtliche Ausschüsse des Aufsichtsrats, eingefügt mit der Anpassung 1. Jänner 2006.

93 Ausführlich unten bei Fn 270, 281 ff.

94 Ziff 5.4.1 DCGK.

95 Ziff 5.4.3 DCGK.

96 Vgl oben bei Fn 52 ff.

setzlicher Vorschrift[97] die Aufgabe des sich konstituierenden Aufsichtsrats ist, aus seiner Mitte einen Vorsitzenden zu wählen. Mit dieser Regelung wird den Aktionären erstmalig eine de facto echte Einflußmöglichkeit auf die Zusammensetzung des Aufsichtsrats und indirekt wohl auch auf die Position des Aufsichtsratsvorsitzenden eingeräumt – zwei Gesichtspunkte, die für die Effizienz der Kontrolle relevant sind, die der Aufsichtsrat ja schließlich im Interesse der Aktionäre auszuüben hat. Zwar hat nach dem Gesetz weiterhin der Aufsichtsrat selbst seinen Vorsitzenden zu bestimmen, doch sollte es ihm dabei nicht gleichgültig sein, wie groß die Zustimmung ist, die die hierfür vorgeschlagenen Kandidaten in der Einzelwahl bei den Aktionären finden.[98] – Weiters sieht der DCGK vor, dass dem Aufsichtsrat nicht mehr als zwei *ehemalige Vorstandsmitglieder* desselben Unternehmens angehören sollen;[99] der Wechsel eines bisherigen Vorstandsmitglieds, insb des Vorsitzenden, in den Vorsitz des Aufsichtsrats oder in den Vorsitz eines Ausschusses soll nicht die Regel sein und eine diesbezügliche Absicht soll der Hauptversammlung gegenüber besonders begründet werden.[100] Nach österreichischem Kodex soll der Aufsichtsratsvorsitzende nicht ehemaliger Vorstandsvorsitzender sein, außer es liegt ein Zeitraum von zwei Jahren dazwischen.[101] Aufsichtsratsmitglieder sollen keinen Organfunktionen oder Beratungsaufgaben *bei Konkurrenzunternehmen* ausüben;[102] ein Vorstandsmitglied soll ein Aufsichtsratsmandat (außerhalb des Konzerns) nur mit Zustimmung des eigenen Aufsichtsrats übernehmen.[103]

Wesentlich deutlicher als der DCGK hat der ÖCGK – mutmaßlich aufgrund seines späteren Erscheinens – in seiner derzeit geltenden Fassung die Empfehlungen der EG-Kommission aufgegriffen. In einem neu hinzugekommenen Anhang 1 enthält er „Leitlinien für die Unabhängigkeit“. Diese Leitlinien sollen zur Festlegung eines Kriterienkatalogs, der vom Aufsichtsrat *jeder* Gesellschaft selbst ausgearbeitet und auf der Webpage der Gesellschaft veröffentlicht werden soll, herangezogen werden. Sie verschärfen zT bereits bisher im ÖCGK enthaltene Regeln, iW stellen sie jedoch die Umsetzung der Empfehlung dar, in Details sind sie sogar strenger: Ein Aufsichtsratsmitglied soll in den vergangenen fünf Jahren nicht Mitglied des Vorstands oder leitender Angestellter der Gesellschaft oder eines Tochterunternehmens gewesen sein; es soll kein Geschäftsverhältnis von bedeutendem Umfang zur Gesellschaft (einschließlich Tochterunternehmen) unterhalten oder in den letzten Jahren – wie viele wird nicht gesagt – unterhalten haben; einschränkend wird festgelegt, dass die Genehmigung einzelner Geschäfte mit einem Aufsichtsratsmitglied durch den Aufsichtsrat nicht automatisch zu dessen Unabhängigkeit führt.[104] Es soll in den letzten drei Jahren nicht Abschlussprüfer der Gesellschaft gewesen

---

97 § 107 Abs 1 dAktG.

98 Vgl oben Fn 64.

99 Ziff 5.4.2 DCGK; die gleichlautende Regel ist im ÖCGK idF 1. Jänner 2006 nicht mehr enthalten (bisher Ziff 52 ÖCGK). Siehe jedoch sogleich im Text bei Fn 104.

100 Ziff 5.4.4 und speziell Ziff 5.3.2 DCGK.

101 Ziff 55 ÖCGK.

102 Ziff 5.4.2 DCGK, Ziff 45 ÖCGK: die Einschränkung „wesentlich“ fehlt.

103 Ziff 4.3.5 DCGK. Seit dem GesRÄG 2005 (o. Fn 35) ist dies in Österreich gesetzlich vorgeschrieben, § 79 Abs 1 öAktG.

104 Der Katalog zustimmungspflichtiger Geschäfte in § 95 Abs 5 öAktG wurde mit GesRÄG 2005 (o. Fn 35) um Verträge zwischen Aufsichtsratsmitgliedern und der Gesellschaft, bei denen das Entgelt nicht bloß geringfügig ist (Richtwert ca. 10% der Vergütung als Aufsichtsrat), erweitert (Z 12). Gegenstand und Entgelt der Verträge sollen im Geschäftsbericht veröffentlicht werden; Ziff 49 ÖCGK, C-Regel.

sein.[105] Es soll kein enger Familienangehöriger[106] eines Vorstandsmitglieds, Abschlussprüfers, leitenden Angestellten uä sein.[107] Anhand des vorhin erwähnten Kriterienkatalogs hat das Aufsichtsratsmitglied selbst zu erklären, ob es unabhängig ist. In Gesellschaften mit Streubesitz ist der Qualifikation als unabhängig zusätzlich abträglich, wenn das Aufsichtsratsmitglied Anteilseigner mit einer Beteiligung von mehr als 10% oder Vertreter von dessen Interessen ist; beträgt der Streubesitz mehr als 20%, so soll dem Aufsichtsrat mindestens ein in diesem Sinne unabhängiges Mitglied angehören, bei Gesellschaften mit einem Streubesitz von mehr als 50% mindestes zwei.[108]

Neben dem Appell an jedes einzelne Aufsichtsratsmitglied, darauf zu achten, dass ihm für die Wahrnehmung seiner Mandate *genügend Zeit* zur Verfügung steht, findet sich im DCGK die zahlenmäßige Begrenzung, dass ein hauptberufliches Vorstandsmitglied einer börsennotierten Gesellschaft insgesamt *nicht mehr als fünf* Aufsichtsratsmandate in konzernexternen (börsennotierten) Gesellschaften wahrnehmen soll;[109] in Österreich soll ein Vorstandsmitglied einer börsennotierten Gesellschaft nicht mehr als *vier* konzernexterne Mandate in Aktiengesellschaften wahrnehmen (Vorsitz zählt doppelt).[110]

Auch auf die *Qualifikation* (Kenntnisse, Fähigkeiten und Erfahrung) des einzelnen Mitglieds und auf eine fachlich ausgewogene Zusammensetzung des Gesamtaufsichtsrats soll bei der Bestellung geachtet werden.[111]

C Zur Person des Aufsichtsratsmitglieds: Rechtstatsachen

1 Personelle Zusammensetzung der Aufsichtsräte deutscher Aktiengesellschaften

Erhebungen über die personelle Zusammensetzung deutscher Aufsichtsräte ermöglichen erste Rückschlüsse auf die handlungsleitenden Motive bei der Kandidatenauswahl.

Bekanntlich sind deutsche wie österreichische Aufsichtsräte mit Anteilseignervertretern[112] und Arbeitnehmervertretern besetzt, in *Österreich* im Verhältnis 2:1, in *Deutschland* mit stärkerer Differenzierung, die bei Großunternehmen iW auf eine paritätische Besetzung mit einem Kapitalvertreter als Vorsitzendem hinausläuft. Im Folgenden werden Arbeitnehmervertreter nur am Rande berücksichtigt.

Bei einem überwiegenden Teil der Anteilseignervertreter handelt es sich um Vorstandsmitglieder anderer Industrieunternehmen,[113] von Banken oder Versicherungen;

---

105 Gem § 271 Abs 2 Z 3 öHGB bzw Z 2 iVm Z 3 idF GesRÄG 2005 (o. Fn 35) ist als Abschlussprüfer ausgeschlossen, wer innerhalb von drei Jahren vor seiner Bestellung Mitglied des Aufsichtsrats der zu prüfenden Gesellschaft war bzw nun innerhalb von 24 Monaten vor Beginn des zu prüfenden Geschäftsjahres.

106 Auch: Lebensgefährten, Onkel, Tanten, Nichten, Neffen.

107 Bisher sollte (unverbindliche Empfehlung, Ziff 53) höchstens ein Viertel der Aktionärsvertreter in einem Verwandtschaftsverhältnis (direkte Nachkommen, Ehegatte, Eltern) oder einem vergleichbaren Naheverhältnis zu anderen Organmitgliedern stehen.

108 Ziff 54 ÖCGK.

109 Ziff 5.4.5 DCGK.

110 Ziff 57 ÖCGK.

111 Ziff 5.4.1, und speziell 5.3.2 DCGK, Ziff 52 ÖCGK.

112 Auch Kapital- oder Aktionärsvertreter genannt.

113 Bzw um Inhaber vergleichbarer Positionen in in- und ausländischen Unternehmen.

auch deren ehemalige Vorstandsmitglieder [114] nehmen Aufsichtsratsmandate wahr. In den Unternehmen des *Dax 30* beträgt ihr Anteil 58%. [115] Das bedeutet, dass im Durchschnitt 5,5 Vertreter anderer Unternehmen in einem Aufsichtsrat anzutreffen sind. Geht man ins Detail, so sind 36% der Gruppe „Vorstand und Altvorstand eines Nichtfinanz-Unternehmens" und 22% (18% [116]) der Gruppe „Vorstand und Altvorstand eines Finanzunternehmens" (Bank, Versicherung) zuzuordnen. Vertreter von Finanzinstituten in sind in etwa 65% der Unternehmen anzutreffen. [117] Bei etwa 5% der Anteilseignervertreter handelt es sich um ehemalige Vorstandsmitglieder des eigenen Unternehmens. Sie sind in einem Drittel der Unternehmen anzutreffen. [118] Hervorzuheben ist, dass die ehemaligen Vorstandsvorsitzenden bzw Sprecher des Vorstands ausnahmslos den Vorsitz im Aufsichtsrat übernehmen. Als „Nur-Aufsichtsräte" wurden 15% aller Mandatsträger klassifiziert. [119] Ebenfalls 15% sind als „Experten" zu bezeichnen; dazu zählen va Rechtsanwälte und sonstige Juristen, Chemiker und Biologen (va in den Aufsichtsräten der Chemieindustrie), sonstige Techniker, ein Zeitungsverleger, ein ehemaliger Mitarbeiter eines Max-Planck-Instituts, Wirtschaftswissenschaftler, Unternehmensberater. 3,7% sind Politiker und hier wiederum überwiegend ehemalige Politiker. Etwa 3% der Personen konnten nicht zugeordnet werden.

Untersuchungen, die eine größere Anzahl von Unternehmen einbeziehen, wurden bisher nur punktuell durchgeführt und liegen teilweise schon Jahrzehnte zurück. Die Ergebnisse zeigen dennoch große Übereinstimmung mit den für die Unternehmen des Dax 30 ermittelten. Der Anteil der Unternehmensvertreter (Finanz- und Nicht-Finanzunternehmen einschließlich deren ehemalige Vorstandsmitglieder) betrug für 56 nicht kapitalmäßig verbundene Unternehmen 1969 42% und 1988 50%. [120] 1984 war etwa jedes sechste Mitglied (= rd 17%) des Aufsichtsrats eines der 100 größten Unternehmen Deutschlands ein Vertreter einer Bank (ohne Versicherungen). [121] 1998 war in 70% der deutschen Unternehmen ein Bankenvertreter anzutreffen. [122] Ende der 70er Jahre übten 2% aller Anteilseignervertreter vor ihrer Berufung in den Aufsichtsrat ein Vorstandsmandat in diesem Unternehmen aus. Sie waren in 12% der Gesellschaften anzutreffen. 5% aller

114 Diese werden nach allgemeiner Auffassung als mit dem Unternehmen, dessen Vorstand sie angehörten, eng verbunden angesehen und daher zur Gruppe der Unternehmensvertreter hinzugerechnet.

115 Eigene Erhebungen für 23 der im Dax 30 notierten Unternehmen (Stand März 2003). Für sieben Unternehmen waren die auf ihrer Homepage verfügbaren Daten nicht ausreichend, um eine Klassifizierung vornehmen zu können. Insgesamt wurden 217 Mandate der Kapitalseite untersucht.

116 Ohne Deutsche Boerse AG: In ihrem Aufsichtsrat finden sich ausschließlich Banker.

117 In zwei weiteren Unternehmen findet sich ein ehemaliges Vorstandsmitglied, das ergibt insgesamt 74%.

118 Nach einer Aufstellung der Deutschen Schutzvereinigung für Wertpapierbesitz (vgl Pressemitteilung v. 14.8.2003, http://www.dsw-info.de unter Publikationen, Studien) in 43% der Unternehmen. Zu erklären sind die Abweichungen möglicherweise mit dem unterschiedlichen Erhebungsumfang (vgl Fn 115, 147), Dunkelziffern (folgende Fn) oder mit dem unterschiedlichen Untersuchungszeitraum (März bzw vermutlich Juli/August 2003): In den dazwischenliegenden Monaten wurde in einigen Unternehmen der Aufsichtsrat neu gewählt und es ist durchaus möglich – so wie die Headline in einem Artikel im Manager Magazin 4/2002, 58 prognostiziert hat –, dass „Selten zuvor so viele Vorstandschefs auf den obersten Aufsichtsratsstuhl [wechseln]."

119 UU ist dieser Anteil zu hoch, denn Personen, deren frühere Vorstandsposition nicht explizit genannt wird, werden dieser Gruppe zugeordnet.

120 *Schreyögg/Papenheim-Tockhorn*, AG 1994, 381, 385.

121 *Lutter*, RdW 1987, 314; Monopolkommission, 6. Hauptgutachten 1984/85, BT-Drucks 10/5860, Rn 397.

122 *Korn/Ferry International*, European Boards of Directors Study 1998, zit nach *Potthoff/Trescher*, Das Aufsichtsratsmitglied[5] (2001), 105.

Aufsichtsratsmitglieder wurden zu den Experten gerechnet; sie waren in einem Fünftel der Gesellschaften vertreten.[123]

Auf Grund dieser Ergebnisse konnten wir vor eineinhalb Jahren noch die Feststellung treffen, dass das, was von den Kodizes hinsichtlich der berufsgruppenbezogenen Zusammensetzung des Aufsichtsrats gefordert wird, zwar nicht als nutzlos abgetan werden kann, aber auch keine wirkliche Verbesserung bringen wird. Denn beispielsweise waren zwar bei mindestens einem Drittel der Unternehmen ehemalige Vorstandsmitglieder im Aufsichtsrat anzutreffen, doch in nur zwei Unternehmen zwei und in keinem einzigen mehr als zwei. Lediglich der German Code of Corporate Governance des Berliner Initiativkreises wollte den Wechsel in den Aufsichtsrat noch auf *ein* Vorstandsmitglied beschränken.[124] Nach der jüngsten Adaptierung des DCGK ist diese Schlussfolgerung nicht mehr uneingeschränkt gerechtfertigt. Denn die Anforderungen wurden nunmehr dahingehend verfeinert, dass der Wechsel eines Vorstandsmitgliedes in den Vorsitz des Aufsichtsrats oder eines Ausschusses des Aufsichtsrats nicht die Regel sein soll und ein dahingehendes Ansinnen der Hauptversammlung gegenüber besonders begründet werden soll.

Soweit die Kontrolldefizite auf mangelnde Unabhängigkeit zurückzuführen sind, ist die Beteiligung ehemaliger Vorstandsmitglieder in den Aufsichtsräten durchaus als gewichtiger Faktor anzusehen, denn unbestreitbar ist, dass eine ehemaliges Vorstandsmitglied zB die von ihm ausgearbeitete Strategie nicht für falsch erklären wird, nur weil es jetzt Mitglied des Kontrollorgans ist. Selbst wenn man ihm die besten Absichten zubilligt, also nicht der Spekulation erliegt, er wolle frühere Fehlentscheidungen vertuschen, so wird sein Blick dennoch getrübt sein. Notwendige Änderungen, zB stärkere Diversifikation oder Expansion, werden uU verhindert, denn hätte der ehemalige Vorstand diese Notwendigkeit erkannt, dann hätte er schon als Vorstandsmitglied dementsprechend gehandelt. Ehemalige Vorstandsmitglieder verfügen andererseits in gleicher Weise wie Arbeitnehmervertreter im Aufsichtsrat über weitreichende Kenntnisse der Unternehmensinterna, sodass ihre Anwesenheit (als einfaches Mitglied) im Aufsichtsrat durchaus im Interesse einer effizienten Kontrolle liegen kann.[125] Der mündige Aktionär wird bei seiner Stimmabgabe bei der nun vorgesehenen Einzelwahl einerseits die bisherige Arbeit des Vorstands honorieren oder missbilligen und andererseits seinem Vertrauen oder Misstrauen in die Fähigkeit des ehemaligen Vorstands zum Rollenwandel vom Manager zum Kontrolleur Ausdruck verleihen.

Im übrigen sollten angesichts der Dominanz von derzeitigen oder ehemaligen Vorstandsmitgliedern großer Unternehmen, Banken, Versicherungen in den Aufsichtsräten Kontrolldefizite weniger in der unzureichenden *fachlichen Qualifikation* der Mitglieder des Aufsichtsrats begründet sein.[126] Einer Person, die in ihrer täglichen Vorstandsarbeit ebenjene Maßnahmen zu ergreifen hat oder hatte, die sie im Aufsichtsrat zu kontrollieren hat, die Fehlentwicklungen vorauszusehen und zu verhindern hat, bevor der Aufsichtsrat

---

[123] *Vogel*, Aktienrecht und Aktienwirklichkeit, 1980, 128 f (Stichprobe: 259 deutsche Aktiengesellschaften mittlerer Größe [200 bis 2000 Arbeitnehmer] der Jahre 1975/76).

[124] Ziff 4.4; *Berliner Initiativkreis*, German Code of Corporate Governance (GCCG), Juni 2000, http://www.gccg.de/deu_German-Code-of-Corporate-Governance.pdf.

[125] Ausführlich zu den Vor- und Nachteilen und den (haftungs-)rechtlichen Implikationen des Wechsels vom Vorstand in den Aufsichtsrat *Lange*, NZG 2004, 265.

[126] Dies aus der Sicht der grauen Theorie. Es ist uns nicht entgangen, dass Praktiker eine gezielte Mischung spezialisierter Qualifikationen im Aufsichtsrat vermissen, siehe *Säcker*, AG 2004, 180, 182.

überhaupt damit befasst wird, kann durchaus zugetraut werden, auch für die Bewältigung der Aufgaben des Aufsichtsrats über ausreichenden Sachverstand zu verfügen. Das zentrale Problem scheint uns vielmehr die fehlende *Unabhängigkeit im Denken und Urteilen* zu sein, die aus einer interessemäßigen Verflechtung und auch jenseits von dieser aus Beeinträchtigungen der Unvoreingenommenheit resultiert, die sich aus dem persönlichen Selbstverständnis, berufs- und laufbahnbedingten Prägungen, Gruppenzugehörigkeit und Solidarisierung ergeben können.[127] Naturgemäß sind derartige Faktoren nur schwer als harte Tatsachen auszumachen, wenn sie sich nicht überhaupt empirischer Überprüfung entziehen, und deshalb gibt es auch einschlägige Untersuchungen praktisch nur zu einigen ganz spezifischen Teilausschnitten der Fragestellung, deren erster die personelle Verflechtung mit anderen Unternehmen über das Aufsichtsratsmandat ist, die Interessenkonflikte nahezu unausweichlich macht und dadurch eine unabhängige Überwachung nur bedingt gewährleistet ist.

2 *Personelle Verbindung – Mehrfachmandate*

Der Sachverhalt, dass ein und dieselbe Person Mandatsträger in Organen von zwei oder mehreren Unternehmen ist, wird als personelle Verbindung (interlocking directorate) bezeichnet.[128] Da personelle Verbindungen zwischen Unternehmen nur ent- und bestehen, wenn eine Person mindestens zwei Mandate innehat, hängt der Sachverhalt eng mit der von den Corporate Governance Kodizes behandelten Thematik der *Mehrfachmandate* von Aufsichtsräten zusammen, doch mehr noch ist er von Interesse für die Verflechtung von Aufsichts- mit Managementfunktionen, und mehr noch als unter dem Gesichtspunkt der Arbeits- oder Aufgabenüberlastung für den Problembereich der *Unabhängigkeit* von Aufsichtsratsmitgliedern. Auch unter dem Blickpunkt des Wettbewerbsrechts sind personelle Verbindungen – insb jene zwischen Konkurrenten – relevant, doch soll dies hier außer Betracht bleiben.

Folgende Konstellationen personeller Verbindungen sind zu unterscheiden:

1. Mitgliedschaft in den Vorständen zweier Unternehmen,[129]
2. in einem Vorstand und einem Aufsichtsrat (*primäre* personelle Verbindung),[130]
3. in zwei Aufsichtsräten (*sekundäre* personelle Verbindung). Diese Unternehmensverbindung kann wieder in zwei Erscheinungsformen auftreten: als Konsequenz zweier primärer Beziehungen, also wenn das Vorstandsmitglied des Unternehmens A gleichzeitig bei den Gesellschaften B und C im Aufsichtsrat amtiert,[131] oder ohne eine solche verknüpfende Vorstandsfunktion. Letzteres rührt nicht selten daher, dass ein Vor-

[127] Siehe bereits *Roth,* ZIP 2003, 369.

[128] Dazu *Pappi,* Personelle Verflechtungen, in *Frese* (Hrsg), Handwörterbuch der Organisation, 1992, Sp. 1962; *Biehler/Ortmann,* DBW 1985, 4; *Ziegler,* KZfSS 1984, 585, 593; *Schreyögg/Papenheim-Tockhorn,* AG 1994, 381, 384; *dies,* ZfB 1995, 205, 210 ff; *Windolf/Beyer,* KZfSS 1995, 1, 16 ff; *Windolf/Nollert,* PVS 2001, 51, 57 f. Die Begrifflichkeiten divergieren teilweise.

[129] Vorstandsidentität ist ausschließlich innerhalb eines Konzernverbunds anzutreffen, s *Pfannschmidt,* ZfB 1995, 177, 181; *Holtmann,* Personelle Verflechtungen auf Konzernführungsebene (1989). *Beispiel*: *Dr. Gerhard Cromme* war von März 1999 bis September 2001 einer der beiden Vorsitzenden des Vorstands der ThyssenKrupp AG und zugleich Vorstandsvorsitzender der ThyssenKrupp Automotive AG.

[130] *Beispiel*: Der Sprecher des Vorstands der Deutschen Bank, *Dr. Josef Ackermann,* nimmt Mandate in den Aufsichtsräten von Bayer, Deutscher Lufthansa, Linde und Siemens wahr und stellt damit vier primäre personelle Verbindungen her.

[131] *Beispiel*: *Dr. Josef Ackermann* stellt zugleich (siehe vorige Fn) sechs sekundäre personelle Verbindung her.

standsmitglied in den Aufsichtsrat des eigenen Unternehmens wechselt und dabei seine bisherigen Aufsichtsratsmandate beibehält, eventuell weitere annimmt.[132] Die Mitgliedschaft „sonstiger" Personen, zB Rechtsanwälte, Professoren in den Aufsichtsräten zweier (oder mehrerer) Unternehmen ist denkbar, wenngleich eher selten, da diese Personengruppen überhaupt nur zu einem relativ geringen Anteil in deutschen Aufsichtsräten vertreten sind.

Zur Veranschaulichung der tatsächlichen Verhältnisse einige Zahlen:

Ein Mitglied eines Vorstands oder Aufsichtsrats eines deutschen (Groß-) Unternehmens hatte in den Jahren zwischen 1976 und 1989 im Durchschnitt – je nach Studie[133] – zwischen 1,2 und 1,4 Mandate in diesen beiden Gremien inne.[134] Diese auf den ersten Blick – und nach der einhelligen und über die Jahre hinweg konstanten Kritik an Mehrfachmandaten und personellen Verflechtungen so nicht erwartete – geringe Anzahl von Mandaten pro Person relativiert sich dadurch, dass zwischen 83,5 und 89%[135] aller Positionsinhaber lediglich über ein einziges Mandat verfügten. In diesem Zusammenhang ist bemerkenswert, dass ein Boardmitglied in den USA 1991 ebenfalls statistisch über 1,3 director-seats verfügte.[136]

Eine Person, die mehr als eine Position bekleidet, verfügte im Durchschnitt über 3,1 Mandate.[137] Nach *Ziegler* sind es zumeist Vorstandsmitglieder, insb Vorstandsmitglieder von Banken, die eine größere Zahl von Mandaten akkumulieren. Letztere verfügten (1976) im Durchschnitt über 3,3 Mandate.[138]

Die einzige für unsere Betrachtungen informative Studie für die Verhältnisse in *Österreich* bezieht sich auf das Jahr 1976.[139] Mit Ausnahme der etwas größeren Anzahl von Mandaten (3,5), die von Vorständen von Banken wahrgenommen werden, was *Ziegler* auf die besondere Rolle der damals noch verstaatlichen Banken zurückführt, stellt die Studie gleiche Ergebnisse wie für Deutschland fest. Daher erscheint die Vermutung nicht zu spekulativ, dass auch die Ergebnisse jüngerer deutscher Untersuchungen auf österreichische Verhältnisse übertragbar sind.

---

[132] Vgl *Heinze*, ZfS 2002, 391, 396 Fn 15.

[133] *Ziegler*, KZfSS 1984, 585, 589 (Stichprobe: 259 der größten deutschen Unternehmen des Jahres 1976, ohne Differenzierung nach der Rechtsform und ohne Differenzierung nach Mandaten in Vorstand und Aufsichtsrat); *Biehler/Ortmann*, DBW 1985, 4, 5 (Stichprobe: 330 der größten deutschen Unternehmen des Jahres 1981, ohne Differenzierung nach der Rechtsform und ohne Differenzierung nach Mandaten in Vorstand und Aufsichtsrat); *Pfannschmidt*, ZfB 1995, 177, 180 f (Stichprobe: 492 vorwiegend große deutsche Unternehmen des Jahres 1989, überwiegend Aktiengesellschaften, zT nur aufsichtsratsbezogenes Datenmaterial).

[134] 1976: 1,2 Mandate; 1981: 1,4 Mandate (ermittelt aus Tabelle 1); 1989: 1,3 Mandate (ermittelt aus Tabelle 1).

[135] 1976: 89%; 1981: 83,5%; 1989: 86%.

[136] *Fich/White*, Why do CEOs reciprocally sit on each other's boards?, Working Paper, 2001, 13 f, http://www.stern.nyu.edu/eco/wkpapers/workingpapers01/01-03White.pdf (Stichprobe: 610 der größten Unternehmen der USA).

[137] Ermittelt aus Tabelle 1 bei *Biehler/Ortmann*, DBW 1985, 4, 5.

[138] Vgl *Ziegler*, KZfSS 1984, 585, 589.

[139] *Ziegler*, KZfSS 1984, 585, 588 f. (Stichprobe: 241 der größten österreichischen Unternehmen des Jahres 1976, ohne Differenzierung nach der Rechtsform). Die Untersuchung von *Morawetz*, Die Struktur personeller Verflechtungen zwischen Industrie und Bankwesen in Österreich (1983) liefert kein vergleichsfähiges Datenmaterial.

Betrachtet man die Mandatsanzahlen *bezogen nur auf Aufsichtsratsmandate,* [140] so ergibt sich erstaunlicherweise im Wesentlichen das gleiche Bild: Eine Person, sei es ein Vorstandsmitglied eines anderen Unternehmens (einschließlich eines Bankenvorstands), sei es ein Vertreter einer anderen „Berufsgruppe", hatte im Durchschnitt 1,3 Aufsichtsratsmandate inne (Anteilseignervertreter: 1,6 Aufsichtsratsmandate; Arbeitnehmervertreter: 1,1). 86% aller Personen, die Aufsichtsratsmandate wahrnehmen (Anteilseigner- und Arbeitnehmervertreter), verfügen über ein einziges Aufsichtsratsmandat. Im Durchschnitt ist ein *Mehrfachaufsichtsratsmitglied* in 3,0 Aufsichtsräten vertreten. Mehr als die Hälfte (56%) der Mehrfachmandatare nimmt lediglich zwei Mandate wahr; weitere 20% drei und weitere 8,5% vier Mandate. [141] Es sind nur neun Personen, [142] die das gesetzliche Höchstmaß ausschöpfen und zehn und mehr Aufsichtsratsmandate wahrnehmen. Von den Mehrfachmandataren sind etwa ein Fünftel *Arbeitnehmervertreter;* über vier Fünftel davon verfügt über nur zwei Aufsichtsratsmandate. [143] Jene Personen, die über mehr als fünf Aufsichtsratsmandate verfügen, sind ausschließlich Anteilseignervertreter. Unter ihnen dürften va Vertreter von Banken und insb die Vorstandsmitglieder der Großbanken eine herausragende Rolle einnehmen, denn 1984 nahm ein Vorstandsmitglied einer der drei deutschen Großbanken im Durchschnitt 7,2 Aufsichtsratsmandate in einem Nicht-Bankunternehmen wahr. [144]

In einem Strukturvergleich hat *Heinze* eine Abnahme personeller Verbindungen zwischen 1989 und 2001 festgestellt und zwar bei beiden Konstellationen: Vorstand–Aufsichtsrat-Beziehung und Aufsichtsrat–Aufsichtsrat-Beziehung. Va die Vorstände von Unternehmen des Finanzsektors (Banken und Versicherungen) nehmen in abnehmendem Maße Aufsichtsratsmandate in Nicht-Finanzunternehmen wahr; der Autor beziffert den Rückgang mit 40%. [145] 2003 sind es vielleicht eher ehemalige Vorstandsmitglieder, die die meisten Aufsichtsratsmandate innehaben. [146]

Aus einer Studie der DSW – die auf die Regelungen des DCGK abstellt und wohl deshalb nur Unternehmen, die im Dax 30 notieren einbezieht [147] – ergibt sich, dass eine Person im Durchschnitt über 1,4 Mandate in Dax 30-Aufsichtsräten verfügt; 77% der Personen amtieren in lediglich einem Aufsichtsrat. Ein Mehrmandatsträger (wohl 44 Personen [148]) verfügt über durchschnittlich 2,9 Mandate; die Hälfte von ihnen über zwei, weitere 27%

---

[140] Es wurden 5.717 Aufsichtsratsmandate ermittelt, die von 4.449 verschiedenen Personen gehalten werden (1989). Vgl *Pfannschmidt,* ZfB 1995, 177, 180.

[141] Ermittelt aus Tabelle 1 bei *Pfannschmidt,* ZfB 1995, 177, 180.

[142] Von insgesamt 4.449 Personen, die Aufsichtsratsmandate bekleiden bzw von 627 Personen, die mehrere Aufsichtsratsmandate wahrnehmen. Das entspricht 1,4% aller Mehrfachmandatare. Vgl *Pfannschmidt,* ZfB 1995, 177, 180 f.

[143] Unter den Doppelmandatsträgern der Arbeitnehmervertreter finden sich 48% Gewerkschaftsvertreter; ab drei Mandaten sind es ausschließlich Gewerkschaftsvertreter. Insgesamt stellen diese ca 10% aller Arbeitnehmervertreter. *Pfannschmidt,* ZfB 1995, 177, 180 f.

[144] Deutsche Bank, Commerzbank, Dresdner Bank. 38 Vorstandsmitglieder hielten insgesamt 273 Aufsichtsratsmandate. Vgl *Lutter,* RdW 1987, 314.

[145] Vgl *Heinze,* ZfS 2002, 391, 396, 402. Vgl auch im Text bei Fn 144, 154.

[146] Zumindest was die Mandate in Dax 30 Unternehmen betrifft. Vgl DSW-Ranking, aaO (Fn 118), Fn 150.

[147] Nicht erfasst werden also Aufsichtsrats- und vergleichbare Mandate außerhalb des Dax 30, ebensowenig Mandate im Ausland. Für 193 Personen wurden 278 Mandate ermittelt. Untersuchungszeitpunkt wohl Juli/August 2003; vgl aaO (Fn 118).

[148] Diese Anzahl konnte aus den Angaben nur erschlossen werden.

über drei und 11% über vier; jeweils zwei Personen haben fünf bzw sechs und eine sieben Mandate inne.

Statistische Werte sind zwangsläufig Mittelwerte und sagen daher nicht unbedingt viel über die Verhältnisse in den einzelnen Unternehmen aus, doch geben sie Hinweise auf das Ausmaß des Reformbedarfs. Wenn der DCGK fordert, dass Vorstandsmitglieder *börsennotierter* Gesellschaften nicht mehr als *fünf* Aufsichtsratsmandate in *konzernexternen börsennotierten* Gesellschaften wahrnehmen sollen, [149] dann legen die obigen Ergebnisse den Schluss nahe, dass diese Forderung vom größten Teil der Betroffenen bereits erfüllt wird. [150] Im Übrigen ist die Beschränkung auf börsennotierte Unternehmen eine Schwachstelle der Regelung: Nichts rechtfertigt die Annahme, dass der Arbeitsaufwand in einem Aufsichtsrat eines nicht börsennotierten Unternehmens geringer wäre. Vielfach wird er sogar größer sein, denn in börsennotierten Unternehmen sind in der Praxis Ausschüsse eingerichtet, in denen der Großteil der Arbeit erledigt wird, wohingegen sich in kleineren, nicht börsennotierten Unternehmen viel häufiger alle Mitglieder im Plenum des Aufsichtsrats mit sämtlichen Belangen des Unternehmens auseinandersetzen müssen. [151] Wenn also das Aufsichtsratsmitglied über die fünf Mandate in börsennotierten Unternehmen hinaus weitere in nicht börsennotierten Unternehmen (und innerhalb des Konzerns) wahrnimmt, so wird das zeitliche Engagement für das einzelne Mandat gleichfalls verkürzt. Für viele geht die Regelung daher zu wenig weit: „Wenn ein Aufsichtsrat seine Arbeit vernünftig machen will, sind mehr als zwei oder vielleicht drei Mandate für einen aktiven Manager kaum zu schaffen." [152] Dies entspricht der Anzahl der in den USA von einem outside director angeblich maximal angenommenen Mandate, wobei etwa 20 Arbeitstage im Jahr pro Mandat benötigt werden. [153] Die Regelung im ÖCGK entspricht dieser Forderung besser: Es besteht keine Einschränkung auf Mandate in börsennotierten Gesellschaften, die Höchstzahl ist auf vier beschränkt, wobei ein Aufsichtsratsvorsitz doppelt gezählt wird.

In Anbetracht der Globalisierung der Märkte und der Internationalisierung der deutschen Wirtschaft weisen sowohl das AktG als auch der DCGK ein gravierendes Manko auf, denn Mandate in vergleichbaren Gremien *im Ausland* werden in die Zählung nicht miteinbezogen, werden aber in beträchtlichem Maße von deutschen Vorständen wahrgenommen. So nehmen beispielsweise die Vorstandsmitglieder der drei im Dax 30 notierten Großbanken [154] durchschnittlich 2,1 [2,4] Aufsichtsratsmandate in aufsichtsratspflichtigen

---

[149] Ziff 5.4.5 DCGK.

[150] So sind zB von aktiven Vorstandsmitgliedern der im Dax 30 notierten Unternehmen zwei (– beide Finanzsektor –) in vier Aufsichtsräten von ebenfalls im Dax 30 notierten Unternehmen und fünf in drei Aufsichtsräten vertreten. Vgl DSW-Studie, aaO (Fn 118). Zahlenmaterial von in anderen Indices erfassten Unternehmen war uns nicht erschließbar.

[151] So auch *DIHK*, Vorschläge des Deutschen Industrie- und Handelskammertages zur Überarbeitung des Deutschen Corporate Governance Kodex, September 2002, 2.

[152] So ein Aufsichtsratsmitglied eines Dax-Unternehmens, *WirtschaftsWoche* v. 25.1.2003, Wer hat den besten Aufsichtsrat?

[153] So Bericht der Regierungskommission Corporate Governance, BT-Drucks 14/7515 (= *Baums* [Hrsg] 2001), Rn 52.

[154] 18 [18; Geschäftsberichte 2003 bzw Homepage April 2004] Vorstandsmitglieder verfügen über insgesamt 112 [146] Mandate. Deutsche Bank AG (4 [4] Vorstandsmitglieder; Geschäftsbericht 2004, 170 f), Bayerische HypoVereinsbank AG – HVB Group (7 [6]; Geschäftsbericht 2004, 55), Commerzbank AG (7 [8]; Angaben auf der Homepage [Dez. 2005]).

deutschen Unternehmen wahr, zuzüglich weiterer 1,7 [1,8] konzerninterner Mandate; ein Mitglied des Vorstands ist darüber hinaus in 0,9 [0,7] ausländischen Gremien vertreten und nimmt weitere 1,6 [2,1] konzerninterne Mandate im Ausland wahr. Insgesamt verfügt ein Vorstand einer dieser Banken damit über 3,7 [4,3 [155]] Mandate im Inland und 2,5 [2,8] Mandate im Ausland. [156] Dieses Ergebnis ist sicherlich nicht repräsentativ, doch zeigt es, dass Gesetzgeber und Kodizes es ernsthaft in Erwägung ziehen sollten, diesen Umstand bei der Reglementierung von Mandatshöchstzahlen zu berücksichtigen. Einzuräumen ist, dass die Kodizes in ihrem Wortlaut keine Einschränkung auf inländische Mandate aussprechen, doch nach Auffassung der Regierungskommission Corporate Governance sollten Mandate in Organen eines ausländischen Unternehmens nicht eingerechnet werden [157] – insoweit also keine Verschärfung der herrschenden Gesetzesinterpretation. [158]

3 Aufsichtsratsbesetzung bei Eigenkapitalbeteiligung: Eigentümer-Kontroll-Beziehung

Die Eigentümerstruktur, dh die Streuung des Anteilsbesitzes an einer Gesellschaft, gibt Aufschluss darüber, inwieweit überhaupt mit einer praktischen Verwirklichung der theoretischen Prämisse gerechnet werden kann, dass die Aufsichtsratsmitglieder (Kapitalvertreter) auch tatsächlich die Mandatare der Eigentümer sind. Im Folgenden soll der Frage nachgegangen werden, ob und wie häufig die Eigentümer im Aufsichtsrat des Unternehmens repräsentiert sind, an dem sie Anteile halten.

AG ist nicht gleich AG. Am einen Ende der Skala gibt es Aktiengesellschaften, die im Eigentum einer einzigen natürlichen oder juristischen Person stehen, und am anderen Ende Publikumsgesellschaften, die über mehrere Hunderttausend Aktionäre verfügen. Dementsprechend unterschiedlich ist die Einflussmöglichkeit des einzelnen Aktionärs, des wirtschaftlichen (Mit-)Eigentümers der Gesellschaft, auf die Zusammensetzung des Aufsichtsrats, des Organs also, das dazu berufen ist, die Interessen der Eigentümer zu wahren.

In einer Gesellschaft mit nur einem Mehrheitsaktionär und auch in einer Gesellschaft mit einer kleinen Anzahl von Aktionären, die zusammen über mehr als 50% der Anteile verfügen, werden es zumeist diese Eigentümer sein – seien es natürliche Personen oder wiederum Unternehmen –, die die Zusammensetzung des Aufsichtsrats nach ihrer Vorstellung vornehmen; sei es, dass sie sich in der Satzung ein Entsendungsrecht vorbehalten haben, sei es, dass sich der Aufsichtsrat bei Erstellung seiner Vorschlagslisten nach den Wünschen dieser Aktionäre richtet oder ev. auch, dass diese Großaktionäre in der Hauptversammlung einen Gegenvorschlag einbringen. Da der Mehrheitsaktionär die Bestellung so vornehmen wird, dass seine Eigentümerinteressen bestmöglich gewahrt werden, *scheint* in derartigen Gesellschaften der *Prinzipal-Agent-Konflikt* entschärft zu sein.

---

155 Rundungsgenauigkeit.

156 Statistisch nimmt jedes Vorstandsmitglied darüber hinaus 1,1 Mandate in sonstigen inländischen Kontrollgremien wahr [2003/04].

157 Bericht der Regierungskommission Corporate Governance, Rn 53. Anders die Interpretation des ÖCGK durch den Österreichischen Arbeitskreis Corporate Governance: Mandate in ausländischen börsennotierten Gesellschaften sind einzurechnen (Interpretation zu Regel 54, http://www.wienerboerse.at/corporate/pdf/CGinterpretationen4.pdf). Auch dies wäre vor dem Hintergrund des bisherigen Meinungsstands (oben Fn 86) freilich besser im Kodex selbst explizit zum Ausdruck gebracht worden.

158 Oben III.B.1.

Etwa 85% der größten 694 deutschen Unternehmen verfügten 1992 über einen Mehrheitsaktionär, der mehr als 50% der Anteile auf sich vereinigte, und 63% der Unternehmen standen im Eigentum eines Mehrheitsaktionärs, der über 75% der Anteile besaß.[159] Von den 100 größten deutschen Unternehmen verfügten in den 90er Jahren 10% über einen Streubesitz von 75% und 27% über einen Streubesitz von 50%.[160]

Doch wie AG nicht gleich AG ist, so ist Eigentümer nicht gleich Eigentümer. Seit den 70er Jahren hat sich die *Eigentümerstruktur* in vielen marktwirtschaftlich verfassten Staaten verändert. An die Stelle der individuellen Eigentümer sind Industrieunternehmen, Banken, Versicherungen, Investment- und Pensionsfonds getreten, die ihrerseits häufig genug im Eigentum wieder anderer Gesellschaften stehen.[161] – „The owners of the largest modern enterprises are other enterprises, which are, in turn, owned by yet other enterprises ... In this system enterprises are linked to one another through chains ... of never-ending circles of connection," wie es *Scott* formuliert hat.[162] Für Deutschland gilt das allerdings, wie es scheint, noch nicht so sehr wie für andere Länder, was der immer noch relativ hohe private Anteil am gesamten Grundkapital bezeugt. Er beträgt fast ein Fünftel, Privatpersonen, Familien und Stiftungen zusammengerechnet, und das ist viel im Vergleich insb zu den angelsächsischen Ländern.[163]

In Deutschland befand sich 1992 fast die Hälfte des *gesamten Grundkapitals* wiederum im Eigentum von Unternehmen,[164] und die gehaltenen Anteile waren überwiegend groß (und sind es noch).[165] In Großbritannien halten demgegenüber viele institutionelle Anleger kleine Anteile an den Großunternehmen. Der Finanzsektor hielt in Deutschland ein knappes Viertel am gesamten Grundkapital.[166] Doch auch für Deutschland können Änderungen in der Anteilsstruktur festgestellt werden: So ist in den 90er Jahren der Anteilsbesitz von Unternehmen deutlich zurückgegangen, der von Banken gleich geblieben, der von Versicherungen geringfügig angestiegen, und jener von Investmentfonds hat sich verdreifacht (zwischen 1991 und 1998 von 4 auf 12%).[167]

Auf *Unternehmen* bezogen ergibt sich, dass etwas mehr als die Hälfte über einen Mehrheitseigentümer (Anteil größer als 50%) verfügt, der selbst wiederum ein Unternehmen ist (14% davon im Mehrheitseigentum eines ausländischen Unternehmens). Etwa

---

159 Ermittelt aus Tabelle 6 bei *Beyer*, Managerherrschaft in Deutschland? (1998), 65 (ohne Unternehmen in den Neuen Bundesländern). Siehe auch Tabelle 1 bei *Windolf/Beyer*, KZfSS 1995, 1, 8; *Windolf/Nollert*, PVS 2001, 51, 63.

160 Ermittelt aus Tabelle 6 bei *Heinze*, KZfSS 2001, 641, 666 basierend auf Angaben in den Berichten der Monopolkommission für 1992, 1996, 2000.

161 Vgl *Windolf/Beyer*, KZfSS 1995, 1, 11.

162 *Scott*, Capitalist Property and Financial Power: A Comparative Study of Britain, the United States and Japan (Brighton 1986), 1, zitiert nach *Windolf/Beyer*, KZfSS 1995, 1, 11.

163 In Großbritannien sind es 10%. Vgl Tabelle 1 bei *Windolf/Beyer*, KZfSS 1995, 1, 8.

164 In Großbritannien waren es demgegenüber nur 14%.

165 Vgl Tabelle 1 bei *Windolf/Beyer*, KZfSS 1995, 1, 8 und Tabelle 6 bei *Beyer*, aaO (Fn 159), 65; da sich beide Untersuchungen auf das gleiche Jahr (1992) beziehen, sind die leicht divergierenden Angaben vermutlich mit der unterschiedlichen Anzahl der untersuchten Gesellschaften zu erklären.

166 Banken 10,6%, Versicherungen 11,6%; *Beyer*, aaO (Fn 159), 65.

167 Vgl Tabelle 4 bei *Heinze*, KZfSS 2001, 641, 662. Die Angaben bei *Heinze* divergieren von jenen von *Beyer*: so ermittelte er einen Anteil am gesamten Grundkapital, der von Unternehmen gehalten wird, für das Jahr 1991 (also ein Jahr vor *Beyers* Erhebungen) von 41%, 1995: 40% und 1998: 30%. Der Anteil von Versicherungen ist zwischen 1991 und 1998 von 10 auf 13% gestiegen. *Beyer* ermittelte für Investmentfonds den vernachlässigbaren Wert von 1,5%.

ein Fünftel sind Familiengesellschaften, und in jeweils nur rd 5% sind der Finanzsektor (Banken und Versicherungen) und der Staat Mehrheitsaktionär.

Für *Österreich* wurden derart detaillierte Untersuchungen bisher nicht angestellt. Zur Eigentümerstruktur kann soviel gesagt werden, dass Ende der 80er/Anfang der 90er Jahre von den rd 130 börsennotierten Aktiengesellschaften fast alle über einen Mehrheitseigentümer verfügten und von den rd 870 nicht börsennotierten Gesellschaften etwa die Hälfte ein 100-prozentiges Tochterunternehmen einer in- oder ausländischen Gesellschaft gewesen sein dürfte. Ein Großteil der übrigen Gesellschaften waren Familiengesellschaften oder von der öffentlichen Hand betriebene Einmanngesellschaften. Der Anteil am gesamten Grundkapital, der von Privatpersonen oder Familien gehalten wurde, betrug – so wie in Deutschland – etwa ein Fünftel. Anfang der 90er Jahre befand sich etwa ein Zehntel des gesamten Grundkapitals in Streubesitz; reine Publikumsgesellschaften gab es so gut wie keine. [168] Aufgrund von Privatisierungen und Börsengängen hat sich dies etwas geändert. [169]

Vor diesem Hintergrund lässt sich die Repräsentanz vieler Vorstände von Nicht-Finanzunternehmen in Aufsichtsräten anderer Unternehmen erklären: Sie nehmen die Kontrollfunktion des Eigentümers wahr. Anders als in den angelsächsischen Ländern, in denen ein aufgekauftes Unternehmen vorzugsweise in das Eigentümer-Unternehmen integriert wird, behalten Unternehmen in Deutschland zumeist ihre rechtliche Selbständigkeit bei, doch ist es für konzernierte Unternehmen geradezu typisch, dass ein oder auch mehrere Vorstandsmitglieder der Muttergesellschaft im Aufsichtsrat des Tochterunternehmens vertreten sind. [170] Die Präsenz in den Organen dient der Konzernmutter dazu, die Einhaltung der Konzernpolitik durch die Tochter zu überwachen. Nur weniger als ein Drittel der Konzernmütter verzichtet daher darauf, zumindest durch eines ihrer Vorstandsmitglieder im Aufsichtsrat des Tochterunternehmens vertreten zu sein; [171] und dies oft nur, weil sie durch Vorstandsidentität in Mutter- und Tochtergesellschaft ihre Interessen noch besser durchsetzen können. [172]

Auch bei Beteiligungsgrößen, die eine Mehrheitskontrolle oder Konzernierung nicht erlauben, sind zu einem relativ hohen Anteil Vorstandsmitglieder des eine Beteiligung haltenden Unternehmens im Aufsichtsrat des Unternehmens, an dem die Beteiligung gehalten wird, anzutreffen: Bei Kapitalbeteiligungen unter 10% in etwas mehr als einem Fünftel der Fälle; bei Beteiligungen zwischen 10 und 50% in über der Hälfte der Fälle. [173]

Aus dem hohen Deckungsgrad von Kapital- und Personalverflechtung kann man ableiten, dass die Personalverflechtung zur Verstärkung und Durchsetzung der *Eigentümer-*

[168] *Jabornegg/Strasser*, AktG^4, Vor Vierter Teil Rn 9; *Doralt P.*, AG 1995, 538; *Pernsteiner*, GesRZ 1995, 30 Fn 5; *Beer/Eder*, Wem gehört Österreichs Wirtschaft wirklich?, Studie der Arbeiterkammer Wien (1991), 53 ff.

[169] Mehrheitlich in Streubesitz zB Radex Heraklit Industries AG, Voest-Alpine Technologie AG, Voest Alpine AG, seit kurzem Wienerberger AG.

[170] Auch der Gesetzgeber und die Kodizes berücksichtigen dies und gestatten die Wahrnehmung von konzerninternen Aufsichtsratsmandaten über die sonst gültige Höchstgrenze hinaus, siehe oben bei Fn 86, 105 f.

[171] Vgl Tabelle 3 bei *Windolf/Beyer*, KZfSS 1995, 1, 18.

[172] Ausführlich *Holtmann*, Personelle Verflechtungen auf Konzernführungsebene (1989).

[173] Vgl Tabelle 3 bei *Windolf/Beyer*, KZfSS 1995, 1, 18. Daten für einige andere europäische Länder bei *Windolf/Nollert*, PVS 2001, 51, 67.

macht eingesetzt wird.[174] Auf dem Weg über die Kontrollgremien der Unternehmen kann direkter Einfluss auf die strategischen Entscheidungen ausgeübt werden. Jedoch gewinnt Eigentümermacht innerhalb von Konzernstrukturen wieder ein besonderes Gesicht und darf man sich die Sicht auf das Prinzipal-Agent-Problem dadurch nicht verstellen lassen. Denn letztlich geht es um die Kontrolle der den ganzen Konzern beherrschenden Unternehmensleitung im Interesse der wirtschaftlichen Eigentümer des Konzerns bzw der Konzernobergesellschaft, und hierfür gilt, daß die Eigentümermacht dieser Aktionäre durch die Mediatisierung der Eigentümerherrschaft im Konzern ganz allgemein geschwächt wird und im übrigen die eigentliche Eigentümermacht nur in ihrem Einfluss auf die Konzernleitung bewertet werden kann, während der von dieser als Aktionärsrecht ausgeübte und typischerweise sehr funktionsfähige Einfluss auf die nachgeordneten Gesellschaften dafür ohne Bedeutung ist.[175]

Vor dem Hintergrund, dass etwa ein Fünftel der großen Unternehmen als Familiengesellschaften gelten dürfen, ist auch der hohe Prozentsatz von Personen, die nur ein Aufsichtsratsmandat wahrnehmen (über 80% aller Aufsichtsratsmitglieder) erklärlich. Neben den Arbeitnehmervertretern, die über die Hälfte der Einmandatsträger ausmachen, dürfte ein Großteil der anderen Hälfte in Familiengesellschaften anzutreffen sein. Familienunternehmen nehmen häufig eine Gegenposition zu den großen Aktiengesellschaften ein und bemühen sich darum, ihre Selbständigkeit zu bewahren.[176] Eine Strategie zur Verteidigung dieser Autonomie ist die Nichtteilnahme am Netz der Personalverflechtungen. Der Aufsichtsrat hat als Überwachungsorgan den Zugriff auf sensible Informationen über das Unternehmen etc. Durch die Vergabe der Aufsichtsratsmandate an Familienmitglieder, den Rechtsanwalt des Unternehmens, Steuerberater, andere Personen des Vertrauens oder (fachlich qualifizierte) Freunde, die neben ihrem Hauptberuf nur dieses eine Aufsichtsratsmandat innehaben, wird einerseits gewährleistet, dass diesen Personen genügend Zeit zur Wahrnehmung ihres Mandats zur Verfügung steht; da es sich um Personen des Vertrauens handelt, ist andrerseits deren Loyalität und Amtsausübung im Interesse des Eigentümers gesichert, und nicht zuletzt wird damit eine Abschottung gegen die Beeinflussung durch andere Unternehmen erreicht.

4 Die Rolle der Banken bei der Aufsichtsratsbesetzung: Banken-Kontroll-Beziehung

Nur bedingt auf Anteilsbesitz zurückführbar ist die Tatsache, dass es sich bei etwa jedem sechsten Kapitalvertreter um einen Vertreter eines Bankinstituts handelt, beträgt doch der Anteil dieser Unternehmen am gesamten Grundkapital der Aktiengesellschaften etwa 10% und befinden sich weniger als 2% aller Unternehmen mehrheitlich im Eigentum einer Bank.

Aus (transaktionskosten-) ökonomischer Sicht ist die Stellung einer Bank als Großkreditgeber vergleichbar der eines Eigenkapitalgebers.[177] Befindet sich ein Unternehmen

---

[174] So *Windolf/Beyer,* KZfSS 1995, 1, 18.

[175] Der Einfluss der wirtschaftlichen Eigentümer auf die Konzernleitung im Hinblick auf Angelegenheiten der Tochtergesellschaft betrifft zwei Fragestellungen: die hier interessierende Kontrolle der Konzernleitung und die unter dem Namen „Holzmüller“ thematisierte Devolution konkreter Entscheidungen; BGHZ 83, 122; BGH ZIP 2001, 416; *Lutter,* FS Westermann (1974), 347; *Roth,* Handels- und GesR^6 (2001), Rn 439.

[176] In diesem Sinne *Windolf/Nollert,* PVS 2001, 51, 70.

[177] Dazu *Pfannschmidt,* ZfB 1995, 177, 189; auch unten III.D.4.

in einer wirtschaftlich schwierigen Lage, so muss ein Kreditgeber in gleicher Weise den Verlust seiner Investition befürchten wie ein Eigentümer. Zur Kontrolle dieses Kreditrisikos scheint die Mitgliedschaft im Aufsichtsrat ein probates Mittel zu sein.[178] Aufgrund der Präsenz im Kontrollgremium erhält die Bank schneller und detaillierter Informationen über die Finanz-, Auftrags- und Produktionslage des Unternehmens und kann die Unternehmensführung zu risikoaversen Geschäften anhalten. Ua aus diesem Grund wird eine Bank danach streben, im Aufsichtsrat des Schuldnerunternehmens vertreten zu sein. Zu diesem Zweck kann ihr auch das sog *Depotstimmrecht* dienlich sein.[179]

Baums/Fraune untersuchten das Stimmverhalten auf den Hauptversammlungen (1992) von 24 mehrheitlich in Streubesitz befindlichen Aktiengesellschaften[180] und fanden heraus, dass rd 84% der Stimmrechte von Banken ausgeübt wurden: 23% aufgrund von Eigenbesitz einschließlich jenes von bankeigenen Kapitalanlagegesellschaften und rd 60% aufgrund des Vollmachtstimmrechts.[181] In nur vier von 24 Aktiengesellschaften verfügte der Bankensektor nicht über eine Stimmenmehrheit.[182]

Des Weiteren hat die Studie ergeben, dass Banken[183] – insb bei routinemäßig anfallenden Tagesordnungspunkten: auch bei der Wahl des Aufsichtsrats[184] – entsprechend den Vorschlägen der Geschäftsführung bzw des Aufsichtsrats abstimmen (über 99% der abgegebenen Stimmen).[185] Da dieses Verhalten nicht auf das Weisungsrecht der Aktionäre zurückführbar ist, diese machen nur zu etwa 2%[186] davon Gebrauch, ist zu vermuten, dass entweder im Vorfeld der Hauptversammlung eine Absprache zwischen Unternehmensführung und Banken über die Beschlussgegenstände stattgefunden hat, oder aber, dass die Banken auf die Sinnhaftigkeit der Beschlussvorschläge der Organe der Gesellschaft vertrauen.[187]

Der große Prozentsatz der vom Bankensektor ausgeübten Stimmrechte bedeutet zwar, dass dessen Einflusspotential auf die Zusammensetzung des Aufsichtsrats enorm ist. Es ist uE aber als geringer zu bewerten als jenes eines einzelnen Mehrheitsaktionärs – sei dieser eine natürliche Person oder wiederum ein Unternehmen – oder auch einer kleinen Gruppe von zusammenarbeitsfähigen Minderheitsaktionären, die zusammen über mehr als 50%

---

178 Zur Banken-Kontroll-Theorie *Mintz/Schwartz*, The Power Structure of American Business (1985).

179 Dazu zB *Wiebe*, ZHR 166 (2002), 182.

180 Ermittelt aus den 100 größten Unternehmen Deutschlands; *Baums/Fraune*, AG 1995, 97, 98, Tabelle 1.

181 Zu ähnlichen Ergebnissen gelangten auch die Untersuchungen von *Böhm*, Der Einfluss der Banken auf Großunternehmen (1992), 66 ff und von *Gottschalk*, Der Stimmrechtseinfluss der Banken in den Aktionärsversammlungen von Großunternehmen, WSI Mitteilungen 1988, 294, 298 (beide für 1986); *Perlitz/Seger*, The Role of Universal Banks in German Corporate Governance, Journal of Business and the Contemporary World (1994), 49, 62, Tabelle 8 (für 1990). Hierzu *Baums/Fraune*, AG 1995, 97, 101.

182 *Baums/Fraune*, AG 1995, 97, 103, Tabelle 6.

183 Einschließlich der von den Banken abhängigen Kapitalanlagegesellschaften.

184 Dieser wurde 1992 in 14 der 24 untersuchten Aktiengesellschaften gewählt (– ob zur Gänze oder nur einzelne Mitglieder, ist nicht ersichtlich).

185 *Baums/Fraune*, AG 1995, 97, 109 ff, Tabelle 17; vgl auch *Schmidt*, Macht der Banken, Tagungsbericht, Friedrich Ebert Stiftung, Wirtschaftspolitische Diskurse, 78, 1995, 31 f, http://www.fes.de/fulltext/fo-wirtschaft/00366toc.htm: „Dies gehe so weit, dass die Depotbanken ihren Aktionären sogar empfehlen, mit der Verwaltung zu stimmen, wenn die Verwaltung ihrerseits gar keine Abstimmungsempfehlung vorgegeben hat."

186 Schätzung von Aktionärsvertretern; vgl *Schmidt*, Macht der Banken, aaO (vorige Fn), 32; *Baums/Fraune*, AG 1995, 97, 109; vorher bereits *Roth*, in FS Paulick (Fn 64), 81, 94.

187 So bereits *Roth*, in FS Paulick (Fn 64), 81, 94.

der Anteile verfügen. Auf den Hauptversammlungen jeder der untersuchten 24 Gesellschaften waren zumindest sieben Banken [188] vertreten, doch nur in drei Fällen konnte eine einzelne Bank mehr als die Hälfte der Stimmrechte auf sich vereinen, hatte also eine einzelne Bank die Möglichkeit, die Besetzung des Aufsichtsrats nach ihren Vorstellungen zu gestalten (zB einen eigenen Vertreter in den Aufsichtsrat wählen zu lassen). Ob in den übrigen Fällen von einer vorherigen Abstimmung mehrerer Bankinstitute untereinander ausgegangen werden kann – dass also bei der Auswahl von Aufsichtsratsmitgliedern mehrere Banken sich im Vorfeld auf bestimmte Personen einigen, zB dem Hauptkreditgeber den Vorrang als Gegenleistung für ein entsprechendes Verhalten in einem anderen Unternehmen zugestehen –, ist unbekannt, aber nicht von der Hand zu weisen. Deutet man den hohen Grad an Zustimmung zu den Wahlvorschlägen des Aufsichtsrats als Einverständnis mit dessen Auswahl, dann sollte das vor dem Hintergrund gesehen werden, dass entweder ein Vertreter der Hausbank in diesem Gremium bereits vertreten ist oder der Aufsichtsrat in Vorwegnahme eines diesbezüglichen Wunsches der kreditgewährenden Bank / Hausbank oder auf deren nachdrückliches Drängen ihren Vertreter in seinen Wahlvorschlag aufnimmt.

Hinsichtlich der Bedeutung des Depotstimmrechts der Banken bleibt vieles im Dunkeln. Auch die von *Biehler/Ortmann* Befragten äußerten sich widersprüchlich dazu. Manche führten einen Teil der Mandate, zumindest bei den Großbanken, auf deren Depotstimmrecht zurück, andere lehnten diese Erklärung ab. [189]

D Besetzungsstrategien

Nachdem gefragt wurde, *wem* die tatsächliche Entscheidungsgewalt bei der Besetzung des Aufsichtsrats zukommt, soll nun zu erklären versucht werden, anhand welcher Kriterien unter den verschiedenen Vorbedingungen die Kandidaten für den Aufsichtsrat ausgewählt werden. Die entscheidungsleitenden Motive scheinen immer die gleichen zu sein, denn betrachtet man die Zusammensetzung der Aufsichtsräte verschiedenster Unternehmen, so fallen keine signifikanten Unterschiede auf. Einzig Unternehmen, die aus der Fusion mit einem ausländischen Unternehmen entstanden sind, die ein ausländisches Unternehmen gekauft haben oder die von einem ausländischen Unternehmen gekauft worden sind, [190] verfügen über eine deutlich höhere Anzahl ausländischer Aufsichtsratsmitglieder. Hinsichtlich deren hauptberuflicher Tätigkeit unterscheiden auch sie sich nicht. Trifft es tatsächlich zu, wie immer wieder behauptet wird und erst kürzlich so zu lesen war: „Bisher galten in deutschen Vorstandsetagen klare Regeln: Große Namen, persönliche Vorlieben, gute Verbindungen – nach diesen Kriterien suchten sich Deutschlands Vorstandsriegen ihre Aufsichtsräte zusammen.“ [191]

[188] *Baums/Fraune*, AG 1995, 97, 103 f, Tabelle 7 und 9, unterscheiden nur nach Banktypus, wobei die drei Großbanken (Deutsche Bank, Dresdner Bank, Commerzbank) auf allen Hauptversammlungen der 24 Unternehmen (selbst, durch mehrheitlich von ihnen kontrollierte Tochterbanken oder Kapitalanlagegesellschaften) vertreten waren.

[189] *Biehler/Ortmann*, DBW 1985, 4, 15; ablehnend *Werner*, ZHR 145 (1981), 252, 253; unentschieden *Lutter*, ZHR 145 (1981), 224, 229.

[190] ZB DaimlerChrysler AG, Adidas Salomon AG.

[191] *WirtschaftsWoche* v. 25.1.2003, Wer hat den besten Aufsichtsrat?

1 Aufsichtsratsbesetzung als machtstrategisches Instrument des Managements

Unbestritten ist, dass die Mitglieder von Aufsichtsräten aufgrund ihrer *Nützlichkeit* ausgewählt werden. Weniger eindeutig lässt sich die Frage beantworten: Nützlich *für wen*? Für das Unternehmen oder für die den Willen dieses Unternehmens bildenden Personen?

Für ersteres findet sich in der Literatur die Bezeichnung *unternehmenspolitische Perspektive*, letzteres wird va in den Medien behauptet und als Vetternwirtschaft, Seilschaften, Klüngel uä bezeichnet. In diesem Sinne werden Aufsichtsratsmandate an Freunde, Personen, die der nominierenden Person bei früheren Karriereschritten hilfreich waren,[192] Personen, denen man irgend etwas schuldet, Personen, von denen man sich Hilfestellung im eigenen beruflichen Fortkommen erwartet etc vergeben. Zumeist handelt es sich bei diesen Personen ebenfalls um Unternehmensvertreter, manchmal auch um Politiker.

Gesellschaftspolitisch gedeutet entsteht durch die von persönlichen Interessen motivierte Besetzung der Aufsichtsräte ein „herrschaftsgarantierendes *Netzwerk* von Machteliten."[193] Begünstigt wird dies einerseits durch die Fragmentierung des Eigentums und den damit einhergehenden Verlust des Einflusses der Aktionäre und andererseits durch die Konzentration des Eigentums bei Aktionären, die ihrerseits wieder Unternehmen sind, wodurch die Herrschaft über eine Vielzahl von Gesellschaften de facto dem Management übertragen wurde.[194] Dieses wird seinerseits danach trachten, seine Machtstellung zu erhalten, sich gegen den Verlust dieser Macht abzusichern und wenn möglich seinen Einfluss auszubauen. Hierfür stellen personelle Verbindungen ein taugliches Instrument dar, sie verfestigen die „soziale Kohäsion der Wirtschaftselite" und ermöglichen es, große Bereiche der Wirtschaft bzw Gesellschaft von wenigen Machtzentren aus zu steuern.[195] Nach *Useem* sind die „big linkers", dh jene Manager, die drei oder mehr Positionen im Netzwerk der boards innehaben, nicht mehr auf die Vertretung betriebsegoistischer Ziele festgelegt, sondern können ein übergreifendes Klasseninteresse vertreten.[196] Oder wie es in einem Zeitungsartikel formuliert wird: „Es entstand ein vielschichtiges und mächtiges Old-Boys-Network. Man kennt sich, man schätzt sich, man unterstützt sich. Im System gegenseitiger Kontrolle und Zweckbündnisse schanzten sich Vorstände und Aufsichtsräte verschiedener Unternehmen gegenseitig begehrte Posten zu, die großen Einfluss sicherten, weit über die eigene Branche hinaus."[197]

2 Aufsichtsratsbesetzung als unternehmensstrategisches Instrument

Aus unternehmenspolitischer Sicht werden Kandidaten für den Aufsichtsrat zielgerichtet aufgrund ihrer *Nützlichkeit für das einzelne Unternehmen,* zur Steigerung dessen betrieb-

[192] Oder diesen nahestehende Personen, zB Berufung des Sohnes aus Dankbarkeit gegenüber dem Vater, der die eigene Karriere förderte.

[193] *Schreyögg,* AG 1983, 278, 280; vgl ferner *Mills C.W.*, The Power Elite (1959); *Fennema/Schijf,* Analysing Interlocking Directorates: Theory and Methods, Social Networks 1978/79, 297; *Mizruchi*, The American Corporate Network 1904–1974 (1982); *Useem*, The Inner Circle (1984); *Domhoff,* State Authority or Class Dominance: Case Studies on Policy Making in America (1996).

[194] In der Literatur wird dieser Zustand als *Managerkapitalismus* bezeichnet. Dazu *Berle/Means*, The Modern Corporation and Private Property (1932); *Beyer*, aaO (Fn 159); *Windolf/Beyer,* KZfSS 1995, 1, 17; *Windolf/Nollert,* PVS 2001, 51, 63. Siehe bereits oben bei Fn 175.

[195] *Schreyögg,* AG 1983, 278, 280; *Windolf/Beyer,* KZfSS 1995, 1, 18.

[196] *Useem,* The Inner Circle (1984) zitiert nach *Windolf/Beyer*, KZfSS 1995, 1, 17 f.

[197] *WirtschaftsWoche* v. 25.1.2003, Wer hat den besten Aufsichtsrat?

licher Effektivität, ausgewählt. Die Person soll dem Unternehmen ganz allgemein oder in seiner konkreten Lage von Vorteil sein.[198] Als Gründe für Nützlichkeit werden viele genannt, nur einer nicht: die bestmögliche Überwachung der Geschäftsführung. Nützlich kann eine Person dem Unternehmen sein, weil sie eine bestimmte *Position* (va in einem anderen Unternehmen, aber auch in der Politik oder in einer öffentlichen Institution) innehat oder *persönliche* Fähigkeiten, Erfahrung, Wissen, Ansehen, Einfluss, Kontakte zu anderen einflussreichen Personen, eine attraktive Persönlichkeitsstruktur (zB Durchsetzungsvermögen, ausgleichender Charakter) aufweist.[199] Die Vertreter dieser sog *personalen Perspektive* sehen die Tatsache, dass es sich bei einem überwiegenden Teil der Mitglieder von Aufsichtsräten um Vorstandsmitglieder anderer Unternehmen handelt und dass eine begrenzte Zahl profilierter Personen in mehreren Aufsichtsräten amtiert, als unbeabsichtigte Folgeerscheinung dessen an, daß es sich um die kompetentesten, erfahrensten etc Persönlichkeiten handelt, die daher von vielen Unternehmen gleichzeitig begehrt werden.[200] Eine Vorstandsfunktion indiziere allenfalls die Kompetenz dieser Person.

In der betriebswirtschaftlichen Literatur wird der sog *institutionellen Perspektive* der Vorzug gegeben. Die Vorteilhaftigkeit institutionell motivierter Mandatsvergaben wird von den Ökonomen va mit Hilfe des Transaktionskostenansatzes[201] und des Ressourcen-Abhängigkeitstheorems (Umweltinteraktionsansatz)[202] erklärt: Transaktionskostenökonomisch wird die personelle Verbindung zwischen Unternehmen, die über bestimmte Transaktionen zueinander in Beziehung stehen – Anteilsbesitz (Eigenkapital-Verbindung), Gläubiger-Schuldner-Beziehung (Fremdkapital-Verbindung), Zulieferer-Abnehmer-Verbindung – als Form der Absicherung dieser spezifischen Investition interpretiert und deren Begründung bzw Aufrechterhaltung auf die durch sie bewirkte Reduktion der mit der Transaktion verbundenen Kosten zurückgeführt.[203] Der Ressourcen-Abhängigkeitsansatz begreift personelle Verbindungen zwischen Unternehmen als *Kooperationsstrategie*,[204] die neben anderen, insb neben Kapitalverflechtungen, langfristigen Lieferbeziehungen, joint ventures, zur Verringerung der Abhängigkeiten von der

---

198 So die von *Biehler/Ortmann* Befragten, DBW 1985, 4, 12.

199 Vgl *Biehler/Ortmann*, DBW 1985, 4, 11; *Schreyögg/Papenheim-Tockhorn*, AG 1994, 381.

200 *Poensgen*, ZgSt 136 (1980) 209, 219; auch *Stigler*, The Organization of Industry (1968); *Schiffels*, Der Aufsichtsrat als Instrument der Unternehmenskooperation (1981); dazu *Schreyögg/Papenheim-Tockhorn*, AG 1994, 381, 382; *dies*, ZfB 1995, 205, 206.

201 Dazu *Coase*, The Nature of the Firm, Economica 1937, 386; *Williamson*, The Journal of Law & Economics 1979, 233; *ders*, American Journal of Sociology, 1981, 548; *ders*, ZStW 1984, 195; *ders*, Yale Law Journal 1984, 1197; *Picot*, DBW 1982, 267; *Sydow*, in *Staehle/Conrad* (Hrsg), Managementforschung 2 (1992), 239; *Jost* (Hrsg), Der Transaktionskostenansatz in der Betriebswirtschaftslehre (2001).

202 Dazu *Pfeffer/Salancik*, The External Control of Organizations: A Resource Dependence Perspective (1978), 23 ff; *Pennings*, Interlocking Directorates (1980); *Schoorman/Bazerman/Atkin*, Interlocking Directorates: A Strategy for Reducing Environmental Uncertainty, Academy of Management Review (1981), 243; *Schiffels*, Der Aufsichtsrat als Instrument der Unternehmenskooperation (1981); *Schreyögg*, AG 1983, 278; *Pfeffer* in *Mizruchi/Schwartz* (Hrsg), Intercorporate Relations (1987), 25; *Richardson*, Administrative Science Quarterly 32 (1987), 367; *Schreyögg/Papenheim-Tockhorn*, AG 1994, 381; *dies*, ZfB 1995, 205; *Mizruchi*, Annual Review of Sociology 22 (1996), 271.

203 Ausführlich *Pfannschmidt*, Personelle Verflechtungen über den Aufsichtsrat (1993); *ders*, ZfB 1995, 177, 182.

204 *Thompson*, Organizations in Action (1967), 34 ff unterscheidet drei Kooperationsformen: „contracting", „co-opting" und „coalescing" (Vereinbarung, Kooptation, Zusammenschluss).

(Geschäfts-) Umwelt eingesetzt werden.[205] Die individuelle Person, ihr Wissen, ihre Fähigkeiten und berufliche Erfahrung sind bei dieser Betrachtungsweise von untergeordneter Bedeutung.

3 Institutionell motivierte Mandatsvergabe

Wird ein Aufsichtsratsmandat an den Vertreter eines anderen Unternehmens vergeben, so bedeutet das nicht zwangsläufig, dass das Mandat an die Position gebunden ist. Ein Indiz dafür ist jedoch, wenn nach dem Ausscheiden eines Aufsichtsratsmitglieds[206] das frei gewordene Mandat wieder mit einem Vertreter[207] jenes Unternehmens nachbesetzt wird, dem das ausgeschiedene Mitglied entstammte.[208] Eine derartige Mandatsvergabe kann nicht anders interpretiert werden, als dass damit eine *gewollte und dauerhafte Verbindung* zu einem bestimmten anderen Unternehmen hergestellt bzw aufrechterhalten werden soll (dauerhafte Unternehmenskooperation). Wird das ausscheidende Aufsichtsratsmitglied durch eine Person ersetzt, die ein Unternehmen derselben Branche repräsentiert („funktionale Rekonstruktion"), so indiziert dies den Wunsch nach einer dauerhaften Beziehung zu einer bestimmten Branche.

Die Untersuchung von *Schreyögg/Papenheim-Tockhorn*[209] hat gezeigt, dass besonders die Beziehungen zu Banken institutionell motiviert und von Dauerhaftigkeit gekennzeichnet sind. Denn nach dem Ausscheiden eines Vorstandsmitglieds eines (nicht kapitalmäßig verbundenen) Bankinstituts wurde in 80% der Fälle wieder ein Vorstandsmitglied dieser Bank in den Aufsichtsrat berufen. In nur 5% war es ein Vorstandsmitglied einer anderen Bank.[210] Dieses Ergebnis legt den Schluss nahe, dass bei der Berufung von Bankenvertretern nicht – wie vielfach behauptet – deren finanzwirtschaftlicher Sachverstand im Vordergrund steht, sondern deren Zugehörigkeit zu einer bestimmten Bank (Hausbank).

Von den Vertretern eines Nichtfinanzunternehmens, die aus dem Aufsichtsrat ausschieden, wurde immerhin jeder fünfte durch ein Vorstandsmitglied desselben Unternehmens ersetzt, und jeder Zehnte durch ein Vorstandsmitglied eines Unternehmens derselben Branche.[211] Des weiteren hat die Studie ergeben, dass die Hälfte der so hergestellten Unternehmensbeziehungen länger als zwanzig Jahre dauerte, drei Viertel länger als fünfzehn Jahre und immerhin 85% länger als zehn Jahre. Im Durchschnitt „reservierten" die Unternehmen des Samples 2,3 Aufsichtsratssitze zum Zwecke der *langfristigen zwischenbetrieblichen Zusammenarbeit*;[212] das entspricht etwa der Hälfte aller Mandate in einem

---

205 Vgl *Schreyögg*, AG 1983, 278, 281; *Schreyögg/Papenheim-Tockhorn*, AG 1994, 381, 382; *Windolf/Beyer*, KZfSS 1995, 1, 17.

206 Durch Krankheit, Tod, Pensionierung etc.

207 IdR ein Vorstandsmitglied, aber auch ein ehemaliges Vorstandsmitglied.

208 Sog *Broken-Tie- und Rekonstruktions-Analyse*; dazu *Schreyögg/Papenheim-Tockhorn*, AG 1994, 381, 383; *dies*, ZfB 1995, 205, 209; *Koenig/Sonquist*, Insurgent Sociologist 1975, 196; *Palmer*, Administrative Science Quarterly 1983, 40; *Stearns/Mizruchi*, Administrative Science Quarterly 1986, 522.

209 Sample: 56 nicht kapitalmäßig verbundene Unternehmen (ermittelt aus den 500 größten des Jahres 1988) im Zeitraum von 1969 - 1988. Einzelheiten: *Schreyögg/Papenheim-Tockhorn*, AG 1994, 381, 383; *dies*, ZfB 1995, 205, 212.

210 Ermittelt aus Tabelle 1–4 bei *Schreyögg/Papenheim-Tockhorn*, AG 1994, 381, 386 f; *dies*, ZfB 1995, 205, 222.

211 Vorherige Fn, ZfB 1995, 205, 224.

212 ZfB 1995, 205, 220.

Aufsichtsrat, die von Unternehmensvertretern wahrgenommen werden, und einem Viertel aller Kapitalvertreter im Aufsichtsrat.

Angemerkt sei, dass auch Mandate, die nicht unternehmens- bzw branchenintern nachbesetzt werden, zum Zwecke der Unternehmenskooperation vergeben werden, nur eben nicht zur langfristigen. Veränderungen auf den Märkten, Verschiebung in den Geschäftsfeldern des Unternehmens (zB vom Stahlerzeuger zum Telekommunikationsanbieter) mögen die zwischenbetriebliche Zusammenarbeit mit einem neuen Unternehmen sinnvoller erscheinen lassen. Ua aus diesem Grund dürften langfristige Unternehmensverbindungen zwischen Nicht-Finanzunternehmen auch weniger häufig sein als jene zwischen Bank und Nicht-Finanzunternehmen, denn die einzige von einer Bank vertriebene Ware ist Kapital und der Bedarf danach bleibt unverändert bestehen.

4 Unternehmensstrategische Auswahlkriterien

Vom Standpunkt der Nützlichkeit für das einzelne Unternehmen bzw der Nützlichkeit für die an personellen Verbindungen beteiligten Unternehmen lassen sich die Auswahlkriterien für Aufsichtsräte, insb die Kooptation von Vorstandsmitgliedern, vier Begriffen zuordnen: *Beratung, Repräsentation, Beziehungspflege* und *Tradition.* [213]

Unter *Beratung* ist zu verstehen, dass solche Personen – va aus anderen Unternehmen, aber nicht nur – zur Wahl vorgeschlagen werden, von deren Wissen und Erfahrung das Unternehmen respektive dessen Vorstand zu profitieren hofft. [214] Dieses Kriterium ist das einzige, bei dem die personale Sichtweise überwiegt. Häufig wird die Anwesenheit von Bankenvertretern in Aufsichtsräten, va von diesen selbst, damit begründet, dass sich das Unternehmen deren finanzwirtschaftlichen Sachverstand nutzbar machen wolle; [215] bei anderen Unternehmensvertretern, insb bei Vertretern von Lieferanten, sind es deren technologisches Know-How, [216] in Krisenzeiten vielleicht ihre schon bewiesenen Sanierungserfolge. Auch der vielfach kritisierte Wechsel eines ehemaligen Vorstandsmitgliedes in den Aufsichtsrat wird damit begründet, dass das Unternehmen nicht auf dessen innerbetriebliche Kenntnisse, Erfahrungen, dessen Branchenverständnis etc verzichten wolle. [217]

Dieses Auswahlkriterium ist jenes, das dem vom Gesetzgeber beabsichtigten am nächsten kommt. Es ist aber gleichzeitig auch jenes Kriterium, das in der Literatur am vehementesten angezweifelt wird und das durch verschiedene Untersuchungen und Befragungen weitgehend widerlegt scheint, denn würden die Aufsichtsratsmitglieder ausschließlich aufgrund ihrer Fähigkeiten ausgewählt, so wären die Unternehmensverflechtungen instabil und nicht als strukturierte Netzwerke mit sog Aufsichtsratsdomänen erkennbar. [218]

Repräsentation: Der Aufsichtsrat wird vielfach als Repräsentationsorgan, als Visitenkarte einer AG aufgefasst. Daher werden bevorzugt Personen aus angesehenen Unterneh-

---

[213] Vgl zB *Schreyögg*, AG 1983, 278, 281; *Biehler/Ortmann*, DBW 1985, 4, 10, 13, 15; *Gerum*, ZfO 1992, 147; *Baums*, Der Aufsichtsrat – nützlich, schädlich oder überflüssig?, Arbeitspapier 7/1994, 4, http://publikationen.ub.uni-frankfurt.de/volltexte/2005/833/pdf/a0794.pdf.

[214] *Schreyögg*, AG 1983, 278, 280.

[215] Untersuchung des Bundesverbandes deutscher Banken; zit in *Schmidt*, Macht der Banken, aaO (Fn 185), 37.

[216] *Biehler/Ortmann*, DBW 1985, 4, 12. Vgl die Umfrage unter 220 Vorstandsvorsitzenden, FAZ Nr 263 v. 12.11.2001, 30.

[217] So auch *Lange*, NZG 2004, 265, 266.

[218] Graphische Darstellungen bei *Ziegler*, KZfSS 1984, 585, 591.

men in den Aufsichtsrat aufgenommen, in der Absicht, dadurch die Reputation und auch die Bonität des eigenen Unternehmens zu steigern.[219] Als prestigefördernd gelten Vertreter von Unternehmen vergleichbarer oder größerer Größe und Bedeutung; das bedingt, dass Unternehmen verschiedener Branchen „einander suchen". Dabei sind die Vorsitzenden des Vorstandes und deren Stellvertreter besonders begehrt; denn eine solche Position, insb in einem großen deutschen Unternehmen, gilt als Ausweis für Kompetenz und Erfolg.[220] Geschäftsleiter werden von der Öffentlichkeit und von andern Unternehmen mit „ihrem" Unternehmen identifiziert; nimmt ein Vorstand eines renommierten Unternehmens ein Aufsichtsratsmandat an, so signalisiert er damit, dass er dieses Unternehmen ebenfalls für erfolgreich hält. Ein hochkarätig besetzter Aufsichtsrat erweckt Vertrauen in die Leistungsfähigkeit des Unternehmens, gilt als Garant für Solidität und Kompetenz und soll so den Geschäftsbeziehungen zu anderen Unternehmen und Konsumenten förderlich sein.[221] Damit lässt sich die Konzentration vieler Aufsichtsratsmandate bei Vorstandsmitgliedern der Großbanken und manch anderer Großunternehmen erklären.

Die*Beziehungspflege* iSv Förderung des Aufbaus und Erhalts von Geschäftsbeziehungen gilt als das wichtigste Kriterium bei der Auswahl von Aufsichtsratsmitgliedern.[222] Mit den Worten *Mestmäckers:* „Der Aufsichtsrat wird zum Spiegelbild der verschlungenen Geschäftsbeziehungen des Unternehmens."[223] Unternehmen sind in ihrer Leistungserbringung nicht autark, sie interagieren mit anderen Unternehmen und Institutionen,[224] sind auf deren Ressourcen wie Güter, Kapital, Dienstleistungen und Informationen angewiesen. Zur Verringerung der Ungewissheiten in den Austauschbeziehungen werden Mandate im Aufsichtsrat gezielt an Vorstandsmitglieder von Unternehmen vergeben, mit denen Geschäftsbeziehungen bereits bestehen oder aufgebaut werden sollen. Die personelle Verbindung soll helfen, die Risiken berechenbarer zu machen, die Vertrauensbasis zu festigen, was letztlich der finanziellen Leistungsfähigkeit des Unternehmens zugute kommt.

Dabei ist zwischen drei Arten von Geschäftsbeziehungen zu unterscheiden: zwischen Bank und Nicht-Finanzunternehmen, zwischen Zulieferer und Abnehmer, zwischen Konkurrenz-Unternehmen. In diesem Zusammenhang wird das subtile Wirken der Kooptation besonders deutlich. Vereinfacht gesagt, erhält ein Unternehmen einen Auftrag nicht allein deshalb, weil es einem Vertreter des Geschäftspartners einen Sitz im Aufsichtsrat gewährt hat. Dessen Anwesenheit im Aufsichtsrat soll vielmehr helfen, die Geschäftsbeziehung zu stabilisieren, denn sie schafft ein Vertrauensverhältnis zwischen den beiden

---

219 *Schreyögg*, AG 1983, 278, 281.

220 So die Ergebnisse der Befragung von *Biehler/Ortmann*, DBW 1985, 4, 10, 12, 15.

221 So *Schreyögg*, AG 1983, 278, 280; *Biehler/Ortmann*, DBW 1985, 4, 12: „Im Ausland nützt es dem Renommee des eigenen Unternehmens, wenn weltweit bekannte Unternehmen im Kontrollgremium vertreten sind."

222 Vgl *Schreyögg*, AG 1983, 278, 280 und *Biehler/Ortmann*, DBW 1985, 4, 12.

223 *Mestmäcker*, Verwaltung, Konzerngewalt und Rechte der Aktionäre (1958), 78, 91. Anschauliches *Beispiel* bietet die Zusammensetzung des Aufsichtsrats der MAN AG: Die Anteilseignervertreter im Aufsichtsrat sind oder waren Vorstands- oder Aufsichtsratsmitglieder bei Magna International, Rheinmetall, Deutsche Lufthansa, ThyssenKrupp, Hapag-Lloyd, BMW, BASF, Continental, ein Vertreter ist Geschäftsführer eines Meinungsforschungsinstituts. 2004 waren an Stelle der drei Erstgenannten „Vertreter" von Siemens, Allianz, MünchnerRück und Commerzbank im Aufsichtsrat. Gleichzeitig sind bzw waren Allianz, MünchnerRück und Commerzbank unmittelbar oder mittelbar zusammen mit 27% an der MAN AG beteiligt.

224 ZB Politik oder Interessenverbände. Deren Kooptation ist vergleichbar jener von Geschäftspartnern.

Unternehmen, wodurch die Rücksichtnahme gefördert und die Einflussnahme erleichtert wird. Es entsteht ein Geflecht gegenseitiger Verpflichtungen und Dankbarkeiten, innerhalb dessen sich die Geschäftsbeziehungen vorteilhaft entwickeln sollen.[225]

Durch die Aufnahme eines solchen Unternehmensvertreters in den eigenen Aufsichtsrat droht in dessen Person ein *Interessen- und Loyalitätskonflikt* geschaffen zu werden, weil mit dem Leistungsaustausch zwischen zwei Unternehmen zwangsläufig entgegengerichtete Interessen verbunden sind. Zweck der Kooptation ist es, den Entscheidungsträger eines anderen Unternehmens den Bedürfnissen und Zielen des eigenen Unternehmens zu verpflichten. Er soll einen Interessenausgleich bewirken, darf dabei jedoch die entgegengesetzten Wünsche des Unternehmens, in dem er das Vorstandsmandat innehat, nicht vernachlässigen. Im günstigen Fall gelingt ihm der delikate Balanceakt, im ungünstigen Fall kompromittiert er sich in beiden Funktionen.[226]

Unter dem Gesichtspunkt der Förderung der Geschäftsbeziehungen ist die Mandatsvergabe an *Bankenvertreter* hervorzuheben, denn Unternehmen sind in großem Maße auf Fremdkapital angewiesen.[227] Viele Banken sind bereits seit der Gründung eines Unternehmens mit diesem in engem geschäftlichen Kontakt, zB aufgrund dauernder Bankverbindung, von Wertpapieremissionen, Krediten, Exportfinanzierungen, Hilfe in Krisensituationen („Hausbank"). Auf den ersten Blick scheint die Anwesenheit eines Bankenvertreters im Aufsichtsrat eines Schuldner-Unternehmens im überwiegenden Interesse der Bank zu liegen (Banken-Kontroll-Theorie[228]): Der Bank stehen dadurch mehr Informationen, va über die finanzielle Lage des Kreditnehmers, aber auch über dessen Produktionsvorhaben oder Absatzentwicklung, zur Verfügung als einer Gläubigerbank ohne Vertreter im Aufsichtsrat. Aufgrund der Mitgliedschaft ist der Bank auch die Möglichkeit eingeräumt, auf die Unternehmenspolitik Einfluss zu nehmen,[229] was aus ihrer Sicht die Wahrscheinlichkeit der Rückzahlung eines Kredits erhöht. Umgekehrt kann diese Einflussmöglichkeit ihre Bereitschaft zur Kreditvergabe auch in kritischen Situationen erhöhen. Die Tatsache, dass der Bankenvertreter die bisherige Geschäftspolitik mitgetragen hat, erzeugt eine gewisse Verbundenheit mit dem Unternehmen und dessen Führungspersonen, wenn nicht sogar ein Gefühl der Mitverantwortung und der Verpflichtung zu weiterer Unterstützung durch die Bank, auch in schlechteren Zeiten.[230]

Die Zweckmäßigkeit der Kooptation von *Kunden- oder Lieferantenvertretern* in den Aufsichtsrat haben die von *Biehler/Ortmann* Befragten unterschiedlich beurteilt.[231] Einerseits können personelle Verbindungen hier sogar hinderlich erscheinen, denn man will sich unternehmensintern und auch gegenüber der Öffentlichkeit nicht dem Verdacht der Mauschelei aussetzen, dies wäre imageschädigend. Andererseits machen die bessere Kenntnis des anderen Unternehmens und der häufigere Informationsaustausch es zB leichter, die Produktion aufeinander abzustimmen oder die Interessen des anderen bei den eigenen operativen Entscheidungen (zB bei geplanten Betriebsstilllegungen) stärker zu

225 Vgl *Schreyögg/Papenheim-Tockhorn*, AG 1994, 381, 383; *Biehler/Ortmann*, DBW 1985, 4, 12.

226 Hierzu unten IV.B. – Siehe *Schreyögg*, AG 1983, 232 mit Hinweis auf *Pfeffer*, Academy of Management Review 1 (1976), 36, 41.

227 Siehe bereits oben Fn 37.

228 Dazu bereits oben III.C.4.

229 ZB Verweigerung der Zustimmung zu risikoreichen Geschäften.

230 So *Biehler/Ortmann*, DBW 1985, 4, 11, 15.

231 *Biehler/Ortmann*, DBW 1985, 4, 12.

berücksichtigen. Durch die Aufnahme eines Kunden- bzw Lieferantenvertreters in den Aufsichtsrat wird dem anderen Unternehmen schließlich signalisiert, dass an der Aufrechterhaltung einer dauerhaften Zusammenarbeit gelegen ist. Dies fördert die Kundenloyalität, weshalb wiederum ein Teil der Unternehmen die Mandatsvergabe an Lieferanten meidet, um diese leichter wechseln zu können.[232]

Personelle Verbindungen zwischen *Konkurrenzunternehmen* können als eine Art diplomatischer Beziehung betrachtet werden. Die Aufnahme eines solchen Vertreters signalisiert dem Konkurrenten Kooperationsbereitschaft, ein gewisses Maß an Rücksichtnahme etc. Sie kann aber auch als Vorstufe oder Abtasten für eine in Betracht gezogene Fusion oder für ein abgestimmtes Verhalten im Wettbewerb oder als Mittel zur Einhaltung eines solchen gedeutet werden. Personelle Verbindungen zwischen Konkurrenten werden daher vor allem unter wettbewerbsrechtlichen Gesichtspunkten kritisch gesehen. Im allgemeinen werden sie vermieden.[233]

Tradition als Motiv der Aufsichtsratsbesetzung erscheint auf den ersten Blick nicht mehr zeitgemäß; sie ist mit Sicherheit nicht das alleinige Kriterium, kann jedoch in Zusammenhang mit der Reputation oder den Geschäftsbeziehungen eines Unternehmens den Ausschlag geben. UU käme es einem Affront gleich, eine etablierte Verbindung nicht fortzusetzen,[234] würde als unfreundlicher Akt aufgefasst, ev. als Hinweis, dass am Fortbestand von Geschäftsbeziehungen kein Interessen mehr besteht, oder allgemein als Ausdruck des Misstrauens gegenüber der Leistungsfähigkeit oder dem Ansehen des kooptierten Unternehmens.

Zusammenfassend wird man feststellen können, dass die Nominierung einer Person für den Aufsichtsrat offenbar nur in den seltensten Fällen auf einem einzigen Beweggrund beruht. Insbesondere scheinen zumeist die Bedeutung der Person und die der Position zu verschmelzen, wobei in der Tendenz den positionalen Faktoren mehr Gewicht zukommt; nur wenige der Mandate werden eindeutig ad personam vergeben. Doch dürfte zumindest das, was hinsichtlich der Auswahl von Vorstandsmitgliedern zugestanden wird, für die Auswahl von Aufsichtsratsmitgliedern ebenfalls gelten: Protektion verliert immer mehr an Bedeutung, aber persönliche Beziehungen können als Entscheidungshilfe den Ausschlag geben.[235] Auch gereicht die Auswahl einer Person in aller Regel nicht nur dem auswählenden Unternehmen zum Nutzen, es profitiert davon auch das kooptierte Unternehmen, insb kann ein Bankenvertreter zugleich mehrere Funktionen abdecken: Eigenkapital- und Kreditrisikokontrolle und Kooperation. Der Soziologe *Ziegler* hat die Motive für die Besetzung deutscher Aufsichtsräte schon vor zwei Jahrzehnten wie folgt umrissen: „Es ist nicht möglich, personelle Verbindungen auf *eine* Ursache oder *einen* Zweck zurückzuführen. Das Netz der Personen- und Kapitalverflechtungen ist multikausal und multifunktional. Es kann aufgefasst werden als Ergebnis strategischen Handelns

---

[232] Vgl *Biehler/Ortmann*, DBW 1985, 4, 12.

[233] *Biehler/Ortmann*, DBW 1985, 4, 11, 14. In der Literatur häufig als mahnendes Beispiel genannt wird der ehemals Vorsitzende der IG Metall, *Steinkühler*, der zugleich in den Aufsichtsräten von Daimler-Benz und VW vertreten war. Für ihn als Arbeitnehmervertreter sind zwar die hier behandelten Nützlichkeitserwägungen nicht einschlägig, doch für die Beurteilung der Effizienz der Aufsichtsratsarbeit macht das keinen Unterschied. Beispiel aus der jüngsten Rspr: OLG Schleswig ZIP 2004, 1143 (Mobilcom). Siehe ferner unten IV.C.1. und Fn 284.

[234] Vgl *Biehler/Ortmann*, DBW 1985, 4, 10.

[235] So *Biehler/Ortmann*, DBW 1985, 4, 10, 12 und deren Befragungsergebnisse.

von korporativen Akteuren und von Individuen, die ihre kollektiven und individuellen Interessen verfolgen.“[236]

IV Die Unabhängigkeit der Aufsichtsratsmitglieder

A *Zwischenergebnis*

Kommen wir zurück zu der dem Aufsichtsrat vom Gesetzgeber zugedachten Funktion: Der Aufsichtsrat ist jenes Organ einer Aktiengesellschaft, das dazu berufen ist, die Geschäftsführung des Vorstands zu überwachen und damit sicherzustellen, dass die Interessen der Aktionäre gewahrt bleiben. Der Aufsichtsrat ist nicht Ort der Beziehungspflege, nicht Repräsentationsorgan und nicht Informationssammelstelle; seine Mitglieder sind auch nicht Vertreter irgendwelcher Partikularinteressen der sie wählenden Aktionäre oder der sie nominierenden oder entsendenden Gruppen oder Körperschaften. Betrachtet man die Feststellungen, die zur Auswahl der Aufsichtsratsmitglieder getroffen werden konnten, in diesem Lichte, so sind die differenzierten positiven Aussagen zu diesem Thema, die insgesamt ein vielschichtiges Bild ergeben haben, um eine dreifache *negative Aussage* zu ergänzen, und sie erscheint uns für die Zwecke einer funktionsbestimmten Unabhängigkeit als das Ausschlaggebende: Die Aufsichtsratsmitglieder

1. werden *nicht* zu dem Zweck ausgesucht, den Vorstand zu kontrollieren,
2. werden hauptsächlich von denjenigen ausgesucht, in deren eigenem Interesse eine effektive Kontrolle gerade *nicht* liegt,
3. erfüllen nach professionellem Background und vermutlich auch nach ihrem Selbstverständnis zwar die fachlichen, aber eher *nicht* die persönlichen Voraussetzungen für eine unabhängige Kontrolle.

Die Probleme der Unabhängigkeit werden im Schrifttum hauptsächlich, und in Anknüpfung an die zuvor behandelten Unternehmensverflechtungen, unter dem Gesichtspunkt des *Interessenkonflikts* thematisiert. In einem wahrscheinlich noch stärker abhängigkeitsbegründenden Interessenkonflikt als bei der *Kollision zweier Unternehmensinteressen* befindet sich das Aufsichtsratsmitglied, wenn *seine eigenen Interessen* – an Einkünften, Mandat, Status – von den zu Kontrollierenden bestimmt werden, weil es selbst Partei eines Rechtsverhältnisses ist, auf welches der betreffende Vorstand maßgeblichen Einfluss hat. Doch am Ende werden die Überlegungen zur Unabhängigkeit in die Frage nach Selbstverständnis, eigenständigem Urteilsvermögen, persönlicher Identifikation mit oder Distanz zu den zu Kontrollierenden einmünden.

B *Interessenkollision*

1 Loyalitätskonflikte

Ein Mitglied des Aufsichtsrats hat seine Überwachungstätigkeit ausschließlich im Interesse der Gesellschaft auszuüben, es ist dieser Gesellschaft zu Treue und zu Loyalität verpflichtet. Zu ebensolcher Treue und Loyalität ist allerdings auch ein Vorstandsmitglied

[236] *Ziegler*, KZfSS 1984, 585, 586.

seiner Gesellschaft verpflichtet. Nimmt eine Person ein Vorstandsmandat und mehrere Aufsichtsratsmandate wahr, so vereint sie in sich ein vielschichtiges Netz von Treue- und Loyalitätspflichten. Weisen die Unternehmen, in denen Mandate wahrgenommen werden, auch nur in Randbereichen ihrer unternehmerischen Tätigkeit Berührungspunkte auf, so sind Interessenkonflikte in der Person des Mandatsträgers vorprogrammiert. Wie oben ausgeführt, werden manche derartiger Loyalitätskonflikte mit der Berufung von Vertretern von Geschäftspartnern in den eigenen Aufsichtsrat geradezu bezweckt. Doch die Verpflichtung eines Vertreters eines anderen Unternehmens auf die eigenen Interessen ist ein zweischneidiges Schwert. Es kann kaum bestritten werden, dass die Anwesenheit des Vertreters der Hausbank durchaus dem Erhalt eines Kredits förderlich sein kann, doch wie wird dessen Entscheidung im Aufsichtsrat ausfallen, wenn zwischen dem Angebot seiner Bank und dem einer anderen Bank mit günstigeren Konditionen zu entscheiden ist?[237] Wie wird sich ein Lieferantenvertreter entscheiden, wenn im Aufsichtsrat über die Aufgabe eines Produktionszweiges abgestimmt wird und sein Unternehmen dadurch den wichtigsten Kunden zu verlieren droht?

Auch die Mitgliedschaft einer Person in den Aufsichtsräten zweier Unternehmen birgt ein hohes Potential an Konflikten, insb bei Mitgliedschaften in konkurrierenden Unternehmen. Hier treten nicht die stärkeren Eigeninteressen am Wohlergehen des einen Unternehmens mit den Interessen eines anderen Unternehmens in Kollision, sondern die Person begibt sich in einen Konflikt hinsichtlich der beiden Unternehmen in gleichem Maße geschuldeten Loyalitäten. Beispiele: Der Vorstand des Unternehmens A nimmt an, dass das Unternehmen B ein Konkurrenzprodukt einführen möchte, und schlägt deshalb dem Aufsichtsrat eine Abwehrinvestition vor.[238] Wie soll sich das Aufsichtsratsmitglied, das gleichzeitig im Aufsichtsrat von B amtiert, verhalten? Bestätigt es im Aufsichtsrat von A die Richtigkeit der Vermutung des Vorstands? Weist es im Aufsichtsrat B auf die bevorstehende Abwehrmaßnahme von Unternehmen A hin? Sagt es in keinem Aufsichtsrat etwas? Oder wie verhält er sich in dem Fall, wenn das Unternehmen A ein Mitglied des Vorstands des Unternehmens B abwerben möchte?[239]

Widerstreitende Interessen oder *Interessenkollisionen* zwischen zwei Pflichtbereichen – sei es die im Hauptberuf als Vorstand diesem Unternehmen geschuldete Treue und Loyalität oder jene als Aufsichtsratsmitglied in einem weiteren Unternehmen – können in drei Varianten in Erscheinung treten:[240]

1. Bei Tätigkeiten des Aufsichtsratsmitglieds in seiner Organfunktion, bei der Überwachung der Geschäftsführung und va bei der Zustimmung zu bestimmten Geschäften;
2. bei Handlungen, die das Aufsichtsratmitglied im Rahmen seiner Vorstands- oder Aufsichtsratstätigkeit bei einem anderen Unternehmen vornimmt und die eindeutig außerhalb der Geschäftssphäre der ersten AG liegen;
3. bei Handlungen wie vorstehend (2), die jedoch mit dem Geschäftskreis der AG in Berührung kommen.

---

[237] Beispiel bei *Lutter*, ZHR 145 (1981), 224, 232.

[238] Beispiel bei *Lutter*, ZHR 145 (1981), 224, 232.

[239] Beispiel bei *Lutter*, ZHR 145 (1981), 224, 232 f.

[240] Vgl dazu *Werner*, ZHR 145 (1981), 252, 257; *Dreher*, JZ 1990, 896, 900; *Heermann*, WM 1997, 1689; *Marsch-Barner*, in Semler/v. Schenck, aaO (Fn 9), § 12 Rn 79 ff, 85 f, 91 ff, 105 ff, 130 ff; nachfolgende Einteilung in Anlehnung an *Ulmer*, NJW 1980, 1603, 1604.

In Rechtsprechung und Literatur finden sich einige Lösungsansätze und Verhaltensregeln hierfür.[241] Am wenigsten problematisch sind jene Fälle (2), in denen die Person als Vorstandsmitglied handelt und die Interessen der Gesellschaft, in der sie das Aufsichtsratsmandat wahrnimmt, von den Entscheidungen zwar mittelbar tangiert, aber nicht unmittelbar betroffen werden. Tangiert werden zB die Interessen eines Abnehmerunternehmens, wenn der Vorstand des Zulieferunternehmens einen Produktionszweig stilllegen möchte und das Abnehmerunternehmen auf diese Produkte angewiesen ist. Derartige Interessen braucht der Vorstand, der zugleich ein Aufsichtsratsmandat im Abnehmerunternehmen wahrnimmt, nicht zu berücksichtigen,[242] eine allgemeine Fürsorgepflicht für die AG ist in der Treuepflicht des Aufsichtsratsmitglieds nicht enthalten. Zwar ist selbst in diesen Fällen ein Mindestmaß an Loyalität zu verlangen, jedoch beschränkt auf ein Verbot willkürlicher Handlungen zum Schaden der anderen Gesellschaft und einer Ausnutzung des im Aufsichtsrat gewonnenen Wissens zum Nachteil der Gesellschaft, auch ohne einen Bruch der Verschwiegenheitspflicht,[243] wie es regelmäßig der Fall ist, wenn die Person in ihrer Funktion als Vorstand selbst handelt.

Geht es bei der vorgenannten Fallgruppe noch um die bloße Existenz gegensätzlicher *Interessen*, so erstarkt in den Fällen, in denen das Aufsichtsratsmitglied zwar immer noch formal außerhalb des Aufsichtsratsmandats im Rahmen seiner Vorstandstätigkeit handelt, dabei aber mit dem Geschäftskreis des anderen Unternehmens in unmittelbare Berührung kommt (3), der Interessenkonflikt zur echten *Pflichtenkollision.* Hier ist nicht auszuschließen, dass seine Aufsichtsrats-Rolle je nach der Bedeutung, die er ihr beimisst, auf seine Vorstandstätigkeit „ausstrahlt“, ebenso wie er umgekehrt bei der Ausübung oder Ausschöpfung seiner Aufsichtsratsbefugnisse (1) von der Vorstandsfunktion im zweiten Unternehmen beeinflusst sein kann. Beispiel:[244] Das eine Unternehmen ist von Zahlungsunfähigkeit bedroht, das andere Unternehmen stellt zu dessen Gunsten und ohne jegliche Sicherheit einen Wechsel aus, weil entweder der Vorstand des ersten Unternehmens im Aufsichtsrat des zweiten sitzt und dessen Vorstand zur Wechselausstellung veranlasst oder umgekehrt der Vorstand des letzteren, der zugleich Aufsichtsratsvorsitzender des ersteren ist, sich dessen Überleben angelegen sein lässt. In der einen Eigenschaft hatte die Person jeweils alles zu unternehmen oder zu unterstützen, um die Zahlungsunfähigkeit von diesem Unternehmen abzuwenden; in der anderen Eigenschaft hätte sie jedoch der eindeutig zum Nachteil des anderen Unternehmens gereichenden Wechselausstellung entgegenwirken müssen. Am stärksten, nämlich in kollidierenden Entscheidungen, manifestiert sich die Pflichtenkollision, wenn der Aufsichtsrat über zustimmungspflichtige Geschäfte zu beschließen hat, beispielsweise hier der Übernahme jenes Unternehmens zugestimmt werden soll, zu der auch dessen Vorstand seine Entscheidung zu treffen hat.

Der BGH stellte hierzu in dem vorgenannten Urteil zutreffend die Unmöglichkeit der Spaltung einer Person mit kollidierenden Pflichten in zwei getrennte Verantwortungssphä-

---

[241] Vgl außer den in vorheriger Fn Genannten *Lutter,* ZHR 145 (1981), 224; *Koziol,* Pflichtenkollisionen im Wertpapiergeschäft bei Übernahme von Aufsichtsratsmandaten durch Mitarbeiter der Bank, in FS Frotz (1993), 352; *Nitsche,* Aufsichtsratsmandat und Interessenkollision, in FS Kreijci (2001), 753 f; *Wenger/Torggler,* RWZ 2002, 1.

[242] Vgl *Ulmer,* NJW 1980, 1606; *Werner,* ZHR 145 (1981), 258; *Marsch-Barner,* in Semler/v. Schenck, aaO (Fn 9), § 12 Rn 95, 100 f.

[243] Vgl *Ulmer,* NJW 1980, 1606; *Werner,* ZHR 145 (1981), 261.

[244] Nach BGH NJW 1980, 1629.

ren oder Rollen fest und führte aus, dass die Pflichterfüllung gegenüber der einen Gesellschaft nicht eine Pflichtverletzung gegenüber der anderen Gesellschaft zu rechtfertigen vermag.

2 Kollision mit persönlichen Interessen

Dieses zweite Problemfeld findet im Schrifttum weniger Beachtung und ist wohl auch insgesamt von geringerer praktischer Bedeutung, weil diese zweite Kategorie von Interessenkollisionen im Alltag der Aufsichtsratsarbeit seltener auftritt. Es ist die Ausnahme, daß Handlungen des Aufsichtsratsmitglieds im Rahmen dieser Funktion sich in seiner Privatsphäre auswirken und vice versa. Wenn es gleichzeitig Eigentümer eines anderen Unternehmens ist, ist die Kollision mit seinen Eigentümerinteressen[245] prinzipiell von der gleichen Art wie bei der Wahrnehmung einer Organfunktion in dem zweiten Unternehmen. Wenn es (Groß-)Aktionär der AG ist (und vielleicht kraft dieser Eigenschaft den Sitz im Aufsichtsrat erlangt hat), dann stimmt sein Aktionärsinteresse zumindest in der Theorie der heilen Welt mit dem ihm als Mandatar anvertrauten Unternehmens- und Shareholder-Interesse überein. Doch ist das nicht immer gewährleistet, und so sollte beispielsweise klar sein, dass der Aktionär im Aufsichtsrat nicht über die Erteilung einer Zustimmung zur Übertragung seiner Aktien mitstimmen darf (wenn darüber bei vinkulierten Namensaktien nach § 68 Abs 2 S 3 dAktG der Aufsichtsrat zu beschließen hat),[246] weil er als Aufsichtsratsmitglied, anders als in der Gesellschafterversammlung,[247] hierbei nicht in zulässiger Weise sein legitimes Mitgliedschaftsinteresse verfolgt. Es gilt insoweit dasselbe wie bei der Wahl der eigenen Person in den Vorstand[248] im Unterschied zur Wahl des Aufsichtsrats durch die Hauptversammlung, des Geschäftsführers der GmbH in der Gesellschafterversammlung (§ 39 Abs 5 öGmbHG).

Eigengeschäfte des Aufsichtsratsmitglieds mit der Gesellschaft von nicht alltäglicher Natur – natürlich bekommt das Mitglied im Aufsichtsrat des Automobilunternehmens seinen Privat-Pkw zum Vorzugspreis – werden kaum vorkommen;[249] geschieht dies freilich doch einmal, sollte man sich nicht damit beruhigen, dass die Gesellschaft dabei vom Vorstand, nicht vom Aufsichtsrat, vertreten wird und dort auch die Entscheidungen für die Gesellschaft fallen. Sondern es ist gut vorstellbar, dass ein Vorstand gerade eine solche Gelegenheit nutzt, sich das Aufsichtsratsmitglied durch Großzügigkeit auf Kosten der Gesellschaft zur Dankbarkeit zu verpflichten.

Von gravierender Bedeutung (und spezieller Aktualität) scheint uns der institutionelle Konflikt bezüglich des Interesses an der Funktionsvergütung zu sein. De iure ist es zwar die Hauptversammlung, die über die Vergütungen für den Aufsichtsrat entscheidet (§ 113 dAktG), während andererseits der Aufsichtsrat eine Erhöhung der Vorstandsbezüge zu beschließen hat (§ 87 dAktG). Doch de facto dürfte eine Abhängigkeit in Gegenrichtung zur formalen Kompetenzhierarchie bestehen, insoweit der Aufsichtsrat, der eine Verbesserung seiner Remuneration anstrebt, dabei auf die Initiative oder zumindest die Billigung des Vorstands angewiesen ist. Auf diese Weise wird ein problematischer

---

245 *Roth,* Das Treuhandmodell des Investmentrechts (1972), 289.
246 In diesem Sinn OLG Schleswig ZIP 2003, 1703; zu Unrecht aA *Triebel* ZIP 2004, 156.
247 *Roth/Altmeppen,* GmbHG^5 (2005), § 47 Rn 60, 66.
248 *Hüffer,* AktG^6, § 108 Rn 9; *Ulmer,* NJW 1982, 2288; str.
249 Vgl aber *Roth,* Das Treuhandmodell des Investmentrechts (1972), 287.

und fast unvermeidbarer Zusammenhang zwischen einer Erhöhung der Vorstandsbezüge und persönlichen Vermögensinteressen der Aufsichtsratsmitglieder hergestellt, weil naheliegenderweise jene (und vielleicht erst jene) der Neigung des Vorstands förderlich ist, auch eine Erhöhung der Aufsichtsratszuwendungen zu betreiben, oder zumindest eine Vorbild- und Sogwirkung auch in bezug auf diese entfaltet, und so scheint ja auch bei den spektakulären Bereicherungsfällen der letzten Jahre nicht selten das eine dem anderen zeitversetzt nachgefolgt zu sein. Zumindest bei Aktienoptionen jenen Kausalkonnex zu durchbrechen, könnte denn auch ein Beweggrund hinter der neuesten BGH-Rspr zu (dh: gegen) Aktienoptionen für Aufsichtsratsmitglieder sein.[250]

Wo aber auch immer persönliche Interessen eines Funktionsträgers ins Spiel kommen, trifft die politische Ökonomie[251] die nüchterne Feststellung, dass der Mensch auch als Träger jedwelcher Treuhandmandate ein seinen Nutzen maximierender homo oeconomicus bleibt, wobei zwar Nutzen nicht in dem engen Sinn eigener materieller Vorteile zu verstehen ist, aber die „gewissensbelohnende" Wirkungskraft von Prinzipientreue und Pflichterfüllung auch nicht unkritisch unterstellt werden darf.

3 Lösungsvorschläge

Weniger eindeutig sind die Schlussfolgerungen, die man hieraus für konkrete Handlungsanweisungen an die im Interessenkonflikt befangene Person zu ziehen hat. Das Schrifttum sucht hier, wie traditionell bei Interessenkonflikten außerhalb spezifischer gesetzlicher Inkompatibilitätsregeln,[252] sein Heil in normativen Balanceakten, die beide Pflichtenkreise im Wege der inhaltlichen Abstimmung oder der Prioritätenreihung miteinander versöhnen sollen, was bei der Kollision zwischen Vorstands- und Aufsichtsratsfunktionen regelmäßig darauf hinausläuft, dass die Person sich in der Aufsichtsratsposition aller beeinflussenden Maßnahmen zu enthalten habe.[253] Dabei ist klar, dass die einzige konsequente Lösung die Unvereinbarkeit der Amtsausübung mit dem betreffenden Loyalitätskonflikt sein kann[254] und dies erst recht deswegen, weil die Beeinträchtigung der Unabhängigkeit sich nicht nur in bewussten Pflichtverletzungen niederschlagen kann, denen man – vielleicht – mit ebenso bewusstem Gegensteuern begegnen könnte, sondern sich bereits im Vorfeld auf der kognitiven Ebene auszuwirken pflegt,[255] in unbewusster Selektion und einseitiger Bewertung von Informationen etc. In der Literatur ist eine solch rigorose Therapie jedoch überwiegend auf Ablehnung gestoßen,[256] da sie zur Überspannung der mit dem Nebenamt verbundenen Pflichtbindung führe.

Verlangt man in der Fallgruppe (3) von dem Vorstandsmitglied, sich als Vertretungsorgan in Geschäftsbeziehungen mit jener anderen AG, in deren Aufsichtsrat es amtiert, jeglicher Verhandlungsführung zu enthalten, so sollte es ihm zwar keine nennenswerten

---

[250] ZIP 2004, 613 (Mobilcom); dazu *Meyer/Ludwig*, ZIP 2004, 940.

[251] Zur Politischen Ökonomie bzw Neuen Institutionen-Ökonomie siehe bspw *Schäfer/Ott*, Lehrbuch der Ökonomischen Analyse[3] (2000), III.2.; *Weigel*, Rechtsökonomik (2003), 10.

[252] Vgl *Roth/Altmeppen*, GmbHG[5] (2005), § 47 Rn 45 ff, 55 ff.

[253] So zum vorgenannten BGH-Urteil NJW 1980, 1629 (bei Fn 244), *Ulmer*, NJW 1980, 1603 m. 1607.

[254] *Roth*, Das Treuhandmodell des Investmentrechts (1972), 286 ff; *Roth/Altmeppen*, GmbHG[5] (2005), § 47 Rn 46.

[255] Vgl *Druey*, in FS Doralt (2004), 151, 154.

[256] Vgl *Ulmer*, NJW 1980, 1603; *Lutter*, ZHR 145 (1981), 224, 240 f; *Merkt*, ZHR 159 (1995), 423, 437; *Weisser*, Corporate Opportunities (1991); früher zB *Fischer*, AcP 154 (1955), 181, 229.

Schwierigkeiten bereiten, diese Angelegenheiten bei der ersten Gesellschaft zu delegieren; doch wäre damit nichts Entscheidendes gewonnen, denn die Gefährdung für die zweite AG liegt (weiterhin) darin begründet, dass ein zumindest latenter Einfluss aus der Aufsichtsratsposition auf ihren Vorstand zu ihrem Nachteil wirksam wird. Noch deutlicher wird die Notwendigkeit, bei der Aufsichtsratsposition anzusetzen, in jener Fallgruppe (1), in der der Mandatsträger im Rahmen seiner Aufsichtsratstätigkeit fallbezogene Entscheidungen zu treffen, also etwa Zustimmungsbeschlüsse zu fassen hat. Hier ist leicht die Verpflichtung formuliert, er habe dem Unternehmensinteresse der AG der Vorrang einzuräumen vor kollidierenden Interessen aus dem Hauptberuf oder der Privatsphäre.[257] Hat das Unternehmen zB bei der Bank des Aufsichtsratsmitglieds große Festgeldguthaben liegen und berät der Aufsichtsrat darüber, ob für diese Guthaben eine günstigere Anlageform gewählt werden soll, dann habe sich der Banker in der Rolle als Aufsichtsratsmitglied bei seinem Votum nicht davon beeinflussen zu lassen, dass eine Vermögensumschichtung nachteilige Auswirkungen auf sein Institut haben könnte.[258]

Doch es ist *eine* Sache, in der Theorie zu fordern, dass eine Person ausschließlich im Interesse des jeweiligen Unternehmens handelt, sich der jeweiligen Rolle entsprechend verhält. Eine *andere* Sache ist es, ein derartiges Verhalten in die Praxis umzusetzen. Die in der Literatur vorgeschlagenen Lösungsansätze reichen von interessewahrender Stimmabgabe über Stimmenthaltung, Teilnahmeverzicht an der Aufsichtsratssitzung, Stimmrechtsausschluss, Teilnahmeverbot bis hin zur Niederlegung des Amtes oder – aber erst bei dauerhaften Konflikten – Ausschluss des Aufsichtsratsmitglieds.[259]

Auch der DCGK und der ÖCGK haben sich – bereits in ihren ersten Fassungen – der Problematik angenommen und sehen vor, dass ein Aufsichtsratsmitglied Interessenkonflikte, insb solche aufgrund einer Beratung oder Organfunktion bei Kunden, Lieferanten, Kreditgebern oder sonstigen Geschäftspartnern, dem Aufsichtsrat gegenüber *offen legen* soll und dass der Aufsichtsrat in seinem Bericht an die Hauptversammlung über aufgetretene Interessenkonflikte und deren Behandlung informieren soll.[260] Wesentliche und nicht nur vorübergehende Interessenkonflikte in der Person eines Aufsichtsratsmitglieds sollen zur Beendigung des Mandats führen.[261]

Voll zu befriedigen vermag keine dieser Lösungen – ausgenommen die Beendigung des Mandats bei andauerndem Interessenkonflikt. Das Problem bei jeder abgestuften Lösung ist die Gefahr, dass man sich im konkreten Fall zu lange oder überhaupt mit der Vorstufe des vom Fall eigentlich geforderten Regelungsgrads begnügt und durch solche Kompromisse das Regelungsziel verwässert. Solange man aber die im Konflikt befange-

---

257 *Ulmer,* NJW 1980, 1605; *Lutter,* ZHR 145 (1981), 224, 239 f mwN; *Werner,* ZHR 145 (1981), 252, 258 f; *Dreher,* JZ 1990, 897; *Deckert,* DZWir 1996, 406, 408; *Wiedemann,* ZIP 1997, 1565, 1566; *Marsch-Barner,* in Semler/v. Schenck, aaO (Fn 9), § 12 Rn 91 ff.

258 Beispiel nach *Werner,* ZHR 145 (1981), 259.

259 *Ulmer,* NJW 1980, 1603; *Lutter,* ZHR 145 (1981), 230 ff; *ders,* RdW 1987, 314; *Werner,* ZHR 145 (1981), 252; *Dreher,* JZ 1990, 896; *Deckert,* DZWir 1996, 406, 408 f; *Schwark,* ZHR-Beiheft Nr, 71, 2002, 75, 108 f; *Marsch-Barner,* in Semler/v. Schenck, aaO (Fn 9), § 12 Rn 102 ff, 110 ff, 146 f; *Koziol,* in FS Frotz (1993), 352; *Nitsche,* in FS Krejci (2001), 753 f; *Wenger/Torggler,* RWZ 2002, 1; *Schima,* GesRZ 2003, 199, 203 f. Für weitgehende Unvereinbarkeit zuletzt *Säcker,* AG 2004, 180, 183. Aus der Rspr OLG Schleswig ZIP 2004, 1143.

260 Ziff 5.5.2, und 5.5.3 DCGK. Im ÖCGK Ziff 46 wenig konkret (es fehlt die Aufzählung der Ursachen für Interessenkonflikte) formuliert, ist überdies lediglich die Offenlegung vorgesehen.

261 Ziff 5.5.3 DCGK.

ne Person im Entscheidungsprozeß belässt, muss man in Betracht ziehen, dass es in der Natur des Menschen liegt, Naheverhältnisse unterschiedlich stark zu empfinden – dem Vorstandsmitglied steht typischerweise dieses Unternehmen näher als jenes, in dem es das Aufsichtsratsmandat wahrnimmt – und die hieraus resultierenden Prioritäten durch keine Pflichtbindung neutralisiert werden können. Auch ist es dem Menschen nicht möglich, das in der einen Kapazität erworbene Wissen bei einer anderen Tätigkeit auszublenden. Schließt man eine Person aus einem spezifischen Entscheidungsprozess aus, so hat man damit noch nicht ihren potentiellen Einfluss eliminiert, den sie entweder gezielt auf den „couloirs" der Chefetage entfalten kann oder sogar unbewusst und vielleicht unbemerkt kraft ihrer Persönlichkeit und Autorität auf die übrigen Entscheidungsträger ausübt. Es scheint ferner in der Natur des Menschen zu liegen, dass er eine Beeinträchtigung seiner Unbefangenheit häufig selbst nicht wahrnimmt oder nicht wahr haben will. Und vielleicht noch gravierender ist die Beeinträchtigung der Kontrollfunktion, die darin begründet liegt, dass das Aufsichtsratsmitglied seine Unbefangenheit gegenüber dem Vorstand verliert und an Autorität einbüßt, wenn und weil von diesem die den Interessenkonflikt tangierende Entscheidung abhängt und eine für die Gegenseite günstige Entscheidung erwartet bzw erhofft wird. Diese Funktionsstörung lässt sich weder per Pflichtbindung noch per Stimmrechtsausschluss beheben.

Fordert man aber aus konkretem und vielleicht schon aus eher geringfügigem Anlass die Aufgabe des Mandats, so setzt man sich nicht nur dem Vorwurf der Überreaktion aus, sondern beschädigt auf längere Sicht zwangsläufig die Kontinuität der Aufsichtsratsarbeit. Da aber andererseits die grundlegende Einsicht, dass wirkungsvolle Überwachung der Unabhängigkeit im Urteil bedarf, durch praktische Schwierigkeiten der Umsetzung nicht außer Kraft gesetzt wird, bleibt nur der Ausweg, das Störungspotential von vornherein möglichst gering zu halten, und das heißt in der anstehenden Problematik: den Anteil an Aufsichtsratsmitgliedern, die aufgrund der gleichzeitigen Wahrnehmung von Leitungsfunktionen in anderen Unternehmen oder anderer Konstellationen für Interessenkonflikte überdurchschnittlich prädisponiert sind, ganz allgemein weiter zu reduzieren.

C Unabhängige Kontrolle

1 Abhängigkeit im traditionellen Sinn

In der weltweit geführten Diskussion um gute Corporate Governance nimmt die Frage der Unabhängigkeit von Kontrollorganen immer breiteren Raum ein.[262] Durch den Fall *Enron* wurde offenkundig, dass die mangelnde (wirtschaftliche) Unabhängigkeit von Organen – in diesem Fall des Abschlussprüfers – von den zu Kontrollierenden (mit-) ursächlich ist für Defizite in der Kontrolle und letztlich mitursächlich für den Zusammenbruch eines Unternehmens sein kann.[263] Vordringliches Anliegen der Corporate Governance-Reformen in den USA in den letzten Jahren war und ist daher auch die Verbesserung der Unabhängigkeit der beiden Aufsichtsorgane „Aufsichtsrat" bzw „Board" (eigentlich der

[262] Für Europa Bericht der High Level Group, ZIP 2003, 863, 869; Mitteilung der Kommission v. 21.5.2003, KOM (2003) 284 endg., 17 f; Empfehlung der Kommission v. 15.2.2005, ABl L 52/51 (o. Fn 90); aus dem Schrifttum *Druey*, in FS Doralt (2004) 151.

[263] Enron war einer der wichtigsten Beratungskunden von Arthur Anderson, welcher zugleich Abschlussprüfer von Enron war.

committees,[264] insb des Audit Committee = Bilanz- bzw Prüfungsausschuss) und „Abschlussprüfer".[265]

Auch die Europäische Kommission hat sich der Thematik angenommen und Mitte 2003 eine Mitteilung zur Modernisierung des Gesellschaftsrechts und Verbesserung der Corporate Governance verabschiedet;[266] in Umsetzung des Aktionsplans hat sie Anfang 2005 eine Empfehlung zu den Aufgaben von Aufsichtsratsmitgliedern und zu den Ausschüssen herausgegeben. Kernpunkt der Empfehlung ist die Stärkung der Unabhängigkeit der Mitglieder des Aufsichtsrats bzw der nicht-geschäftsführenden Direktoren in Mitgliedstaaten mit monistischem System.

Nach internationalem Verständnis ist unter einem unabhängigen Aufsichtsratsmitglied (independent director im Board, insb im Audit Committee) eine Person zu verstehen, die in keiner persönlichen oder wirtschaftlichen Beziehung zum Unternehmen oder zum Management steht, die ihre Entscheidungen im Aufsichtsrat materiell beeinflussen kann.[267] Im Bericht der Regierungskommission Corporate Governance wird dazu bemerkt:

> „Der deutsche Aufsichtsrat genügt diesen Anforderungen, obwohl formal vom Vorstand getrennt, typischerweise nicht. Das gesetzliche System der Mitbestimmung bringt es mit sich, dass die meisten Arbeitnehmervertreter im Aufsichtsrat dem Unternehmen oder Konzern durch einen Arbeitsvertrag verbunden sind. Die andere Hälfte ist gleichfalls nicht unabhängig. In den großen Publikumsgesellschaften sitzen häufig Vertreter von Banken oder anderen Geschäftspartnern des Unternehmens. Hinzu kommen nicht selten dem Unternehmen nahe stehende Berater. Ein Spezialproblem stellt die Übung dar, dass der ausscheidende Vorstandsvorsitzende regelmäßig in den Aufsichtsrat, nicht selten in den Aufsichtsratsvorsitz, wechselt."[268]

Die Empfehlung der Kommission definiert „unabhängig" wie folgt: „Ein Mitglied der Unternehmensleitung[269] gilt als unabhängig, wenn es in keiner geschäftlichen, familiären oder sonstigen Beziehung zu der Gesellschaft, ihrem Mehrheitsaktionär oder deren Geschäftsführung steht, die einen Interessenkonflikt begründet, der sein Urteilsvermögen

---

[264] Amerikanische Gesellschaften verfügen bekanntlich nur über einen Board of Directors, doch nehmen verschiedene Ausschüsse (Committees) jene Aufgaben wahr, die den Schwerpunkt der Aufgaben unseres Aufsichtsrats bilden. Die wichtigsten Ausschüsse sind der Bilanz- und Prüfungsausschuss (Audit Committee; dazu *Scheffler,* ZGR 2003, 236) und der Personalausschuss (in den USA zumeist zwei Ausschüsse: das Nominating Committee, das für die Bestellung der Mitglieder des Boards zuständig ist, und das Compensation Committee, das für die Vergütung zuständig ist).

[265] Zur Unabhängigkeit des deutschen Abschlussprüfers *Baetge/Lutter,* Abschlussprüfung und Corporate Governance (2003), 9 ff; zur Verbesserung der Abschlusskontrolle nach den deutschen Bilanzreformgesetzen (BilReG und BilKoG, BGBl I 2004, 3166 ff und 3408 ff) *Großfeld,* NZG 2004, 105. Zur Stärkung der Unabhängigkeit des Abschlussprüfers wurden in Österreich mit dem GesRÄG 2005 (o. Fn 35) die Ausschlussgründe verschärft, insb jene Leistungen, die der Abschlussprüfer außerhalb seiner Prüfungstätigkeit für die Gesellschaft erbringen darf, eingeschränkt und eine interne Rotation vorgesehen (§§ 270 ff öHGB).

[266] Vgl Fn 90, 262.

[267] Vgl *Davis,* ZGR 2001, 268, 275; Bericht der Regierungskommission Corporate Governance, BT-Drucks 14/7515 (*Baums* [Hrsg] 2001), Rn 55; The Combined Code on Corporate Governance, Juli 2003, Code Provision A.3.1, aaO (Fn 41); NYSE Listed Company Manual, Section 303A.02 (a), aaO (Fn 41). NASD Manual Online Section 4200 (a) 15, IM 4200, aaO (Fn 41) Ähnlich Empfehlung der Kommission (o. Fn 90), Erwägungsgrund 18, Empfehlung 1.3.1.

[268] Bericht der Regierungskommission Corporate Governance, Rn 55.

[269] Mitglied des Verwaltungs- / Aufsichtsrats oder des Vorstands einer Gesellschaft.

beeinflussen könnte.“ und an anderer Stelle „als die Abwesenheit jeglicher signifikanter Interessenskonflikte.“ [270]

Weit fortgeschritten – und wohl Vorbild für die Empfehlung der Kommission – hinsichtlich der Konkretisierung des Begriffs „unabhängig“ sind die Börsenordnungen in den USA. [271] Das Corporate Accountability and Listing Standards (CALS) Committee der New Yorker Börse hat im Juni 2002 Reformvorschläge erarbeitet, die ua eine Aufwertung der independent directors, eine schärfere Definition von „independent“ und neue Anforderungen an die Qualifikation des Audit Committee zum Gegenstand haben. [272] Diese Vorschläge wurden mehrfach abgeändert, [273] im November 2003 dem Listed Company Manual angefügt und im November 2004 neuerlich abgeändert. Auch die NASDAQ hat parallel dazu ihre Independence-Anforderungen verschärft. [274] Nach den Corporate Governance Listing Standards [275] der New Yorker Börse ist grundsätzlich nicht unabhängig, wer Teilhaber, kontrollierender Aktionär oder Geschäftsführer einer Organisation ist, die in Geschäftsbeziehungen zur Gesellschaft steht, oder wer selbst eine persönliche Geschäftsbeziehung (zB als Rechtsanwalt, Konsulent) zur Gesellschaft unterhält. Ein ehemaliger Geschäftsführer oder sonstiger Angestellter der Gesellschaft gilt erst drei Jahre nach seinem Ausscheiden als unabhängig; dasselbe gilt für Familienangehörige leitender Angestellter. Ein Partner oder Angestellter des Abschlussprüfers, der an der Prüfung der Gesellschaft mitgewirkt hat, gilt ebenfalls erst nach drei Jahren als unabhängig. Auch eine spezielle Form von Überkreuzverbindungen, die in den USA anders als in Deutschland an sich zulässig sind, steht der Unabhängigkeit des Ausschussmitglieds entgegen. [276]

Schon bisher mussten alle Mitglieder des Audit Committee (das aus mindestens drei Personen besteht) in diesem Sinne unabhängig sein. [277] Nun gelten dieselben Erfordernis-

[270] Empfehlung 1.3.1., Erwägungsgründe 7, 18.

[271] NYSE Listed Company Manual, Section 303A.02, idF 3.11.2004, aaO (Fn 41); NASD Manual Online, Marketplace Rules, Definitions, Section 4200 (a) (15), IM-4200 Definitions of Independence - Rule 4200 (a) (15) idF 1.6.2004, aaO (Fn 41). – Zum Verhältnis von Börsenordnungen zu Securities Exchange Act 1934 und auf dessen Grundlage erlassener Rules der SEC *Gruson/Kubicek*, AG 2003, 337, auch unten Fn 277.

[272] Vgl Corporate Accountability and Listing Standards Committee, Juni 2002, 2, 6 ff, http://www.nyse.com/pdfs/corp_govreport.pdf.

[273] Insb durch Amendment No 1 to Corporate Governance Rule Filing, 4. April 2003 und Amendment No 2 to the NYSE's Corporate Governance Rule Proposals, 8. Oktober 2003.

[274] Vgl NASD Manual Online, Marketplace Rules, Sect. 4200 (a) (15) idF 1.11.2005, IM-4200, Definition of Independence idF 1.6.2004, 4350 (c), (d) (2) idF 1.1.2006, aaO (Fn 41).

[275] NYSE Listed Company Manual Section 303A.02 idF 3.11.2004, aaO (Fn 41).

[276] Vgl Sect. 303A.02 (b) (iv) und CALS Committee, 6. Juni 2002, 7, aaO (Fn 41, 273). Zu einer empirischen Studie über Überkreuzverbindungen („reciprocal interlocking directorates“) in den USA mit Datenmaterial aus Anfang der 90er Jahre *Fich/White*, aaO (Fn 136).

[277] Mit Sec. 301 Sarbanes-Oxley Act 2002 wurde dem Securities Exchange Act 1934 in Sec. 10A ein Absatz (m) angefügt, der die Einrichtung eines Audit Committee verlangt, und in UAbs (3) (B) geregelt, wann ein Mitglied dieses Ausschusses nicht als unabhängig anzusehen ist: Dies ist der Fall, wenn es von der Gesellschaft Honorare erhält, die ihre Grundlage nicht in der Organtätigkeit haben; oder wenn es sich bei ihm um eine dem Unternehmen oder einer Tochtergesellschaft nahe stehende Person handelt. Alle Audit Committee Mitglieder müssen dem Board angehören und unabhängig in diesem Sinne sein. Auch wurde die SEC (Securities and Exchange Commission; Börsenaufsicht) angewiesen, eine Verordnung zu erlassen (Rule 10A-3, wirksam seit 25.4.2003), die die U.S.-Börsen dazu verpflichtet, einem Unternehmen, das kein entsprechendes Audit Committee eingerichtet hat, die Notierung zu versagen bzw aufzuheben. Rule 10A-3 gestaltet diese Unabhängigkeitserfordernisse inhaltlich (zT detailliert) aus (vgl insb (b) (1)), sieht allerdings

se auch für die Ausschüsse für Bestellung und Vergütung[278] und es wird schließlich das Unabhängigkeitserfordernis über die Ausschüsse hinaus auf den gesamten Board in dem Sinne erstreckt, dass eine Mehrheit seiner Mitglieder unabhängig sein muss – was, in sinngemäßer Übertragung auf unser dualistisches Organsystem, zu bedeuten hätte, dass kein Aufsichtsratsmitglied ohne Wartefrist aus dem Vorstand übernommen und grundsätzlich kein Geschäftspartner oder dessen Organmitglied etc aufgenommen werden könnte.[279] Die Unvereinbarkeit als solche will man aus bekanntem Anlass[280] in Richtung auf die Abschlussprüfer verschärfen, indem man hier ebenfalls das Umfeld weiterreichend erfasst.

Von einer ähnlich detaillierten Ausgestaltung des Begriffs „unabhängig" sind der DCGK wie der ÖCGK nur noch wenige Schritte entfernt. Seit der Fassung 2.6.2005 findet sich im DCGK erstmalig eine Definition von „unabhängig"; diese entspricht iW jener der Empfehlung der Kommission.[281] Nach ÖCGK ist ein Aufsichtsratsmitglied dann „als unabhängig anzusehen, wenn es in keiner geschäftlichen oder persönlichen Beziehung zu der Gesellschaft oder deren Vorstand steht, die einen materiellen Interessenkonflikt begründet und daher geeignet ist, das Verhalten des Mitglieds zu beeinflussen."[282] Dem Aufsichtsrat sollen nach seiner Einschätzung überdies eine ausreichende Zahl unabhängiger Mitglieder angehören. Bisher fand sich lediglich bei den offen zu legenden Interessenkonflikten ein Hinweis auf den Grund des Interessenkonflikts „... insbesondere solche, die auf Grund einer Beratung oder Organfunktion bei Kunden, Lieferanten, Kreditgebern oder sonstigen Geschäftspartnern entstehen können ... "[283] Explizit als eine unabhängige Überwachung gefährdend werden die Aufnahme ehemaliger Vorstandsmitglieder in den Aufsichtsrat und Mandate bei wesentlichen Wettbewerbern genannt.[284]

Es ist zu erwarten, dass der Begriff „unabhängig" binnen Kurzem eine weitergehende Konkretisierung erfahren wird. In der Empfehlung der Kommission, die in den Mitgliedstaaten bis zum 30.6.2006 umgesetzt werden soll, findet sich im Anhang II ein detaillierter Katalog von „Situationen, die nach allgemeinem Verständnis als ein Risiko für die Unabhängigkeit" angesehen werden, die die Mitgliedstaaten in ihren jeweiligen Kodices bzw im Gesetz als Mindeststandards festlegen sollen: Demnach ist eine Person nicht

---

gewisse Ausnahmen für ausländische Emittenten – zB für deutsche Unternehmen relevant: hinsichtlich der Mitbestimmung – vor. Vgl SEC Rule 10A-3, http://www.law.uc.edu/CCL/34ActRls/rule10A-03.html; dazu SEC Release No 33 - 8220 v. 9.4.2003, http://www.sec.gov/ unter Final Rules. Die Börsenordnungen gehen in zT komplizierten Detailregelungen über die Rule 10A-3 hinaus. Hierzu *Gruson/Kubicek*, AG 2003, 337; *Kersting*, ZIP 2003, 233, 234; *Scheffler*, ZGR 2003, 236, 244.

278 Oben Fn 264. Sections 303A.04 (a), 303A.05 (a), 303A.07 (b) idF 3.11.2004.

279 Ausländische Emittenten (Foreign Private Issuers) sind größtenteils von diesen Anforderungen befreit (Sect. 303A.00 idF 3.11.2004); sie haben allerdings die Abweichungen ihrer Corporate Governance offen zu legen und die Vorschriften des Exchange Act und der Rule 10A-3 (bis spätestens 31.7.2005) zu befolgen. Diese Vorschriften haben Wirkung auf deutsche Unternehmen, insofern als der gesamte Aufsichtsrat die Audit Committee-Kriterien erfüllen muss, wenn kein solcher Ausschuss eingerichtet wird. Nachw. oben Fn 277.

280 Oben Fn 263.

281 Ziff. 5.4.2 DCGK; bei Fn 92 f; auch bei Fn 270.

282 Ziff 53 ÖCGK, C-Regel.

283 Ziff 5.5.2 DCGK.

284 Ziff 5.4.2. DCGK. Der 61. DJT 1996 schlug in seinem Beschluss Nr 17 eine gesetzliche Unvereinbarkeit des Aufsichtsratsmandats mit Vorstands- und Aufsichtsratsmandaten in konkurrierenden Unternehmen vor. Ausführlich zu einem diesbezüglichen Gesetzesvorschlag *Kübler*, Aufsichtsratsmandate in konkurrierenden Unternehmen, in FS Claussen (1997), 239; auch *Reichert/Schlitt*, AG 1995, 241.

unabhängig, wenn sie in den vergangenen fünf Jahren ein Vorstandsmandat in der Gesellschaft oder einem verbundenen Unternehmen ausgeübt hat; wenn sie Angestellter der Gesellschaft ist oder in den vergangenen drei Jahren war (ausgenommen Personen, die nicht Führungskräfte sind und als Arbeitnehmervertreter ausreichenden Schutz vor missbräuchlicher Entlassung genießen); wenn sie zusätzliche Vergütungen in bedeutendem Umfang (insb Aktienoptionen) von der Gesellschaft oder einem verbundenen Unternehmen erhält; wenn sie Aktionär mit Kontrollbeteiligung oder dessen Vertreter ist; wenn sie zur Gesellschaft eine Geschäftsbeziehung in bedeutendem Umfang (zB finanzieller, rechtlicher oder beratender Art) unterhält; wenn sie Partner oder Angestellter des Abschlussprüfers ist oder in den letzten drei Jahren war; wenn eine Überkreuzverflechtung besteht; wenn sie mehr als drei Amtszeiten bzw mehr als 12 Jahre im Amt ist; wenn sie Familienangehöriger des Vorstands oder einer der vorgenannten Personen ist.[285]

Weniger rigoros als in den USA sind die Anforderungen an den Prüfungs-, Nominierungs- und Vergütungsausschuss; sie sollen lediglich mehrheitlich mit unabhängigen Mitgliedern besetzt sein.[286]

2 *Mentale Abhängigkeit: Solidarität und Identifikation*

a Präzisierung der Fragestellung

All diese Bemühungen im Detail sind jedoch eher geeignet, die Grundsatzfrage zu verdunkeln, die sich sehr schön an den genannten Beispielen des ehemaligen Vorstandsmitglieds im selben oder des noch amtierenden Vorstandsmitglieds in einem anderen Unternehmen veranschaulichen lässt. Es leuchtet ein, dass dieses Aufsichtsratsmitglied bei der Entscheidung über eine kräftige Erhöhung der Vorstandsbezüge befangen wäre, wenn es seinerseits eine Betriebspension bezöge, die an die Entwicklung der Vorstandsbezüge gekoppelt wäre, oder wenn es als Vorstand im zweiten Unternehmen eine Gehaltserhöhung anstrebte und im dortigen Aufsichtsrat eine Überkreuzverflechtung[287] bestünde. Nicht anders ist es, wenn das Aufsichtsratsmitglied einen Beratervertrag mit dem Unternehmen anstrebt oder eine Erhöhung der Aufsichtsratsvergütung, die vom Wohlwollen des Vorstands abhängt, oder wenn es für das Zweitunternehmen auf einen wichtigen Vertragsabschluß mit dem ersten hinarbeitet. Doch lässt sich *Lutters* Feststellung, dass der Aufsichtsrat bei Vorstandsvergütungen „eklatant versagt hat“,[288] nicht unabhängig von solchen speziellen Interessenverknüpfungen ebenso überzeugend erklären? Beschreibt nicht *Kiethe* zutreffend die Solidarität von Vorstand und Aufsichtsrat als das entscheidende Effizienzproblem?[289]

Es erscheint naheliegend und nachvollziehbar, dass eine solche Person sich mit den Interessen und Betrachtungsweisen von Vorstandsmitgliedern auch dann identifiziert, wenn sie nicht mehr ihre eigenen aktuellen Interessen sind – sei es aus bewusst geübter Solidarität oder Parteinahme, sei es aus Gewohnheit, Vorurteil, Betriebsblindheit, Verengung des Horizonts, Sympathie, Verständnis etc. Selbst dann, wenn die zu gewährenden Ver-

---

[285] Vgl „Profil der unabhängigen Aufsichtsratsmitglieder“, Empfehlung der Kommission (o. Fn 90). Siehe auch oben bei Fn 104 ff zur Umsetzung im ÖCGK.

[286] Anhang I, 2.1.2, 3.1.2, 4.1. Im ÖCGK wird eine „ausreichende Zahl“ unabhängiger Mitglieder – unabhängig iS der Generalklausel (o. bei Fn 282) – verlangt (Ziff 39).

[287] Die ohnehin unzulässig ist, siehe oben bei Fn 88.

[288] ZIP 2003, 737, 739.

[289] ZIP 2003, 707.

günstigungen beim Aufsichtsrat nicht nur auf keine gleichgerichtete Interessenlage mehr treffen, sondern sogar im Gegenteil tief im Innersten eher Unverständnis oder Missgunst erregen, besteht noch eine gute Wahrscheinlichkeit, dass die Befangenheit zugunsten des Vorstands ausschlägt, sei es, dass diese Parteinahme immer noch von einer verwurzelten Überzeugung der Richtigkeit getragen wird, sei es, dass stärker als alle sachliche Kritik das Empfinden ist, kraft (Clan-)Zugehörigkeit in der Pflicht zu stehen, oder der vielleicht unbewusste Wunsch, den anderen und sich selbst zu beweisen, dass man dazugehört (dazugehört zum Club der Wirtschaftskapitäne, wohlgemerkt, nicht zu demjenigen der Aufseher). Und wo der eigene freie Wille die Maßnahme nicht mehr befürwortet, mag der gezielte Appell an die Solidarität genügen, sei es in den Entscheidungsgremien, sei es im informellen Rahmen gesellschaftlicher Kontakte.

Wie lässt sich dieser gordische Knoten lösen? Die eine denkbare Hypothese wäre, die Aufsichtsräte stärker, überwiegend oder ausschließlich mit außenstehenden Personen zu besetzen. So könnte sich zwar für Rechtsanwälte, Unternehmens- und Steuerberater, Universitätsprofessoren ein interessantes und lohnendes Betätigungsfeld eröffnen, aber es wäre schlicht unrealistisch und kontraproduktiv, auf die Professionalität, die nur in wirtschaftlichen Leitungsfunktionen erworben werden kann, in den Aufsichtsgremien verzichten zu wollen – ganz abgesehen davon, dass die „gravitational attraction“,[290] die das Management kraft Funktion wie Macht der Persönlichkeiten ausstrahlt, auch vor den außenstehenden Dritten nicht halt machen würde und bei entsprechender Persönlichkeitsstruktur eine Neigung zur Identifikation alsbald in gleicher Weise herzustellen vermöchte, wie sie bei dem jetzt dominierenden Personenkreis von vornherein vorhanden ist.

Zur zentralen Frage wird damit, ob und wie der erforderliche *Bewußtseinswandel* herbeigeführt werden kann, die mentale Abkoppelung von den bisherigen Affinitäten und Identifikation mit der neuen Aufgabe, der neuen Rolle – kurz: die Akzeptanz eines neuen Rollenbilds und des dazugehörigen Selbstverständnisses.[291] Das ist eine so neu- und einzigartige Aufgabenstellung nicht, und es ist gewiss nicht die sprichwörtliche Unmöglichkeit, „den Bock zum Gärtner zu machen“, auch wenn der Volksmund die zu bewältigende Schwierigkeit mit jenem anderen Wort von der Krähe, die einer anderen nicht das Auge aushackt, nicht unzutreffend beschreibt. Vielmehr ist es schlicht die Überwindung der unkritischen Solidarität, die verlangt wird, und demgemäß fehlt es nicht an anschaulichen Parallelbeispielen auf anderen Gebieten:

- Wie mutiert ein Gewerkschaftsfunktionär zu einem dem Staatswohl verpflichteten Wirtschafts- oder Arbeitsminister, ein politischer Gefolgsmann zu einem überparteilichen Verfassungsrichter?
- Was macht einen ehemaligen Finanzbeamten zum unparteiischen Richter am Finanzgericht?
- Oder ganz aktuell: Wie wird der ehemalige Fußballspieler zum erfolgreichen Trainer, dh. zur Autorität über und gegen die Fußballer, emanzipiert von deren Kameraderie?

Vieles mag hier in der jeweiligen Persönlichkeitsstruktur angelegt und als solches wenig beeinflussbar sein; und soweit diese Faktoren vorweg erkennbar sind, könnten sie natürlich in einem positiven Sinn zum Auswahlkriterium gemacht werden, ist aber eben-

[290] Wörtlich: die Anziehungskraft kraft Schwerkraft.
[291] Das Stichwort nennt bereits *Bernhardt*, ZHR 159 (1995), 310, 315, doch ohne Vertiefung.

sogut vorstellbar, dass sie in den vorerwähnten Auswahlprozessen gerade umgekehrt – im negativen Sinn – zum Tragen kommen. Doch auch einige *objektive Rahmenbedingungen* lassen sich durchaus identifizieren, wobei klar ist, dass es hier nicht um moralische Appelle gehen kann und auch eine rechtliche Inpflichtnahme letztlich kaum sanktionierbar ist, sondern der Adressat – das Aufsichtsratsmitglied – als ein seine Interessen verfolgendes Individuum ernst genommen werden muss und demgemäß die geeigneten Anreiz- und Motivationsstrukturen zu schaffen sind.

b Rollenerwartung und Rollenauffassung

Es ist kein Zufall, dass in den vorgenannten Veranschaulichungen des Problems zweimal die Funktion des Richters ins Bild rückte, ist doch in bezug auf seine Person die Unabhängigkeit das traditionelle, zentrale, unbestrittene und umfassend thematisierte Prädikat.[292] Dessen Gefährdung, die Abhängigkeit und Parteilichkeit, die aus Vorverständnis und Befangenheit resultiert, wurde vor allem unter dem Stichwort Klassenjustiz, dem Reizbegriff der '68er Jahre, diskutiert.[293] Ebenfalls anhand der Person und Funktion des Richters hat die Rechtssoziologie den Erklärungswert der Rollentheorie für unser Problem erprobt.[294]

Unter sozialer Rolle versteht man die Summe äußerer und innerer Verhaltensmuster bzw -erwartungen, die um eine bestimmte gesellschaftliche (wirtschaftliche, juristische) Funktion herum entstehen.[295] Doch das tatsächliche Rollenverhalten kann von dem erwarteten abweichen, hinter ihm zurückbleiben. Ein wichtiger Grund hierfür ist das Eintreten eines Rollenkonflikts, welcher wiederum resultieren kann aus einem Einwirken übermäßig komplexer und inhaltlich widersprüchlicher Erwartungen auf eine Rolle wie auch aus der gleichzeitigen Wahrnehmung mehrerer Rollen, die miteinander nicht gut vereinbar sind (Intra-Rollen- und Inter-Rollen-Konflikte).[296] Werden im Zeitablauf unterschiedliche Rollen nacheinander eingenommen, so besteht eine hohe Wahrscheinlichkeit, dass Erwartungen, die für die alte Rolle maßgeblich waren, auf die neue Rolle übertragen („projiziert") werden.[297] An diesem Dreh- und Angelpunkt unseres Problems begnügt die Soziologie sich jedoch, soweit ersichtlich, weitgehend mit einem normativen Ansatz, wonach die Ansprüche definiert werden, die eine Gesellschaft an bestimmte Rollen stellt, und allenfalls Eigenschaften konkretisiert, Voraussetzungen normiert werden, die den Zugang zu der betreffenden Rolle beschränken.[298] Speziell die Kritiker der Klassenjustiz begnügten sich zumeist achselzuckend mit der Feststellung, dass eben das Richteramt ausschließlich bzw überproportional von den Angehörigen einer bestimmten (der „herrschenden") Klasse ausgeübt wurde und diese über die Angehörigen anderer Klassen und klassen-

---

[292] Zur Unabhängigkeit des Richters *Simon,* Die Unabhängigkeit des Richters (1975); *Frank* (Hrsg), Unabhängigkeit und Bindung des Richters (1997); *Baer,* Die Unabhängigkeit der Richter in der Bundesrepublik Deutschland und in der DDR (1999); *Zätsch,* Richterliche Unabhängigkeit und Richterauswahl in den USA und Deutschland (2000).

[293] *Kaupen,* Die Hüter von Recht und Ordnung (1969); *Lautmann,* Justiz, die stille Gewalt (1972); vorher *Liebknecht,* Rechtsstaat und Klassenjustiz (1907).

[294] ZB *Lautmann,* Soziologie vor den Toren der Jurisprudenz (1971), 44.

[295] *Rehbinder,* Rechtssoziologie^{5} (2003), 44; *Luhmann,* Rechtssoziologie^{3} (1987), 86; *Dahrendorf,* Homo sociologicus^{15} (1977); *Esser,* Soziologie Bd 5 (2000), 141.

[296] *Naucke/Trappe,* Rechtssoziologie und Rechtspraxis (1970), 137; *Rehbinder*, aaO (vorige Fn), 44; *Lautmann,* aaO (Fn 294), 51; *Hillmann,* Wörterbuch der Soziologie^{4} (1994), 745.

[297] *Opp,* Verhaltenstheoretische Soziologie (1972), 174.

[298] *Rehbinder*, aaO (Fn 295), 45, 98.

spezifische Konfliktkonstellationen „naturgemäß" nicht unparteiisch urteilen könnten.[299] Der Ausweg kann dann nur in einer besseren sozialen Durchmischung der Richterschaft gefunden werden; allerdings wird auch auf die Möglichkeit einer zielbewussten „Sozialisation" und zielgerechten Professionalisierung der Personen (in Verbindung mit zielführenden organisatorischen Rahmenbedingungen) verwiesen,[300] doch ist damit in Richtung auf die Unabhängigkeit des Aufsichtsrats die Fragestellung nur neu formuliert, nicht beantwortet.

Weiterführend ist immerhin speziell im Hinblick auf die Projektion früher gültiger Erwartungen in eine später eingenommene Rolle, dass durch das Ausrichten geeigneter verhaltenstheoretischer Stimuli auf die neue Rolle die Verdeutlichung und Akzeptanz der neuen Rollenerwartungen nebst Abkoppelung von den früheren verbessert werden kann.[301] Weniger geeignet sind dafür negative Sanktionen, weil sie durch ihr Drohpotential gerade umgekehrt zu einer inneren Ablehnung der neuen Rolle, zu einem (ev. unbewussten) Sich-Verschließen gegenüber den neuen Erwartungen führen können. Zu verstärken gilt es hingegen die positiven Anreize für das neue Rollenbild und für die Erfüllung der mit ihm verbundenen Erwartungen, wozu als Voraussetzung diese Erwartungen klar zu konturieren und in einer motivierenden Weise zu präsentieren sind. In einem allgemeineren Sinn ist der entscheidende Brückenschlag derjenige von den allgemeinen Rollenerwartungen zur persönlichen Rollenauffassung, welche dann das individuelle Rollenverhalten steuert. Die Rollenauffassung ist zunächst einmal abhängig von der persönlichen Wahrnehmung der Erwartungen, wofür wiederum die Art und die Urheber („Rollensender") der Übermittlung bedeutsam werden. Essentiell wird dann aber die Internalisierung als Verarbeitung der empfangenen Eindrücke zur persönlichen Rollenauffassung.[302] Damit sind wir wieder zum einen bei der individuellen Persönlichkeitsstruktur angelangt, zum anderen werden aber auch einige konkrete Rahmenbedingungen herausgearbeitet. Förderlich ist demnach eine die Erwartungen bejahende Identifikation mit der Rolle,[303] hierfür wiederum eine positive Assoziation mit dem Rollensender (Verbundenheit, Sympathie, Autorität), ein ansprechender und nicht überfordernder Erwartungsinhalt („Attraktivität des Zugemuteten"),[304] nachteilig wirken eine abweichende Vorprägung der Person (namentlich durch frühere Rollen, s. oben) und abweichende Eigeninteressen (Konflikt zwischen Person und Rolle).[305]

c Hypothesen

Für die Herstellung oder Gewährleistung der inneren Unabhängigkeit von Aufsichtsratsmitgliedern lassen sich auch rollentheoretische Erkenntnisse und empirische Grundlagen nach unserem Wissensstand nicht unmittelbar umsetzen, deshalb können unsere folgenden Hypothesen sich nur auf ihre Plausibilität berufen und im übrigen ein erster Anstoß für weiterführende Überlegungen sein.

---

299 *Liebknecht,* zitiert bei *Rottleuthner,* Rechtswissenschaft als Sozialwissenschaft (1973), 53.

300 *Rottleuthner,* aaO (vorige Fn), 53 ff, 82, 265; *Bahrdt,* Schlüsselbegriffe der Soziologie[8] (2000), 78.

301 *Opp,* aaO (Fn 297),175 ff.

302 *Lautmann,* aaO (Fn 294), 46; *Peuckert* in*Schäfers* (Hrsg), Grundbegriffe der Soziologie (2001), 290.

303 *Hillmann,* aaO (Fn 296), 745 (Rollenidentifikation).

304 *Lautmann,* aaO (Fn 294), 49. Vgl *Hillmann,* aaO (Fn 296), 747 (Rollenüberlastung).

305 *Lautmann,* aaO (Fn 294), 51.

1. Äußerliches *Abkoppeln* der Aufsichtstätigkeit von Managementfunktionen. Wenn dieselbe Person am Vormittag den Vorstandsvorsitz führt und nachmittags in einem Aufsichtsrat mitstimmt, bedarf es schon fast einer Bewusstseinsspaltung, um beiden Aufgaben gerecht zu werden. Auch dem praktizierenden Arzt fällt es bekanntermaßen schwer, als Gutachter einem Kollegen einen Kunstfehler nachzuweisen.
2. Verselbständigung und Verfestigung des *Rollenbilds:* Status, öffentliche Anerkennung, tätigkeitsbezogene Vergütung, personelle und sachliche Hilfsmittel.[306] Die Aufsichtsratsmitgliedschaft ist nicht nur eine Begleiterscheinung unternehmensleitender Funktionen, eine Ehrung oder Auszeichnung.

Aus (1) und (2) dürfte auch folgen, dass diese Mitgliedschaft oder zumindest der Vorsitz im Aufsichtsrat zur hauptberuflichen Tätigkeit aufgewertet werden sollte. Erste Stimmen sprechen sich bereits dafür aus.[307] Zumindest wäre die Zahl der noch amtierenden Manager in Aufsichtsräten weiter zu reduzieren.

3. *Leistungswettbewerb und -kontrolle,* bezogen auf die Aufsichtsfunktion. Die Leistungen müssen beurteilt, messbare Leistungen gemessen werden, der Erfolg unter öffentlicher oder institutionalisierter Beobachtung stehen, für die Ergebnisse der Tätigkeit positive (Auszeichnungen) und negative Anreize (Sanktionen) geschaffen werden. Minister wie Fußballtrainer stehen unter Erfolgskontrolle und im Leistungswettbewerb, und das dürfte es ihnen leichter machen, sich vorbehaltlos mit dieser ihrer aktuellen Aufgabe zu identifizieren.
4. All diese Überlegungen dienen letztlich dem einen Ziel, dem Aufsichtsratsmitglied eine eigenständige *Identität als Kontrolleur* zu verschaffen, die Überwachung als gleichwertige Aufgabe neben der operativen Unternehmensleitung anzuerkennen, ein eigenes Berufsbild, wenn nicht sogar eine Laufbahn (oder zumindest die Aufsichtsratstätigkeit als Krönung einer Laufbahn) zu institutionalisieren – die Mitgliedschaft im Aufsichtsrat nicht als Altersteilzeit für Ex-Vorstandsmitglieder, sondern als Aufstiegsposition.

Jegliche Verselbständigung des Mandatars in seinem Bewusstsein verfängt freilich nicht viel, solange seine *Bestellung und Wiederbestellung* tatsächlich in den Händen der Personengruppe liegt, von der man ihn unabhängig machen will. Aber hier besteht in unserem Fall eine Wechselwirkung: Von Rechts wegen steht dem Aufsichtsrat ja die Kooptation zu Gebote[308] und insoweit dieser Prozess de facto am Interesse und Willen des Vorstands ausgerichtet wird, ist das eine *Folge* der fehlenden Unabhängigkeit. Je mehr man die mentale Unabhängigkeit vom Vorstand zu stärken vermag, desto mehr verringert man damit gleichzeitig dessen faktische Personalkompetenz. Mit der entstehenden Unabhängigkeit beseitigt der Aufsichtsrat selbst die Wurzeln seiner personellen Abhängigkeit – das jedenfalls wäre unsere Hypothese und Erwartung.

Die Umsetzung dieses Konzepts sollte auch bedeuten, dass *andere Personengruppen* als ehemalige Spitzenmanager stärker als bisher im Aufsichtsrat vertreten sind, wiewohl die Einbeziehung von Personen, die über Erfahrung in der Unternehmensführung verfügen, unverzichtbar bleibt. Dennoch impliziert das einen Verlust an Management-Potential

---

306 Für letzteres bereits 61. DJT 1996, Beschluss Nr 20 (b), Antrag *Lutter.*

307 Vgl *Claussen/Bröcker,* AG 2000, 481, 490; *Rosen,* BB 2000, Heft 35, Die erste Seite; *ders,* FTD v. 24.2. 2003; *Rolf-E. Breuer* in einem Interview, FAZnet, 19.3.2001, *DSW,* Boerse-Zeitung Nr 156 v. 15.8.2003, 7.

308 Oben III.A.

im Aufsichtsrat, doch das muss kein Nachteil sein. Vielmehr spiegelt und fördert diese Verlagerung der Gewichte nur die grundsätzliche Festlegung, dass der Aufsichtsrat als Kontrollorgan etwas anderes ist als ein Supervorstand, eine strategische Oberinstanz der Unternehmensführung.[309] Insgesamt würden die Aufsichtsräte der Zukunft kleiner sein, besetzt mit Mitgliedern, deren ausschließliches berufliches Engagement der Kontrolle von zwei bis fünf Unternehmen gilt. Freilich bedarf es noch vieler Überzeugungsarbeit, um ein Umdenken hinsichtlich der Gleichwertigkeit der Kontrolle mit der Unternehmensleitung herbeizuführen. Corporate Governance Kodizes können vielleicht dazu beitragen, dass ein Wettstreit nicht nur um die beste Unternehmensperformance, sondern auch um die beste Unternehmensüberwachung einsetzen wird.

V Zusammenfassung

1. Die Funktionsdefizite des Aufsichtsrats liegen – zumindest bei seinen Aktionärsvertretern – am wenigsten in unzureichender fachlicher Qualifikation begründet, und ein zweites Problemfeld, der mögliche Mangel an ausreichender Aufmerksamkeit und verfügbarer Zeit, ist zumindest in der Reformdiskussion schon eingehend abgehandelt worden.
2. Das zentrale Problem scheint uns die fehlende Unabhängigkeit der Aktionärsvertreter von der Unternehmensleitung zu sein, die sich darin manifestiert, dass der Vorstand der AG regelmäßig einen maßgeblichen Einfluss auf die Besetzung des Aufsichtsrats ausübt.
3. Infolgedessen kann eine Abhängigkeit des Aufsichtsratsmitglieds vom Vorstand allein schon daraus resultieren, dass es ihm seine Position einschließlich der damit verbundenen Vergütung verdankt und deren Verlängerung für weitere Amtszeiten von ihm erwartet.
4. Andere Beeinträchtigungen der Unabhängigkeit in der Kontrolle können aus Interessenkonflikten resultieren, weil das Aufsichtsratsmitglied entweder persönliche Interessen in rechtsgeschäftlichen Verbindungen mit der betreffenden Gesellschaft verfolgt oder sich in einer Leitungs- oder Aufsichtsposition bei anderen Unternehmen befindet, die in solcher geschäftlichen Verbindung stehen.
5. Die wichtigste Quelle mangelnder Unabhängigkeit ist aber die mentale Abhängigkeit, die sich aus der Solidarität und der Identifikation der Aufsichtspersonen mit dem Vorstand und dessen Sichtweisen ergibt und sich letztlich auf ein Bewusstsein der Zugehörigkeit bzw Zusammengehörigkeit gründet.
6. Um dem gegenzusteuern, bedarf es einer Abkoppelung im Rollenbild, die letztlich eine Frage des Selbstverständnisses und Selbstbewusstseins ist, aber auch durch eine anders akzentuierte Zusammensetzung der Aufsichtsräte und andere im Text erörterte Maßnahmen gefördert werden kann.

---

[309] Dieses Missverständnis vom Aufsichtsrat ist andererseits die konsequente Folge der Personalpolitik, arrivierte Vorstandsvorsitzende in den Aufsichtsratsvorsitz zu befördern. Sie müssen nicht *H. J. Abs* heißen, um dann auch von diesem Sessel aus Unternehmensführung zu praktizieren bzw sie zu bebeckmessern, SPIEGEL v. 24.11.2003, 220 zur Bertelsmann AG. Das Missverständnis scheint im übrigen auch den Export unserer Institution in fremde Rechtsordnungen zu begleiten; so wird der Aufsichtsrat zur Zeit in Italien als „organo di alta amministrazione" apostrophiert.

Rechtliche und betriebswirtschaftliche Vorgaben für den Vorstandsbericht[1]

Mag. Dr. Thomas Mildner

In einer großen empirischen Studie im zweiten Halbjahr 2000 in deutschen Unternehmen[2] wurden Manager mit Kosten- und Erlösverantwortung befragt. Dabei wurde erhoben, dass 50 % der Verantwortlichen weniger als 5 *nicht finanzielle* Kennzahlen berichtet bekamen. Die Autoren kamen durch die Abfrage der subjektiven Bedeutung dieser deskriptiven Größen für die Manager im Verhältnis zur deren tatsächlicher Verfügbarkeit zum Ergebnis, dass die Entscheidungsträger gerne mehrere solche Vergleichswerte zur Verfügung hätten.[3]

Alleine diese empirischen Anhaltspunkte aus der Unternehmensrealität mögen auch für Aufsichtsräte Anlass sein, die Berichterstattung durch den Vorstand in entsprechende Formen zu gießen, um ihrer Überwachungsaufgabe pflichtgemäß nachkommen zu können. Dazu kommt nun noch die Textierung des § 93 dAktG idF des UMAG, die die angemessen Information als Entscheidungsgrundlage hervorhebt. Nichts anderes gilt für die österreichische Rechtsordnung.[4]

Aufbauend auf die Vorgaben aus Gesetz und CG-Kodizes soll im Folgenden eine Möglichkeit dargestellt werden, wie der Aufsichtsrat durch eine entsprechende Berichtsordnung unter Berücksichtigung betriebswirtschaftlicher Aspekte für seine adäquate Information sorgen kann.

I Einleitung

Vordergründig assoziiert man mit den Berichtspflichten des Vorstandes wohl hauptsächlich die durch ihre Nichteinhaltung, wenn nicht sogar die gezielte Falschinformation, in jüngster Zeit ausgelösten Unternehmensschieflagen und Untergänge. Wenn man hinter diesem ersten Bild in die Tiefe geht, findet man das Spannungsdreieck zwischen der Grundkonzeption des Aktienrechts, dem Stand der Betriebswirtschaftslehre und der Corporate Governance (CG[5]) vor. Wenngleich die unter dem Titel der Corporate Governance

---

1 Die Abhandlung basiert auf einer Publikation in GesRZ 2006/2 (Teil 1); GesRZ 2006/3 (Teil 2).

2 254 ausgewertete Fragebögen, *Weber/Sandt*, Advanced Controlling Bd 21 (2001), 12.

3 *Weber/Sandt*, Advanced Controlling Bd 21 (2001), 15.

4 *Kalss* in MünchKommAktG² (2004), § 116 Rn 779; Rn 783; *Kalss* in *Doralt/Nowotny/Kalss*, AktG (2003), § 99 Rn 5; *Strasser* in *Jabornegg/Strasser*, AktG⁴ (2001), §§ 98, 99 Rn 32 f.

5 Zum Begriff der Corporate Governance vgl jüngst *Schneider*, AG 2004, 429 (429); *Roth/Büchele*, GesRZ 2002, 63 (63 f).

gestellten Forderungen inhaltlich nicht gänzlich neu sind. Der so genannte Prinzipal-Agent-Konflikt[6] zwischen den Geldgebern (der Publikumsgesellschaft) und der realen Exekutive des Unternehmens wurde schon zur Wende ins 20. Jahrhundert erkannt.[7]

Im dualen System der Kapitalgesellschaften tritt dieser Interessenkonflikt gleich mehrfach zu Tage. Auf der einen Seite stehen die Anteilseigner, integriert in die Unternehmensverfassung als Hauptversammlung, und auf der anderen Seite die beiden Organe, die die Interessen der Gesellschaft zu vertreten haben, die sich im Idealfall mit denen der Aktionäre decken sollten: der Vorstand als Exekutivorgan und der Aufsichtsrat als Kontrollorgan. Genau zwischen diesen beiden Organen sind aber wiederum ein Wissensgefälle und Eigeninteressen nicht zu unterschätzende Faktoren. Bezüglich des Berichtswesens spielte schon zu Beginn des 20. Jahrhunderts und spielt noch heute vor allem die Informationsasymmetrie zwischen Vorstand und Aufsichtsrat eine bedeutende Rolle. Diese Ungleichverteilung von Information ist der Ausgangspunkt der Abhandlung, in deren ersten Teil die einschlägigen aktienrechtlichen Normen im Rechtsvergleich zwischen Österreich und Deutschland analysiert werden. Darauf baut die Selbstbindung an die CG-Kodizes der beiden Länder auf. Die dritte Säule der Abhandlung stellen zweckdienliche Instrumente der Wirtschaftswissenschaften dar. Daraus wird schließlich die Berichtsordnung als Ort der Synopse der verschiedenen Facetten entwickelt.

Die konkrete Fragestellung betrifft den Umfang und den Inhalt des Informationsflusses zwischen Vorstand und Aufsichtsrat corporate-governance-verpflichteter Kapitalgesellschaften. Der juristische Eckpfeiler klärt nur die fundamentalen Fragen dieses sensibeln Bereiches, wann, wie und was an wen berichtet werden muss. Dabei muss der effizienteste Weg zwischen Informationsversorgung des Aufsichtsrates zur Wahrnehmung seiner Kontrollpflicht und einer faktisch unbewältigbaren Detailflut und Datenredundanz gefunden werden. Ausgeblendet bleiben im Folgenden beispielsweise Vorstandsberichte an die Unternehmensumwelt, repräsentiert durch Lieferanten, Kunden oder den Kapitalmarkt. Letzterer spielt jedoch eine große Rolle in den Fragestellungen der CG-Diskussion, deren Beantwortung sich in den programmatischen Vorgaben der CG-Kodizes widerspiegelt. Der Motivation zur Selbstbindung an diese Regelwerke soll der sanfte Druck der unsichtbaren Hand[8] des Kapitalmarktes dadurch Nachdruck verleihen, dass eine Besserbewertung des Unternehmens am Markt schon erreicht werden kann, wenn man die Einhaltung eines CG-Kodex und etwaige Abweichungen davon erklärt.[9] Mitunter wird die Freiwilligkeit des Unternehmerhandelns und das freie Spiel der Marktkräfte durch gesetzliche Pflichten[10] wieder relativiert. Ein solcher Fokus auf „corporate-governance-unterworfene" Kapitalgesellschaften fördert quasi ein Sonderrecht börsenotierter Aktiengesellschaften zu Tage.[11]

---

[6] Vgl jüngst *Roth*, ZIP 2003, 369 (376 f).

[7] Schon Franz Klein versuchte insbesondere den Aufsichtsrat als obligatorisches Kontrollorgan zu etablieren, vgl *Kalss/Burger/Eckert*, Entwicklung des österreichischen Aktienrechts (2003), 212 f mwN.

[8] Der Begriff wurde von *Adam Smith* in seinem Hauptwerk „An Inquiry into the Nature and Causes of the Wealth of Nations" (1776) geprägt.

[9] McKinsey, Global Investor Opinion Survey on Corporate Governance, July 2002, Exhibit 4, online unter http://www.mckinsey.de/_downloads/Presse/global_investor_opinion_survey_2002.pdf (30.12.2005).

[10] Insbesondere die gesetzliche Rückbindung des DCGK durch § 161 dAktG.

[11] Vgl nur *Kalss/Burger/Eckert*, Entwicklung des österreichischen Aktienrechts (2003), 370. *Kalss*, NZG 8/2003, 374 (376).

Bei all diesen Überlegungen darf auch die Betriebswirtschaftslehre [12] nicht zu kurz kommen, insbesondere die Bereiche der Unternehmensführung und der Finanzwissenschaft. Dies umso mehr, als der Gesetzgeber selbst auf deren Wissenschaftsstand rekurriert. [13] Es sollen im Folgenden also nicht alle notwendigen oder gar alle möglichen Berichte an den Aufsichtsrat [14] umfassend dargestellt werden, sondern der Blickwinkel der Corporate Governance sowie ausgewählte juristische und betriebswirtschaftliche Aspekte der Berichterstattungspflicht des Vorstandes beleuchtet werden. Es soll innerhalb des Rahmens der wichtigsten Bestimmungen und Einflussfaktoren ein möglicher Weg beleuchtet werden, wie in Ausschöpfung des Potentials, das die Gesamtheit der Instrumentarien birgt, das Maximum für das Unternehmen erreicht werden kann.

Überwachung anhand von Berichten des zu Kontrollierenden hat zunächst den Beigeschmack, vor vollendete Tatsachen gestellt ex post [15] reparieren zu müssen. [16] Die Überwachungskompetenz des Aufsichtsrates umfasst jedoch darüber hinausgehend die ex-ante-Zustimmung zur künftigen Geschäftspolitik und die laufende Beratung [17] des Vorstandes insbesondere in Hinblick auf jene (vom Aufsichtsrat festzulegenden) Geschäfte, vor deren Abschluss es des Einverständnisses des Aufsichtsrates bedarf. [18] Eine solche Zustimmung zu einem konkreten Rechtsgeschäft führt nicht notwendiger Weise zu seiner genehmigungskonformen Umsetzung, sodass sich auch hier eine Kontrolle nicht erübrigt. Ein Wandel der Funktion des Aufsichtsrates insbesondere großer börsennotierter Aktiengesellschaften hin zum begleitenden und vorausschauenden Berater ist im Gange. [19] Eine institutionelle Verzahnung der Kontrolle mit der zu prüfenden Tätigkeit kann ineffiziente Doppelgleisigkeiten vermeiden. [20] Als Sanktion unzureichender oder sogar falscher Informationsversorgung durch den Vorstand steht dem Aufsichtsrat als ultima ratio sogar der Widerruf der Vorstandsbestellung zur Verfügung. [21] Bevor dieser Extremfall eintritt, ist es im normalen Geschäftsbetrieb jedoch wesentlich, dass der Aufsichtsrat die Ausgestaltung und Frequenz der Berichte [22] vordefiniert. Dabei sollte sich der Aufsichtsrat der Möglichkeit, Ausschüsse bilden zu können, nicht verschließen, und etwa einen hochkarätig besetzten Prüfungsausschuss [23] zur Drehscheibe der Berichterstattung machen.

---

12 Vgl schon *Chini/Kastner*, Aufsichtsrats-Informationssystem (1986), 52.

13 Vgl ErlRV IRÄG 1997, 734 BlgNR XX. GP 62.

14 Vgl *Theisen*, GoI^3 (2002), 19 f; 29 f.

15 Zum temporären „Nachhinken" des Aufsichtsrates s *Strasser* in *Jabornegg/Strasser*, AktG^4 (2001), §§ 95 – 97 Rn 7.

16 Vgl *Haberer*, Corporate Governance (2003), 157.

17 Zur Abgrenzung von entgeltpflichtiger Beratung, *Hügel*, GesRZ 1996, 213.

18 Nun auch für Verträge mit Aufsichtsräten, § 95 (5) Z 12 öAktG.

19 *Kalss*, NZG 8/2003, 374 (377) mwN; *Möllers*, ZIP 1995, 1725 (1727); krit *Temmel*, Der Aufsichtsrat (2003), 2.

20 *Manfreda*, RWZ 1999, 271.

21 Vgl jüngst *Roth/Wörle*, ZGR 2004, 565 (568); Zum abgestuften Vorgehen bei der Überwachung vgl *Strasser* in *Jabornegg/Strasser*, AktG^4 (2001), §§ 95 – 97 Rn 15; *Mutter*, Unternehmerische Entscheidungen (1994), 53.

22 Vgl S 112 – V Informationsordnung für den Vorstand.

23 Vgl S 101 – III.B Prüfungsausschuss als Informationsdrehscheibe.

II Gesetzliche Vorgaben

Das Gesellschaftsrecht in Österreich wie in Deutschland regelte die intraorganisationale Berichterstattung im Verlauf der Zeit immer dichter. Das Wesen und die Ausgestaltung der Berichtspflichten haben jedoch ihren unveränderten Ursprung in der zentralen Aufgabe des Aufsichtsrates, die Geschäftsführung des Vorstandes zu überwachen (§ 95 (1) öAktG [24] respektive § 111 (1) dAktG [25]). Daraus folgt die Orientierung des Inhaltes, des Umfanges und des Timings der Berichtspflicht des Vorstandes an der Überwachungsaufgabe des Aufsichtsrates. [26] Die periodischen Berichte sind in Schriftform [27] respektive Textform [28] zu erstatten und gegebenenfalls mündlich zu erläutern. [29] Sonderberichte können auch mündlich abgegeben werden. [30] Die gesetzlichen Verpflichtungen lassen – und so viel sei vorweggenommen – noch einen weiten Spielraum offen, der nur teilweise durch die Inhalte der CG-Kodizes ausgefüllt wird, und damit für eine unternehmensindividuelle Berichtsordnung zur Disposition steht. [31]

A Überwachungsaufgabe des Aufsichtsrates

1 Die Verantwortlichkeit

Die Aufsichtsratsmandatare haben die Geschäftsführung des Vorstandes auf ihre Rechtmäßigkeit, Zweckmäßigkeit und Wirtschaftlichkeit hin zu überprüfen. Der gesetzlich vorgegebene objektive Sorgfaltsmaßstab [32] ist im Einzelfall insbesondere nach der Branche des jeweiligen Unternehmens, seiner Größe, Markposition und seiner wirtschaftlichen Situation zu konkretisieren. Dabei kann die Sorgfaltspflicht des Aufsichtsrates und die aus ihrer Verletzung resultierende Haftung keinesfalls weiter reichen als die des Vorstandes. [33] Der in Deutschland durch die BGH-Entscheidung „ARAG“ [34] konkretisierte Freiraum unternehmerischen Ermessens bei der Vorstandsentscheidung wurde auch durch das UMAG [35] nicht verändert, sondern nur kodifiziert. [36] Das UMAG verdeutlicht den Organmitgliedern, dass sich ihre Sorgfaltspflicht insbesondere auf die Fundierung der Entscheidung / Überwachung durch angemessene Informationen bezieht. Über die Mindestfähigkeiten hinausgehende besondere Kompetenzen erhöhen den individuellen Pflichtenmaß-

---

24 *Strasser* in *Jabornegg/Strasser*, AktG⁴ (2001), §§ 95 – 97 Rn 4.

25 *Semler* in MünchKommAktG² (2004), § 111 Rn 47 ff; *v. Werder* (Hrsg), GCCG (2000), 15.

26 *Kalss* in MünchKommAktG² (2004), § 90 Rn 70; *Strasser* in *Jabornegg/Strasser*, AktG⁴ (2001), §§ 77 – 84 Rn 10a; *Theisen*, GoI³ (2002), 1.

27 § 81 (2) öAktG; vgl *Kalss* in MünchKommAktG² (2004), § 90 Rn 72.

28 § 90 (4) dAktG: „in der Regel“; *Hefermehl/Spindler* in MünchKommAktG² (2004), § 90 Rn 10; 12.

29 § 81 (2) öAktG.

30 § 81 (2) 1. S öAktG; § 90 (4) 2. S dAktG.

31 Vgl S 112 – V Informationsordnung für den Vorstand.

32 §§ 99 iVm 84 öAktG; §§ 116 iVm 93 dAktG.

33 OGH 1 Ob 144/01k, GesRZ 2002, 86; Zur Überwachungspflicht von Vorständen sachnahen Ressorts gegenüber jüngst VG Frankfurt a.M., WM 2004, 2157 mit krit Anm von *Habersack*, WM 2005, 2360.

34 BGH 21.07.1997 – II ZR 175/95, BGHZ 135, 244 (253) = AG 1997, 377 „ARAG“.

35 Gesetz zur Unternehmensintegrität und Modernisierung des Anfechtungsrechts vom 27.09.2005 – UMAG, BGBl I 2005, 2802; der Einschränkung auf grobe Fahrlässigkeit im Ref-E zustimmend: *Paefgen*, AG 2004, 245 (249).

36 *Semler*, AG 2005, 321 (324); *Weiss/Buchner*, WM 2005, 162 (165); *Fleischer*, ZIP 2004, 685 (690);

stab entsprechend.[37] Der Aufsichtsrat schuldet nebst seiner Qualifikation sein situationsadäquates Bemühen.[38] Dieser Sondertatbestand entspricht letztlich dem in § 1299 ABGB objektivierten und standardisierten Sorgfaltsmaßstab eines jeden Sachverständigen.[39] Die Maßfigur des ordentlichen und gewissenhaften Aufsichtsratsmitgliedes hat die Rechtsprechung dahingehend interpretiert, dass es sich hierbei um eine Person handle, die „in geschäftlichen und finanziellen Belangen ein größeres Maß an Erfahrung und Wissen als ein durchschnittlicher Kaufmann und die Fähigkeit besitzen, schwierige rechtliche und wirtschaftliche Zusammenhänge zu erkennen, und deren Auswirkungen auf die Gesellschaft zu beurteilen."[40]

Aufsichtsräte müssen in der Lage sein, die ihnen vorgelegten Reporte sachverständig aufzunehmen, und daraus die richtigen Schlussfolgerungen zu ziehen.[41] Dies gilt insbesondere für den Bericht des Abschlussprüfers, der die wichtigste Entscheidungsgrundlage des Aufsichtsrates bildet. Er ist hingegen nicht seinerseits generell (ohne spezifischen Anhaltspunkt dafür) durch die Aufsichtsratsmitglieder zu prüfen.[42] Die Konzeption des Aufsichtsrates als Kollegialorgan mit einer definierten Höchstzahl an Mitgliedern macht die Vereinigung von verschiedenen über die Mindestanforderungen hinausgehenden und dem Unternehmen dienlichen Spezialkenntnissen im Aufsichtsrat zumindest wünschenswert.[43] Insofern haben die Mandatare des Aufsichtsrates nicht grundsätzlich für unerkannte Fehler eines Gutachters[44], der auch der Abschlussprüfer[45] sein kann, einzustehen. Dies deshalb, weil das Prüfobjekt des Aufsichtsrates die Geschäftsführung des Vorstandes ist, nicht aber externe Expertisen, die vielmehr die Basis dieser Kontrolle sind.[46] Aus diesen hat der Aufsichtsrat seine Schlüsse zu ziehen. Umgekehrt bedeutet dies aber nicht, dass nur der Abschlussprüfer, nicht jedoch der Aufsichtsrat die Bedeutung der Kennzahlen verstehen muss.

Anders gelagert ist die Situation bei einem vergangenheitsbezogenen Prüfbericht bezüglich des vom Vorstand in Gesamtverantwortung[47] zu errichtenden Überwachungssystems nach § 91 (2) dAktG. Das LG Berlin[48] hat am 3.7.2002 erstmals ausgesprochen, dass sich der Vorstand *nicht* auf die Feststellung der Ordnungsmäßigkeit des Risikomanagementsystems durch den Abschlussprüfer verlassen darf, beziehungsweise sich nicht dadurch entlasten kann.[49] Da der Prüfbericht ex post erstellt wird, ist eine zukunftsbezogene Prognose aufgrund sich ändernder Verhältnisse schwer möglich. Es bleibt Teil der Aufsichtspflicht des (resortzuständigen) Vorstands(mitgliedes), sich regelmäßig über das

---

37 *Kling*, DZWIR 2005/2, 45 (48); *Temmel*, Der Aufsichtsrat (2003), 133.

38 OGH 1 Ob 144/01k, GesRZ 2002, 86.

39 *Frotz*, GesRZ 1982, 98 (103); krit *Kastner* in FS Strasser (1983), Aufsichtsrat und Realität, 843 (848); *Kastner* ablehnend und *Frotz* so wie OGH 5 Ob 306/76 = EvBl 1978/4 bestätigend: OGH 1 Ob 144/01k, GesRZ 2002, 86.

40 OGH 5 Ob 306/76 = EvBl 1978/4, S 19; OGH 1 Ob 144/01k, GesRZ 2002, 86.

41 OGH 1 Ob 144/01k, GesRZ 2002, 86.

42 OGH 8 Ob 141/99i; OGH 1 Ob 144/01k; OGH 8 Ob 262/02s.

43 *Kling*, DZWIR 2005/2, 45 (48); *Altmeppen*, ZGR 2004, 390 (411 f); *Frotz*, GesRZ 1982, 98 (104).

44 Sachverständiger gem § 95 (3) öAktG, § 109 (1) dAktG.

45 *Schaefer*, RWZ 2000/80.

46 OGH 8 Ob 262/02s.

47 Vgl § 77 dAktG.

48 LG Berlin 3.7.2002, 2 O 358/01, abgedruckt in AG 2002, 682 ff.

49 Vgl *Preußner/Zimmermann*, AG 2002, 657 (661) zu LG Berlin 2 O 358/01.

Risikomanagementsystem berichten zu lassen. Daraus ergibt sich für den Aufsichtsrat als Schlussfolgerung, dass seine Überwachungsaufgabe nicht durch die Kenntnisnahme von den Feststellungen des Abschlussprüfers erfüllt ist. Ebenso wenig wie der Vorstand durch die bloße Errichtung eines Risikomanagementsystems dem Gesetz Genüge tut, und vielmehr eine begleitende Kontrolle ausüben muss, ist auch der Aufsichtsrat gehalten, sich fortlaufend vom Vorstand über den aktuellen Stand informieren zu lassen.

Dem Aufsichtsrat stehen andererseits die (Kontroll-) Befugnisse zur Verfügung, die mit seiner Verantwortung korrespondieren. Deren sachdienlicher Einsatz sollte es ihm auch ohne weiteres ermöglichen, den Haftungsfall abzuwenden.

2 Die Kontrollbefugnisse

Der Aufsichtsrat könnte die Geschäftsführung des Vorstandes nicht umfassend überwachen, wenn er nur das berichtet bekäme, was dem zu Überwachenden selbst notwendig erschiene. Die Berichte haben nach § 90 (4) dAktG den Grundsätzen einer gewissenhaften und getreuen Rechenschaft zu entsprechen.[50] Die Missachtung dieser Prinzipien stellt eine grobe Pflichtverletzung dar, bildet damit einen Abberufungsgrund,[51] und kann eine Schadenersatzpflicht[52] begründen.[53] Erfüllen die Darstellungen diese Anforderungen nicht, so kann der Aufsichtsrat Klarstellung fordern. Das Recht, in der Sitzung durch Fragen an den Vorstand Aufklärung über den Inhalt und die Zusammenhänge in den Berichten, oder Ergänzungen zu denselben zu verlangen, ergibt sich schon aus der Berichtspflicht des Vorstandes.[54] Davon abgesehen kann der Aufsichtsrat jederzeit einen Report über spezifische Vorgänge verlangen.[55] Aus der Gesamtheit der Regelungen ergibt sich, dass der Vorstand immer in der Lage sein muss, innerhalb angemessener Frist über alle Angelegenheiten der Gesellschaft zu berichten. Der Aufsichtsrat ist jedoch nicht berechtigt, für sich selbst direkten Zugang zum (elektronischen) Managementinformationssystem zu fordern.[56]

Der Mandatar des Aufsichtsrates ist in zweifacher Weise verpflichtet. Das einzelne Aufsichtsratsmitglied ist der Gesellschaft gegenüber einerseits schuldig von diesem, dem *Aufsichtsrat als Organ* zustehenden Recht auf Berichterstattung durch den Vorstand Gebrauch zu machen. Es wird ihr schadenersatzpflichtig,[57] wenn es dies schuldhaft unterlässt.[58] Dem *einzelnen Aufsichtsratsmitglied* steht andererseits eben dieser Anspruch *aus eigenem Recht*[59] im selben Umfang zu.[60] Er ist dabei weder Beauftragter des Aufsichts-

---

[50] Nichts anderes gilt für Österreich, vgl nur *Strasser* in *Jabornegg/Strasser*, AktG[4] (2001), §§ 95 – 97 Rn 10 f; *Kalss* in MünchKommAktG[2] (2004), § 90 Rn 70; *Nowotny*, RdW 1997, 577 (577).

[51] § 75 (4) öAktG; § 84 (3) dAktG.

[52] § 84 (2) öAktG; § 93 (2) dAktG.

[53] *Hefermehl/Spindler* in MünchKommAktG[2] (2004), § 90 Rn 46; 61.

[54] § 81 öAktG; *Strasser* in *Jabornegg/Strasser*, AktG[4] (2001), §§ 77 – 84 Rn 14.

[55] § 95 (2) öAktG, § 90 (3) dAktG – Anforderungsbericht.

[56] *Hefermehl/Spindler* in MünchKommAktG[2] (2004), § 90 Rn 36.

[57] §§ 99 iVm 84 öAktG; §§ 116 iVm 93 (2) dAktG.

[58] krit *Kling*, DZWIR 2005/2, 45 (53); *Strasser* in *Jabornegg/Strasser*, AktG[4] (2001), §§ 95 – 97 Rn 21; *Hefermehl/Spindler* in MünchKommAktG[2] (2004), § 90 Rn 34; 46 aE.

[59] Anforderungsbericht gem § 95 (2) S 2 öAktG; § 90 (3) S 1 dAktG. In Deutschland seit dem TransPuG, dBGBl I 2002/50, 2681 ff als Einzelrecht ohne Unterstützung durch ein weiteres Aufsichtsratsmitglied ausgestaltet.

[60] *Lutter/Krieger*, Rechte und Pflichten des Aufsichtsrats[4] (2002), Rn 53.

rates, noch nimmt er ein Recht der Gesellschaft wahr.[61] Darüber hinaus hat nur der Aufsichtsrat als Organ, nicht jedoch das einzelne Mitglied – abgesehen von der Beauftragung des einzelnen Mitgliedes durch den Aufsichtsrat – korrespondierend mit der Vorstandspflicht zur Berichterstattung ein Recht auf Einsicht „in die Bücher und Schriften".[62]

Insbesondere in Hinblick darauf, dass die Voraussetzungen für Anforderungsberichte an den Aufsichtsrat als Organ in Österreich[63] wie in Deutschland[64] deutlich herabgesetzt wurden, ist die Grenze „nach oben" dort anzusiedeln, wo der Vorstand durch die Begehren lahm gelegt würde.[65] „Nach unten" sind nicht erst Vorgänge von erheblicher Bedeutung erfasst, und der gesetzliche Terminus „Angelegenheiten der Gesellschaft" ist weit im Sinne einer umfassenden Berichtspflicht[66] des Vorstandes auszulegen. Insbesondere bezüglich organisatorischer Vorgänge. Das gegenständliche Begehren muss jedoch jeweils ausreichend spezifiziert und konkretisiert werden.[67] Sollte keine Aufklärung der Vorgänge möglich sein, bleibt dem Aufsichtsrat als ultima ratio nur noch die Abberufung des Vorstandes.[68]

Was verbundene Unternehmen[69] angeht, so ist selbst aus wichtigem Anlass nicht über deren „gesellschaftliche Angelegenheiten" zu berichten, sondern lediglich über die rechtlichen und gesellschaftlichen Beziehungen zu jenen. Es sei denn, diese gesellschaftlichen Umstände hätten erheblichen Einfluss auf die Lage der eigenen Gesellschaft.[70]

Im Kontext dieser Abhandlung ist an das Fehlen von Kennzahlen(-rechnungen) als Anlass für die Einforderung eines Sonderberichts oder einer Ergänzung zum vorgelegten Bericht des Vorstandes zu denken. Ein Umstand der jedoch durch die Festlegung einer den Inhalt konkretisierenden und die Frequenz periodisierenden Informationsordnung für den Vorstand vermieden werden kann.

Die Überwachungsaufgaben des Aufsichtsrates legen ein arbeitsteiliges Vorgehen nahe.[71] Das heißt, dass der Aufsichtsrat – entsprechende Größe vorausgesetzt – Ausschüsse bilden sollte, um den Überwachungs- respektive Beratungsaufgaben effizient nachkommen zu können. Für börsenotierte Gesellschaften ist in Österreich seit dem 01.01.2006 ein Prüfungsausschuss Pflicht.[72] Arbeitsteilung bedeutet aber im Gegenzug auch die Verantwortung dafür zu übernehmen, dass die Teilinformationen als Entscheidungsgrundlage über die aufsichtsratsinterne Kommunikation im Plenum wieder zusammenlaufen.[73]

---

61 *Hefermehl/Spindler* in MünchKommAktG² (2004), § 90 Rn 37.

62 § 95 (3) öAktG; § 111 (2) dAktG; vgl *Strasser* in *Jabornegg/Strasser*, AktG⁴ (2001), §§ 95 – 97 Rn 27 f; *Hefermehl/Spindler* in MünchKommAktG² (2004), § 90 Rn 41; 61.

63 Durch das IRÄG 1997, BGBl I 1997/114; vgl nur *Nowotny*, RdW 1997, 577 (578).

64 Durch das TransPuG, dBGBl I 2002/50, 2681 ff, vgl nur *Hefermehl/Spindler* in MünchKommAktG² (2004), § 90 Rn 38.

65 *Hefermehl/Spindler* in MünchKommAktG² (2004), § 90 Rn 30 f.

66 *Hefermehl/Spindler* in MünchKommAktG² (2004), § 90 Rn 49.

67 *Hefermehl/Spindler* in MünchKommAktG² (2004), § 90 Rn 31.

68 Zur Abberufung trotz haftungsfreier Fehlentscheidung des Vorstandes *Kling*, DZWIR 2005/2, 45 (49).

69 § 15 öAktG; §§ 15 – 18 dAktG.

70 *Hefermehl/Spindler* in MünchKommAktG² (2004), § 90 Rn 32.

71 *Möllers*, ZIP 1995, 1725 (1730).

72 § 92 (4a) öAktG idF BGBl I 2005/59.

73 Die gesetzlichen Regelungen dazu beschränken sich auf die Statuierung „regelmäßiger" Berichte der Ausschüsse an das Plenum (§ 107 (3) lS dAktG).

Über die gesetzlichen oder die – strengeren – satzungsmäßigen Standards der Frequenz der Aufsichtsratssitzungen hinausgehend obliegt es immer dem Aufsichtsvorsitzenden[74] in pflichtgemäßem Ermessen die zusätzlich notwendige Anzahl von Sitzungen einzuberufen.[75] Analoges gilt für einen Ausschuss(vorsitzenden).[76] Auch wenn die Angelegenheit einem Ausschuss zugewiesen wurde, kann das Plenum jederzeit diesbezüglich einberufen und damit befasst werden.[77]

Dem Aufsichtsrat(svorsitzenden) ist damit ein nicht zu unterschätzendes Instrumentarium in die Hand gegeben, um seiner Kontrollaufgabe nachkommen zu können. Unternehmensspezifisch konkretisieren und institutionalisieren lässt sich der verbleibende Freiraum in einer Berichtsordnung für den Vorstand.[78]

B Aktienrechtliche Berichtspflichten des Vorstandes

§ 81 (1) S 1 öAktG erlegt dem Vorstand[79] eine mindestens jährliche zukunftsgerichtete Berichtspflicht an den Aufsichtsrat auf, die neben der künftigen Geschäftspolitik insbesondere eine Vorschaurechnung[80] zur Vermögens-, Finanz- und Ertragsentwicklung zu enthalten hat.[81] Diese Planrechnung ist dem Stand der Betriebswissenschaft jeweils anzupassen. Daraus ergibt sich ein erster Anknüpfungspunkt zur Balanced Scorecard.[82] Zumindest sollten diese Planrechnungen aus einer Planbilanz, einer Plan-Gewinn- und Verlustrechnung sowie einer Plan-Geldflussrechnung[83] bestehen.[84] Dieser zweiteilige Jahresbericht hat also einerseits die Unternehmensziele und die dafür notwendige Mittelbeschaffung quantitativ und qualitativ zu konkretisieren, und andererseits (vor Beginn des Geschäftsjahres) ein Gesamtunternehmensbudget zu erstellen.[85] Eine Prognoserechnung, der der Charakter einer betriebsinternen Vorgabe fehlt, wäre als Überwachungsinstrument untauglich[86] und würde damit dem Sinn des Gesetzes widersprechen.[87] Daneben bleibt zu beachten, dass die Festlegung allgemeiner Grundsätze der Geschäftspolitik der Zustim-

---

[74] Zu dessen Stellung als primus inter pares vgl nur *Strasser* in *Jabornegg/Strasser*, AktG^4 (2001), §§ 92 – 94 Rn 15 ff; *Semler* in MünchKommAktG^2 (2004), § 107 Rn 93 ff.

[75] *Semler* in MünchKommAktG^2 (2004), § 107 Rn 106; § 110 Rn 20; Rn 73 ff.

[76] In Österreich strittig – vgl nur *Strasser* in *Jabornegg/Strasser*, AktG^4 (2001), §§ 92 – 94 Rn 35 mwN; Rn 79; in Deutschland hM – vgl *Semler* in MünchKommAktG^2 (2004), § 110 Rn 36 – 37; Rn 107.

[77] *Strasser* in *Jabornegg/Strasser*, AktG^4 (2001), §§ 92 – 94 Rn 35; *Semler* in MünchKommAktG^2 (2004), § 110 Rn 107.

[78] Vgl S 112 – V Informationsordnung für den Vorstand.

[79] Wie den Geschäftsführern nach dem ebenfalls mir dem IRÄG 1997 (BGBl I 1997/114) eingeführten § 28a öGmbHG.

[80] Kritisch zum Begriff der „Vorschaurechnung": *Mandl*, RWZ 1997, 356; vgl aber *Koppensteiner*, GmbHG^2 (1999), § 28a Rn 3 aE.

[81] *Strasser* in *Jabornegg/Strasser*, AktG^4 (2001), §§ 77 – 84 Rn 10; *Kalss* in MünchKommAktG^2 (2004), § 90 Rn 65 f; *Nowotny*, RdW 1997, 577 (577).

[82] Vgl S 107 – IV.B Systematische Kennzahlenverknüpfung.

[83] Zum Problem, dass sich die Planbilanz (vor Beginn des Geschäftsjahres) aus Planerfolgsrechnung und Plangeldflussrechnung ergibt, letztere aber erst aufgrund des vorangegangenen Jahresabschlusses erstellt werden kann, vgl *Egger*, RWZ 1997, 327 (330).

[84] ErlRV IRÄG 1997, 734 BlgNR XX. GP 62.

[85] *Koppensteiner*, GmbHG^2 (1999), § 28a Rn 3.

[86] *Egger*, RWZ 1997, 327.

[87] *Nowotny* in *Doralt/Nowotny/Kalss*, AktG (2003), § 81 Rn 5; *Koppensteiner*, GmbHG^2 (1999), § 28a Rn 4.

mung des Aufsichtsrates bedarf.[88] Jedenfalls ist die für die weiteren Geschäftsjahre verfolgte Geschäftspolitik in überprüfbarer Weise nur durch betriebswirtschaftlich fundierte Planrechnungen darstellbar und (für den Aufsichtsrat) nachvollziehbar. Sie sind der Maßstab, an dem die Quartalsergebnisse und der Jahresabschluss gemessen werden.[89]

Der in Deutschland korrespondierend zur österreichischen „Vorschaurechnung" verwendete Begriff der „Unternehmensplanung" birgt ebenso Unschärfe,[90] wobei der deutsche Gesetzgeber[91] eine vom Aufsichtsrat zu erlassende Informationsordnung[92] zur Verbesserung seiner ex-ante-Kontrolle vor Augen hatte. Eine follow-up-Berichterstattung[93] zum Umsetzungserfolg der Jahresplanung ist selbstverständlich.[94] Schon deshalb ist die Vorschaurechnung quartalsweise zu untergliedern.[95] Durch die Modifikation in der Fassung des KonTraG[96] ist es jedoch zu keiner grundsätzlichen Neuerung der schon vorher bestehenden Planungspflicht gekommen. Nach wie vor ist die untere Grenze der einzelfallbezogenen Vorstandspflicht zur Planung dessen pflichtgemäßes Ermessen, einerseits bezüglich des Umfanges der Finanz-, Investitions- und Personalplanung, andererseits in Hinblick auf das Hinzutreten weiterer zusätzlicher Planungsbereiche und deren Umfang.[97] An die Wortfolge „grundsätzliche Fragen der Unternehmensplanung" wurde in § 90 (1) Z 1 dAktG lediglich der demonstrative Klammerausdruck „insbesondere die Finanz-, Investitions- und Personalplanung" eingefügt. Eine Rechtspflicht zur Unternehmensplanung besteht jedenfalls bezüglich des Budgets, woraus eine unbedingte Berichtspflicht darüber resultiert. Über weitergehende Planungen ist nach Maßgabe ihres tatsächlichen Bestehens zu berichten.[98] Daraus lässt sich aber noch nicht die Notwendigkeit umfassender Management-Informationssysteme ableiten.[99]

§ 90 (1) Z 1 iVm § 90 (2) Z 1 dAktG spricht von der „beabsichtigten" Geschäftspolitik und trägt damit der vorgeschalteten Kontrollfunktion des Aufsichtsrates auch in der Formulierung ausdrücklich Rechnung, wo hingegen § 81 (1) S 1 öAktG ohne Vorbehalt in der Textierung von der „künftigen" Geschäftspolitik spricht. Welche Berichte der Unternehmenstätigkeit in welcher Detailtiefe von der Planungs- und Berichtspflicht des Vorstandes erfasst sind, hängt vom individuellen Unternehmen ab. Dabei spielen Aspekte wie der Unternehmensgegenstand (handelt es sich um einen Produktions-, Handels- oder Dienstleistungsbetrieb), die Unternehmensgröße (Umsatzvolumen, Bilanzsumme, Mitarbeiterstand, Anzahl der Standorte) oder auch der Grad der Diversifikation (in divergierende, komplementäre oder sogar konträre Branchen, Produkte oder Dienstleistungen) eine Rolle.

---

88 § 95 (5) Z 8 öAktG.

89 Vgl *Lutter/Krieger*, Rechte und Pflichten des Aufsichtsrats⁴ (2002), Rn 200.

90 *Hefermehl/Spindler* in MünchKommAktG² (2004), § 90 Rn 16.

91 BT-Drucks. 13/9712, S 15.

92 Vgl S 112 – V Informationsordnung für den Vorstand.

93 Krit zu diesem Anglizismus *Theisen*, GoI³ (2002), 31.

94 BT-Drucks. 14/8769, S 13 f; *Lutter/Krieger*, Rechte und Pflichten des Aufsichtsrats⁴ (2002), Rn 203; *Theisen*, GoI³ (2002), 31; *Hefermehl/Spindler* in MünchKommAktG² (2004), § 90 Rn 19.

95 *Semler* in *Semler/v. Schenck*, AR HdB² (2004), § 1 Rn 117; *Egger*, RWZ 1997, 327.

96 Gesetz zur Kontrolle und Transparenz im Unternehmensbereich, dBGBl I 1998/24, 786.

97 Vgl *Lutter/Krieger*, Rechte und Pflichten des Aufsichtsrats⁴ (2002), Rn 198 ff; *Semler* in *Semler/v. Schenck*, AR HdB² (2004), § 1 Rn 121.

98 Str, vgl *Hüffer*, AktG⁶ (2004), § 90 Rn 4a mwN.

99 So *Hüffer*, AktG⁶ (2004), § 90 Rn 4a, str; pro: *Theisen*, GoI³ (2002), 169.

Beim Inhalt des jährlichen Berichts ist außerdem der zeitliche Aspekt zu berücksichtigen. Kurze bis mittelfristige Vorschaurechnungen sind schon im Sinne der oben angesprochenen Quantifizierung als Zahlenwerke auszugestalten, die als interne Benchmark für das Controlling fungieren. Je weiter die zu planenden Perioden jedoch in der Zukunft liegen, umso wichtiger wird die Beschreibung der Rechenwerke und der ihnen zugrunde gelegten Annahmen (über Marktentwicklungen u.ä.).[100] Kleine Prognosefehler können entlang der gedachten Zeitachse zu scherenartig auseinander gehenden Diskrepanzen zwischen der als am wahrscheinlichsten prognostizierten und der reellen Entwicklung führen. Um die Ursache der Divergenz zu lokalisieren, ist neben dem reinen (Kenn-)Zahlenvergleich auch ein Abgleich zwischen den Annahmen und den eingetretenen Realisationen notwendig.

1 Der Berichtsturnus

Der periodische Bericht des Vorstandes[101] hat den Aufsichtsrat über den *Gang der Geschäfte* und die *Lage des Unternehmens* zu unterrichten. Die Berichte sind unabhängig von den tatsächlichen Terminen der Aufsichtsratssitzungen längstens *quartalsweise zu erstatten.*[102] Auch das Fehlen einer expliziten Regelung in Deutschland ändert nichts daran, dass ein Bericht nur dann Aussagekraft besitzt, wenn die enthaltenen Parameter im Verhältnis zu Vergleichswerten, namentlich der Unternehmensplanrechnung, gesehen werden können.[103] Deshalb ist schon die Vorschaurechnung entsprechend in Quartale zu untergliedern.[104]

Wenn es aufgrund der Unternehmensstruktur dauerhaft der Fall ist, dass Quartalsvergleiche zu langfristig sind, dann sind schon in der Informationsordnung entsprechende Vorkehrungen im Sinne kürzerer Berichtsintervalle[105] zu treffen.[106] Davon abgesehen kann eine erhebliche Abweichung der tatsächlichen Gegebenheiten von der Planung Grund für einen Sonderbericht des Vorstandes sein.[107]

Die Sitzungsfrequenz des Aufsichtsrates spielt für die Verarbeitung der Informationen durch den Aufsichtsrat eine große Rolle. Dass auch der Zeitpunkt der tatsächlichen Vorlage des schriftlichen Berichts vor der Sitzung großen Einfluss auf die Verwertbarkeit des Inhalts hat, sei unbestritten, bleibt aber im Folgenden außer Betracht.

2 Ist Planungspflicht gleich Berichtspflicht?

Auf der nächsten Ebene ist fraglich, ob der Vorstand alles, das er (über den gesetzlichen Mindeststandard hinausgehend) an Planungen erstellt, auch dem Aufsichtsrat zugänglich

---

[100] Vgl *Lutter/Krieger*, Rechte und Pflichten des Aufsichtsrats^4 (2002), Rn 201; *Semler* in *Semler/v. Schenck*, AR HdB^2 (2004), § 1 Rn 115.

[101] § 81 (1) S 2 öAktG, *Strasser* in *Jabornegg/Strasser*, AktG^4 (2001), §§ 77 – 84 Rn 6; Rn 10a; § 90 (1) Z 3 iVm §90 (2) Z 3 dAktG, *Hefermehl/Spindler* in MünchKommAktG^2 (2004), § 90 Rn 25.

[102] *Wiesner* in Münchener HdB GesR IV^2 (1999), § 25 Rn 17.

[103] *Hefermehl/Spindler* in MünchKommAktG^2 (2004), § 90 Rn 25; *Wiesner* in Münchener HdB GesR IV^2 (1999), § 25 Rn 16; *Hüffer,* AktG^6 (2004), § 90 Rn 6; *Mertens* in KölnerKommAktG^2 (1988), § 90 Rn 36; *Lutter/Krieger*, Rechte und Pflichten des Aufsichtsrates^4 (2002), Rn 313.

[104] *Egger*, RWZ 1997, 327.

[105] Vgl *Egger*, Die Vorschaurechnung, RWZ 1997, 327; *Hefermehl/Spindler* in MünchKommAktG^2 (2004), § 90 Rn 25; *Kalss* in MünchKommAktG^2 (2004), § 90 Rn 67.

[106] Vgl S 112 – V Informationsordnung für den Vorstand.

[107] Vgl *Theisen*, GoI^3 (2002), 31.

machen muss oder soll. Hier wird man zu dem Ergebnis gelangen, dass zunächst die Mitteilung der Kernpunkte ausreichen wird. [108] Ein Zuviel an Information ist nicht adäquat verarbeitbar und damit der Überwachungsaufgabe des Aufsichtsrates wieder abträglich. Will der Aufsichtsrat seinerseits nicht laufend Unterlagen, die ihm wichtig erscheinen, nachfordern müssen, [109] so kann er durch den Beschluß einer Informationsordnung für den Vorstand [110] leicht Abhilfe schaffen.

Die Beurteilung, ob geeignete (nicht notwendigerweise die besten) Maßnahmen zur Sicherung des Fortbestehens der Gesellschaft getroffen wurden, wird nur bei börsennotierten Gesellschaften vom Abschlussprüfer im Rahmen einer erweiterten Prüfpflicht unterstützt. [111] Wenn dem Aufsichtsrat die fachliche Befähigung zur Beurteilung dieser Frage fehlt, wird er jedenfalls auch bei einer Aktiengesellschaft, die nicht an der Börse notiert, den Prüfauftrag dahingehend konkretisieren müssen, ob adäquate Maßnahmen zur Sicherung des Fortbestehens der Gesellschaft gesetzt wurden, um seiner Verantwortung gerecht zu werden.

Bei der Verpflichtung zum Errechnen und Berichten von Unternehmenskennzahlen wird das dAktG konkreter als das österreichische. Insbesondere wird die Feststellung der Eigenkapitalrentabilität in § 90 (1) Z 2 dAktG hervorgehoben. Dazu sogleich.

3 Rentabilität der Gesellschaft

Im deutschen Aktienrecht hat der Vorstand nach § 90 (1) Z 2 iVm § 90 (2) Z 2 dAktG dem Aufsichtsrat alljährlich in der Sitzung, in der über den Jahresabschluss verhandelt wird, über die Rentabilität der Gesellschaft, insbesondere aber über jene des Eigenkapitals zu berichten. [112]

Wenn der Bericht des Abschlussprüfers auf die Rentabilität eingeht, kann der Vorstand seiner Berichtspflicht an den Aufsichtsrat dadurch Genüge tun, dass er den Abschlussbericht zugrunde legt, oder auf diesen verweist. [113] Der Verweis genügt, da der Aufsichtsrat den Bericht des Abschlussprüfers ohnehin zur Stellungnahme übermittelt bekommt (§ 171 (2) dAktG) und der Abschlussprüfer selbst zu den Verhandlungen (des Ausschusses) über den Jahresabschluss beizuziehen ist (§ 171 (1) dAktG). Die Beschlussfassung in dieser Angelegenheit ist nach § 107 (3) dAktG jedenfalls dem Plenum des Aufsichtsrates vorbehalten.

Inhalt des Berichts über die Rentabilität der Gesellschaft haben argumento „insbesondere“ neben der Eigenkapitalrentabilität [114] noch andere Kennzahlen [115] zu sein. Dies schon deshalb, weil die Aussagekraft der Rentabilität des Eigenkapitals je nach Branche und Unternehmen sehr unterschiedlich sein kann. [116] Trotz allem darf der Rentabilitätsbericht

---

[108] Str; vgl *Hüffer*, AktG[6] (2004), § 90 Rn 4b mwN.

[109] Vgl § 95 (2) öAktG; § 90 (3) S 1 dAktG.

[110] Vgl S 112 – V Informationsordnung für den Vorstand.

[111] §§ 317 (4), 321 (4) dHGB; vgl *Büchele*, GesRZ 2003, 221 (226 f).

[112] *Hüffer*, AktG[6] (2004), § 90 Rn 5 und 9.

[113] *Hefermehl/Spindler* in MünchKommAktG[2] (2004), § 90 Rn 24; *Mertens* in KölnerKommAktG[2] (1988), § 90 Rn 35.

[114] Vor und nach Steuern, vereinfacht als Prozentsatz (EGT vor/nach Steuern : durchschnittliches EK) · 100; vgl *Egger/Samer/Bertl*, JA nach dem HGB I[8] (2002), 594 f.

[115] Vgl S 105 – IV.A Kennzahlen.

[116] *Wiesner* in Münchener HdB GesR IV[2] (1999), § 25 Rn 16.

kein umfassender Geschäftsbericht werden, sondern muss in Hinblick auf die Billigung des Jahresabschlusses durch den Aufsichtsrat zweckgerichtet bleiben.[117]

Neben diesen jährlichen Berichtspflichten sind es die periodischen, die zur umfassenden Informationsversorgung des Aufsichtsrates beitragen sollen. Nicht zuletzt dadurch, dass der Aufsichtsrat deren Frequenz unternehmensspezifisch optimiert.[118]

4 Sonderberichte

a Bericht aus wichtigem Anlass

Der Vorstand hat in pflichtgemäßem Ermessen zu entscheiden, wann ein wichtiger Anlass vorliegt, und dann dem Aufsichtsrat(svorsitzenden) ohne schuldhaftes Zögern zu berichten. Selbst Angelegenheiten der unaufgeforderten periodischen Berichterstattung können Anlass eines derartigen Sonderberichts nach § 81 (1) S 3 1. HS öAktG (respektive § 90 (1) S 3 dAktG) sein. Der Vorstand hat die Umstände, ihre Ursachen und ihre Auswirkungen auf die Sachlage darzulegen, die diese außerplanmäßige Berichterstattung erforderlich machen.[119] Ob ein periodischer Bericht kürzlich abgegeben wurde oder bald fällig wird, ist nicht von Bedeutung.[120] Der Bericht ist *dem Aufsichtsratsvorsitzenden* zu erstatten, der wiederum in pflichtgemäßem Ermessen zu entscheiden hat, wann er dessen Inhalt den übrigen Mitgliedern des Aufsichtsrates zur Kenntnis bringt.[121] Spätestens hat dies jedoch in der nächstfolgenden Sitzung zu geschehen. In Deutschland kraft gesetzlicher Regelung (§ 90 (2) Z 5 S 3 dAktG[122]), in Österreich als Reflex der Informationspflicht des Aufsichtsratsvorsitzenden dem Plenum gegenüber.[123] Die Weitergabe der dem Vorsitzenden durch die enge Zusammenarbeit mit dem Vorstand(svorsitzenden) zugekommenen Informationen an das Plenum sollte in einem Unterrichtungssystem[124] innerhalb des Aufsichtsrates festgeschrieben werden.

Diese ipso iure gegebene Berichtspflicht kann durch den Aufsichtsrat in keine Richtung abgeändert werden, wohl aber kann er durch demonstrative Beispiele den „wichtigen Anlass" konkretisieren.[125] Geeignetes Instrument dafür ist die Berichtsordnung für den Vorstand.[126] Dieser wird jedoch dadurch nicht von seiner Pflicht befreit, selbst zu entscheiden, wann (darüber hinausgehend) ein wichtiger Anlass gegeben ist. Der Aufsichtsrat kann allerdings den Informationsfluss auf diese Weise regulieren.

---

[117] *Mertens* in KölnerKommAktG^2 (1988), § 90 Rn 35.
[118] Vgl S 112 – V Informationsordnung für den Vorstand.
[119] *Strasser* in *Jabornegg/Strasser*, AktG^4 (2001), §§ 77 – 84 Rn 11.
[120] *Strasser* in *Jabornegg/Strasser*, AktG^4 (2001), §§ 77 – 84 Rn 7.
[121] *Hefermehl/Spindler* in MünchKommAktG^2 (2004), § 90 Rn 28; *Kalss* in MünchKommAktG^2 (2004), § 90 Rn 68; *Nowotny* in *Doralt/Nowotny/Kalss*, AktG (2003), § 81 Rn 7; *Strasser* in *Jabornegg/Strasser*, AktG^4 (2001), §§ 77 – 84 Rn 7; *Geist*, Informationsordnung im arbeitsteilig organisierten Aufsichtsrat, in Linzer Schriften zum Unternehmensrecht (1998), 121 (131).
[122] *Hefermehl/Spindler* in MünchKommAktG^2 (2004), § 90 Rn 29.
[123] *Strasser* in *Jabornegg/Strasser*, AktG^4 (2001), §§ 77 – 84 Rn 8.
[124] *Sarrazin*, Die besonderen Aufgaben des Aufsichtsratsvorsitzenden, 125 (137).
[125] *Strasser* in *Jabornegg/Strasser*, AktG^4 (2001), §§ 77 – 84 Rn 7.
[126] Vgl S 112 – V Informationsordnung für den Vorstand.

b Geschäfte von erheblicher Bedeutung für die Rentabilität und Liquidität der Gesellschaft

Der Sonderbericht über Umstände von erheblicher Bedeutung für die Rentabilität / Liquidität der Gesellschaft verhält sich zu jenem aus wichtigem Anlass wie ein konkreter Beispieltatbestand zur Generalklausel. [127] Dieser Sonderbericht richtet sich allerdings an den *Aufsichtsrat* als Organ. Er hat schriftlich an alle Aufsichtsratsmitglieder zu ergehen. [128] Die Natur des jeweiligen Unternehmens bestimmt, wann beim Überschreiten welcher Schwellenwerte der verwendeten Kennzahlen von einer *erheblichen Bedeutung* für die Rentabilität oder Liquidität gesprochen werden kann. Die Konkretisierung erfolgt in der unternehmensbezogenen Berichtsordnung des Vorstandes. [129]

Der satzungsmäßige Zustimmungsvorbehalt zu bestimmten Arten von Geschäften [130] kann nur bedingt eine Richtschnur sein, da die Kriterien, die für einen Zustimmungsvorbehalt bzw die Zustimmung selbst ausschlaggebend sind, oft andere sind als jene, die die „erhebliche Bedeutung" für die Gesellschaft konstituieren. [131]

Von erheblicher Bedeutung für die Liquidität der Gesellschaft sind jedenfalls Umstände, aus denen eine sofortige Handlungspflicht resultiert. [132] Dies kann ein – nicht notwendigerweise negativer – betriebswirtschaftlicher oder ein rechtlicher Aspekt sein. Ausdrücklich im Aktiengesetz geregelt ist beispielsweise der (drohende) Verlust des halben Stammkapitals. [133] Rechtlicher Handlungsbedarf außerhalb des Aktiengesetzes besteht speziell bei Konkursantragspflicht [134] und dann, wenn die Beantragung eines Reorganisationsverfahrens nach dem URG [135] möglich ist. Reorganisationsbedarf [136] wird insbesondere bei einer Eigenmittelquote [137] von weniger als 8 % (§ 23 URG) *und* einer fiktiven Schuldentilgungsdauer [138] von mehr als 15 Jahren (§ 24 URG) vermutet (§ 22 (1) Z 1 URG). Im Falle der tatsächlichen Insolvenz stellt sich für den Vorstand [139] (und unter Umständen in weiterer Folge für den Aufsichtsrat [140]) die haftungsrechtliche Frage, ob diese Kennzahlen des Reorganisationsbedarfes in den letzten beiden Jahren vor der Eröffnung des (Anschluss-) Konkurses unterschritten, respektive überschritten wurden. Das EKEG spricht – freilich vor einem anderen Hintergrund – in diesen Fällen von einer Krise, [141] wobei es zu Abgrenzungsproblemen zwischen den beiden Verfahren [142] kommen kann.

---

[127] *Strasser* in *Jabornegg/Strasser*, AktG^4 (2001), §§ 77 – 84 Rn 7.
[128] *Nowotny* in *Doralt/Nowotny/Kalss*, AktG (2003), § 81 Rn 7.
[129] Vgl S 112 – V Informationsordnung für den Vorstand.
[130] § 95 (5) 1 S öAktG; § 111 (4) S 2 dAktG.
[131] *Hefermehl/Spindler* in MünchKommAktG^2 (2004), § 90 Rn 26.
[132] *Strasser* in *Jabornegg/Strasser*, AktG^4 (2001), §§ 77 – 84 Rn 7.
[133] Bericht an die Hauptversammlung, § 83 öAktG, § 92 (1) dAktG.
[134] Vgl § 67 KO und § 92 (2) dAktG.
[135] Unternehmensreorganisationsgesetz, BGBl I 1997/114 (IRÄG 1997) idF BGBl I 2003/92.
[136] *Zehetner/Bauer*, Eigenkapitalersatzrecht (2004), 49; *Jenatschek*, URG (2000), 33 f.
[137] *Zehetner/Bauer*, Eigenkapitalersatzrecht (2004), 44; *Egger/Samer/Bertl*, JA nach dem HGB I^8 (2002), 536.
[138] *Zehetner/Bauer*, Eigenkapitalersatzrecht (2004), 44.
[139] § 22 URG, vgl *Jenatschek*, URG (2000), 69 ff.
[140] § 25 URG, vgl *Jenatschek*, URG (2000), 74 ff; krit *Nowotny*, RdW 1997, 577 (578).
[141] § 2 (1) Z 1 bis 3 EKEG (Bundesgesetz über Eigenkapital ersetzende Gesellschafterleistungen, BGBl I 2003/92 – GIRÄG 2003); vgl *Zehetner/Bauer*, Eigenkapitalersatzrecht (2004), 44.
[142] *Reich-Rohrwig/Zehetner*, Das neue Insolvenzrecht (1997), 45.

III Informationsverarbeitung nach den CG-Kodizes

Mit Blick auf die schon legislative Zuteilung der Funktion „Unternehmensführung“ an den Vorstand und der Funktion „Überwachung der Unternehmensführung“ an den Aufsichtsrat ist auch die Ausgestaltung der Überwachungsaufgaben und -mechanismen ein integraler Bestandteil eines CG-Kodex. [143] Diese Aufgabenteilung kann für das Unternehmen jedoch nur unter der Prämisse fruchtbar sein, dass der vom Aufsichtsrat bestellte Vorstand zu überragender Unternehmensführung im Stande ist. Um diese zu sichern, haben die Prinzipien guter CG im Sinne von best practices in erster Linie den Vorstand anzusprechen. Eine schlechte Unternehmensleitung kann nicht durch exzellente Prüfungsorgane – namentlich Aufsichtsrat und Abschlussprüfer – wieder ausgeglichen werden. [144]

A Die Regelungen der CG-Kodizes in Österreich und Deutschland

Über die Wiederholung gesetzlicher Pflichten [145] hinausgehend enthalten die offiziellen [146] CG-Kodizes in Österreich [147] wie in Deutschland [148] im Bereich der Informationspflichten weitergehende comply-or-explain-Regeln, die im Wege der Selbstverpflichtung Bedeutung erlangen. Weiters existiert anders als in Österreich nur in Deutschland die gesetzliche Verpflichtung des Vorstandes und des Aufsichtsrates, jährlich die (Nicht-)Einhaltung des im Bundesanzeiger veröffentlichten DCGK zu erklären (§ 161 dAktG).

Eine Einteilung der Kodexregelungen rund um die Berichtspflichten zwischen Vorstand und Aufsichtsrat könnte diese strukturieren in die Bereiche Grundsätzliches, die Form und schließlich den Inhalt betreffende Bestimmungen. Die überwiegende Zahl würde sich wohl in die Kategorie der quasi Formvorschriften einreihen lassen, wobei ein guter Teil an der Schnittstelle mit den Regelungen angesiedelt ist, die den Inhalt der Berichte betreffen. Dieser groben Rasterung folgend, und mit den grundsätzlichen Aussagen der offiziellen Kodizes beginnend, ist die Formulierung herauszuheben, dass die „Informationsversorgung des Aufsichtsrates gemeinsame Aufgabe von Vorstand und Aufsichtsrat“ [149] ist. Der nicht amtliche GCCG des Berliner Initiativkreises CG konstatiert, dass die Informationsversorgung des Aufsichtsrates sowohl Holschuld des Aufsichtsrates, als auch Bringschuld des Vorstandes sei, bei dem aufgrund der Informationsasymmetrie die

---

[143] Zum Begriff der Corporate Governance vgl jüngst *Schneider*, AG 2004, 429 (429); *Roth/Büchele*, GesRZ 2002, 63 (63 f); zur potentiellen Leistungsfähigkeit der Kodizes s *Kalss/Burger/Eckert*, Entwicklung des österreichischen Aktienrechts (2003), 372 f.

[144] *V. Werder* (Hrsg), GCCG (2000), 15 f; *Schaefer*, RWZ 2000/80; *Sarrazin*, Die besonderen Aufgaben des Aufsichtsratsvorsitzenden, 125 (139); vgl die Berliner Thesen Nr (5) und (6) zur Corporate Governance im Anhang an den GCCG, online unter http://www.gccg.de/deu_German-Code-of-Corporate-Governance.pdf (30.12.2005).

[145] S zur Quartalsberichterstattung *Schmidl* in FS Wundsam (2003), Quartalsberichterstattung, 597 (601).

[146] Vgl dem gegenüber auch den German Code of Corporate Governance (GCCG) des Berliner Initiativkreises CG, vom 6.6.2000, online unter http://www.gccg.de/deu_German-Code-of-Corporate-Governance.pdf (30.12.2005).

[147] Der Österreichische Corporate Governance Kodex (ÖCGK) des Österreichischen Arbeitskreises CG idF vom 01.01.2006, online unter http://www.corporate-governance.at/ (30.12.2005).

[148] Der Deutsche Corporate Governance Kodex (DCGK) der Regierungskommission CG vom 21.5.2003, in der Fassung vom 2.06.2005, online unter http://www.corporate-governance-code.de/ger/kodex/index.html (30.12.2005).

[149] ÖCGK 9 (L) aE; DCGK 3.4.

Hauptverantwortung liege.[150] Diese Prämisse ergibt sich schon – wie auch der Kategorisierung der österreichischen Kodex-Regel als legal requirement zu entnehmen ist – aus der Zusammenschau der die Berichtspflichten und Informationsrechte betreffenden Gesetzesstellen.[151]

B Prüfungsausschuss als Informationsdrehscheibe

Eng mit der Sitzungshäufigkeit des Aufsichtsratsplenums in Zusammenhang steht die Einrichtung von Ausschüssen innerhalb des Aufsichtsrates. Sie tagen unabhängig von diesem, bereiten Entscheidungen vor, und können an dessen Stelle Beschlüsse fassen. Diese vom Gesetz[152] eröffnete Möglichkeit einer arbeitsteiligen Vorgehensweise wurde in den Kodizes in Form von comply-or-explain-Regelungen und bloßen Anregungen[153] aufgenommen.[154] Schon der Umfang der Überwachungsaufgaben legt ein derartiges Vorgehen des Aufsichtsrates nahe.[155]

Ein spezialisierter Prüfungsausschuss sollte als Knotenpunkt der Informationsversorgung zwischen Vorstand und Aufsichtsrat fungieren. Er sollte der dem Plenum des Aufsichtsrates vorgelagerte Adressat der Berichte sein, die nach der Informationsordnung regelmäßig vom Vorstand dem Aufsichtsrat zu übermitteln sind.

In Österreich muss seit dem IRÄG 1997[156] verpflichtend bei einem Aufsichtsrat mit mehr als fünf Mitgliedern ein Prüfungsausschuss „zur Prüfung und Vorbereitung der Feststellung des Jahressabschlusses" eingerichtet werden.[157] Mit dem GesRÄG 2005[158] wurde dieser zweite Satz des § 94 (4) öAktG in einen separaten Absatz 4a verpflanzt und erweitert. Für börsenotierte Aktiengesellschaften wurde die Einrichtung eines Prüfungsausschusses zwingendes Recht. Wird entgegen der Bestimmungen des öAktG kein Prüfungsausschuss gebildet, stehen haftungsrechtliche Folgen[159] ins Haus, ohne dass der entsprechende Beschluss des Plenums mangels der Vorarbeit des Ausschusses anfechtbar oder gar nichtig wäre.[160]

In dem mit „Ausschüsse" überschriebenen Abschnitt des ÖCGK fehlte[161] zur alten Rechtslage eine als gesetzliches Mindesterfordernis gekennzeichnete Bestimmung mit dem Inhalt des § 92 (4) aF öAktG. Die Regelung des ÖCGK 40 (C) 1. Satz *empfahl* „unabhängig von gesetzlichen Bestimmungen" einen Prüfungsausschuss einzurichten. Von Interesse kann dies ohnehin nur für die Übergangsfrist bis zum vollen Wirksamwerden

---

150 GCCG II.2.1.

151 Für Deutschland jüngst *Altmeppen*, ZGR 2004, 390 (391); *Theisen*, GoI^3 (2002), 35.

152 Vgl § 94 (4) 1 S öAktG; § 107 (3) 2. S dAktG.

153 So die österreichische Diktion; der DCGK spricht von Empfehlungen.

154 Kapitel V ÖCGK 39 – 43; DCGK 5.3.1. – 5.3.4.

155 *Möllers*, ZIP 1995, 1725 (1730).

156 Insolvenzrechtsänderungsgesetz 1997, BGBl I 1997/114, Art VI Z 4.

157 Eine entsprechende Regelung ist dem dAktG (vgl § 107) unbekannt. Vgl aber den Vermittlungsausschuss nach § 27 (3) MitbestG, *Hüffer*, AktG^6 (2004), § 107 Rn 20.

158 Gesellschaftsrechtsänderungsgesetz 2005, BGBl I 2005/59 Art I Z 5.

159 §§ 99 iVm 84 öAktG. Vgl aber *Winkler/Birkner*, RdW 1998, 244 (247), die bei Erfüllung der Prüfpflichten die Nachweisbarkeit eines Schadens durch den Vorstand und des Kausalzusammenhanges zur Nichtbestellung des Ausschusses für ausgeschlossen halten.

160 Eine reine Ordnungswidrigkeit, *Temmel*, Der Aufsichtsrat (2003), 67; *Winkler/Birkner*, RdW 1998, 244 (247); *Nowotny*, RdW 1997, 577 (578).

161 Kapitel V ÖCGK 39 – 42 vor der Anpassung des ÖCGK an das GesRÄG 2005 mit 01.01.2006.

des GesRÄG 2005 sein und bleibt daher hier außer Betracht. Durch die an börsenotierte Gesellschaften gerichtete aktienrechtliche Verpflichtung jedenfalls einen Prüfungsausschuss einzurichten, erübrigt sich die Diskussion zumindest für all jene Gesellschaften, die nach dem 1.1.2006 ein Aufsichtratsmitglied gewählt haben.[162] Die ehemalige Regel ÖCGK 40 (C) ist notwendigerweise in die Kategorie (L) gestuft worden. Die Textierung wurde dem Gesetzesbegriff „Prüfungsausschuss" angepasst.

Eine der österreichischen Konzeption des Kodex ähnliche Regelung findet sich auch in Punkt 5.3.2 DCGK, freilich ohne die legislative Verpflichtung im Hintergrund, unter bestimmten Umständen einen Prüfungsausschuss einrichten zu müssen.[163] Andererseits geht der DCGK bezüglich des Erfordernisses der Unabhängigkeit des Vorsitzenden des Prüfungsausschusses weiter als der ÖCGK. Letzterer übernimmt nur die aktienrechtliche Frist von drei Jahren zwischen dem Vorstandsmandat und der Funktion als Vorsitzenden des Prüfungsausschusses.[164] Punkt 5.3.2. DCGK fordert hingegen, dass der Vorsitzende des Prüfungsausschusses überhaupt kein ehemaliges Vorstandsmitglied sein sollte.[165] Eine Empfehlung,[166] die für die anderen von den Kodizes vorgeschlagenen Ausschüsse[167] nicht gilt. Zu bedenken bleibt bei der synonymen Verwendung des Anglizismus „audit committee",[168] dass dessen Funktionsweise im eingliedrigen Boardsystem eine andere ist.[169]

Einem Ausschuss kann sowohl eine beratende, als auch eine beschlussfassende Funktion zukommen. Zu den nicht an einen Ausschuss übertragbaren Agenden gehört insbesondere die Erstellung einer Geschäftsordnung für den Aufsichtsrat[170] selbst, wie auch die Erlassung einer Geschäftsordnung für den Vorstand.[171] Dies ist nur konsequent in Hinblick darauf, dass in der Geschäftsordnung des Aufsichtsrates Ausschüsse eingerichtet werden können.[172] Genau diese beiden Elemente der inneren Ordnung[173] verlangen auch die Kodizes,[174] um darin schriftlich und verbindlich die Berichtspflichten des Vorstandes[175] festzulegen, sowie die zustimmungspflichtigen Geschäfte[176] zu konkretisieren. Instrumente, durch die der Aufsichtsrat erhebliche Macht bekommt.[177]

---

162 § 262 (10) öAktG.

163 Vgl § 107 dAktG; vgl aber den Vermittlungsausschuss nach § 27 (3) MitbestG, *Hüffer*, AktG^6 (2004), § 107 Rn 20.

164 § 92 (4a) öAktG; ÖCGK 40 (L).

165 Differenzierter *Altmeppen*, ZGR 2004, 390 (404 f).

166 In der Diktion des DCGK eine Anregung.

167 Nominierungsausschuss, ÖCGK 41 (C); Vergütungsausschuss, ÖCGK 43 (C); DCGK 5.3.3.

168 Vgl DCGK 5.3.2.

169 Jüngst *Altmeppen*, ZGR 2004, 390 (391 f; 395 ff); *Theisen*, GoI^3 (2002), 11.

170 Vgl nur *Strasser* in *Jabornegg/Strasser*, AktG^4 (2001), §§ 92 – 94 Rn 75 mwN; *Semler* in MünchKommAktG^2 (2004), § 107 Rn 360.

171 *Kalss* in MünchKommAktG^2 (2004), § 77 Rn 61; § 107 Rn 475; *Strasser* in *Jabornegg/Strasser*, AktG^4 (2001), §§ 70 Rn 35; *Hefermehl/Spindler* in MünchKommAktG^2 (2004), § 77 Rn 42; *Semler* in MünchKommAktG^2 (2004), § 107 Rn 331 ff.

172 *Strasser* in *Jabornegg/Strasser*, AktG^4 (2001), §§ 92 – 94 Rn 76.

173 Vgl S 112 – V Informationsordnung für den Vorstand.

174 ÖCGK 34 (C); DCGK 5.1.3; 3.4 Absatz 3.

175 ÖCGK 9 (L); 12 (C); 34 (C); DCGK 3.4; GCCG I.2.2; IV.2.2; IV.3.1.

176 ÖCGK 35 (L); DCGK 3.3; 5.1.3.

177 *Möllers*, Professionalisierung des Aufsichtsrates, ZIP 1995, 1725 (1727).

Es bleibt nun die Frage zu erörtern, wie der Erfüllungsgrad der Kodexbestimmungen messbar und berichtbar gemacht werden kann.

C *Scorecard for Corporate Governance*

Die Deutsche Vereinigung für Finanzanalyse und Asset Management (DVFA) hat aufbauend auf dem offiziellen DCGK eine Scorecard for German Corporate Governance (SC-GCG) [178] entwickelt. Die tabellarische SC-GCG wurde einem Praxistest an den DAX-100 Unternehmen unterzogen, der ein krasses Auseinanderklaffen von Selbsteinschätzung und externer Beurteilung aufgrund öffentlich verfügbarer Informationen zu Tage förderte. Das Ergebnis wurde der Öffentlichkeit mit Pressemitteilung vom 06.03.2001 mitgeteilt. Diese SC-GCG hält sich weitgehend an die Gliederung des Kodex und bezieht weitere best-practice-Standards mit ein. Werden alle Soll-Empfehlungen des Kodex erfüllt, erzielt das Unternehmen in der Standardgewichtung bei aktivem Corporate-Governance-Commitment [179] ein Ergebnis von 75 %.

Für die Informationsversorgung des Aufsichtsrates ist insbesondere Punkt III. (Zusammenwirken von Vorstand und Aufsichtsrat) [180] von Interesse. Frage III.1. bewertet das Bestehen einer schriftlichen Informationsordnung des Vorstandes. [181] Die darauf folgende Frage III.2. evaluiert die Existenz einer Geschäftsordnung für den Aufsichtsrat inklusive der Regelung zustimmungspflichtiger Geschäfte sowie der Festlegung der Informationspflichten des Vorstandes. [182] Dieser Abschnitt III. der Scorecard fließt mit einer Gewichtung von 15 % in den Gesamtscore ein, wobei diese beiden Unterpunkte (III.1. und III.2.) mit jeweils 20 % das Ergebnis des Abschnittes beeinflussen. Als wichtigste der fünf Fragen dieses Bereiches (Punkt III.) ist mit einem Beitrag von 30 % die nach der Einberufung einer Hauptversammlung bei Übernahmeangeboten [183] (III.4.), wo hingegen die Frage betreffend den Selbstbehalt bei D&O Versicherungen [184] (III.5.) mit nur 10 % gewichtet ist.

Mit diesem Instrument lässt sich die Einhaltung der Kodex Bestimmungen sehr leicht evaluieren, um die von den Kodizes geforderte Transparenz zu erreichen, [185] auch wenn die relative Gewichtung verschiedener Anforderungen nicht vollständig objektivierbar ist. Leider wurde die SC-GCG abgelöst durch einen vom Aufbau des DCGK entkoppelten Kriterienkatalog. [186] Insgesamt erscheint dessen ungeachtet die Entwicklung eines vergleichbaren Werkzeuges für Österreich und die Verknüpfung mit einer Balanced Scorecard [187] sinnvoll. Der von Österreichischen Arbeitskreis CG entwickelte Fragebogen zur externen Evaluierung der Einhaltung des ÖCGK geht mE auch nur ein Stück weit in die richtige Richtung. Die Gliederung folgt dem ÖCGK, gruppiert in C-Regeln und R-Regeln. Es fehlt jedoch am Charakter einer Scorecard im Sinne der Bewertung und Gewichtung der einzelnen Fragen. Eine interne Evaluierung erschiene mir unter der Prämisse

[178] Online unter http://www.dvfa.de/pdf/scorecard.xls (30.12.2005).
[179] Kriterium I. der SC-GCG an Stelle der Präambel des DCGK.
[180] Entspricht ÖCGK Abschnitt III.
[181] Punkt 3.4 des DCGK; vgl ÖCGK 9 (L); 12 (C); 34 (C).
[182] Punkt 3.3 und 5.1.3 des DCGK; vgl ÖCGK 35 (L).
[183] Punkt 3.7 des DCGK; vgl ÖCGK 8 (L).
[184] Directors & Officers Liability Insurance – Berufshaftpflichtversicherung für Vorstände.
[185] Vgl ÖCGK 60 (C); DCGK Abschnitt 6; GCCG Abschnitt VI.1.
[186] Online unter http://www.dvfa.de/pdf/cg_kriterienkatalog.xls (30.12.2005).
[187] Vgl dazu S 107 – IV.B Systematische Kennzahlenverknüpfung.

der Selbstverpflichtung zu guter CG konsistenter. Mögen Kritiker auch die Verlässlichkeit einer extern nicht überprüften Offenlegung in Frage stellen.

IV Betriebswirtschaftliche Steuerungsinstrumente als Medium der Berichterstattung?

Unternehmen agieren im Informationszeitalter des 21. Jahrhunderts in einem heiß umkämpften globalen Umfeld. Die Unternehmensumwelt ist seit dem Industriezeitalter (1850 - 1975) ohne Frage turbulenter und komplexer geworden. Die Betriebswirtschaftslehre stellt ein Potpourri an unterschiedlichsten Ansätzen zur Verfügung, die es dem Management erleichtern oder überhaupt erst ermöglichen sollen, mit dieser Wettbewerbssituation fertig zu werden. Es wird in schillernden Anglizismen von Change Management gesprochen, von Total Quality Management, Just in Time Systemen, Reengineering, Six-Sigma, SWOT-Analysen und Balanced Scorecards. Dem gegenüber stehen die Kennzahlen aus einem Rechnungswesen, das vornehmlich die Vergangenheit betrachtet und sich nur unter restriktiven Annahmen in die Zukunft fortschreiben lässt. Auch wenn sich Trends der Produktivitätsentwicklung schon früh ablesen lassen. [188]

Das sog Management Accounting umfasst in einer weiten Begriffsdefinition das gesamte Rechnungswesen als Prozess der Bereitstellung von Informationen für die Unternehmensführung in Hinblick auf den Einsatz der verfügbaren Vermögensgegenstände sowie der Evaluation künftiger Maßnahmen wie Budgetierung oder Strategiebewertungen mit besonderem Augenmerk auf ihre Güte für die Stakeholder. [189] Das Ziel muss immer eine Informationsoptimierung, nicht hingegen die bloße Maximierung der Datenmenge sein. [190]

Es besteht in vielen Unternehmen eine Diskrepanz zwischen den Strategien, die auf den Potentialen der Organisation und den Beziehungen zu den Stakeholdern – insbesondere den Kunden – abstellen, und der Messung des Umsetzungserfolges mittels Finanzkennzahlen. [191] Der Erfolg der Strategieumsetzung in strategische Ziele und zukunftsorientierte Innovationsprozesse lässt sich gar nicht oder nur unzureichend in finanzielle Kennzahlen übersetzen. [192] Wettbewerbsvorteile und intangible Vermögenswerte [193] bleiben unberücksichtigt, Kausalitäten bleiben verborgen. Der einseitige Blick des Managements lediglich auf finanzielle Kennzahlen mag unter dem Gesichtspunkt, dass die Leistungen der Führungskräfte fast ausschließlich daran gemessen und entsprechend remuneriert werden, [194] verständlich sein. Dies führt jedoch zu kurzfristigen Ergebnisverbesserungen und schenkt

[188] *Fickert*, Die Unternehmung 3/1993, 203 (207).

[189] *Fickert*, Die Unternehmung 3/1993, 203 (204).

[190] So auch *Fickert*, Die Unternehmung 3/1993, 203 (205); Zum Zusammenhang, dass aus Daten durch Hinzukommen von Bedeutung relativ zu einem Bezugspunkt Informationen werden vgl die sog Wissenstreppe bei *North*, Wissensorientiertes Management[3] (2002), 41.

[191] Vgl schon *Kaplan/Norton*, Balanced Scorecard (1997), 20.

[192] Vgl jüngst *Neulinger/Feldbauer-Durstmüller*, VWT 2003 H 1, 23.

[193] Deren Nutzbarmachung sich auch das Wissensmanagement widmet.

[194] Insbesondere durch (Ermessens-)Tantiemen und Aktienoptionen, vgl *Büchele*, GesRZ 2004, 165 (167 ff); vgl *Weber/Sandt*, Advanced Controlling Bd 21 (2001), 18; vgl *Fickert*, Die Unternehmung 3/1993, 203 (204), zur Rolle des Management Accounting in der Evaluierung zukünftiger Aktionen und der Remuneration der Führungskräfte.

künftigen Wachstumspotentialen durch immaterielle Vermögenswerte und Entwicklungsarbeit in den erfolgskritischen Bereichen Prozess- und Produktverbesserung sowie dem Human Ressource Management nicht die gebührende Aufmerksamkeit. Dies kann für das Unternehmen langfristig den Untergang bedeuten.[195] Wichtig ist schlussendlich die Verknüpfung beider Gattungen von Kennzahlen zu einem fruchtbaren Ganzen.[196] Dabei dürfen aber Maß und Ziel nicht aus den Augen verloren werden: Gemeinhin wird eine Zusammenstellung von maximal 16 Werten als ausreichend angesehen.[197] Außerdem sind externe Umweltinformationen zu berücksichtigen, die für das Unternehmen von vitalem Interesse sind. Dies beginnt bei (welt)politischen Geschehnissen, und geht über volkswirtschaftliche Entwicklungen bis hin zu Branchen- und Marktanalysen.[198] Hier steht die Balanced Scorecard (BSC) als fokussierende Linse zur Verfügung.[199]

A Kennzahlen

Der betriebswirtschaftliche Begriff der Kennzahl[200] umfasst zumindest die Verhältniszahlen wie Koeffizienten und Indexzahlen. In einem weiteren Sinn gehören auch absolute Zahlen wie das Ergebnis der gewöhnlichen Geschäftstätigkeit (EGT) oder Durchschnittswerte (des Forderungsbestandes und ähnlichem) dazu. Schließlich können die Kennzahlen der Betriebsleistung finanzielle oder nichtfinanzielle Wertgrößen darstellen. Letztere werden auch als deskriptive Kennzahlen bezeichnet. Diesen wird eine immer größere Bedeutung beigemessen.[201]

Unbestritten ist, dass eine Bilanz und die daraus abgeleiteten Kennzahlen nicht alle zukünftigen Potentiale eines Unternehmens auszudrücken vermögen. Man denke an die Arbeitnehmer mit ihren Fähigkeiten und ihrem intraorganisationalen Wissen[202] oder Indikatoren wie die Kundenzufriedenheit, die den Erfolg des Unternehmens als komplexes System wesentlich beeinflussen. Da verwundert es auch nicht, dass der Buchwert und der Marktwert teilweise krass divergieren.[203] Die Lücke schließt das nicht bilanzierbare[204] immaterielle Vermögen im weitesten Sinn.

An dieser Stelle taucht die Frage auf, ob das interne Rechnungswesen dem Management die (einzig) relevanten Informationen über den Geschäftsgang in der Vergangenheit liefern, und damit die Entscheidungsgrundlage für zukünftige Engagements bilden kann.

---

195 Vgl das Schema der strategischen Unternehmensführung bei *Gälweiler*, Strategische Untenehmensführung[2] (1990), 34, in dem eine Beziehung zwischen der kurzfristigen operativen Unternehmensführung mit Fokus auf der Liquidität (G & V) und der langfristigen strategischen Unternehmensführung mit der Orientierung am Kundenproblem und der Steuerungsgröße neuer Erfolgspotentiale hergestellt wird.

196 So auch *Fickert*, Die Unternehmung 3/1993, 203 (208).

197 Vgl für viele *Preißner*, BSC anwenden (2003), 64.

198 *Theisen*, GoI[3] (2002), 172.

199 Dazu S 107 – IV.B Systematische Kennzahlenverknüpfung.

200 *Dellmann* in *Küpper* et al, Enzyklopädie der BWL III[4] (2002), 940 f.

201 Vgl *Weber/Sandt*, Advanced Controlling Bd 21 (2001), 10; *Fickert*, Die Unternehmung 3/1993, 203 (207).

202 Dessen Kanalisation das Wissensmanagement versucht.

203 Amerikanische Studien belegen ein Verhältnis von bis zu 1:30 zugunsten des Marktwertes, *Milost*, RWZ 2004/31.

204 Vgl aber die §§ 197, 224, 231, 238 öHGB und die §§ 275, 248, 341b, 266 dHGB, sowie IAS 38 – Intangible Assets, online unter http://www.iasb.org/standards/summaries.asp (30.12.2005).

Diese Frage verneinend[205] muss man die Möglichkeit untersuchen, ob nichtfinanzielle Kennzahlen dazu geeignet sein können, die Aufgaben, die die traditionelle Rechnungslegung nicht oder nur unbefriedigend erfüllen kann, zu unterstützen oder sogar zu übernehmen. Hier beginnt schon die Wanderung auf dem schmalen Grad optimaler Informationsversorgung zwischen den beiden Extremen einer unzureichenden Berichterstattung und einer nicht mehr verwertbaren Flut von Details. Wo auch immer man sich in diesem weiten Feld bewegt, darf nicht vergessen werden, dass unsere Vorstellungen von der Zukunft lediglich Prognosen sind, und alle Entscheidungen der Unternehmensführung solche unter Unsicherheit sind.[206]

Wenn man den Jahresabschluss nicht als die allein relevante Informationsquelle ansieht, können es auch die daraus abgeleiteten Kennzahlen der erbrachten Leistung nicht sein. Deskriptive Kennzahlen sind hier in der Lage, vom Unternehmen, seinem Leistungserstellungsprozess, seiner Umwelt und den Beziehungen zu den diversen Stakeholdern ein farbigeres, facettenreicheres Bild zu zeichnen. Außerdem stehen nichtfinanzielle Maße rascher zur Disposition.[207] Einen absoluten Barwert der Potentiale des Unternehmens können sie freilich nicht liefern, und es ist auch nicht ihre Aufgabe. Dass sie nicht Gegenstand der Abschlussprüfung sind, schränkt mE ihre Brauchbarkeit und Verlässlichkeit nicht ein, solange man sich ihrer Prämissen bewusst ist.[208]

In einer großen empirischen Studie im zweiten Halbjahr 2000 in deutschen Unternehmen[209] wurden Manager mit Ergebnisverantwortung befragt. Das heißt, dass diese Personen nicht eine beschränkte Teilverantwortlichkeit, sondern Kosten- und Erlösverantwortung hatten.[210] Dabei wurde erhoben, dass 55 % der Führungskräfte mehr als 10 verschiedene *Finanzkennzahlen* berichtet bekamen.[211] Bei den *nicht finanziellen* Kennzahlen (zu Beispielen im folgenden Kapitel) aus den Bereichen Markt/Kunde, Prozesse und Mitarbeiter ergab sich ein geradezu konträres Bild. Rund 50 % der Verantwortlichen hatten weniger als 5 derartige Größen zur Verfügung. Für Innovationskennzahlen lag dieser Anteil sogar bei 72 %.[212] Die Autoren kamen durch die Abfrage der subjektiven Bedeutung der deskriptiven Größen im Verhältnis zur deren tatsächlicher Verfügbarkeit zur Schlussfolgerung, dass nicht finanzielle Kennzahlen deutlich unterrepräsentiert sind. Die Manager hätten gerne mehr solche Vergleichswerte.[213] Ein weiteres für den vorliegenden Zusammenhang bedeutendes Ergebnis betrifft die Berichtsfrequenz. Neben der monatlichen Berichterstattung der finanziellen Kennzahlen wird eine solche tendenziell auch bei den Mitarbeiter-, Prozess- und Marktkennzahlen gefordert. Für Innovationskennzahlen geht der Trend von halbjährlichen und längeren Zeiträumen hin zur quartalsweisen Berichterstattung.

---

205 *Milost*, RWZ 2004/31; *Neulinger/Feldbauer-Durstmüller*, VWT 2003 H 1, 23; *Feldbauer-Durstmüller*, RWZ 1998, 380.
206 Vgl jüngst *Büchele*, GesRZ 2003, 221 (222 f).
207 *Fickert*, Die Unternehmung 3/1993, 203 (208).
208 Anders *Milost*, RWZ 2004/31.
209 254 ausgewertete Fragebögen, *Weber/Sandt*, Advanced Controlling Bd 21 (2001), 12.
210 *Weber/Sandt*, Advanced Controlling Bd 21 (2001), 10.
211 *Weber/Sandt*, Advanced Controlling Bd 21 (2001), 12.
212 *Weber/Sandt*, Advanced Controlling Bd 21 (2001), 13.
213 *Weber/Sandt*, Advanced Controlling Bd 21 (2001), 15.

In einer Umfrage vom Mai 2003[214] hatten die befragten Geschäftsführer zu 89 % angegeben, dass ihnen der Jahresabschluss nur teilweise oder gar kein reelles und objektives Bild von den Geschäftsvorgängen biete. Vier Jahre zuvor lag dieser Wert „erst" bei rund 70 %. Es wurde weiters abgefragt, ob der Jahresabschluss eine geeignete Grundlage für betriebliche Entscheidungen sei, worauf immerhin 13,7 % der Befragten mit einem klaren Nein antworteten und weitere 74 % dies lediglich teilweise für gegeben erachteten. Als Alternative wurde zur Diskussion gestellt, ob nichtfinanzielle Leistungskennzahlen die finanziellen zu ergänzen im Stande sind. Dies wurde von rund 71 % der Grundgesamtheit bejaht. Dies obwohl dem Großteil bewusst ist, dass man auch bei deskriptiven Indikatoren Restriktionen[215] in der Einsatzmöglichkeit hinnehmen muss. Rund 51 % sehen die Informationskraft dadurch eingeschränkt, dass nicht der Gegenwartswert zukünftiger wirtschaftlicher Unternehmensvorteile damit ausgedrückt werden kann, und weitere 47 % erblicken keinen über die Vorteile der finanziellen Kennzahlen hinausgehenden Mehrwert in rein deskriptiven Parametern. Der vernachlässigbar kleine Rest erachtet den Informationswert als überhaupt nicht eingeschränkt.

Daraus ergibt sich, dass deskriptive Kennzahlen ein unerlässlicher Entscheidungsfaktor sind, und in der Kombination mit klassischen finanziellen Kennzahlen einen über die Summe der Teile hinausgehenden Informationswert besitzen. Auch wenn eine in diese Richtung gehende Bewusstseinsbildung in den Führungsebenen trotz oder gerade wegen der aktuellen Konzentration auf finanzwirtschaftlichen Kennzahlen noch erfolgen muss.

B Systematische Kennzahlenverknüpfung (Die BSC)

Kennzahlen in einem systematischen Zusammenhang liefern mehr Information als eine Auflistung von Einzelwerten.[216] Die Beziehung kann eine mathematische oder eine sachlich-logische sein.[217] Dem Verweis in den österreichischen Gesetzesmaterialien auf den Stand der Betriebswirtschaftslehre folgend stößt man auch auf das Berichts- und Planungsinstrument der Balanced Scorecard (BSC).[218] Sie kann und soll keine Plan-Bilanz oder Plan-Gewinn- und Verlustrechnung ersetzen, sollte sich jedoch schon ab dem Planungsstadium wie der viel strapazierte rote Faden durch die Berichterstattung ziehen. Ob man nun wie in Österreich von Vorschaurechnung oder in Deutschland von Unternehmensplanung spricht, ist für die Präzision der Aussage unerheblich. Schwerer wiegt schon der Hinweis des deutschen Gesetzgebers,[219] dass es in der Verantwortung der Gesellschaftsorgane liegt, in pflichtgemäßem Ermessen zu entscheiden, ob es nicht nur sinnvoll, sondern vielleicht sogar geboten ist, eine Informationsordnung durch den Aufsichtsrat zu erlassen. Was liegt also näher, als in einer solchen Informationsordnung für den Vorstand die Form der BSC als (zusätzliches) Vehikel der kanalisierten Informationsversorgung des Aufsichtsrates festzulegen? Eine BSC kann *eines* der Medien dieses Informationstrans-

---

214 Durchgeführt in 16 slowenischen Groß- und 15 Mittelbetrieben im Vergleich zu einer entsprechenden Untersuchung aus dem Jahr 1999, *Milost*, RWZ 2004/31.

215 Wie beispielsweise die „mangelnde Verdichtbarkeit nach oben" hin zur Gesamtunternehmensebene, *Fickert*, Die Unternehmung 3/1993, 203 (208) mwN.

216 *Schneider/Hennig*, Kennzahlen (2001), 209; *Weber/Sandt*, Advanced Controlling Bd 21 (2001), 19.

217 *Weber/Sandt*, Advanced Controlling Bd 21 (2001), 20.

218 Zu anderen Systemen vgl bspw *Siegwart*, Kennzahlen für die Unternehmensführung[6] (2002), 27 ff.

219 BT-Drucks. 13/9712, S 15.

fers sein, weil die notwendige revolvierende Planfortschreibung aufgrund neu gewonnener Daten genau das ist, das eine BSC erleichtern möchte. Sie ist bestens geeignet, dem Vorstand zu ermöglichen, jederzeit dem Auskunftsverlangen des Aufsichtsrates bezüglich Unternehmensdaten entsprechen zu können. Darüber hinaus lässt sich die BSC problemlos in viele Softwarepakete einbinden [220] und dadurch auf allen Unternehmensebenen einfach anwenden. Eine BSC lässt sich inhaltlich präzise auf die für den jeweiligen Empfänger relevanten Daten justieren. Die Aspekte strategischer Unsicherheit können gezielt beleuchtet werden. [221] Insofern kann man beispielsweise interne und externe, strategische und operative Berichte unterscheiden. Die horizontalen und vertikalen Konflikte, die bei der Vernetzung der Scorecards der verschiedenen Ebenen im Unternehmen [222] entstehen können, bleiben einer weiteren Diskussion überlassen.

Die Balanced Scorecard (BSC) [223] ist nicht nur ein Kennzahlensystem im herkömmlichen (finanzwirtschaftlichen) Sinn, sondern ein strategisches Führungssystem, [224] mit dessen Hilfe das Management – schon durch die Erarbeitung der unternehmensindividuellen BSC – die kritischen internen Prozesse identifizieren, und daraus die noch zu erstellenden Prozesse ableiten kann. [225] Das Managementsystem zur Kommunikation von Vision und Strategie im Unternehmen wird mit einem System messbarer Kennzahlen verknüpft. Diese sollen hier aber nicht nur als reine Kontrollinstrumente verstanden werden, sondern auch als zukunftsgerichtete Planungsgrößen. Diese weitergehende Funktion berücksichtigend kann man von Steuerungsgrößen sprechen. [226] Mit deren Hilfe soll der Umsetzungserfolg überwacht werden. Dieses in der deutschen Übersetzung oft als „ausgewogener Berichtsbogen" bezeichnetes System konzentriert sich auf vier interdependente Blickwinkel: [227] Die finanzielle, die interne, die Kunden- und die Innovationsperspektive. [228] Die angesprochene Ausgewogenheit besteht dabei in der Balance von kurzfristigen und langfristigen Zielen, monetären und nicht monetären Kennzahlen, zwischen Früh- und Spätindikatoren und der internen wie der externen Perspektive. Die BSC soll vordergründig ein Informationssystem [229] der Unternehmensführung sein, kein Kontrollwerkzeug [230] und kein Ersatz eines operativen Informationssystems. [231] Komplexe Ursache-Wirkungs-Beziehungen zwischen den angestrebten Zielen und den Kennzahlen können mit der BSC

---

[220] Exemplarisch seien zwei global player als Anbieter herausgegriffen: ORACLE mit der kürzlich übernommen PeopleSoft, online unter http://www.oracle.com/products/index.html (30.12.2005) und SAP, online unter http://help.sap.com/ (30.12.2005).

[221] Im Anschluss an *Simons Weber/Sandt*, Advanced Controlling Bd 21 (2001), 28.

[222] Vgl Abb 8 bei *Preißner*, BSC anwenden (2003), 54.

[223] *Kaplan/Norton*, The Balanced Scorecard – Measures that drive Performance, Harvard Business Review (HBR) 1992, 71; *Kaplan/Norton*, HBR 1993, 134; *Kaplan/Norton*, HBR 1996, 75.

[224] Krit *Feldbauer-Durstmüller*, RWZ 1998, 380.

[225] *Kaplan/Norton*, Balanced Scorecard (1997), 10 f; zur positiven Wirkung der dadurch erreichten Transparenz auch in der öffentlichen Verwaltung vgl *Keck*, SozSi 2004, 107.

[226] *Preißner*, BSC anwenden (2003), 19.

[227] Vgl jüngst *Iby*, BSC in Kreditgenossenschaften, Wiener Studien des FOG (2004), Bd 13, 75 f; *Grasser*, RWZ 2000/28.

[228] Vgl *Dobler*, Kennzahlen für die erfolgreiche Unternehmenssteuerung (1998), 194 f; *Kaplan/Norton*, Balanced Scorecard (1997), 9, Abb 1.1.

[229] Zu ihrer Stellung in der Leistungsmessung im Rahmen des Management Accountings *Fickert*, Die Unternehmung 3/1993, 203 (208 f).

[230] *Lutz*, RWZ 2004/32.

[231] *Feldbauer-Durstmüller*, RWZ 1998, 380.

aus vier verschiedenen Blickwinkeln veranschaulicht werden.[232] *Kaplan/Norton* selbst verwenden hierfür die Metapher eines Flugsimulators.[233]

Um den sich verselbständigenden Bereich der CG abzudecken, kann man auf ein Instrument wie die SC-GCG[234] zurückgreifen respektive Vergleichbares für den ÖCGK entwickeln, um es in das Berichtswesen einzuarbeiten. Dies kann durch die Integration des Gesamtscores in eine BSC erfolgen. Es lässt sich dabei die Aufnahme dieser Größe in alle vier Perspektiven argumentieren. Den Zusammenhang mit der Finanzperspektive stellt die Bedeutung der CG für den Zugang zum Kapitalmarkt her. Die herkömmliche externe Rechnungslegung reicht nicht mehr aus. Die Kundenperspektive kann allgemeiner als Stakeholder-Perspektive[235] verstanden werden. Damit werden ebenso die (potentiellen) Kapitalgeber als Adressaten der CG-Scorecard in den Mittelpunkt gerückt. Der Bezug zu den internen Prozessen besteht in der Zusammenarbeit der Organe Vorstand und Aufsichtsrat. Auch wenn diese Prozesse nicht direkt der Leistungserstellung dienen, haben sie doch Einfluss auf die Konditionen am Kapitalmarkt. Schließlich ließe sich noch die Zugehörigkeit zur Innovationsperspektive argumentieren, weil die CG in diesem Sinne zukunftgerichtet ist, und ein ständiges Lernen und Anpassen erfordert.

Für die weitere Darstellung wird von einer Einbindung in die Stakeholder-Perspektive ausgegangen. Für den Bericht an den Aufsichtsrat genügt hier das Gesamtergebnis der CG-Scorecard. Allerdings unter der Bedingung, dass ein Vergleich mit der Vorjahreszahl und dem Sollwert möglich ist. Dann hat der Aufsichtsrat eine Maßgröße, bei deren signifikanten Änderung er detailliertere Berichte zur Aufklärung anfordern kann.

In der oben genannten deutschen Studie wurde nur 7 % der befragten Manager ein einziger Bericht mit verschiedenen Kennzahlen vorgelegt.[236] Die Verknüpfung und zusammenhängende Interpretation der Werte blieb den Führungskräften selbst überlassen. Da verwundert es auch nicht, dass die Zufriedenheit der Manager mit den ihnen berichteten Kennzahlen signifikant steigt, wenn Kennzahlensysteme vorhanden sind. 46 % derer mit Kennzahlensystemen sind mit den Kennzahlen sehr zufrieden. Hingegen sind es bei der komplementären Gruppe nur 28 %.[237]

Das Managementsystem der BSC zur Klärung der Vision:[238]

Der BSC-Prozess beginnt mit der Klärung der Vision des Unternehmens und den Strategien (verstanden als Hypothesen über Kausalzusammenhänge[239]) sowohl des Gesamtunternehmens, als auch der einzelnen Geschäftseinheiten (verstanden als spezifische Produkt-Markt-Kombinationen).

Die strategischen Ziele müssen in einem zweiten Prozess im gesamten Unternehmen bekannt gemacht werden, damit alle Mitarbeiter am selben Strang ziehen. Die langfristi-

---

[232] *Kaplan/Norton*, Balanced Scorecard (1997), 29 Abb 2.2; *Feldbauer-Durstmüller*, RWZ 1998, 380.
[233] *Kaplan/Norton*, Balanced Scorecard (1997), 28.
[234] Vgl S 103 – III.C Scorecard for Corporate Governance.
[235] Darunter versteht man alle unternehmensinterne und –externe Anspruchsgruppen. Die Kunden sind genauso Teil davon wie beispielsweise Mitarbeiter und Kapitalgeber; s Abb 1 auf S 111
[236] *Weber/Sandt*, Advanced Controlling Bd 21 (2001), 18.
[237] *Weber/Sandt*, Advanced Controlling Bd 21 (2001), 25 mwN.
[238] *Kaplan/Norton*, Balanced Scorecard (1997), 11 ff; 142 f; 192 f.
[239] *Kaplan/Norton*, Balanced Scorecard (1997), 143.

gen Ziele müssen verstanden und gelebt werden, um mit dem entsprechenden Commitment in kurzfristige Aktionspläne umgesetzt werden zu können.[240]

Der dritte Prozess betrifft die Formulierung von Zielvorgaben. Dabei kann Benchmarking für die Organisationsentwicklung hilfreich sein. Es müssen in Ableitung aus Vision und Strategie konkrete finanzielle Ziele, Kundenziele und Kennzahlen für die internen Geschäftsprozesse erarbeitet werden.[241] Die strategischen Maßnahmen müssen aufeinander abgestimmt, und die Ressourcen verteilt werden. Der langfristige strategische Plan muss zur Messbarmachung kurzfristiger Planfortschritte in erreichbare Meilensteine unterteilt werden.[242]

Die vier Perspektiven der BSC:

1.) Die finanzwirtschaftliche Perspektive
Dieser Aspekt der BSC ermöglicht es, herkömmliche finanzwirtschaftliche Kennzahlen als langfristige Zielvorgaben mit Ergebnisvergleich in das System mit einzubinden. Sie sollten in den anderen Perspektiven in spezifische zu erreichende Limite übersetzt werden. Das macht jedoch nur dann Sinn, wenn die betrachteten Zahlen in einer Kausalkette[243] miteinander verbunden, und auf die Strategie der jeweiligen Geschäftseinheit bezogen sind.[244] Konkret können das Umsatzzahlen, Produktivitätsmaße, eine Kapitalrendite oder der Economic Value Added (EVA) sein. Diese Perspektive liefert so genannte Spätindikatoren.[245]

2.) Die Kundeperspektive (Stakeholder-Perspektive)
Unternehmen können es unmöglich allen recht machen, weshalb sie gezwungen sind, ihre Aktivitäten auf bestimmte Kunden- und Marktsegmente auszurichten.[246] Die Strategie muss in fassbare markt- und kundenspezifische Ziele übersetzt werden. Daraus wiederum können Kennzahlen entwickelt werden.[247] Diese lassen sich als kausale Beziehung zwischen Kundenzufriedenheit, Kundentreue, Kundenakquisition, Marktanteil und Kundenrentabilität beschreiben.[248] Von Branche zu Branche sind die Wertangebote, die dem Kunden offeriert werden, unterschiedlich. Sie lassen sich jedoch zu drei Kategorien verallgemeinern: Produkt- und Serviceeigenschaften, Kundenbeziehungen sowie Image und Reputation des Produktes.[249]

3.) Die interne Prozessperspektive
Hier sollte das Management eine vollständige Wertschöpfungskette der abteilungsübergreifenden internen Prozesse definieren, damit durch die Ableitung von Zielen und Kennzahlen der Unterschied der BSC zu herkömmlichen Performance-Measurement-Systemen

---

240 *Kaplan/Norton*, Balanced Scorecard (1997), 12 f.
241 Vgl Abb 9 bei *Preißner*, BSC anwenden (2003), 59; *Kaplan/Norton*, Balanced Scorecard (1997), 11 f; 142 f; 192 f; *Feldbauer-Durstmüller*, RWZ 1998, 380.
242 *Kaplan/Norton*, Balanced Scorecard (1997), 14 f.
243 Vgl Abb 7 bei *Preißner*, BSC anwenden (2003), 47.
244 *Feldbauer-Durstmüller*, RWZ 1998, 380; *Kaplan/Norton*, Balanced Scorecard (1997), 46; 145.
245 *Kaplan/Norton*, Balanced Scorecard (1997), 144.
246 *Feldbauer-Durstmüller*, RWZ 1998, 380; Zum kundenorientierten Management Accounting *Fickert*, Die Unternehmung 3/1993, 203 (205).
247 *Kaplan/Norton*, Balanced Scorecard (1997), 62.
248 *Kaplan/Norton*, Balanced Scorecard (1997), 66, Abb 4.1.
249 *Kaplan/Norton*, Balanced Scorecard (1997), 71 - 74.

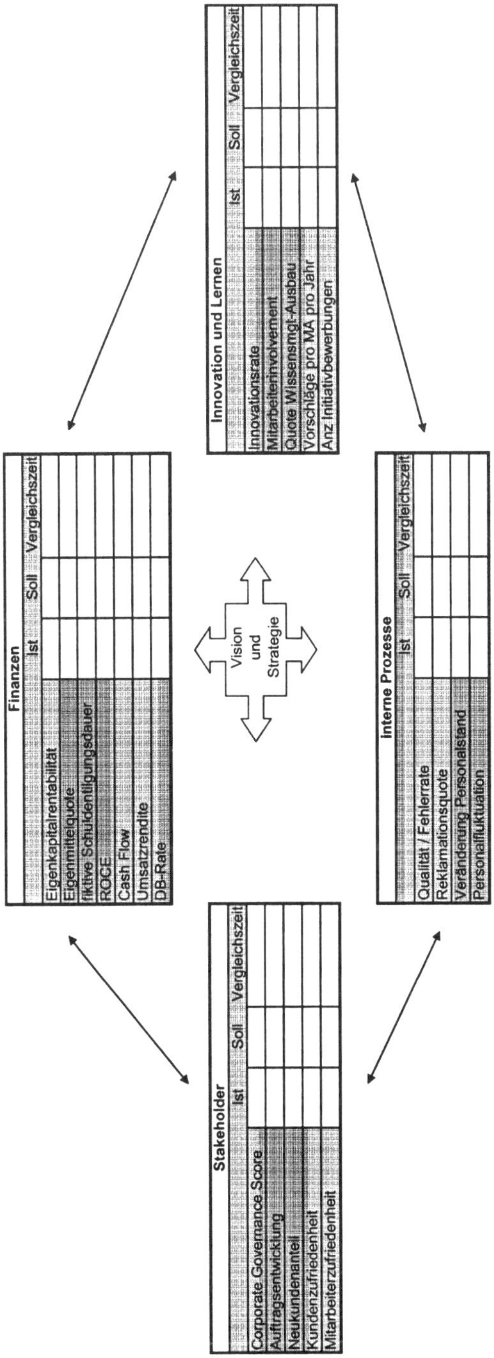

Abbildung 1: Beispiel einer BSC unter Berücksichtigung des Aktienrechts und der CG

mit rein finanziellen Ergebniskennzahlen voll zum Tragen kommen kann.[250] Als Kennzahlen für diesen Bereich fungieren beispielsweise Fehlerquoten in der Produktion, Materialabfall, Rücksendungen, oder im Dienstleistungsbereich lange Wartezeiten und falsche Informationen.[251]

4.) Die Lern- und Entwicklungsperspektive[252]
Als vierter Managementprozess werden die Aspekte Feedback und Lernen in das Scorecard-Konzept mit einbezogen. Eine Organisation sollte auch auf der Führungsebene lernen.[253] Dies geht nur dann, wenn die Rückmeldungen aus der Organisation eine Überwachung der Strategieumsetzung und eine Überprüfung der zugrunde liegenden Hypothesen ermöglichen. Aufgrund dieser Informationen können dann Feinjustierungen oder sogar grundlegende Änderungen am Konzept vorgenommen werden.[254] Diese Perspektive schafft die unerlässliche Infrastruktur einer lernenden und wachsenden Organisation, die es ermöglicht, die hoch gesteckten Ziele der anderen drei Perspektiven zu erreichen. Auch hier spielen wiederum eine Vielzahl von Faktoren eine Rolle, die sich im Wesentlichen auf drei Kategorien reduzieren lassen: Die Mitarbeiterpotenziale, die der Informationssysteme und schließlich Motivation, Empowerment und Zielausrichtung.[255] Hier können Größen wie der Anteil der neuen Produkte am Sortiment, der Stand des Fachwissens im Verhältnis zum angestrebten Niveau, der Status des Wissensmanagements, die Anzahl der Verbesserungsvorschläge von Mitarbeitern pro Jahr und die Quote der Initiativbewerbungen an der Gesamtsumme als Parameter verwendet werden.[256]

V Informationsordnung für den Vorstand

A Gründe und Vorgehensweise

Der Aufsichtsrat kann seine Überwachungsaufgabe nur erfüllen, wenn er die notwendigen Informationen über die Geschäftstätigkeit des Unternehmens hat. Die Informationsversorgung stellt für ihn, obwohl von Seiten des Vorstandes eine Bringschuld besteht, auch eine Holschuld dar.[257] Daraus folgt, dass er von allen ihm zustehenden Möglichkeiten aktiv Gebrauch machen muss, um seiner Pflicht zu genügen. Die Berichtsordnung des Vorstandes kann Teil seiner Geschäftsordnung sein. Wenn sich der Vorstand keine oder eine in diesem Punkt nur ungenügende Geschäftsordnung gibt, dann hat der Aufsichtsrat eine solche zu erlassen, die insbesondere seiner Überwachungsaufgabe gerecht wird.[258] Damit

250 *Kaplan/Norton*, Balanced Scorecard (1997), 89.
251 *Kaplan/Norton*, Balanced Scorecard (1997), 115.
252 *Kaplan/Norton*, Balanced Scorecard (1997), 121.
253 „Double loop learning" als Feedback zum Umsetzungserfolg und Revision der Grundannahmen wenn das Feedback diese in Frage stellt, *Feldbauer-Durstmüller*, RWZ 1998, 380.
254 *Kaplan/Norton*, Balanced Scorecard (1997), 15 f.
255 Vgl *Feldbauer-Durstmüller*, RWZ 1998, 380.
256 Vgl Tab 8 bei *Preißner*, BSC anwenden (2003), 80 f.
257 *Lutter/Krieger*, Aufsichtsrat[4] (2002), Rn 311; Die Kodizes sprechen von einer gemeinsamen Aufgabe von Vorstand und Aufsichtsrat, ÖCGK 9 (L), DCGK 3.4.
258 *Semler* in *Semler/v. Schenck*, AR HdB[2] (2004), § 1 Rn 100; *Hoffmann/Preu*, Aufsichtsrat[5] (2003), Rn 235; *Lutter/Krieger*, Aufsichtsrat[4] (2002), Rn 313.

steht dem Aufsichtsrat ein Instrument zur Verfügung, das bei entsprechender Ausformulierung über weite Bereiche sicherstellt, dass der Aufsichtsrat automatisch das erhält, was er (zusätzlich) zu benötigen vermeint, ohne dass er – von situationsbedingten Einzelfällen abgesehen – laufend Berichte nachfordern müsste. Die Berichtspflichten des Vorstandes können und sollen gerade bei großen börsennotierten Aktiengesellschaften auf diese Weise auf die einzelne Gesellschaft zugeschnitten werden.

Die Geschäftsordnung des Vorstandes ist von ihrer Rechtsnatur her prinzipiell der Beschluss eines Organes der Gesellschaft, der nach dem Grundsatz falsa demonstratio non nocet unter dieser oder einen anderen Überschrift stehen kann, ohne dass sich die Wirkung eines Beschlusses, die sich aus dem Aktiengesetz ergibt, dadurch zu ändern vermag.[259] Der Prägnanz wegen kann ein derartiger Beschluss – beispielsweise in Abgrenzung vom Geschäftsverteilungsbeschluss – mit Informations- oder Berichtsordnung überschrieben werden.

Die Satzung kann jedenfalls die Kompetenz zum Erlass einer solchen Berichtsordnung dem Aufsichtsrat alleine vorbehalten, oder lediglich eine Zustimmungspflicht zu der vom Vorstand selbst erlassenen Geschäftsordnung vorsehen. Es kann jedoch nicht die Zuständigkeit des Vorstandes an der Stelle des Aufsichtrates in der Satzung statuiert werden. Wird von keiner der Möglichkeiten Gebrauch gemacht, steht dem Aufsichtsrat die Befugnis zum Erlass einer Berichtsordnung (als Konkretisierung fakultativ von der Satzung aufgestellter Grundsätze)[260] für den Vorstand zu. Dies im Sinne eines Ersatzes auch dann, wenn sich der Vorstand schon eine Geschäftsordnung gegeben hat. Die Streitfrage, ob eine bloße Abänderung möglich ist, wird nicht schlagend, weil eine „Wiederverlautbarung“ der nicht geänderten Teile zusammen mit den Neuregelungen jederzeit möglich ist.[261] Der Vorstand selbst ist zur Beschlussfassung nur befugt, solange nicht der Aufsichtsrat von seinem Recht Gebrauch gemacht hat.[262]

B Inhalt einer Informationsordnung

Gegenstand[263] einer solchen Berichtsordnung sollte die Festlegung im konkreten Unternehmenskontext signifikanter und damit zu berichtender Kennzahlen sowie Kennzahlensysteme sein. Als solche bietet sich insbesondere die Rentabilität der Gesellschaft im weitesten Sinne an. Der Aufsichtsrat einer börsennotierten Aktiengesellschaft sollte in Ausübung einer pflichtgemäßen Kontrolle, und den Ansatz des deutschen Aktiengesetzes bei der Berichterstattung über den Jahresabschluss[264] verfolgend, über die jährliche Pflicht hinausgehend periodisch einen Rentabilitätsbericht anfordern. Dies sollte der Aufsichtsrat zur Institutionalisierung bereits in der Berichtsordnung des Vorstandes festlegen. In Österreich kann diese Verankerung der Rentabilitätsberichterstattung als Ergänzung der Re-

---

259 Vgl nur *Strasser* in *Jabornegg/Strasser*, AktG^4 (2001), § 70 Rn 38.

260 Damit im Ergebnis wie nach § 77 (2) dAktG; vgl *Strasser* in *Jabornegg/Strasser*, AktG^4 (2001), § 70 Rn 35.

261 *Geppert/Moritz*, Gesellschaftsrecht für Aufsichtsräte (1979), 251 f; *Strasser* in *Jabornegg/Strasser*, AktG^4 (2001), § 70 Rn 35; *Hüffer*, AktG^6 (2004), § 77 Rn 19; *Lutter/Krieger*, Aufsichtsrat^4 (2002), Rn 428.

262 *Kalss* in MünchKommAktG^2 (2004), § 77 Rn 62; *Strasser* in *Jabornegg/Strasser*, AktG^4 (2001), § 70 Rn 35; *Kastner/Doralt/Nowotny*, Gesellschaftsrecht^5 (1990), 230.

263 Vgl auch die Emittenten-Compliance-Verordnung der FMA (ECV 2001), online unter http://www.fma.co.at/de/pdf/ecv-BGBL.pdf (30.12.2005); zu ihrer Anwendbarkeit auf den Aufsichtsrat s *Kalss*, NZG 8/2003, 374 (377 ff).

264 § 90 (1) Z 2 iVm § 90 (2) Z 2 dAktG.

gelung der Sonderberichterstattung[265] gesehen werden. Als Gegenstand der gesetzlichen Berichtspflicht ist dies auch in den CG-Kodizes[266] gefordert. Der adäquate Berichtsturnus kann bezüglich der Rentabilität abhängig vom Unternehmen ein quartalsweiser oder sogar ein monatlicher sein. Damit ist es möglich, auch in diesem Bereich eine Berichterstattung mit Abweichungsanalyse aufzubauen. Der Aufsichtsrat muss sich ganz grundsätzlich überlegen, ob eine Verschärfung der gesetzlichen Mindestfrequenz der Berichte für das individuelle Unternehmen geboten scheint. Ein besonders kurzlebiger Markt mit vielen Wettbewerbern – man denke an das weite Feld der Informationstechnologien im Hardware- wie im Softwarebereich – kann eine monatliche Berichterstattung unerlässlich machen.

Anknüpfend an die gesetzlich vorgesehenen Sonderberichte des Vorstandes über Geschäfte von erheblicher Bedeutung für die Rentabilität und Liquidität der Gesellschaft als konkretem Beispieltatbestand eines wichtigen Anlasses,[267] sollte eine Konkretisierung in der unternehmensbezogenen Berichtsordnung des Vorstandes erfolgen.[268] Die auslösenden Momente für die Erstattung von Sonderberichten können Kennzahlenwerte oder andere Umstände sein. Die Natur des jeweiligen Unternehmens bestimmt, wann beim Überschreiten welcher Schwellenwerte der verwendeten Kennzahlen von einer *erheblichen Bedeutung* für die Rentabilität oder Liquidität gesprochen werden kann.

Von erheblicher Bedeutung für die Liquidität der Gesellschaft sind jedenfalls Umstände, aus denen eine sofortige Handlungspflicht resultiert.[269] Dies kann ein – nicht notwendigerweise negativer – betriebswirtschaftlicher oder ein rechtlicher Aspekt sein. Ausdrücklich im Aktiengesetz geregelt ist beispielsweise der (drohende) Verlust des halben Stammkapitals.[270] Rechtlicher Handlungsbedarf außerhalb des Aktiengesetzes besteht speziell bei Konkursantragspflicht[271] und dann, wenn die Beantragung eines Reorganisationsverfahrens nach dem URG[272] geboten ist. Reorganisationsbedarf[273] wird insbesondere bei einer Eigenmittelquote[274] von weniger als 8 %[275] *und* einer fiktiven Schuldentilgungsdauer von mehr als 15 Jahren[276] vermutet.[277] Im Falle der tatsächlichen Insolvenz stellt sich für den Vorstand[278] (und unter Umständen in weiterer Folge für den Aufsichtsrat[279]) die haftungsrechtliche Frage, ob diese Kennzahlen des Reorganisationsbedarfes in den letzten beiden Jahren vor der Eröffnung des (Anschluss-) Konkurses unterschritten, respektive überschritten wurden. Das EKEG spricht – freilich vor einem anderen Hinter-

265 § 81 (1) 1S öAktG.
266 ÖCGK 9 (L); vgl auch DCGK 5.2. „wichtige Ereignisse" und DCGK 3.4.
267 *Strasser* in *Jabornegg/Strasser*, AktG^4 (2001), §§ 77 – 84 Rn 7.
268 Vgl S 112 – V Informationsordnung für den Vorstand und Abb 2 auf S 115.
269 *Strasser* in *Jabornegg/Strasser*, AktG^4 (2001), §§ 77 – 84 Rn 7.
270 Bericht an die Hauptversammlung, § 83 öAktG, § 92 (1) dAktG.
271 Vgl § 67 KO und § 92 (2) dAktG.
272 Unternehmensreorganisationsgesetz, BGBl I 1997/114 (IRÄG 1997) idF BGBl I 2003/92.
273 *Zehetner/Bauer*, Eigenkapitalersatzrecht (2004), 49; *Jenatschek*, URG (2000), 33 f.
274 *Zehetner/Bauer*, Eigenkapitalersatzrecht (2004), 44; *Egger/Samer/Bertl*, JA nach dem HGB I^8 (2002), 536.
275 § 23 URG.
276 § 24 URG, vgl *Zehetner/Bauer*, Eigenkapitalersatzrecht (2004), 44.
277 § 22 (1) Z 1 URG.
278 § 22 URG, vgl *Jenatschek*, URG (2000), 69 ff.
279 § 25 URG, vgl *Jenatschek*, URG (2000), 74 ff; krit *Nowotny*, RdW 1997, 577 (578).

grund – in diesen Fällen von einer Krise,[280] wobei es zu Abgrenzungsproblemen zwischen den beiden Verfahren[281] kommen kann.

Der satzungsmäßige Zustimmungsvorbehalt zu bestimmten Arten von Geschäften[282] kann nur bedingt eine Richtschnur sein, da die Kriterien, die für einen Zustimmungsvorbehalt bzw die Zustimmung selbst ausschlaggebend sind, oft andere sind als jene, die die „erhebliche Bedeutung" für die Gesellschaft konstituieren.[283]

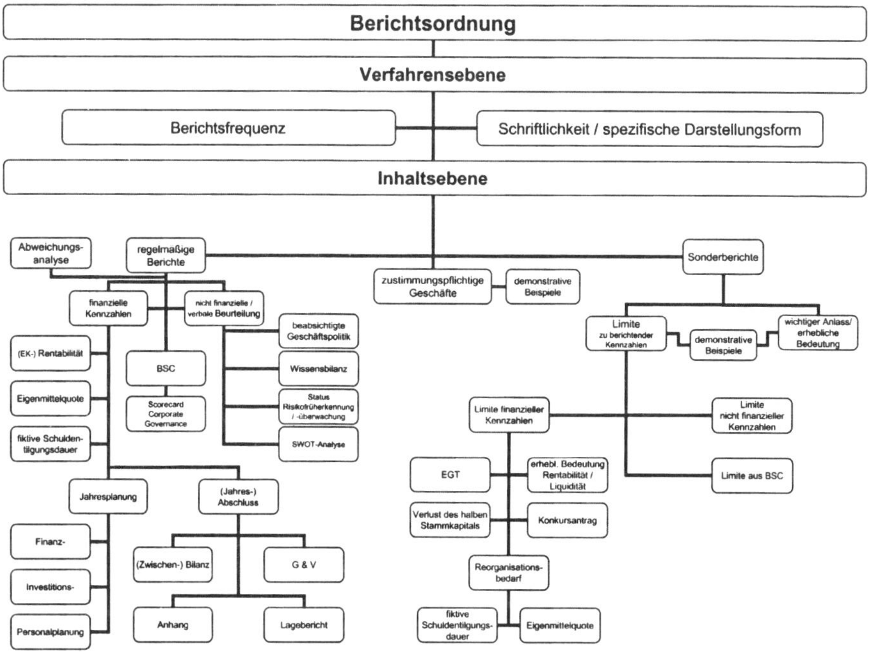

Auch die zustimmungspflichtigen Geschäfte[284] können, so sie nicht gesondert geregelt werden, Teil der Informationsordnung sein. Zustimmungspflichtig sollten in Hinblick auf ÖCGK 75 (L) bzw DCGK 7.2.1. insbesondere Verträge mit externen Beratern über einer gewissen Gesamtsumme sein.[285] Die Informationsordnung soll der Rahmen sein, in dem die verschiedenen Berichte zur gemeinsamen periodischen Berichterstattung durch den Vorstand zusammengefasst werden. Es geht um die Veranschaulichung des Ganges der Geschäfte und der Lage des Unternehmens aus verschiedenen Blickwinkeln. Immer jedoch mit dem Ziel der Identifikation von Stärken und Schwächen des Unternehmens als

[280] § 2 (1) Z 1 bis 3 EKEG (Bundesgesetz über Eigenkapital ersetzende Gesellschafterleistungen, BGBl I 2003/92 – GIRÄG 2003); vgl *Zehetner/Bauer*, Eigenkapitalersatzrecht (2004), 44.

[281] *Reich-Rohrwig/Zehetner*, Das neue Insolvenzrecht (1997), 45.

[282] § 95 (5) l S öAktG; § 111 (4) S 2 dAktG.

[283] *Hefermehl/Spindler* in MünchKommAktG[2] (2004), § 90 Rn 26.

[284] *Dass* eine Regelung verpflichtend ist ergibt sich in Deutschland aus § 111 (4) dAktG.

[285] Vgl *Theisen*, GoI[3] (2002), 171.

wettbewerbsrelevante interne Faktoren, so wie von Chancen und Risiken als externe Einflussgrößen (SWOT-Analyse [286]). Der Bogen der integrierten Berichte kann sich von der SWOT-Analyse, über ein darauf aufbauendes Risikomanagementsystem, zu einer gleitenden Fortschreibung des Businessplanes, und bis hin zur Einbindung der Wissensbilanz und der BSC erstrecken. [287]

Die Informationsordnung stellt das Regelwerk zur Beantwortung der Fragen dar, was, wann, in welcher Form berichtet werden muss. Im Folgenden soll ein Entscheidungsbaum für die Feststellung der relevanten Parameter dargestellt werden. Dabei kann die Berichtsordnung in eine Verfahrensebene und eine inhaltliche Ebene aufgesplittet werden.

Auf der Stufe des Verfahrens geht es einerseits um die Frequenz der Berichterstattung und andererseits um die dabei einzuhaltende Form. Hier sind Präzisierungen der Legalanordnungen angesprochen. Die Schriftlichkeit an sich gibt schon das Gesetz vor.

Für Instrumente wie die Bilanz oder die BSC ergibt sich deren Strukturierung aus dem Gesetz bzw der einschlägigen Literatur. Für nichtfinanzielle Größen sowie Verbalbeschreibungen und Beurteilungen empfiehlt es sich eine entsprechende Vorgabe zu machen. Beispielsweise eine tabellarische Form.

Damit ist schon ein Teil des Kennzahlensystems vorweggenommen. Die inhaltliche Ebene kann unter der Prämisse einer Abweichungsanalyse in regelmäßige und Sonderberichte unterteilt werden. Die Seite der laufenden Benachrichtigungen wurde schon oben mit den Schlagworten Bilanz, BSC, sowie nichtfinanzielle Kennzahlen und Verbalbeurteilungen umrissen. Bei den Sonderberichten geht es um die Spezifizierung des wichtigen Anlasses. Das kann eine börsenrechtliche ad-hoc-Meldung genauso sein wie Limits schon regelmäßig zu berichtender Kennzahlen. Wobei die eben bei den laufenden Berichten getroffene Dreiteilung in Bilanz, BSC sowie nichtfinanzielle Kennzahlen auch hier gilt. Dies kann einen Raster bieten, um die Berichterstattung auf das jeweilige Unternehmen auszurichten. Patentlösungen gibt es keine.

VI Zusammenfassung

Ausgeklügelte Strukturen von checks and balances sind immer nur so gut, wie die Menschen, die diese Funktionen im System bekleiden. Die formale Ausgereiftheit des Berichtswesens ist nicht gleichbedeutend mit seiner Funktionstüchtigkeit in der Realität, in der informelle Beziehungen und Antipathien eine bedeutende Rolle spielen.

Eine gute Zusammenarbeit zwischen den Gesellschaftsorganen ist zwar nicht einklagbar, [288] sie kann jedoch auf den Ebenen des Verfahrens und der inhaltlichen Ausgestaltung der an den Aufsichtsrat zu erstattenden Berichte verbindlich präzisiert werden. Die Kooperation ist zumindest steuerbar. Der Aufsichtsrat kann eine bestimmte Form, ein Schema der Berichte festlegen. [289] Macht er davon nicht Gebrauch, hat sich die subsidiär vom

---

286 Als Abkürzung der korrespondierenden englischen Ausdrücke strength, weakness, opportunities and threats.

287 *Schmidl* in FS Wundsam (2003), Quartalsberichterstattung, 597 (604 f).

288 *Kastner* in FS Strasser (1983), Aufsichtsrat und Realität, 843 (846).

289 *Strasser* in *Jabornegg/Strasser*, AktG^4 (2001), §§ 77 – 84 Rn 9; aA *Frotz/Dellinger/Stockenhuber*, GesRZ 1993, 184.

Vorstand vorzunehmende Ausgestaltung der Berichte an der Überwachungsaufgabe des Aufsichtsrates zu orientieren.[290]

Grundlage für adäquate Entscheidungen und deren Kontrolle sind entsprechende Daten und deren Zusammenhänge. Der österreichische Gesetzgeber rekurriert bei der Gestaltung der Vorschaurechnung auf den jeweiligen – schwer zu fassenden – Stand der Betriebswirtschaftslehre.[291] Er überlässt es abgesehen vom Erfordernis der Schriftlichkeit[292] jedoch dem Aufsichtsrat, eine bestimmte Form, ein Schema der Berichte festzulegen.[293] Selbst unter Einhaltung der jeweiligen Corporate Governance Kodizes bleibt dem Aufsichtsrat noch ein weiter Spielraum zur Individualisierung und Spezifizierung der Berichtspflichten in Form, Umfang und Inhalt.

Im Zusammenhang mit der Einrichtung spezialisierter Ausschüsse ist in Österreich die Verpflichtung zur Bildung eines Prüfungsausschusses nach § 92 öAktG hervorzuheben, die dem ÖCGK von vornherein wenig Freiraum lässt. Auf Ebene der Kodizes ist das Ergebnis bezüglich der Errichtung von Ausschüssen im Ländervergleich praktisch ident. Im Sinne einer spezialisierten Arbeitsteilung sollten – einerlei ob schon in der Geschäftsordnung des Aufsichtsrates oder durch gesonderten Beschluss – Ausschüsse eingerichtet werden. Zumindest ein Prüfungsausschuss, der als Schnittstelle der Informationsversorgung zwischen Vorstand und Aufsichtsrat und Ort der Informationsverarbeitung im Aufsichtsrat dient. Auch wenn (nach dem öAktG aufgrund der Aufsichtsratsgröße noch) keine aktiengesetzliche Verpflichtung dazu besteht.

Wesentliche entscheidungsrelevante und damit zu berichtende Kennzahlen – deskriptive wie finanzwirtschaftliche – sind jedenfalls die in diverse Tatbestände aufgenommenen. Diese rechtlich bedeutsamen Schwellenwerte erfordern jedenfalls ein laufendes unterjähriges Monitoring. Das sind nicht nur solche Kennzahlen, die in das Aktiengesetz integriert wurden, wie beispielsweise der (drohende) Verlust des halben Stammkapitals,[294] sondern auch vom Vorstand zu beachtende betriebswirtschaftliche Maßgrößen außerhalb des Gesellschaftsrechts. Wie schon bei den Geschäften von erheblicher Bedeutung für die Rentabilität und Liquidität der Gesellschaft gezeigt sind das jedenfalls alle Sachverhalte, aus denen eine (sofortige) Handlungspflicht resultiert.

Für viele Entscheidungen sind Marktdaten als Momentaufnahmen oder Trendindikatoren eine wichtige Entscheidungshilfe, sodass sich der Aufsichtsrat auch diese verschaffen muss, um die Geschäftsführungsmaßnahmen des Vorstandes nachvollziehen und beurteilen zu können. Zu diesem Bereich der die Unternehmensumwelt beschreibenden Daten gehören auch jene über die direkten Konkurrenten im jeweiligen Marktsegment.

Die Kodizes divergieren schon bei der für die Informationsverarbeitung im Aufsichtsrat wichtigen Frage der Anzahl der Sitzungen. Das adäquate Instrument der inneren Ordnung der Gesellschaft zwischen den Organen und innerhalb der Organe ist aber aus der Sicht der Kodizes dasselbe: Der Beschluss einer Informationsordnung für den Vorstand ist das Mittel der unternehmensindividuellen Konkretisierung und Institutionalisierung

---

290 *Strasser* in *Jabornegg/Strasser*, AktG^4 (2001), §§ 77 – 84 Rn 10a; *Kalss* in MünchKommAktG^2 (2004), § 90 Rn 70; *Hüffer*, AktG^6 (2004), § 90 Rn 13 - 13b spricht von Grundsätzen ordnungsmäßiger Berichterstattung.

291 ErlRV IRÄG 1997, 734 BlgNR XX. GP 62.

292 § 81 (2) öAktG; vgl § 90 (4) dAktG: „Textform".

293 *Strasser* in *Jabornegg/Strasser*, AktG^4 (2001), §§ 77 – 84 Rn 9; aA *Frotz/Dellinger/Stockenhuber*, GesRZ 1993, 184.

294 Bericht an die Hauptversammlung, § 83 öAktG, § 92 (1) dAktG.

der Berichtspflichten und Auskunftsrechte. Diese Individualisierung des Informationswesens beginnt schon mit der Festlegung der Anzahl der im Einzelfall notwendigen Sitzungen und der Ausrichtung der Berichtszeitpunkte des Vorstandes an diesen Terminen. Weiterer Inhalt einer Informationsordnung sollte die unternehmensspezifische Definition bestimmter regelmäßiger „Sonderberichte“ und die demonstrative Aufzählung einen wichtigen Anlass für die Berichterstattung bildender Umstände sein, um eine adäquate Informationsversorgung des Aufsichtsrates zu gewährleisten.

Eine geeignete Geschäftsordnung für den Vorstand neu zu erstellen erfordert eine tiefe Kenntnis des Unternehmens und seiner Umwelt. Ein Wissen, das jedoch in jedem Aufsichtsrat vorhanden sein muss, um den gesetzlichen Anforderungen an die Expertise des Aufsichtsrates [295] entsprechen und einer Haftung [296] entgehen zu können. Ohne dieses Fachwissen ist es nicht möglich die Berichte, insbesondere jenen über die grundsätzliche Fragen der künftigen Geschäftspolitik, angemessen verarbeiten zu können.

Der Aufsichtsrat hat mit der Informationsordnung aber die Chance, und unter Umständen auch die Verpflichtung, Sonderberichte zur langfristigen Unternehmensplanung mit entsprechender Abweichungsanalyse durch den Vorstand periodisch vorzuschreiben, und dadurch nicht nur das eigene Informationsniveau deutlich zu heben, [297] sondern auch durch die institutionelle Verzahnung der Kontrolle mit der zu prüfenden Tätigkeit ineffiziente Doppelgleisigkeiten zu vermeiden. [298] Derselbe Vorgang muss nicht unbedingt zu dessen Begutachtung wiederholt werden.

Es ist ein weiter Bogen zu spannen vom Aktienrecht in die Betriebswirtschaft, aber vielleicht sind die CG-Kodizes das geeignete Instrument, diesen Kreis zu schließen. Zu diesem Zweck müssten sie die Anforderungen an die Berichterstattung aber auf einer höheren Konkretisierungsstufe präzisieren.

---

[295] Vgl §§ 99 iVm 84 öAktG; §§ 116 iVm 93 dAktG.

[296] Vgl S 90 – II.A.1 Die Verantwortlichkeit.

[297] Vgl *Theisen*, GoI³ (2002), 169.

[298] *Manfreda*, RWZ 1999, 271.

Das Eingehen von Risiken in Zeiten der Corporate Governance: Wie gehen Führungsgremien mit Wagnissen um? [1]

Dr. Manfred Büchele

Das gehäufte Auftreten von Unternehmensschieflagen und -debakeln in den letzten Jahren diesseits und jenseits des Atlantiks – nicht nur, aber auch infolge des Platzens der „New-Economy-Blase“ – forciert die Auseinandersetzung mit den Überwachungspflichten des Leitungsorgans einer Aktiengesellschaft. Im Kern ist damit das Risikomanagement einer AG adressiert, das es aus einer konnektivierten rechtlich-betriebswirtschaftlichen Perspektive zu betrachten gilt; hauptsächlich im Hinblick auf eine optimierte (Unternehmens-)Philosophie in Bezug auf das früh- bzw rechtzeitige Erkennen und die erst dadurch ermöglichte Handhabung von Risiken. Besonders aktuell erscheint der Themenkomplex „Risikomanagement“ aber auch wegen seiner soliden Verankerung im Deutschen Corporate-Governance-Kodex (DCGK) sowie im Österreichischen Corporate-Governance-Kodex (ÖCGK).

I Einleitung

Das Umfeld zeitgenössischer Unternehmenstätigkeit ist charakterisiert durch Entwicklungen wie

- die zunehmende Internationalisierung bzw Globalisierung des Wettbewerbs und der Unternehmenstätigkeit, [2]
- die hervorgehobene Bedeutung der Kapitalmärkte für die Unternehmensfinanzierung einschließlich der erhöhten Erwartungen und Informationsbedürfnisse Institutioneller Investoren – Stichwort: Schließung der Erwartungslücke („expectation gap“), [3]

---

1 Die Abhandlung basiert auf einer Publikation in GesRZ 2003, 221.

2 Vgl *Seibert*, AG 2002, 417 (418); zur Globalisierung vgl *Berger/Mahyera* in *Siegwart/Mahari/Hill* (Hrsg), Corporate Development, 3.

3 Vgl *Hasenburg/Büchin*, KPMG – Reformen im Zeichen von Internationalität, Transparenz und Kontrolle, 5 und 7.

- das Spannungsverhältnis[4] zwischen der dem Nutzen der Anleger dienenden Zielvorstellung einer Maximierung des Marktwerts einer AG (Shareholder-Value-Orientierung)[5] und der Berücksichtigung anderer „interessierter Adressen" (Stakeholder-Value-Orientierung)[6],
- den Eintritt in das Informationszeitalter und den sich damit erhöhenden Zeitdruck sowie
- die steigende Gefahr von (öffentlichkeitswirksamen) Reputationseinbußen im Falle von Fehlentwicklungen und damit einhergehende Personalbeschaffungsprobleme bei Leistungsträgern.[7]

Diese Rahmenbedingungen, zusammen mit der Tendenz zu schlanken, dezentralen Unternehmensstrukturen, das wachsende Missverhältnis zwischen der Reaktionszeit, die aufgrund der gestiegenen Komplexität der Unternehmen und ihrer Entscheidungsprozesse benötigt wird, und der abnehmenden Reaktionszeit, die tatsächlich zur Verfügung steht, erschweren die Unternehmensführung und -überwachung zusehends. Gerade an letzterem neuralgischen Punkt möchte die breit geführte Corporate-Governance-Diskussion gleichfalls unter Berücksichtigung der Interessen der Kapitalgeber ansetzen[8] und insgesamt mehr als ein Modethema abhandeln.[9] Bereits seit Anfang der neunziger Jahre wurden in den angloamerikanischen Ländern – ausgelöst durch die mangelnde (Einsichts-)Fähigkeit des Managements zur richtigen Einschätzung der Risikolage der Unternehmen einschließlich damit einhergehender Unternehmensschieflagen (respektive -krisen) – Aspekte der Unternehmensüberwachung („Internal Control"), insbesondere interner Überwachungssysteme, in den Pflichtenrahmen für die Unternehmensüberwachung aufgenommen.[10] Der österreichische Gesetzgeber stellte das „InsolvenzrechtsänderungsG 1997" (IRÄG 1997) ua in den Dienst der guten (Kontroll- und Überwachungs-) Sache; von Seiten des deutschen Gesetzgebers mündete der Diskurs um diesen Aspekt der Corporate Governance in das „Gesetz zur Kontrolle und Transparenz im Unternehmensbereich" (KonTraG), das auch die Verpflichtung der Geschäftsführung zur Installation eines Risikofrüherkennungs- und Überwachungssystems konkretisiert.

Bedauerlicherweise fehlt gerade im Österreichischen Corporate-Governance-Kodex (ÖCGK)[11] eine detaillierte Definition, was denn unter Corporate Governance (CG) zu ver-

---

4 Es steht wohl außer Streit, dass die Unternehmensführung bestimmten ethisch-moralischen Grundsätzen zu genügen hat; zB bestimmen auch (volkswirtschaftliche) Allgemeininteressen – wie gleichfalls die Interessen anderer Stakeholder – das unternehmerische Handeln; so auch Regel 13 ÖCGK (L), siehe Fn 11; *Strasser* in AktG^4, Rn 19 ff zu § 70 öAktG; *Mertens* in Kölner Komm^2, Rn 6 und 16 ff zu § 76 dAktG; *Hüffer*, AktG^6, Rn 12 ff zu § 76 dAktG; *Seibert*, AG 2002, 417 (419). Allg dazu *Kuhner*, ZGR 2004, 244.

5 Vgl *Schilling*, BB 1997, 373; *Semler* in *Lutter/Scholz/Sigle* (Hrsg), FS Peltzer 489 (492); *Burkhalter*, Einheitsaktien, 190 f und 246 ff; *Mülbert*, ZGR 1997, 159 ff; *Busse von Colbe*, ZGR 1997, 271 ff; *von Werder*, ZGR 1998, 69 ff; *Lorson*, DB 1999, 1329 und krit nunmehr *Malik*, Perpetuierung falscher Corporate Governance, online abrufbar unter http://www.managermagazin.de/koepfe/mzsg/0,2828,217433,00.html; *ders*, Die Neue Corporate Governance, 30.

6 Vgl *Teichmann*, ZGR 2001, 645 (648 ff) und *Der Standard*, 12./13. Juli 2003.

7 Zur Bedeutung eines positiven Unternehmensleitbildes für institutionelle Investoren siehe *Bassen*, ZBB 2002, 430 (434).

8 Zur internationalen Entwicklung der CG siehe *Burkhalter*, Einheitsaktien, 210 ff und 383 ff.

9 *Peltzer*, DB 2002, 2580 (2580 f) empfiehlt die Einsetzung eines Corporate-Governance-Beauftragten als zentrale (Stabs-)Stelle im Unternehmen.

10 *Nücke/Feinendegen*, KPMG – Integriertes Risikomanagement, 4.

11 Der Österreichischen Corporate-Governance-Kodex (ÖCGK) ist online abrufbar unter http://www.corporate-governance.at/.

stehen ist.[12] Zumindest soll aber ein Ordnungsrahmen für die Leitung und Überwachung eines Unternehmens zur Verfügung gestellt werden, der die international üblichen Standards für gute Unternehmensführung enthält, wobei das Ziel einer verantwortlichen, auf nachhaltige und langfristige Wertschaffung ausgerichteten Leitung und Kontrolle von Gesellschaften und Konzernen verfolgt wird.[13] Der Deutsche Corporate-Governance-Kodex (DCGK)[14] lässt gleichfalls eine Definition der CG vermissen; die Intention des DCGK liegt aber zweifellos darin, das deutsche CG-System transparent und nachvollziehbar zu machen.[15]

Anders ausgedrückt betrifft „gute" Corporate Governance (CG) nicht nur die Leitung (Führung), sondern auch das gesamte System der Überwachung einschließlich der Organisation eines Unternehmens, seiner geschäftspolitischen Grundsätze und Leitlinien sowie des Systems der internen und externen Kontroll- und Überwachungsmechanismen unter Einbeziehung betriebswirtschaftlicher Erkenntnisse (Kosten-Nutzen-Relation). Im Mittelpunkt der vorliegenden Untersuchung stehen die Überwachungs- und Kontrollstrukturen (indirekt auch die Leitungs- bzw Führungsprozesse) innerhalb[16] einer Gesellschaft; als Kernpunkt namentlich das Risikomanagement, das bereits auf Vorstandsebene – zusätzlich zum Überwachungsorgan im dualen System schlechthin, dem Aufsichtsrat – eine Sicherungs- und Stabilisierungsfunktion erfüllen soll.

Wenngleich ein effektives Risikomanagement nicht als Allheilmittel gegen Unternehmenskrisen bzw Unternehmensschieflagen angesehen werden kann,[17] verspricht man sich aufgrund eines gewandten Risikomanagements positive Auswirkungen in den folgenden Bereichen:[18]

- Angleichung der Risikopräferenzen von Prinzipal und Agent[19]
  Richtlinien des Risikomanagements gleichen die Risikopräferenzen zwischen den Anteilseignern und den „Treuhändern" (Agenten, Management) an und mindern somit

---

12 Zum Wesensinhalt der Corporate Governance bzw zur Rechtsnatur von Corporate-Governance-Kodizes vgl *Roth/Büchele*, GesRZ 2002, 63; *Claussen/Bröcker*, AG 2000, 481.

13 ÖCGK, Präambel.

14 Der Deutsche Corporate-Governance-Kodex (DCGK) ist in deutscher Sprache online abrufbar unter http://www.corporate-governance-code.de/ger/kodex/index.html.

15 DCGK, Präambel.

16 Notabene befasste sich das deutsche KonTraG von 1998 vorwiegend mit der Optimierung der *internen* Kontrollstrukturen im Unternehmen, wohingegen die Kontrollwirkungen des Kapitalmarkts eher ein Randthema blieben. Vgl zur *externen* Corporate Governance („outside control") den ersten Bericht der *Winter*-Gruppe, Report on Issues Related to Takeover Bids, online abrufbar unter http://www.mckinsey.de/_downloads/Presse/global_investor_opinion_survey_2002.pdf, während sich der Abschlussbericht der *Winter*-Gruppe, Bericht der hochrangigen Gruppe von Experten auf dem Gebiet des Gesellschaftsrechts über moderne gesellschaftsrechtliche Rahmenbedingungen in Europa, online abrufbar unter http://www.europa.eu.int/comm/internal_market/company/docs/modern/report_de.pdf, wiederum mit der *internen* Corporate Governance befasst. Vgl auch *Hopt*, ZGR 2000, 779 (783 ff); *ders*, GesRZ-Sonderheft Corporate Governance (2002), 4 (5). Ausführlich zum Abschlussbericht der *Winter*- Gruppe siehe *Maul*, DB 2003, 27.

17 Vgl dazu die Insolvenzstatistik 2002 des Kreditschutzverbands von 1870, die der österreichischen Wirtschaft ein Ansteigen der Zahl der Insolvenzen (einschließlich der mangels Masse abgewiesenen Konkursanträge) auf insgesamt 5.281 Fälle (Steigerung um 2 % gegenüber dem Jahr 2001) attestiert – dies entspricht einer Insolvenzrate von 1,73 %. Vgl auch *A. T. Kearney Österreich*, Presseinformation, online abrufbar unter http://www.atkearney.de/content/misc/wrapper.php/id/48999/area/oesterreich/name/pdf_wertvernichtung_durch_insolvenz_1074781711178e.pdf.

18 Vgl *Wolf/Runzheimer*, Risikomanagement und KonTraG, 21 und 106.

19 Allg zur *Agency-Theorie* aus der Sicht der Institutionenökonomik *Zimmermann/Wortmann*, DB 2001, 289.

einen möglichen Verlust im Unternehmenswert und unterstützt den Aufbau einer Vertrauensbrücke zum Anleger.

- Langfristiger Wettbewerbsvorteil
  Risikoadäquat geführte Unternehmen zeichnen sich ua durch lohnende Investitionen aus. Ein Risikomanagement reduziert somit die Gefahr, offensichtlich unrentable Investitionen einzugehen.
- Sicherung des Fortbestands des Unternehmens/Senkung der Insolvenzkosten
  Maßnahmen des Risikomanagements können helfen, einer Insolvenz und den damit verbundenen (volkswirtschaftlichen) Kosten sowie Reputationseinbußen vorzubeugen.

II Risiko

Vorausgeschickt sei zunächst, dass eine klare Vorstellung davon, was sich hinter dem Begriff *Risiko* verbirgt und auf welche Weise eine Berücksichtigung in der täglichen Unternehmenspraxis stattfindet, meist fehlt. Das entsprechende Adjektiv *riskant* ist uns im täglichen Sprachgebrauch geläufiger, zB, wenn von einem riskanten Überholmanöver im Straßenverkehr, von riskanten Geschäften mit Grundstücken oder Wertpapieren [20] oder allgemein von der Risikogesellschaft die Rede ist. Aus dem täglichen Sprachgebrauch – das Adjektiv *riskant* wird mehr oder weniger bewusst als synonymer Ausdruck für gefährlich verwendet – wird bereits deutlich, dass riskante Aktionen Gefahren für materielle oder immaterielle Werte, eventuell sogar Schäden für Leib und Leben hervorrufen können.

Diesen Aspekt des Ausdrucks *Risiko* zeigt auch ein Blick in das Fremdwörterlexikon auf, das uns als Erklärung die deutschen Begriffe Gefahr und Wagnis bietet und uns auf die Wurzeln dieses Fremdworts hinweist (ital *risicare:* Gefahr laufen, wagen bzw vulgärlat *risicare:* Klippen umschiffen). Doch der gedanklich unvermeidbare Gefahren- bzw Schadensaspekt stellt nur eine Seite der „Risiko-Medaille" dar. Zudem kann Risiko – sozusagen als Kehrseite derselben Medaille – die freie unternehmerische Wahlentscheidung unter Einbeziehung einer gewissen Eintrittswahrscheinlichkeit meinen, dh weniger ein schicksalhaftes [21] Negativum, [22] sondern auch das Potenzial hinsichtlich des Ziehens von Vorteilen aus Chancen (Risikobegriff iwS). [23] Eine Einschränkung dieses Postulats ist freilich dahin gehend vorzunehmen, dass die Verlustgefahr eines Geschäfts nicht dadurch

---

[20] Wirtschaftshistorisch ist es das Verdienst des späteren Nobel-Preisträgers für Wirtschaftswissenschaften, *Harry M. Markowitz*, die Bedeutung des Risikos (iSv Gewinn- und Verlustgefahr) bei Investitionsentscheidungen herausgestellt zu haben. Nach seiner Theorie besteht das Ziel von Anlegern nicht in der ausschließlichen Maximierung des erwarteten Ertrags, sondern im optimalen Abwägen zwischen erwartetem Ertrag und einzugehendem Risiko innerhalb eines Portfolios, weshalb Gewinne am ehesten durch Diversifikation erzielt werden können (Portfolio-Theorie, 1952). Allgemein zum Risikoelement unternehmerischer Entscheidungen *Schredelseker*, Grundlagen der Finanzwirtschaft (2002), 200.

[21] Laut Insolvenzstatistik 2002 des KSV von 1870 waren lediglich 5 % der Insolvenzen auf von Unternehmensseite nicht beeinflussbare Ursachen zurückzuführen.

[22] Insofern bezieht sich der Risikobegriff nicht nur auf die Gefahr, dass etwas Negatives eintritt, sondern auch darauf, dass etwas Positives nicht realisiert werden kann.

[23] *Bitz*, Risikomanagement nach KonTraG, 13 f; *Kirchner*, Risikomanagement, 13 und 16 f; *Doleczik/Drewes*, DB 2003, 1005 (1006); *Lück*, DB 1998, 1925 (1925); *Claussen/Korth* in *Schneider/Hommelhoff/Schmidt/Timm/Grunewald/Drygala* (Hrsg), FS Lutter, 327 (331 f); *Seicht*, GesRZ 2002, 114 (116); *Paefgen*, AG 2004, 245 (247).

geringer wird (oder gar verschwindet), dass es zugleich eine Chance in sich birgt; insoweit gilt ein „Saldierungsverbot“.[24] Darüber hinaus muss die Risikobereitschaft mit den persönlichen Einstellungen korrelieren, ja sogar in Einklang stehen. Denn letztlich ist der Mensch Souverän seiner *selbst gewählten* Risiken. An Risiken, die man nicht freiwillig eingeht, besteht in aller Regel wenig Interesse.[25]

Wer – wie der deutsche KonTraG-Gesetzgeber – Risiken partout iS *ungünstiger* Entwicklungen unternehmerischen Handelns (zB iSv Schadensmöglichkeit, Verlustgefahr, Mehraufwand bzw Minderertrag, Misslingensgefahr; Hindernis, das der Erreichung bzw Umsetzung der Unternehmensziele und -strategien im Wege steht)[26] verstanden wissen will, kommt nicht umhin, ein zusätzliches Element in den Risikobegriff hineinzunehmen: das *Entscheiden-Müssen* auf der Grundlage *beschränkter Informationsdaten unter Unsicherheit.*[27] Hier wird Risiko (einschränkend) auf die Möglichkeit der Gefahr von Verlusten im Rahmen der Geschäftstätigkeit, dh des negativen Abweichens der Unternehmensentwicklung von geplanten Größen, reduziert, ursachenbezogen resultierend aus der generellen Unsicherheit zukünftiger Ereignisse, verbunden mit einem unvollständigen Informationsstand.[28]

Für ein sachgerechtes Im-Zaum-Halten von Risiken ieS ist daher eine zuverlässige Informationsversorgung des Vorstands in Form einer frühzeitigen Berichterstattung wesentlicher, nicht auf der jeweiligen Unternehmensebene zu bewältigender Risiken an die nächsthöhere Ebene von zentraler Bedeutung, weshalb dem Controlling eine hervorzuhebende Bedeutung zukommt.[29] Gleichzeitig muss sichergestellt werden, dass plötzlich auftretende Risiken mit Bestandsgefährdung oder mit wesentlicher Auswirkung auf die Vermögens-, Finanz- und Ertragslage unter Umgehung der institutionalisierten Berichtswege direkt an den Vorstand weitergeleitet werden (Sofort-Berichterstattung). Eine wirksame Überwachung erfordert aber nicht nur eine zuverlässige Versorgung des Vorstands mit Informationen, sondern auch die Definition von Wesentlichkeitsgrenzen für jede Berichtsebene – maW die Festlegung von Maßstäben für die Bewertung der vermittelten Informationen – im Rahmen der (in der Praxis oftmals vernachlässigten) Festlegung einer Risikostrategie.[30]

Zumindest partiell anekdotisch mutet in diesem Zusammenhang ein Befund aus der Unternehmenspraxis an, nämlich dass „bad news“ generell die Tendenz aufweisen, reichlich langsam in der unternehmerischen Entscheidungshierarchie emporzusteigen; schließlich möchte niemand der Überbringer schlechter Nachrichten sein.[31]

---

24 *Hopp*, GmbH-Risikomanagement, 21.

25 *Schnappauf*, Gesellschaft zwischen Risiko und Sicherheit – Risikodialog, online abrufbar unter http://www.stmugv.bayern.de/de/aktuell/reden/2002/151002.htm.

26 *Wolf/Runzheimer*, Risikomanagement und KonTraG, 19.

27 *Scharpf*, DB 1997, 737 (739); *Pollanz*, DB 1999, 393 (394); *Hopt* in Großkomm[4], Rn 81 zu § 93 dAktG.

28 *Roth*, ZGR 1993, 170 (177); siehe allg zum Risikobegriff *Kromschröder/Lück*, DB 1998, 1573 (1573); *Lück*, DB 1998, 1925 (1925); *Sauerwein/Thurner* in *Hinterhuber/Sauerwein/Fohler-Norek* (Hrsg), Betriebliches Risikomanagement, 19.

29 Vgl die Ausführungen zum Controlling unter IV. C.

30 *Deutsches Aktieninstitut*, Einführung und Ausgestaltung von Risikomanagementsystemen, 14 und 27; *Hauschka*, NJW 2004, 257 (261); *Götz*, AG 1995, 337 (338 f); *Vogler/Gundert*, DB 1998, 2377 (2381). Vgl dazu auch IV. E. 3. Risikopolitische Grundsätze – Risikostrategie – Risikokommunikation.

31 Vgl *Druey*, GesRZ-Sonderheft Corporate Governance (2002), 32 (34).

III Risikomanagement und die Überwachungsfunktion des Vorstands

Gem § 70 Abs 1 öAktG und § 76 Abs 1 dAktG hat der Vorstand die Gesellschaft unter eigener Verantwortung zu leiten.[32] Dabei haben die Vorstandsmitglieder die Sorgfalt eines ordentlichen und gewissenhaften Geschäftsleiters anzuwenden (§ 84 Abs 1 Satz 1 öAktG und § 93 Abs 1 Satz 1 dAktG).[33] Ein essentieller Bestandteil der Leitungsaufgabe des Vorstands besteht von jeher in der Übernahme der Kontrollverantwortung für alle Funktionen, die im Unternehmen ausgeführt werden bzw auszuführen sind.[34] Zur Gesamtverantwortung[35] aller Vorstandsmitglieder gehört die Sicherstellung einer begleitenden, leistungsfähigen *internen Überwachung* („Monitoring") sowie die Gewährleistung der sorgfältigen Auswahl und Beaufsichtigung derjenigen Personen, die Funktionen im internen Überwachungssystem wahrzunehmen haben, wobei diese *Kernelemente* der Kontrollverantwortung des Vorstands nicht delegierbar sind.[36]

Soweit es um ein Internes Kontrollsystem (IKS) geht, hat der österreichische Gesetzgeber den Aufgabenbereich des Vorstands (und des Geschäftsführers einer GmbH) durch das IRÄG 1997 präzisiert:[37] Gem § 82 öAktG (§ 22 öGmbHG) hat dieser dafür zu sorgen, dass – anstelle der Handelsbücher – nunmehr ein Rechnungswesen[38] und ein Internes Kontrollsystem geführt werden, die den Anforderungen des jeweiligen Unternehmens entsprechen. Wenngleich hier keine neue Pflicht des Vorstands begründet wurde, stellt sich doch die Frage, ob der Gesetzgeber wirklich ein Internes Kontrollsystem einführen oder aber, inwieweit er die Verpflichtung zur Implementierung eines (weit) darüber hinausgehenden Risikomanagements – quasi durch die „Hintertür" – einschleusen wollte.[39] Die ErlRV geben zu bedenken, dass „*als internes Kontrollsystem sämtliche aufeinander abgestimmte Methoden und Maßnahmen in einem Unternehmen zu verstehen sind, die dazu dienen, das Vermögen zu sichern, die Genauigkeit und Zuverlässigkeit der Abrechnungsdaten zu gewährleisten und die Einhaltung der vorgeschriebenen Geschäftspolitik zu unterstützen*". Gestützt auf die Begründung der ErlRV ist mE das „Interne Kontrollsystem" in § 82 öAktG (§ 22 öGmbHG) einschränkend auszulegen und in einem engen Sinn

---

32 Die in der österreichischen Regelung – im Gegensatz zur deutschen – explizit vorgesehene Berücksichtigung weiterer Interessen soll hier nicht vertieft behandelt werden; vgl dazu Fn 4.

33 Zu Sorgfaltspflicht, Unternehmensleitung bzw -führung vgl *Schlosser*, Die Organhaftung der Vorstandsmitglieder der Aktiengesellschaft, 27 ff und 35 ff; *Völkl*, GesRZ 2003, 73 (73 ff), *Forstinger/Jenatschek*, GesRZ 2003, 139 (141); zum (synonymen) Gebrauch der beiden Begriffe Geschäftsleitung und -führung vgl *Mertens* in Kölner Komm^2, Rn 4 zu § 76 dAktG; *Strasser* in AktG^4, Rn 5 zu § 70 öAktG; *Schärf*, RdW 2003, 69 (69).

34 Vgl *Hommelhoff/Mattheus*, AG 1998, 249 (251).

35 Vgl VG Frankfurt/Main, 8.7.2004, 1 E 7363/03, AG 2005, 264 f; *Fleischer*, ZGR 2001, 1 (25 f) mwN.

36 *Götz*, AG 1995, 337 (338); *Mertens* in Kölner Komm^2, Rn 18 zu § 77 und Rn 5 zu § 76 dAktG; *Hinterhuber* in *Hinterhuber/Sauerwein/Fohler-Norek* (Hrsg), Betriebliches Risikomanagement, 12.

37 Im Finanzdienstleistungsbereich gelten die Sonderregelungen des § 39 Abs 2 BWG und § 17b VAG (Internes Kontrollsystem und interne Revision) und 16 Z 3 WAG (nur Internes Kontrollsystem) sowie die Emittenten-Compliance-Verordnung (ECV). Vgl aber Regel 20 ÖCGK (L).

38 Die Begr der ErlRV verweist darauf, dass nicht nur die vom Gesetz geforderten Bücher (siehe das 3. Buch des öHGB), sondern auch allenfalls weitere erforderliche Rechnungsunterlagen geführt werden (zB eine Kostenrechnung). Die Regelung gehe daher über § 189 öHGB hinaus. Siehe *Strasser* in AktG^4, Rn 5 zu § 70 öAktG; *Grof*, RWZ 1999, 362.

39 Krit *Haeseler/Gampe*, Corporate Governance 90.

zu verstehen: Wenngleich ein Internes Kontrollsystem und eine Interne Revision auf jeden Fall einzurichten sind,[40] kann zB eine Pflicht zur Installierung eines Frühaufklärungssystems[41] oder generell eines umfassenden Risikomanagement(system)s[42] keinesfalls aus § 82 öAktG (§ 22 öGmbHG) abgeleitet werden – insoweit ist die Textierung eindeutig.[43]

Tendenziell fortschrittlicher (und *inhaltlich* weitreichender) war hingegen das deutsche KonTraG; dieses brachte für Aktiengesellschaften in § 91 Abs 2 dAktG die obligatorische Einführung eines Risikofrüherkennungs- und Überwachungssystems als Addendum zur Führung der erforderlichen Handelsbücher. Danach hat der Vorstand geeignete Maßnahmen zu treffen, insbesondere ein Überwachungssystem einzurichten, damit den Fortbestand der Gesellschaft gefährdende oder die Vermögens-, Ertrags- oder Finanzlage wesentlich beeinträchtigende Entwicklungen früh erkannt werden. Will man dem Gesetzeswortlaut in § 91 Abs 2 dAktG wortgetreu folgen, scheint die durch das KonTraG eingeführte Regelung auf börsennotierte Aktiengesellschaften begrenzt zu sein. Erst die Materialien lassen *Aus- und Abstrahlungswirkungen* auch auf andere Kapitalgesellschaften – insb die GmbH – erkennen, da GmbHs vielfach aufgrund ihrer Größe, Komplexität ihrer Struktur bzw Aufgabenbestimmung (zB als Konzernholding) ebenfalls auf umfangreiche Kontroll- und Überwachungsmechanismen angewiesen sind.[44] In diesem Fall gilt für den Pflichtenrahmen der GmbH-Geschäftsführer nichts anderes als für den Vorstand einer Aktiengesellschaft.[45]

Die Vorschrift des § 91 Abs 2 dAktG ist einerseits als Ausfluss der nach § 76 Abs 1 dAktG bestehenden, bereits zuvor angesprochenen allgemeinen Leitungsaufgabe des Vorstands zu sehen; hiernach ergeben sich für die Vorstandsmitglieder auch Organisationspflichten (einschließlich einer Organisationsverantwortung) zur Sicherung des Unternehmensfortbestands. Bezogen auf diesen Kontext führt § 91 Abs 2 dAktG lediglich zu einer *Verdeutlichung* bzw *Konkretisierung* von bestehenden Verpflichtungen, die schon vor dem KonTraG Bestand hatten.[46] Andererseits ist § 91 Abs 2 dAktG aus dem Blickwinkel der allgemeinen Sorgfaltspflicht des Vorstands nach § 93 Abs 1 Satz 1 dAktG iVm der Schadensersatzverpflichtung der Vorstandsmitglieder nach § 93 Abs 2 dAktG[47] zu sehen.[48] Die Beweislastumkehr in § 93 Abs 2 Satz 2 dAktG bewirkt, dass die behauptete

---

40 Vgl dazu die Definitionen unter IV. B. 1. und IV. B. 3.

41 Siehe unter IV. A.

42 Siehe unter IV. E.

43 *Strasser* in AktG^4, Rn 15 zu den §§ 77 – 84 öAktG. So wohl auch *Kalss*, Das Interne Kontrollsystem (IKS) als Angelpunkt der Corporate Governance in Kapitalgesellschaften, in *Bernat* (Hrsg), FS Krejci, 699 (703 f), welche jedoch vornehmlich auf die Informationsversorgung der Leitungsorgane abstellt.

44 Siehe ausführlich zur Ausstrahlungswirkung auf GmbH und Genossenschaft *Drygala/Drygala*, ZIP 2000, 297 (300 ff).

45 Vgl die Begründung zum RegE des KonTraG, BT-Drucks. 13/9712; *Kuhl/Nickel*, DB 1999, 133 (133); *Lück*, DB 1998, 1925 (1925); *Krystek/Müller*, Controlling 1999, 177 (177); aA *Kirchner*, Risikomanagement, 2 f.

46 *Eggemann*, BB 2000, 503 (504); *Altmeppen*, ZGR 1999, 291 (300); *Hoffmann-Becking*, ZGR 1998, 497 (513). *Vogler/Gundert*, DB 1998, 2377 (2377), meinen eine „faktische Verschärfung der Haftung“ erblicken zu können; aA *Lingemann/Wasmann*, BB 1998, 853 (859).

47 Die korrespondierenden österreichischen Bestimmungen zur Leitungsaufgabe des Vorstands bzw zum von Vorstandsmitgliedern einzuhaltenden Sorgfaltsmaßstab finden sich in § 70 Abs 1 und § 84 Abs 1 Satz öAktG.

48 Vgl hiezu auch die durch das KonTraG (vermeintlich) erleichterte Möglichkeit zur Geltendmachung von Ersatzansprüchen gem § 147 Abs 3 dAktG. Durch die Neuregelung wurde ein duales System bei der Erzwingung von Schadenersatzklagen durch Minderheiten, vor allem gegen den Vorstand und den Aufsichtsrat, eingeführt. Allerdings kann diese Minderheit im Erfolgsfalle nur erreichen, dass durch das Gericht ein

Pflichtwidrigkeit eines das Unternehmen schädigenden Verhaltens sowie das Verschulden des Vorstands vermutet werden, bis sich dieser entlastet. Auch bei einer Geschäftsverteilung bleiben alle Vorstandsmitglieder für die zweckmäßige Organisation des gesamten Unternehmens verantwortlich, sodass sich grundsätzlich jedes Vorstandsmitglied dahin gehend vergewissern muss, dass auch die anderen Ressorts zweckmäßig organisiert und ordnungsgemäß geleitet werden. [49]

Der Sorgfaltsmaßstab geht dabei keinesfalls so weit, dass das Fehlschlagen unternehmerischer Entscheidungen schon an sich pflichtwidrig wäre; [50] insoweit bezieht sich die Sorgfalt auf das Vorgehen bzw Tätigwerden und nicht auf das Ergebnis. Solange der Vorstand bei der wechselseitigen Abwägung von widerstreitenden Interessen den Rahmen des pflichtgemäßen Ermessens (zB durch Ausarbeitung und Evaluation von Alternativen unter Annahme verschiedener Szenarien) [51] und der normalen unternehmerischen Wagnisse nicht überschreitet sowie sich an gesicherten und bewährten betriebswirtschaftlichen Erkenntnissen orientiert, [52] lässt sich aus dem Umstand, dass ein Geschäft zum Nachteil der Gesellschaft ausschlägt, noch keine Pflichtverletzung ableiten. [53]

Liegt der ungünstige Ausgang jedoch als wahrscheinlich nahe, so hat das Geschäft in aller Regel zu unterbleiben, sofern nicht triftige Gründe dessen Abschluss doch ausnahmsweise als geboten erscheinen lassen. Ebenso wird ein Geschäft nicht einzugehen sein, wenn es sich zwar als günstig für die Gesellschaft erweisen könnte, aber ein so großes Risiko bleibt, dass die Gesellschaft bei Fehlschlagen des Geschäfts in ihrem Bestand gefährdet wäre. [54] Des weiteren gilt: Je gewagter das Geschäft, desto höher sind die Anforderungen an die Informationsbeschaffung. Insbesondere bei außergewöhnlich gefahrvollen Geschäften kann dem Vorwurf der mangelnden Informationsbeschaffung nicht damit begegnet werden, dass die Eile eine gründlichere Prüfung nicht erlaubte. [55]

In jüngerer Zeit haben der OGH und der deutsche BGH ausgesprochen, [56] dass dem Leitungsorgan ein weiter Handlungs-(Ermessens-)Spielraum zugebilligt werden müsse, [57]

---

besonderer – unabhängiger – Vertreter bestellt wird, der nach seiner eigenen pflichtgemäßen Beurteilung über die Erfolgsaussichten und die Klageerhebung urteilt. Siehe *Schiessl*, AG 2002, 593 (602).

49 LG Berlin 3.7.2002 – 2 O 358/01, AG 2002, 682 und die Entscheidungsbesprechung bei *Preußner/Zimmermann*, AG 2002, 657.

50 Vgl OGH 24.6.1998, ecolex 1998, 774 zur GmbH.

51 Vgl *von der Crone*, SJV-Publikation 2000 und ZSR, 239 (249).

52 OGH 9.1.1985, ÖZW 1987, 115 = GesRZ 1986, 97.

53 OGH 26.2.2002, siehe Fn 56; *Nowotny* in *Doralt/Nowotny/Kalss* (Hrsg), Rn 8 zu § 84 öAktG; *Mertens* in Kölner Komm^2, Rn 29 und 45 zu § 93 dAktG; *Hüffer*, AktG^6, Rn 13a zu § 93 dAktG; *Rieger*, Gesetzeswortlaut und Rechtswirklichkeit im Aktiengesetz, in *Lutter/Scholz/Sigle* (Hrsg), FS Peltzer, 339 (350); *Götz*, NJW 1997, 3275 (3276); BGHZ 125, 239 (246), NJW 1994, 1410; OLG Düsseldorf, AG 1997, 231 (234 f).

54 Vgl *Mertens* in Kölner Komm^2, Rn 48 f zu § 93 dAktG; *Scharpf*, DB 1997, 737 (737 f); *Henze*, NJW 1998, 3309 (3311). Ähnlich jüngst *Kock/Dinkel*, NZG 2004, 441 (443) und *Hauschka*, ZRP 2004, 65 (67).

55 *Kock/Dinkel*, NZG 2004, 441 (444 und 446); *Ulmer*, DB 2004, 859 (860).

56 OGH 26.2.2002, ecolex 2003, 22 = GesRZ 2002, 86 = RdW 2002, 350 = wbl 2002, 227. In der österreichischen Entscheidung wurde die Sorgfaltspflicht des Aufsichtsrats im Hinblick auf den Vorwurf der Konkursverschleppung ausgelotet. Hinsichtlich der „ARAG/Garmenbeck"- Entscheidung des deutschen BGH vom 21.4.1997, NJW 1997, 1926, bleibt anzumerken, dass „ARAG/Garmenbeck" vordergründig Aufsichtsratsmitglieder betraf, die pflichtwidrig von der Inanspruchnahme haftbarer Vorstandsmitglieder abgesehen hatten.

57 *Schiessl*, ZGR 2003, 814 (823 f). Siehe auch *Lutter*, ZHR 166 (2002), 523 (542 f) hinsichtlich einer möglichen Ablehnung der DCGK-Empfehlungen einschließlich korrespondierender Kodex-Erklärung durch Vorstand oder Aufsichtsrat.

der auch das Eingehen geschäftlicher Risiken einschließt und für den es keine Erfolgshaftung geben darf,[58] da die Möglichkeit eines ungünstigen Geschäftsausgangs sehr häufig besteht; wäre dies pflichtwidrig, so müssten riskante Geschäfte stets unterbleiben. Der OGH führt hierzu näher aus:[59]

„Die unrichtige Beurteilung der Folgen eines bestimmten Verhaltens beruhe noch nicht auf Fahrlässigkeit, sofern nur die Beurteilung selbst nicht auf Außerachtlassung der erforderlichen Sorgfalt zurückzuführen sei.[60] Der Fehlschlag unternehmerischer Entscheidungen ist nicht schon an sich pflichtwidrig, würde dem Organ doch sonst das Unternehmerrisiko aufgebürdet, das stets bei der Gesellschaft bleibt; nur die Verletzung der Pflicht zu branchen-, größen- oder situationsadäquaten Bemühungen kann dem Organ als Pflichtverletzung vorgeworfen werden."[61]

Obschon der OGH bzw BGH die sog *„Business Judgement Rule"* nicht explizit erwähnen, lassen sie keinen Zweifel daran aufkommen, dieser Rechtsfigur aus dem angloamerikanischen Rechtskreis inhaltlich übergeordnete Bedeutung zusprechen zu wollen, wonach das Verhalten und Handeln des Vorstands eben lediglich von Verantwortungsbewusstsein getragen sowie auf der sorgfältigen Ermittlung von Entscheidungsgrundlagen beruhen[62] und insoweit die Verletzung allgemeiner Sorgfaltspflichten von bloßen Fehleinschätzungen abgegrenzt werden muss.[63] Anders gewendet: Die Gerichte dürfen keine eigene informierte, wirtschaftliche (Ex-post-)Beurteilung an die Stelle der in unternehmerischer Verantwortung getroffenen setzen, sondern müssen das Verhalten der handelnden Personen aus Ex-ante-Sicht würdigen.[64] Diese Ansicht ist zwar nicht neu,[65] zumindest wurde aber der an den Vorstand adressierte Sorgfaltsmaßstab in den Entscheidungen des OGH bzw des BGH zum ersten Mal deutlicher umschrieben.[66]

Alles in allem liegen aufgrund der generalklauselartigen Formulierung in § 82 und § 84 Abs 1 Satz 1 öAktG trotz alledem relativ wenige konkretisierungsfähige Kriterien dafür vor, wie lange ein Risikogeschäft erlaubt ist und welche Eckpfeiler ein die unstatthaften Risikogeschäfte abfederndes Risikomanagement aufzuweisen hat.[67]

In Deutschland trat jüngst am 1. November 2005 das Gesetz zur Unternehmensintegrität und Modernisierung des Anfechtungsrechts (UMAG) in Kraft, wonach eine Pflichtverletzung in Zukunft nicht vorliegen soll, wenn der Vorstand bei einer unternehmerischen

---

[58] *Schwark* in *Hommelhoff/Lutter/Schmidt/Schön/Ulmer* (Hrsg), Corporate Governance, 75 (76); *Schlosser*, Die Organhaftung der Vorstandsmitglieder der Aktiengesellschaft, 45 ff; *Schiessl*, AG 2002, 593 (602).

[59] Siehe Fn 56.

[60] SZ 46/113.

[61] SZ 71/108.

[62] *Hopt* in Großkomm⁴, Rn 84 zu § 93 dAktG; *Kindler*, ZHR 162 (1998), 101 (106); *Horn*, ZIP 1997, 1129 (1134); *Fleischer*, ZIP 2004, 685 (689).

[63] Im Zuge der Anwendung der Business Judgement Rule stellt *Irrationalität* iS eines emotionalen und intuitiven Gewissheitserlebnisses die äußerste Grenze dar, vgl Delaware Supreme Court in *Brehm* v. *Eisner*, 469-1998, S. 37, online abrufbar unter http://caselaw.lp.findlaw.com/data2/delawarestatecases/469-1998.pdf. *Fleischer*, ZGR 2001, 1 (24); *Ruffner*, Die ökonomischen Grundlagen eines Rechts der Publikumsgesellschaft, 225 ff. Früher bereits *Roth*, Treuhandmodell des Investmentrechts (1972), 253.

[64] *Fleischer*, ZIP 2004, 685 (686) mit Hinweis auf das sog *„hindsight bias"* (Rückschaufehler), wonach Erinnerungen an früher getroffene (Wahrscheinlichkeits-)Einschätzungen in Bezug auf zukünftig eintretende Ereignisse durch nachfolgende Informationen beeinflusst werden.

[65] Vgl BGH 13.3.1978, BGHZ 71, 40 (49).

[66] So auch *Henze*, BB 2001, 53 (57).

[67] Vgl *Hopt* in Großkomm⁴, Rn 80 zu § 93 dAktG.

Entscheidung vernünftigerweise annehmen durfte, auf der Grundlage angemessener Information zum Wohle der Gesellschaft zu handeln (§ 93 Abs 1 Satz 2 dAktG nF). Damit wurde ein Markstein im Rahmen der Kodifizierungsbestrebungen betreffend eine *„deutsche Business Judgement Rule“* gesetzt.

IV Risikomanagement aus rechtlicher und betriebswirtschaftlicher Perspektive

Betrachtet man die Kontroversen in der einschlägigen Literatur,[68] scheint die vom deutschen KonTraG vorgesehene Verpflichtung des Vorstands, ein Risikofrüherkennungs- und -überwachungssystem einzuführen – eine damit unmittelbar vergleichbare Regelung fehlt in Österreich bislang –, nur partiell mit dem betriebswirtschaftlichen Institut des Risikomanagements kongruent zu sein.[69]

A Risikofrüherkennungssystem

Der deutsche Gesetzgeber verlangt in § 91 Abs 2 dAktG ausdrücklich nur das Treffen von Maßnahmen, die geeignet sind, bestandsgefährdende oder die Vermögens-, Ertrags- oder Finanzlage wesentlich beeinträchtigende Entwicklungen *früh zu erkennen*. Das Frühwarnsystem soll also helfen, Gefahren rechtzeitig zu erkennen; so rechtzeitig, dass Reaktionen des Managements zur Abwehr oder Minderung der signalisierten Gefährdungen aufgrund eines hinreichenden zeitlichen Vorlaufs zumindest noch möglich sind. Im Rahmen der Risikoidentifikation sind sowohl quantifizierbare Krisenindikatoren (vor allem finanzwirtschaftliche Kennzahlen verbunden mit Limits) als auch sog „weiche“, nicht quantifizierbare Krisenindikatoren, wie zB Markenwert, Mitarbeiter- und Kundenzufriedenheit, Kundenbindung und -treue (immaterielle Vermögenswerte), zu beachten.[70]

Gerade durch die Verwendung des Begriffs *Erkennen* wird deutlich, dass Risikofrüherkennungssysteme nicht auf die Vermeidung (den Ausschluss), die Reduktion oder den Transfer von Risiken auszurichten sind, sondern lediglich auf deren Erfassung (Identifikation und Analyse) sowie auf vorgelagerte Einzeltatsachen und Geschehensabläufe.[71] Damit sind die Maßnahmen, mit denen ein Unternehmen auf drohende Gefahren reagiert, nicht Bestandteil des Risikofrüherkennungssystems iSv § 91 Abs 2 dAktG.[72] Allerdings muss sich das Risikofrüherkennungssystem wiederum mit den erwähnten Maßnahmen der Risikosteuerung (wie auch mit allen anderen [Re-]Aktionen des Unternehmens) auseinander setzen und sie in ihren Auswirkungen beurteilen.[73]

---

[68] Zur weiten (betriebswirtschaftlichen) Auffassung siehe *Kromschröder/Lück*, DB 1998, 1573; *Lück*, DB 1998, 8; *Kuhl/Nickel*, DB 1999, 133; zur engen Auffassung siehe *Hüffer*, AktG^6, Rn 6 ff zu § 91 dAktG.

[69] Vgl *Rodewald*, BB 2001, 2155 (2159); *Pahlke*, NJW 2002, 1680 ff mwN.

[70] *Bitz*, Risikomanagement nach KonTraG, VI und 58. In diesem Zusammenhang kann die sog *Balanced Scorecard* eine bedeutende Rolle spielen. Die jeweils erforderlichen Maßnahmen zur Risikoerfassung und zur Risikobewältigung sind individuell zu erarbeiten, Formeln und Patentrezepte gibt es hierzu nicht.

[71] Zur (betriebswirtschaftlichen) Abgrenzung der Früherkennungssysteme von den Frühwarnungs- und Frühaufklärungssystemen vgl *Krystek/Müller*, Controlling 1999, 177 (178 ff).

[72] *Pahlke*, NJW 2002, 1680 (1682); *Zimmer/Sonneborn* in *Lange/Wall* (Hrsg), Risikomanagement nach dem KonTraG, Rn 176 zu § 1.

[73] *Hasenburg/Büchin*, KPMG – Reformen im Zeichen von Internationalität, Transparenz und Kontrolle, 9; *Pollanz*, BB 1997, 1353.

Ziel ist es sicherzustellen, dass der Vorstand die existenzgefährdenden Risiken kennt und – wenngleich nicht als normative Vorgabe – im Rahmen seiner Geschäftsführungstätigkeit entscheidet, welche Maßnahmen zur Verringerung dieser Risiken zu ergreifen sind.[74] Dazu müssen kurzfristig auftretende, wesentliche bzw bestandsgefährdende Risiken dem Vorstand naturgemäß sofort berichtet werden, andere können im Rahmen der unterjährigen – idR quartalsmäßigen – Berichterstattung aufgezeigt werden.[75] Gleichzeitig bedeutet das In-Kenntnis-Setzen des Vorstands über das Vorliegen von Risiken aber nicht, dass der Vorstand die entsprechenden Risiken in jeder Einzelheit selbst steuern muss, sondern er kann die Steuerung der Risiken den entsprechenden Verantwortlichen im Unternehmen überlassen.[76]

In § 91 Abs 2 dAktG wird vom Gesetzgeber darüber hinaus nur an diejenigen Entwicklungen angeknüpft, die als Risiko den *Bestand der Gesellschaft gefährden*. Hierzu gehören auf jeden Fall (arg „insbesondere") risikobehaftete Geschäfte, Unrichtigkeiten der Rechnungslegung und Verstöße gegen die gesetzlichen Vorschriften, wenn zB durch deren Verwirklichung (mehr als) die Hälfte des Eigenkapitals aufgezehrt wird/werden kann.[77] An dieser Stelle ist vorderhand anzumerken, dass bei einer risikobehafteten Entwicklung oft nicht sofort erkennbar ist, ob sie in ihren Auswirkungen zukünftig bestandsgefährdend sein wird oder nicht; die Übergänge sind fließend und von diversen Entwicklungen abhängig. Im Hinblick darauf, dass auch nicht immer zweifelsfrei klärbar ist, ab wann eine Bestandsgefährdung angenommen werden kann, sollte daher das Risikofrüherkennungssystem in extensiver Interpretation des § 91 Abs 2 dAktG auf die Erkennung von Entwicklungen ausgerichtet werden, die *wesentliche Auswirkungen* auf die Vermögens-, Finanz- oder Ertragslage der Gesellschaft haben können.[78]

B (Internes) Überwachungssystem (IÜS)

Vorgeschrieben wird vom deutschen KonTraG in § 91 Abs 2 dAktG außerdem die Einrichtung eines (Internen) Überwachungssystems (IÜS), wobei der Begriff des IÜS auf das amerikanische Internal-Control-Konzept zurückgeht.

„Es ist falsch und es war schon immer falsch, das amerikanische ‚Internal Control' mit ‚Internes Kontrollsystem' zu übersetzen. Es ist richtig, im deutschen Sprachraum vom ‚Internen Überwa-

---

[74] *Picot* in *Lange/Wall* (Hrsg), Risikomanagement nach dem KonTraG, Rn 40 zu § 1; Arbeitskreis „Externe und Interne Überwachung der Unternehmung" der Schmalenbach-Gesellschaft für Betriebswirtschaft e.V., Auswirkungen des KonTraG auf die Unternehmensüberwachung, DB 2000, Beilage 11/2000 zu Heft 37, Punkt 14.

[75] Ferner haben alle Kapitalgesellschaften, mit Ausnahme der kleinen, im Lagebericht „auf die Risiken der zukünftigen Entwicklung einzugehen" (§289 Abs 1 dHGB); gem § 243 Abs 1 Satz 2 öHGB idFd Entwurfs zum ReLÄG 2004 beschreibt der Lagebericht [...] „die wesentlichen Risiken und Ungewissheiten, denen das Unternehmen ausgesetzt ist". Ausführlich zur Darstellung der unternehmerischen Risikolage im Lagebericht/Prognosebericht nach § 289 Abs 1 und 2 dHGB siehe *Rodewald*, BB 2001, 2155 (2158 f); *Fleischer*, AG 2006, 2 (5).

[76] Vgl *Böckli*, Der Schweizer Treuhänder 11/2002, 1 (8 f); *Bitz*, Risikomanagement nach KonTraG, 2 ff; *Kromschröder/Lück*, DB 1998, 1573 (1573).

[77] Zum Tatbestand der Unterkapitalisierung vgl *Roth*, ZGR 1993, 170.

[78] Vgl die Begründung zum RegE des KonTraG, BT-Drucks. 13/9712; *Hasenburg/Büchin*, KPMG – Reformen im Zeichen von Internationalität, Transparenz und Kontrolle, 9.

chungssystem (IÜS)' zu sprechen, weil nur unter diesem Begriff neben organisatorischen Sicherungsmaßnahmen und neben Kontrollen auch die Interne Revision berücksichtigt wird". [79]

Dem folgend hat ein IÜS die Zuverlässigkeit der betrieblichen Prozesse und Daten sowie die Sicherung vor Vermögensverlusten zu gewährleisten, wobei dem Wirtschaftlichkeitsprinzip zwingend Rechnung zu tragen ist. Wie bereits angesprochen sind das *Interne Kontrollsystem* (IKS) und die *organisatorischen Sicherungsmaßnahmen* tragende Bestandteile; vor allem aber soll sichergestellt werden, dass die Maßnahmen zur Erfassung und Kommunikation von Risiken der Kontrolle durch eine prozessunabhängige Instanz – in Form der *internen Revision* – unterliegen. [80] Das gesetzlich postulierte Überwachungssystem ist eben gerade nicht auf prozessimmanente Kontrollen, etwa im Hinblick auf die Einhaltung von Meldegrenzen oder die Genehmigung und Kontrolle der Risikoberichterstattung, zu beschränken. Die interne Revision als wichtigster Ausschnitt eines IÜS hat zB auch zu überprüfen, ob alle Risikofelder erfasst werden, ob die Maßnahmen zur Risikoerfassung und -kommunikation angemessen sind und ob die integrierten Kontrollen eingehalten worden sind. [81]

1 Internes Kontrollsystem (IKS) [82]*/interne Kontrolle* [83]

Im Zuge der Einführung des IRÄG 1997 wurde in § 82 öAktG (§ 22 öGmbHG) die Verpflichtung zur Installierung eines „Internen Kontrollsystems" aufgenommen. [84] Die internen Kontrollen können dabei sowohl von prozessabhängigen Personen als auch von automatischen Einrichtungen durchgeführt werden. [85] Durch ein permanent mitlaufendes Internes Kontrollsystem (IKS) soll speziell die Sicherheit, Ordnungsmäßigkeit und Wirtschaftlichkeit aller Abläufe gewährleistet sein: [86]

- Sicherheit bedeutet, dass alle Maßnahmen gesetzt werden, die Schäden im Unternehmensvermögen minimieren können. Die vorhandenen Risiken sind ständig neu zu orten und werten.
- Ordnungsmäßigkeit drückt sich darin aus, dass die Geschäftsabläufe vollständig, sachlich und formell richtig sowie nachvollziehbar und transparent dokumentiert und unter Einhaltung der gesetzlichen Vorschriften termingerecht durchgeführt werden.

---

79 *Lück*, DB 1998, 8 (9). Zur nunmehrigen sprachlichen Abgrenzung der internen Revision gegenüber der internen Kontrolle durch die VAG-Novelle 2002 (BGBl I Nr 46/2002) vgl *Hauser/Wöhry*, VR 2003, 30. Ausführlich zu semantisch unterschiedlichen Ausprägungen der „control" im deutschen und angelsächsischen Sprachgebrauch *Roth*, ZIP 2003, 369 (Fn 5); *ders*, ÖBA 2000, 193 (198). Unklar insoweit *Kalss*, Das Interne Kontrollsystem (IKS) als Angelpunkt der Corporate Governance in Kapitalgesellschaften, in *Bernat* (Hrsg), FS Krejci, 699 (703) und *Steckel/Zatura-Rieser*, RWZ 2001/86.

80 AA *Mandl*, RWZ 1997, 356.

81 Die Begründung zum RegE des KonTraG, BT-Drucks. 13/9712, meint hierzu: „Die Verpflichtung des Vorstands, für ein angemessenes Risikomanagement und für eine angemessene interne Revision zu sorgen, soll verdeutlicht werden."

82 Zur durch den Sarbanes-Oxley Act ausgelösten problematischen Definitionsfindung eines IKS in den USA siehe *Lanfermann/Maul*, DB 2003, 349 (352 f).

83 Hier sind die Überwachungsträger in die Arbeitsabläufe eingebunden und sowohl für die Ergebnisse der überwachten Prozesse als auch für die Ergebnisse der Überwachung selbst verantwortlich.

84 Vgl unter III.

85 *Lück*, DB 1998, 8 (10).

86 Vgl *Manfreda*, RWZ 1999, 271.

- Zur wirtschaftlichen Prüfung gehört zB die systematische Überprüfung diverser Kostenarten in enger Zusammenarbeit mit der Kostenrechnung.

Im Gegensatz dazu definiert der Schweizer Swiss Code of Best Practice for Corporate Governance (SCBP) das Interne Kontrollsystem weit – eine unscharfe Abgrenzung zur internen Revision in Kauf nehmend – und stellt den Konnex zum Risikomanagement wie folgt her: [87]

II.f.19 SCBP

- Der Verwaltungsrat sorgt für ein dem Unternehmen angepasstes Internes Kontrollsystem und Risikomanagement.
  - Das Interne Kontrollsystem ist der Größe, der Komplexität und dem Risikoprofil der Gesellschaft anzupassen.
  - Das Interne Kontrollsystem deckt, je nach den Besonderheiten der Gesellschaft, auch das Risikomanagement ab; dieses bezieht sich sowohl auf finanzielle als auch auf operationelle Risiken.
  - Die Gesellschaft richtet eine interne Revision ein. Diese erstattet dem Prüfungsausschuss („Audit Committee") oder gegebenenfalls dem Präsidenten des Verwaltungsrats Bericht.

II.f.20 SCBP

- Der Verwaltungsrat trifft Maßnahmen zur Einhaltung der anwendbaren Normen (Compliance).
  - Der Verwaltungsrat ordnet die Funktion der Compliance nach den Besonderheiten des Unternehmens; er kann die Compliance dem Internen Kontrollsystem zuweisen.
  - Er gibt sich mindestens einmal jährlich darüber Rechenschaft, ob die für ihn und das Unternehmen anwendbaren Compliance-Grundsätze hinreichend bekannt sind und ihnen dauernd nachgelebt wird.

2 Organisatorische Sicherungsmaßnahmen

Hier sind jene Sicherungsmaßnahmen gemeint, die durch laufende, automatische Einrichtungen vorgenommen werden können. Sie sollen Fehler verhindern und eine vorgegebene Sicherheit gewährleisten. Dabei sind zB organisatorische Sicherungsmaßnahmen in der EDV oder der Grundsatz der Funktionstrennung zu berücksichtigen. [88]

3 Interne Revision/interne Prüfung

Die interne Revision gilt als wichtiges Element eines (Internen) Überwachungssystems (IÜS) und kann bei einem vorhandenen IKS in aller Kürze als „*Kontrolle der Kontrolle*" charakterisiert werden. Als *prozessunabhängige* Überwachungseinheit hat die interne Revision die Aufgabe, in unregelmäßigen Abständen die *Wirksamkeit*, *Angemessenheit* und *Effizienz* der Maßnahmen des Risikomanagements (einschließlich aller betrieblichen Kontrollsysteme) begleitend auf ihre Einhaltung zu überprüfen und Schwachstellen auf-

---

[87] Der Swiss Code of Best Practice for Corporate Governance (SCBP) ist online abrufbar unter http://www.ecgi.org/codes/code.php?code_id=115. Vgl dazu die ausführlichen Erläuterungen von *Böckli*, Der Schweizer Treuhänder 11/2002, 1.

[88] *Lück*, DB 1998, 8 (9).

zuzeigen.[89] Dabei ist sie für die Ergebnisse der überwachten Prozesse nicht verantwortlich. Weitere Anforderungen an die interne Revision erstrecken sich aber auch auf die

- Überprüfung der Einhaltung von etablierten Grundsätzen, Richtlinien, Genehmigungsgrenzen und Verfahren, der relevanten Gesetzgebung sowie der Richtigkeit, Zuverlässigkeit und Pünktlichkeit der konzernintern erstellten Managementinformationen,
- Managementprüfung in Form von Ursachenforschung nach vorangegangenen Fehlleistungen und
- Prüfung der Absicherung von Vermögenswerten und des Erreichens einer angemessenen Rentabilität auf das eingesetzte Kapital.

Die Überwachungsaufgabe der internen Revision unterstützt, verbessert und ergänzt de facto die Tätigkeit der anderen Überwachungsinstanzen;[90] fungiert sozusagen als Schnittstelle zum Aufsichtsrat und Abschlussprüfer.[91] Die Prüfungsergebnisse müssen daher angemessen dokumentiert und entsprechend ihrer Bedeutung der Unternehmensleitung und ggf dem Aufsichtsrat zur Kenntnis gebracht werden. Die interne Revision hat jedoch – im Gegensatz zu anderen Überwachungsträgern – nur ein Feststellungs- und Empfehlungsrecht, aber keine Anweisungsbefugnis.[92]

In Abhängigkeit von der Größe des Unternehmens muss die Funktion interne Revision nicht unbedingt von einer eigenen Revisionsabteilung (als Stabsstelle) wahrgenommen werden, sondern kann bei Wahrung der Funktionstrennung durchaus anderen fachkundigen internen oder externen Kräften übertragen werden (zB durch Outsourcing an einen Abschlussprüfer).[93]

C Controlling

Die Unternehmensleitung bedient sich neben dem IÜS auch eines Controlling, um die Unternehmensabläufe zu überwachen; präziser, um Planung, Informationsversorgung (Reporting), Kontrolle und Steuerung zielorientiert zu koordinieren. Die Kontrolle ist somit fester Bestandteil sowohl des IÜS als auch des Controlling; gänzlich falsch wäre es aber, Letzteres lediglich mit „Kontrolle" gleichzusetzen bzw zu übersetzen.[94] Das Controlling hat eine umfangreichere Servicefunktion als die interne Revision, ist jedoch selbst Untersuchungsgegenstand der internen Revision.[95]

Das Controlling (wie auch die interne Revision) darf nicht einem operativen Ressort zugeordnet sein, da ansonsten die notwendige Unabhängigkeit der Controllingabtei-

---

[89] Das treffendste Argument für die Existenzberechtigung einer internen Revision liegt sicherlich darin, dass sich Unternehmensleitungen nicht auf die parallel bestehenden Kontrollpflichten des Aufsichtsrats (§ 111 Abs 1 dAktG) und des Abschlussprüfers nach § 317 Abs 4 dHGB verlassen wollen bzw können. Gem einer Studie des Wirtschaftsprüfungsunternehmens KPMG verfügt mehr als ein Drittel der untersuchten Unternehmen über keine interne Revision, vgl *NZZ*, 27. Mai 2003.

[90] *Ruud/Bodenmann*, Der Schweizer Treuhänder 2001, 521 (526).

[91] Ausführlich zur Schnittstellen-Funktion *Pfyffer/Villiger*, Der Schweizer Treuhänder 2000, 1047.

[92] *Schaefer*, RWZ 2000/80.

[93] Vgl Regel 18 ÖCGK (C); Arbeitskreis „Externe und Interne Überwachung der Unternehmung" der Schmalenbach-Gesellschaft für Betriebswirtschaft e. V., Auswirkungen des KonTraG auf die Unternehmensüberwachung, DB 2000, Beilage 11/2000 zu Heft 37, Punkt 45; *Manfreda*, RWZ 1999, 271.

[94] *Lück*, DB 1998, 8 (10 f); *Kirchner*, Risikomanagement, 24; *Grof*, RWZ 1999, 362 versteht das Controlling in seinen unternehmerischen Funktionen (insb der Kontrolle) als Bestandteil eines IKS.

[95] *Schaefer*, RWZ 2000/80.

lung/internen Revision tangiert wäre, wobei die Nichtbeachtung dieses Grundsatzes als Organisationsmangel zu qualifizieren ist.[96]

D Deutscher Corporate-Governance-Kodex (DCGK) und Österreichischer Corporate-Governance-Kodex (ÖCGK)

Der DCGK[97] führt die durch das KonTraG begonnene Entwicklung weiter und betont die Bedeutung des Risikomanagements als Leitungsaufgabe in einem börsennotierten Unternehmen.[98] Gem 4.1.4 DCGK *hat* der Vorstand für ein angemessenes Risikomanagement und Risikocontrolling im Unternehmen zu sorgen. Darüber hinausgehend *soll* der Aufsichtsratsvorsitzende mit dem Vorstand regelmäßig – neben Strategie und Geschäftsentwicklung – das Risikomanagement des Unternehmens beraten (5.2 Abs 3 DCGK). Der ÖCGK enthält in Regel 37 (C) eine gleich lautende Regelung. Weiters *soll* die Gesellschaft detaillierte Aussagen über Geschäftsverlauf, mögliche Risiken (wie zB Branchenrisiken, geographische Risiken, Zins- und Währungsrisiken, Derivativgeschäfte und Off-balance-sheet-Transaktionen) im Konzernlagebericht machen und die im Unternehmen eingesetzten Risikomanagement-Instrumente beschreiben [Regel 67 ÖCGK (C)].[99] Außerdem *soll* der Aufsichtsrat einen Prüfungsausschuss (Audit Committee) einrichten, der sich insbesondere mit Fragen des Risikomanagements befasst. Der Vorsitzende dieses Prüfungsausschusses soll über besondere Kenntnisse und Erfahrungen in Rechnungslegungsbelangen verfügen; darüber hinaus regt der DCGK an, diese Position keinem ehemaligen Vorstandsmitglied der Gesellschaft zu überantworten (5.3.2 DCGK).

Ausgehend von der dreistufigen Verbindlichkeitssystematik des DCGK sind Punkt 5.2 Abs 3 und Punkt 5.3.2 DCGK als *„Empfehlungen"* zu betrachten, von denen die Gesellschaften abweichen können. Der ÖCGK führt diesen Empfehlungs-Bereich dagegen unter der Bezeichnung *„comply or explain (C)"* (vgl Regel 37 und Regel 67 ÖCGK). Dies soll den Gesellschaften die Berücksichtigung branchen- oder unternehmensspezifischer Bedürfnisse ermöglichen.[100] Gem § 161 dAktG idFd TransPuG (Kodex-Erklärung; Compliance-Erklärung zum DCGK)[101] müssen dann aber *Vorstand und Aufsichtsrat*[102]

---

96 Vgl *Scharpf*, DB 1997, 737 (741 f); *Götz*, AG 1995, 337 (338).

97 Aufbauend auf dem DCGK hat die Deutsche Vereinigung für Finanzanalyse und Asset Management (DVFA) eine Scorecard for German Corporate Governance (Version März 2002) entwickelt. Diese Scorecard soll ein Hilfsmittel für Analysten, Investoren und auch die Unternehmen(-sleitung) bei der Evaluierung der CG in einer Gesellschaft darstellen; vgl *Haberer*, Corporate Governance, 85. Die Scorecard wurde mittlerweile durch einen sog Corporate Governance-Kriterienkatalog ersetzt, welcher unter http://www.dvfa.de/pdf/cg_kriterienkatalog.xls online abrufbar ist.

98 Vgl *Preußner/Zimmermann*, AG 2002, 657 (658 ff). Zur Umsetzung des DCGK in der Praxis vgl *Oser/Orth/Wader*, DB 2003, 1337.

99 Vgl die Interpretation zu Regel 66 ÖCGK (nach der Kodex-Revision vom Januar 2006 nunmehr Regel 67 ÖCGK (C), wobei die Kodex-Interpretationen nach wie vor auf die Nummerierungssystematik der Kodex-Fassung von Februar 2005 verweisen), online abrufbar unter http://www.wienerboerse.at/corporate/pdf/CGinterpretationen4.pdf.

100 Präambel DCGK.

101 Vgl Regel 60 ÖCGK (C).

102 Die Kodex-Erklärung soll zwar vom Aufsichtsrat mit abgegeben werden, seine Zustimmung zu Abweichungen vom DCGK soll aber nicht erforderlich sein; vgl *Baums* (Hrsg), Bericht der Regierungskommission Corporate Governance, Rn 11. Die Frage der Haftung von Vorstand und/oder Aufsichtsrat (für Kursverluste) im Falle einer unrichtigen oder unvollständigen Kodex-Erklärung wird aber trotzdem – bewusst? –

einer börsennotierten Gesellschaft (zumindest) einmal jährlich bekannt geben, welche Empfehlungen der Kodex-Kommission DCGK angewendet wurden (vergangenheitsbezogener Teil der Erklärung) und werden (zukunftsbezogener Teil der Erklärung) – und welche nicht.[103] Hinsichtlich des letzteren Teils handelt es sich um eine unverbindliche Absichtserklärung, die jederzeit korrigiert oder zurückgenommen werden kann.[104] Jüngst wurde der DCGK in Punkt 3.10 durch einen Satz 4 ergänzt, welcher der Gesellschaft empfiehlt, nicht mehr aktuelle Entsprechenserklärungen zum DCGK fünf Jahre lang auf dem gesellschaftseigenen Website zugänglich zu halten.

Die Kodex-Erklärung ist den Aktionären dauerhaft zugänglich zu machen, was idR auf dem Website und im (ua zukunftsgerichteten) Lagebericht/Prognosebericht[105] gem § 289 Abs 1 iVm Abs 2 Nr 2 dHGB der Gesellschaft geschehen wird.[106] Anzugeben sind nur negative Abweichungen im tatsächlichen Verhalten,[107] also Unterschreitungen der empfohlenen Verhaltensstandards oder gänzliche Nichtanwendungen; eine *Begründungspflicht* besteht nicht.[108] „Übererfüllungen" müssen nicht erklärt werden, wenngleich die Unternehmen mit Blick auf den Kapitalmarkt dies selbstverständlich aus eigenem Antrieb tun werden.[109] Außerdem ist die Kodex-Erklärung mit den übrigen Anlagen gem § 325 dHGB zum Handelsregister einzureichen, wobei sie – wenngleich nicht gesondert

---

offen gelassen. Vgl dazu ausführlich *Abram*, ZBB 2003, 41; *Seibt*, AG 2002, 249 (254 ff); *Berg/Stöcker*, WM 2002, 1569 (1575 ff); *Fleischer/Kalss*, AG 2002, 329; *Bachmann*, WM 2002, 2137; *Hopt* in *Hommelhoff/Lutter/Schmidt/Schön/Ulmer* (Hrsg), Corporate Governance, 27 (63). Siehe auch Punkt 1.11. der Beschlüsse des 64. Deutschen Juristentages in Berlin 2002, DB 2002, 2037 (2037), wonach es empfehlenswert ist, der Emittentenhaftung eine persönliche Außenhaftung der verantwortlichen Vorstands- und Aufsichtsratsmitglieder an die Seite zu stellen. Die amerikanische „Fraud-on-the-market"-Theorie ermöglicht Schadenersatzklagen bereits schon beim Nachweis unvollständiger oder unrichtiger Information des Markts, ohne dass die spezifische Kausalität der Fehlinformation für die Kursverluste des Klägers nachgewiesen werden müsste.

103 Vgl die Begründung des RegE zum TransPuG zu § 161 dAktG und Regel 60 ÖCGK (C). Unverständlich bleibt, weshalb *Ulmer*, ZHR 2002, 150 (159 ff) in diesem Zusammenhang von einer „Opt out"-Lösung ausgeht, obschon sich die Kodex-Erklärung sowohl auf die eingehaltenen *als auch* die nicht eingehaltenen Empfehlungen zu beziehen hat. Hieran ändert auch Punkt 3.10 Satz 2 DCGK nichts.

104 Vgl die Begründung des RegE zum TransPuG zu § 161 dAktG.

105 Der Lagebericht/Prognosebericht ist formalrechtlich nicht Bestandteil des Jahresabschlusses, sondern ergänzt diesen als rechtlich und funktional eigenständiges Rechnungslegungsinstrument. Regel 60 ÖCGK (C) spricht insoweit von „Geschäftsbericht"; die Empfehlung des DCGK in Punkt 3.10 adressiert zwar ebenfalls den „Geschäftsbericht", mit der DCGK-Änderung vom 2. Juni 2005 wurde jedoch zusätzlich ein sog „Corporate Governance Bericht" in die Textierung aufgenommen. Ausführlich zu den Problemen der Prognoseprüfung *Arbeitskreis* "Externe und Interne Überwachung der Unternehmung" der Schmalenbach-Gesellschaft für Betriebswirtschaft e.V., DB 2003, 105.

106 So auch Regel 60 ÖCGK (C); *Kollmann*, WM Sonderbeilage 1/2003, 6 f; *Gaul/Otto*, GmbHR 2003, 6 (14); *Lutter*, ZHR 166 (2002), 523 (528); siehe dazu auch die Empfehlung III.1 sowie die Erläuterungen zur Empfehlung III.12 im Abschlussbericht der *Winter*-Gruppe. Zur durch das FMAG (BGBl I Nr 97/2001) novellierten Strafbestimmung des § 255 Abs 1 öAktG vgl *Dehn*, ÖBA 2002, 377 (380 f).

107 *Hütten*, BB 2002, 1740 (1742); ungenau insoweit *Ihrig/Wagner*, BB 2002, 789 (790 f). Vgl dazu auch die Ankündigung der Telekom Austria im Geschäftsbericht 2002, wonach in naher Zukunft ein unternehmenseigener, am ÖCGK orientierter Kodex entwickelt werden soll.

108 Vgl *Lutter*, ZHR 166 (2002), 523 (530 f) und die Begründung des RegE zum TransPuG zu § 161 dAktG. In *Baums* (Hrsg), Bericht der Regierungskommission Corporate Governance, Rn 10 und 3.10 Satz 2 DCGK, wird eine über die bloße *Erklärung* hinausgehende *Erläuterung* der Abweichungen *empfohlen*. Das Unterlassen der Begründung von Abweichungen ist jedoch in die Kodex-Erklärung aufzunehmen; eine diesbezügliche Deviation muss allerdings nicht mehr erläutert werden.

109 Begründung des RegE zum TransPuG zu § 161 dAktG; *Seibert*, BB 2002, 581 (583).

in § 325 Abs 1 Satz 2 dHGB erwähnt – obendrein von der Bekanntmachungspflicht im Bundesanzeiger erfasst wird.

Während somit Abweichungen von den *Empfehlungen* zulässig sind, jedoch von den betroffenen Gesellschaften (zumindest) jährlich offen gelegt werden müssen, gilt dies für die „*Anregungen*", für die der DCGK die kennzeichnenden Begriffe „sollte" oder „kann" verwendet und die sich überall dort finden, wo keine vollständige Übereinstimmung hinsichtlich der „guten" CG-Bedeutung einer Regelung erzielt werden konnte, nicht: Von diesen kann ohne Offenlegung abgewichen werden.[110] Detto auch der ÖCGK, nach dem Abweichungen von den „Recommendations (R)" weder offen zu legen noch zu begründen sind. Die Auswahl des Terminus „*Recommendation (R)*" scheint dabei nicht recht geglückt, werden doch darunter landläufig *Empfehlungen* verstanden, die aber gerade unter Heranziehung des deutschen Ebenbilds DCGK nicht gemeint sind, sondern nun einmal dessen *Anregungen*. 4.1.4 DCGK ist, da sprachlich nicht besonders gekennzeichnet, als geltendes Gesetzesrecht von den Unternehmen zu beachten; der ÖCGK übersetzt diesen Regelungsbereich neudeutsch als „*Legal Requirement (L)*".

Zur Sicherung einer professionellen Erfüllung der Leitungs- und Überwachungsaufgaben sieht 3.8 Abs 1 Satz 1 DCGK vor, dass Vorstand (und Aufsichtsrat) die Regeln ordnungsgemäßer Unternehmensführung beachten, womit eine Schnittstelle zu den Grundsätzen ordnungsmäßiger Unternehmensleitung (GoU) und Unternehmensüberwachung (GoÜ) geschaffen wird.[111]

Der wesentlichste Unterschied zwischen DCGK und ÖCGK besteht letztlich darin, dass dem österreichischen Kodex das legislative Bindeglied zum Aktienrecht in Form einer normativen „Comply-or-explain"-Regelung (vgl § 161 dAktG) fehlt. Die Kodex-Verbindlichkeit kann somit ausschließlich auf dem Prinzip der Selbstverpflichtung beruhen, sodass die Einhaltung des ÖCGK samt Abweichungen davon lediglich in einer jährlichen Erklärung erläutert werden *soll* [Regel 60 ÖCGK (C)].[112]

Daran anschließend stellt sich freilich die Frage, inwieweit der Vorstand schon aufgrund der bestehenden Gesetzeslage – als Ausfluss seiner rechtlichen Pflicht zur Unternehmensleitung (in Österreich und in Deutschland) bzw zur Einrichtung eines Früherkennungs- und Überwachungssystems (nur in Deutschland) – gehalten ist, für ein angemessenes Risikomanagement im Unternehmen zu sorgen. Um dies näher zu ergründen, sollen nachfolgend einige Überlegungen zu einem „Risikomanagement(system)" aus moderner betriebswirtschaftlicher Sicht angestellt werden.

E Risikomanagement(system)

Ein Risikomanagement(system) steht für einen das gesamte Risikospektrum berücksichtigenden Ansatz: Es ist demnach ein Instrument zur (Früh-)Erkennung von Negativ- und Positivpotentialen; namentlich von Risiken und Chancen, ergänzt um das Abzielen auf zusätzliche Erträge und die Schaffung von Vorteilen gegenüber Konkurrenten. Dabei wird das Unternehmen als ein Portfolio von Risiken verstanden, die als Ausfluss der Risiko-

---

[110] Vgl die Präambel des DCGK. Besonders heikle Punkte wurden in Anregungen gefasst.

[111] *Von Werder*, DB 2002, 801 (807 f) mwN; *Kalss*, Das Interne Kontrollsystem (IKS) als Angelpunkt der Corporate Governance in Kapitalgesellschaften, in *Bernat* (Hrsg), FS Krejci, 699 (714 ff).

[112] Siehe auch *Haberer*, Corporate Governance, 106; *Geppert*, ÖJZ 2002, 781 (785).

positionierung des Unternehmens eingegangen werden, sofern sich das Ergebnis des Unternehmens bei gegebenem Risiko verbessern lässt.[113] Ein Aspekt sollte aber immer im Auge behalten werden, denn *Risikomanagement und dessen systematische Ausgestaltung* sind nämlich immer nur so gut wie die Daten, die ihm/ihr zugrunde liegen.

Vorausgeschickt sei auch, dass nicht bei allen Risiken die bloße Existenz zugleich auch eine Bestandsgefährdung oder empfindliche Schwächung des Unternehmens bedeutet. Entscheidend für eine Beurteilung sind vielmehr die Auswirkungen der einzelnen Risiken auf die Gesamtrisikolage des Unternehmens. Bei der Beurteilung ist daher zu beachten, dass das aggregierte Unternehmensrisiko aufgrund möglicher kompensatorischer bzw kumulativer Effekte[114] der Einzelrisiken untereinander nicht unbedingt der Summe der Einzelrisiken entspricht („Bottom-up-Ansatz“).[115]

Aus der Sicht der Betriebswirtschaft lassen sich drei Krisenstadien unterscheiden, die zeitlich aneinandergereiht auftreten, nämlich *Strategie-, Erfolgs- und Liquiditätskrise*:[116]

> „Am wenigsten wird eine Strategiekrise wahrgenommen, weil die Verschlechterung der Marktposition und Nachlassen des Kundeninteresses am Produktprogramm als unvermeidbar der allgemeinen Wirtschaftslage zugeschrieben werden. Werden keine Maßnahmen ergriffen, so folgt die Erfolgskrise mit in der Folge verschlechterten Bilanz- und Ertragszahlen. Die in diesem Fall meist ergriffene Maßnahme der Kostensenkung löst alleine nicht das eigentliche Problem. Erst wenn sich eine massive Liquiditätskrise ankündigt, werden Ad-hoc-Rettungsmaßnahmen eingeleitet, allerdings häufig zu spät. Dem folgend sind gerade die Risiken aus strategischen Entscheidungen diejenigen, die hinsichtlich einer möglichen Bestandsgefährdung besondere Beachtung verdienen.“[117]

Ziel eines funktionierenden Risikomanagement(system)s ist es daher, die bereits bestehenden und die künftig entstehenden Risiken eines Unternehmens so zu steuern und zu regeln, dass der Wert des Unternehmens durch die Verringerung von Risiken bei weiter bestehenden Ertragschancen gesteigert wird und sichergestellt ist, dass die Risikoposition die Risikotragfähigkeit[118] nicht übersteigt; maW: Es soll der *„Durchmarsch“* eines Unternehmens durch alle drei oben angeführten Krisenstadien weitestgehend vermieden werden.

Weiters ist die Funktion darin zu sehen, dass durch systematisches Vorgehen Unternehmensentscheidungen möglichst weit aus dem Bereich der Unsicherheit und damit des Risikos herausgeführt werden – in einen Bereich größerer Objektivierbarkeit bis hin zur rational begründbaren und prognostizierbaren Risikoeinschätzung durch Eliminierung

---

113 Zu einem Risikomanagementsystem aus bankbetriebswirtschaftlicher Sicht vgl *Grünbichler*, ÖBA 2003, 7 (8).

114 *Ringleb* in *Ringleb/Kremer/Lutter/von Werder* (Hrsg), Deutscher Corporate Governance Kodex, Rn 464. Mit Hilfe sog „Value-at-Risk“-Ansätze werden die verschiedensten Risiken zu einem maximalen Gesamtrisiko des Unternehmens zusammengefasst. Allgemein zum VaR-Konzept siehe *Treptow*, ÖBA 2001, 694 und *Treptow*, ÖBA 2002, 948.

115 Vgl *Sauerwein/Thurner* in *Hinterhuber/Sauerwein/Fohler-Norek* (Hrsg), Betriebliches Risikomanagement, 28; *Pahlke*, NJW 2002, 1680 (1682); *Nücke/Feinendegen*, KPMG – Integriertes Risikomanagement, 5.

116 Zum Konzept der sog *„schwachen Signale“* vgl *Ansoff*, Die Bewältigung von Überraschungen und Diskontinuitäten durch die Unternehmensführung – Strategische Reaktion auf schwache Signale, in *Steinmann* (Hrsg), Planung und Kontrolle, 233.

117 *Bitz*, Risikomanagement nach KonTraG, VI.

118 Risikotragfähigkeit ist die Fähigkeit eines Unternehmens, Verluste aus eingetretenen Gefahren tragen zu können, ohne insolvent zu werden.

unsicherer und Maximierung sicherer Erwartungskomponenten. Kurz: Es geht um die rechtzeitige, angemessene und effiziente Reaktion auf unerwünschte Entwicklungen bzw um deren Vermeidung. Darüber hinaus gehende Ziele sind:

- Existenzsicherung,
- Erschließung neuer Erfolgspotentiale,
- Vermeidung von Opportunitätskosten, die durch die Nichterkennung von Chancen entstehen, sowie
- Senkung der Risikokosten. [119]

1 Risikomanagement-Prozess

Sinn und Zweck eines Risikomanagement-Prozesses lege artis ist es nicht, Risiken zur Gänze aus dem unternehmerischen Ablauf zu beseitigen, vor allem schon deshalb nicht, weil Risiken – wie bereits zuvor erwähnt – Bestandteil der Geschäftstätigkeit eines jeden Unternehmens sind und insofern simultan Gefahr, aber auch notwendige Prämisse für unternehmerischen Erfolg bedeuten und übersteigerte Risikoaversion die Gefahr in sich birgt, Erfolgspotentiale nicht (rechtzeitig) oder nicht im erforderlichen Ausmaß zu nützen bzw aufzufrischen. [120]

Vielmehr geht es um einen kontrollierten Umgang mit *kritischen* Verlustpotentialen im Unternehmen [121], frei nach dem Motto: „Wenn unternehmerische Risiken schon nicht vermieden werden können, so sollen sie jedoch zumindest identifiziert, begleitend überwacht und spätestens in dem Zeitpunkt, in dem sie wesentlich für die wirtschaftliche Lage des Unternehmens werden, bewältigt werden.“ [122]

a Risikoidentifikation/Risikoerkennung – Risikomessung

Effektives Risikomanagement erfordert in Bezug auf einen zweckmäßigen Umgang mit Risiken detaillierte Kenntnisse der Unternehmensrisiken einschließlich ihrer Wirkungsfaktoren, -zusammenhänge und -ketten. Hierzu gehören vor allem die systematische, permanente und kontinuierliche Identifikation/Erkennung von Risiken sowie ihre qualitative [123] und quantitative [124] Messung. [125] Die im Zuge der Datenbeschaffung ermittelten Fakten liefern der Unternehmensleitung die Informationsbasis für angemessene Reaktionen; dienen insbesondere der Risikoanalyse und -steuerung.

b Risikoanalyse – Risikobewertung

Zur Ableitung von angemessenen Steuerungsmaßnahmen müssen die identifizierten Risiken weiter untersucht und bewertet werden. Ziel der Risikoanalyse ist eine nähere Erforschung der Ursachen der (festgestellten) Risiken sowie eine Überprüfung der Auswirkungen von Fehlern und Unterbrechungen auf die Abläufe in der Wertschöpfungskette, um das Risikoportfolio des Unternehmens abbilden zu können. Bei der Risikobewertung geht es darum festzustellen, ob aus der Risikoanalyse – im Lichte der definierten Risikopolitik,

[119] *Pollanz*, DB 1999, 393 (394).
[120] Zum Rendite-Risiko-Paradoxon vgl *Ossadnik/Dorenkamp/Wilmsmann*, DB 2004, 1165.
[121] Allg zum Risikomanagement-Prozess (nach KonTraG) bei *Kromschröder/Lück*, DB 1998, 1573 (1574 f).
[122] So auch *Lück*, DB 1998, 8 (8).
[123] Die *qualitative* Messung führt zu einer Einteilung, zB in große, mittlere oder geringe Risiken.
[124] Die *quantitative* Messung stellt eine Verbindung zur Eintrittswahrscheinlichkeit der Risiken her.
[125] Siehe dazu eingehend *Hopp*, GmbH-Risikomanagement, 28 ff.

folglich meist hinsichtlich Höhe des Schadens und dessen Eintrittswahrscheinlichkeit – fundamentale Einzelrisiken identifiziert werden können. Aus der Risikobewertung wird dann der Handlungsbedarf deutlich.

c Risikosteuerung

Gegenstand der Risikosteuerung ist die aktive Beeinflussung der im Rahmen von Risikoidentifikation und Risikoanalyse ermittelten Risikopositionen; mitunter werden diese „Verletzbarkeitsreduktionen" unter dem Begriff „Immunisierung" subsumiert. Die erforderlichen Maßnahmen können sich dabei auf technische, organisatorische oder personelle Bereiche erstrecken. Für das Ergreifen einzelner Steuerungsmaßnahmen stehen grundsätzlich vier Strategiealternativen zur Verfügung. Hiernach kann ein Unternehmen Risiken
- akzeptieren,
- vermindern,
- übertragen oder aber
- vermeiden.[126]

Wichtig ist dabei zu bedenken, dass jegliche Risikosteuerungsmaßnahme unter der Prämisse der Wirtschaftlichkeit zu stehen hat; der (erwartete) Nutzen muss über den Kosten liegen.

d Risikoüberwachung – Überwachung der Risiken

Als letzte Stufe des Risikomanagement-Prozesses gewährleistet die Risikoüberwachung, dass die Risikolage des Unternehmens jederzeit auch der tatsächlich gewollten entspricht; es geht somit um die zeitliche und sachliche Koordination und Kontrolle des Risikomanagement(system)s durch ein zeitnahes Controlling (inkl Reporting)[127]. Die Risikoüberwachung soll sowohl eine Informations- als auch eine Sicherungsfunktion für die Unternehmensleitung erfüllen, wobei ein ständig wachsender Überwachungsbedarf die Notwendigkeit und Bedeutung eines professionellen Risikomanagement(system)s fördert. Bestandteil der Risikoüberwachung ist auch die Interne Revision und das Interne Kontrollsystem, da eine gut ausgestaltete interne Revision sowie ein nachhaltiges IKS – wie das Risikomanagement(system) selbst – alle Strukturen und Abläufe eines Unternehmens überlagert.

2 *Risikomanagement-Organisation*

Die Risikomanagement-Organisation legt die Basis für ein taugliches Risikomanagement, indem sie in sich stimmige Einheiten bzw Strukturen innerhalb eines Unternehmens schafft. Der Vorstand hat als Impulsgeber mit Vorbildfunktion die organisatorischen Gegebenheiten daher so zu gestalten, dass ihm Fehlentwicklungen nach menschlichem Ermessen nicht verborgen bleiben (können).[128] Der „interne" Schlüssel zum erfolgreichen Umgang mit Risiken ist deshalb eine ausgewogene Balance zwischen einer konsequent optimierten (nicht maximierten) Risikowahrnehmung durch die Leitungsorgane im Unternehmen einerseits und einer angemessenen Kontrollstruktur andererseits, die die Mitarbeiter sensibilisiert und zu einer risikobewussten Selbstkontrolle motiviert.

---

[126] *Nücke/Feinendegen*, KPMG – Integriertes Risikomanagement, 23; *Hopp*, GmbH-Risikomanagement, 58 ff.
[127] Zum Reporting siehe *Hopp*, GmbH-Risikomanagement, 69 f.
[128] *Füser/Gleißner/Meier*, DB 1999, 753 (758); *Hüffer*, AktG^6, Rn 6 ff zu § 91 dAktG.

An dieser Stelle muss vor allem die Wichtigkeit des Teilaspekts *Dokumentation* in Form von *schriftlichen* Verfahrensbeschreibungen bzw Handbüchern [129] akzentuiert werden, da den Vorstand Dokumentations- und Organisationspflichten treffen, denen zufolge die Einhaltung von CG-Grundsätzen sicherzustellen und zu dokumentieren ist. [130] Die Dokumentation ist in § 91 Abs 2 dAktG zwar nicht ausdrücklich vorgeschrieben, jedoch insofern notwendig, da aus ihr das generelle Vorgehen, die Maßnahmen zur Risikoidentifikation, Risikomessung, Risikosteuerung, die allgemeinen Risikorichtlinien sowie die festgelegten Verantwortlichkeiten und Schulungsmaßnahmen hervorgehen; somit das Vor- und Umgehen der Geschäftsleitung mit dem Risikomanagement im Unternehmen schlechthin. Für die Geschäftsführung ist eine Dokumentation lege artis dergestalt oft der einzige Nachweis für ihr pflichtgemäßes Verhalten im Fall des Eintritts einer Unternehmenskrise. [131]

Gerade Mängel in der Dokumentation bergen das Risiko von Informationslücken und Wissensverlusten im Zuge der Informationsweitergabe mit der Folge einer nur ansatzweisen Implementierung bzw Funktionsfähigkeit des Risikomanagement(system)s. [132] Hinsichtlich ihres Inhalts und Umfangs ist die Dokumentation so auszugestalten, dass sie der Prüfungstätigkeit des Abschlussprüfers in seiner Rolle als Zuarbeiter des Aufsichtsrats dient. [133]

3 Risikopolitische Grundsätze – Risikostrategie – Risikokommunikation

Der Vorstand selbst muss sich deutlich sichtbar verpflichten, ein unternehmensweites Risikomanagement(system) einzuführen und umzusetzen. Solange nämlich (wesentliche) Risiken vom Management als „bad news“ empfunden werden, mit denen es sich tunlichst nicht beschäftigen will, werden sich nachgeordnete Ebenen ebenso verhalten. [134] Der Königsweg, diese Kalamität zu überwinden – und zugleich Vorbedingung für die Evolution der Risikomanagement-Organisation –, ist die Ausformung und kommunikative Weitergabe von risikopolitischen Grundsätzen durch die Leitungsorgane. [135]

Die (Risiko-)Kommunikation [136] der aus den risikopolitischen Grundsätzen entwickelten Risikostrategie [137] (zB durch Festlegung von Schwellenwerten) im Unternehmen kann dann gezielt zB durch Workshops mit Mitarbeitern aus Planung und Controlling, aber auch durch Kundmachung in Firmenpublikationen (Mitarbeiterzeitschriften) erfolgen, wodurch auch das Gefühl: „Wir sitzen alle in einem Boot“, zuverlässig vermittelt werden soll.

---

129 Näheres zum Risiko-Handbuch bei *Pollanz*, DB 1999, 393 (397 f).

130 *Seibt*, AG 2002, 249 (254).

131 Siehe *Kirchner*, Risikomanagement, 71 ff.

132 *Hasenburg/Büchin*, KPMG – Reformen im Zeichen von Internationalität, Transparenz und Kontrolle, 10.

133 *Kuhl/Nickel*, DB 1999, 133 (135); *Claussen/Korth* in *Schneider/Hommelhoff/Schmidt/Timm/Grunewald/Drygala* (Hrsg), FS Lutter, 327 (334).

134 *Vogler/Gundert*, DB 1998, 2377 (2379).

135 Eine beispielhafte Auflistung risikopolitischer Grundsätze findet sich bei *Bitz*, Risikomanagement nach KonTraG, 22 f.

136 Allg zur Risikokommunikation siehe *Fohler-Norek/Strunz* in *Hinterhuber/Sauerwein/Fohler-Norek* (Hrsg), Betriebliches Risikomanagement, 156 f.

137 Vgl *Lück*, DB 1998, 1925 (1926).

F Fazit

Ausgehend von den gesetzlichen Mindestanforderungen in § 91 Abs 2 dAktG gilt es aus deutscher Sicht zu differenzieren: Auf einer ersten Stufe ist ein Früherkennungssystem zur systematischen Erfassung und unternehmensinternen Weitermeldung wesentlicher bzw bestandsgefährdender Risiken, das auf in sich schlüssigen und unternehmensweiten Leitlinien des Vorstands zur Risikoerkennung (welche Risiken sind besonders zu beachten?), -bewertung (welche Rolle spielt die Eintrittswahrscheinlichkeit des Risikos?) und -kommunikation (ab welcher Schadenshöhe/Eintrittswahrscheinlichkeit ist das Risiko meldepflichtig?) beruht, zu implementieren (Einrichtungspflicht). Auf einer zweiten Stufe ist dieses Früherkennungssystem durch ein Überwachungssystem laufend auf seine Funktionsfähigkeit hin zu überprüfen (Überwachungspflicht).[138]

Insoweit dient das Überwachungssystem *nicht zur Überwachung der Risiken selbst* – ein umfassendes Risikomanagement(system) wird von § 91 Abs 2 dAktG nicht gefordert –, sondern zur Supervision hinsichtlich der Einhaltung der Risiko-Organisationspflichten.[139] Gemeint ist also eine unternehmensinterne Aufsicht darüber, ob das durch den Vorstand im Zuge der Begründung von unmissverständlichen Zuständigkeiten Veranlasste auch geschieht, angereichert um ein engmaschiges „aufsteigendes" Berichtswesen und eine nachhaltige Dokumentation.[140]

Die Einrichtung eines (betriebswirtschaftlichen) Systems der Risikoüberwachung bzw eines Risikomanagement(systems) im zuvor unter IV. E. dargestellten Sinn steht letztlich im Leitungsermessen eines jeden Vorstands, wenngleich vermeintlich entstehende Schutzlücken ohnehin durch Anlegung des (strengen) Sorgfaltsmaßstabs des § 93 Abs 1 Satz 1 dAktG überbrückt werden.

Ähnlich gestaltet sich die Lage in Österreich: Die Pflicht zur Einrichtung, laufenden Instandhaltung und Überwachung eines Risikomanagement(system)s, namentlich eines Verfahrens zur Beaufsichtigung von Risiken, kann zwar nicht aus § 82 AktG (§ 22 GmbHG) abgeleitet werden, doch vermag die Sorgfalt eines ordentlichen und gewissenhaften Geschäftsleiters (§ 84 Abs 1 Satz 1 AktG) dies Leitungsorganen nahe zu legen.[141] Allerdings muss dem IRÄG-Gesetzgeber vorgehalten werden, dass die Neufassung von § 82 öAktG und § 22 öGmbHG hinsichtlich der Konkretisierung der *Überwachungspflichten* des Vorstands nichts Neues brachte. Davon abstrahierend kann sogar von der Entbehrlichkeit der deklarativen Hervorhebung „Internes Kontrollsystem" ausgegangen werden.[142]

Richtungsweisend formulieren dagegen der ÖCGK in Regel 67 (C) und 4.1.4 DCGK exemplarisch eine Konkretisierung dieses (Überwachungs-)Aspekts der Leitungsverant-

---

[138] *Preußner/Zimmermann*, AG 2002, 657 (659); *Drygala/Drygala*, ZIP 2000, 297 (299).

[139] *Kindler/Pahlke* in *Lange/Wall* (Hrsg), Risikomanagement nach dem KonTraG, Rn 207 zu § 1. AA wohl *Altmeppen* in *Roth/Altmeppen*^{5}, Rn 10 Satz 1 zu § 43 dGmbHG.

[140] *Hüffer*, AktG^6, Rn 8 f zu § 91 dAktG; *Drygala/Drygala*, ZIP 2000, 297 (299); *Zimmer/Sonneborn* in *Lange/Wall* (Hrsg), Risikomanagement nach dem KonTraG, Rn 187 zu § 1.

[141] Vgl *Füser/Gleißner/Meier*, DB 1999, 753 (753); *Altmeppen* in *Roth/Altmeppen*^{5}, Rn 10 Satz 2 zu § 43 dGmbHG; *Kalss*, Das Interne Kontrollsystem (IKS) als Angelpunkt der Corporate Governance in Kapitalgesellschaften, in *Bernat* (Hrsg), FS Krejci, 699 (708 f).

[142] So auch *Strasser* in AktG^4, Rn 5 zu § 70 öAktG hinsichtlich des ebenfalls in § 82 AktG normierten „Rechnungswesens".

wortung des Vorstands, womit einmal mehr die Notwendigkeit und Nützlichkeit der beiden Kodizes unterstrichen wird.

V Exkurs: Prüfung des Risikofrüherkennungs- und Überwachungssystems

Gem § 317 Abs 4 dHGB idF TransPuG – abgesehen von Regel 80 ÖCGK (C), wonach der Abschlussprüfer die Funktionsfähigkeit des Risikomanagements zu beurteilen und dem Vorstand zu berichten hat, fehlt in Österreich eine damit unmittelbar vergleichbare gesetzliche Regelung – sind bei allen börsennotierten Aktiengesellschaften (bisher waren nur Aktiengesellschaften mit amtlicher Notierung nach den §§ 36 ff dBörsG aF erfasst) [143] vom Abschlussprüfer im Rahmen der Jahresabschlussprüfung das nach § 91 Abs 2 dAktG vom Vorstand eingerichtete Risikofrüherkennungssystem sowie das Überwachungssystem zu überprüfen. [144] Hier ist ua zu kontrollieren, ob sich die eingerichteten Systeme als zweckmäßig erweisen und den Zielen bzw der Strategie des Unternehmens sowie seinem Risikoprofil gerecht werden. § 321 Abs 4 dHGB regelt die Berichterstattung über das Ergebnis der Prüfung nach § 317 Abs 4 dHGB im Prüfungsbericht; dabei muss der Abschlussprüfer auch darauf eingehen, ob Maßnahmen erforderlich sind, um das Interne Überwachungssystem (IÜS) zu verbessern. [145] Das öHGB lässt eine korrespondierende Normierung wiederum vermissen (vgl § 273 öHGB).

Die Regelung zur Kodex-Erklärung in § 161 dAktG wird ergänzt durch § 285 Nr 16 iVm § 322 Abs 4 dHGB idFd TransPuG, wonach im Anhang zum (vergangenheitsorientierten) Jahresabschluss anzugeben ist, *dass* die Erklärung nach § 161 dAktG abgegeben und den Aktionären zugänglich gemacht worden ist. Dabei wird die Kodex-Erklärung selbst nicht in den Anhang aufgenommen, sondern nur die Angabe, dass diese Erklärung abgegeben wurde. Demgemäß hat der Abschlussprüfer nur festzustellen, ob die Erklärung abgegeben wurde, und gegebenenfalls den Bestätigungsvermerk einzuschränken bzw zu versagen, die materielle Richtigkeit der Kodex-Erklärung prüft er nicht. [146]

Der Abschlussprüfer ist *gegenüber dem Aufsichtsrat* allerdings *zur Rede verpflichtet*, wenn er anlässlich der Abschlussprüfung feststellt, dass die Kodex-Erklärung inhaltlich unrichtig ist. [147] Zusätzlich besteht beim Fehlen oder Vorhandensein von schwer wiegenden, nämlich potenziell bestands- bzw entwicklungsgefährdenden Mängeln des Risikofrüherkennungs- bzw Überwachungssystems selbst – aufgrund der generell geltenden Einrichtungs- und Überwachungsverpflichtung des § 91 Abs 2 dAktG – eine *Redepflicht des Abschlussprüfers im Rahmen der Vorwegberichterstattung* nach § 321 Abs 1 Satz 3 dHGB idFd TransPuG. [148]

---

143 Vgl dazu die Änderungen des BörsG durch das In-Kraft-Treten des 4. Finanzmarktförderungsgesetzes am 1.7.2002.

144 Siehe *Theisen*, Grundsätze einer ordnungsmäßigen Information des Aufsichtsrats[3], 21 und 42 f; *Mattheus*, ZGR 1999, 682 (702 ff); *Schindler/Rabenhorst*, BB 1998, 1886; *Hommelhoff*, BB 1998, 2625.

145 *Lück/Hunecke*, DB 1996, 1; vgl auch die Kritik von *Pfitzer/Oser/Orth*, DB 2002, 157 (163).

146 Vgl *Ruhnke*, AG 2003, 371 (373); *Berg/Stöcker*, WM 2002, 1569 (1574).

147 Vgl *Gelhausen/Hönsch*, AG 2002, 529 (534 f).

148 Vgl hierzu auch 7.2.3 DCGK.

In geradezu vorbildlicher Weise sieht der ÖCGK in Regel 79 (C) außerdem vor, dass der Abschlussprüfer neben dem gesetzlich vorgeschriebenen Prüfungsbericht und seiner bei schwer wiegenden Verstößen gegen Gesetz, Gesellschaftsvertrag oder Satzung auszuübenden Redepflicht (vgl § 273 Abs 1 und 2 öHGB) einen darüber hinausgehenden sog *Management Letter* anzufertigen hat, der Schwachstellen im Unternehmen aufzeigen soll. [149]

Nicht übersehen werden darf freilich, dass die Überprüfung des vom Vorstand einzurichtenden Risikomanagement(system)s auch eine Aufgabe des Aufsichtsrats im Rahmen der Überwachung der Geschäftsführung nach § 95 Abs 1 öAktG bzw § 111 Abs 1 dAktG ist. [150] Insoweit kann der Abschlussprüfer die Überwachungsfunktion des Aufsichtsrats nicht ersetzen, sondern nur ergänzen. [151]

VI Ergebnis und Ausblick

Risiken haben ihren Ursprung in der Unsicherheit über die Zukunft. In der Vergangenheit haben vor allem schwere Unternehmensschieflagen, -krisen sowie –zusammenbrüche eindringlich vor Augen geführt, warum gute interne Corporate Gorvenance in Form eines *nachhaltigen Risikomanagements bzw dessen systematische Ausgestaltung* als Konkretisierung der Sorgfaltspflicht der Unternehmensleitung so wichtig ist: Das geflügelte Wort *Risikomanagement* bildet eben nicht nur die Grundlage für die Reduzierung der Risiken, sondern impliziert auch die Möglichkeit, Chancen im Rahmen der unternehmerischen Tätigkeit auszumachen und zu nutzen. Die Aufgabe des Risikomanagement(system)s besteht insgesamt also in der wertsteigernden Gestaltung der Unternehmensrisikoposition, da wirtschaftlicher Erfolg – glücklicherweise – nicht allein durch die Vermeidung von Risiken bestimmt wird. Risikomanagement als Teilaspekt „guter" Corporate Governance ist überdies als vertrauensbildende Maßnahme entscheidend für die Zuversicht und den Investitionswillen einer Vielzahl institutioneller Investoren und zT – umgelegt auf einen globalisierten (Kapital-)Markt – auch für die Kontur der Wirtschaftsbilanz eines ganzen Landes.

Die tragenden Elemente eines effizienten und adäquaten Risikomanagement(system)s sind zweifelsohne die rechtzeitige Identifikation und Diagnose sowie die planmäßige Reduktion von Verletzbarkeiten: Durch das *frühzeitige Erkennen* von potenziell die Vermögens-, Finanz- und Ertragslage eines Unternehmens wesentlich gefährdenden Risiken sollen für das Management *operative Handlungsspielräume geschaffen* [152] und die Notwendigkeit der kostenintensiven Ad-hoc-Bekämpfung von Krisensituationen auf das entstehende, diffizil steuerbare Restrisiko beschränkt werden. [153] Letztendlich wird sich die Sorgfaltspflicht der Leitungsorgane (vgl § 84 Abs 1 öAktG und § 93 Abs 1 dAktG) in Zukunft daher immer mehr am Orten und Ordnen von Verletzbarkeiten orientieren müssen, wenngleich uns der Glaube an das Allheilmittel *Risikomanagement* nicht darüber

---

[149] Regel 79 ÖCGK (C); *Geppert*, ÖJZ 2002, 781 (789).

[150] Vgl auch Regel 9 ÖCGK (L) und Regel 37 ÖCGK (C); *Scheffler*, AG 1995, 207 (211 f).

[151] Ähnlich *Kalss*, Das Interne Kontrollsystem (IKS) als Angelpunkt der Corporate Governance in Kapitalgesellschaften, in *Bernat* (Hrsg), FS Krejci, 699 (713 f).

[152] Vgl auch die Begründung zum RegE des KonTraG, BT-Drucks. 13/9712.

[153] *Nücke/Feinendegen*, KPMG – Integriertes Risikomanagement, 7 f.

hinwegtäuschen darf, dass *Marktbereinigungen* (Selbstreinigungsprozesse) auch in Zukunft unvermeidbar sein werden.

Dabei ist Risikomanagement weder eine Erfindung des österreichischen ÖCGK noch des DCGK (und schon gar nicht des IRÄG oder des KonTraG), sondern war immer schon eine der wesentlichsten Aufgaben der Unternehmensleitung. Systematisches Identifizieren, Beurteilen, Bewerten, Steuern und Kontrollieren von Risiken und deren Wirkungszusammenhängen ist seit jeher eine essenzielle Aufgabenstellung für alle Führungskräfte.

Anspruch und Realität des Themenkreises „Risikomanagement" klaffen in vielen Unternehmen jedoch auch heute noch häufig weit auseinander. Die Ursachen hierfür sind ua in den folgenden vier Bereichen zu suchen:

- Unstete Beschäftigung mit dem Thema *Risikomanagement*
  Über Risiken wird häufig erst dann gesprochen, wenn sich diese realisiert haben oder deren Eintrittswahrscheinlichkeit hoch ist. Eine unstete Beschäftigung beinhaltet immer auch eine unsystematische und damit ineffiziente Behandlung des Themas Krisenvorbeugung/Krisen- und Insolvenzprophylaxe – Risikomanagement darf keine unliebsame Pflichtübung sein, sondern muss auf die ständig wechselnden Umstände immer wieder neu eingehen.
- Funktionale Zersiedlung des Themas *Risikomanagement*
  Es ist nicht so, dass sich die Führungskräfte der Risiken nicht bewusst wären. Nur: Es beschäftigen sich häufig sehr unterschiedliche Stellen mit Teilaspekten der unternehmerischen Risiken.
- Fehlende Integration des *Risikomanagements* in das Berichtsinstrumentarium
  Unumgänglich ist eine kontinuierliche und komprimierte Information des Vorstands durch ein entsprechendes Berichtswesen (sowie ggf ad hoc durch einen Risikobeauftragten).
- Vernachlässigung eines *endogenen Wertemanagements*
  Exogene Zielfaktoren (wie zB Marktrisiken) stehen im Vordergrund; endogene Werte (wie zB die Einstellungen, Haltungen und Überzeugungen entsprechend qualifizierter Mitarbeiter einschließlich der Nachwuchsförderung) [154] werden vernachlässigt.

Die faktische Ausgestaltung des Risikomanagement(system)s ist freilich abhängig von mannigfaltigen, unternehmensindividuellen Entitäten, wie etwa Größe, Branche, Struktur oder Kapitalmarktzugang und verbleibt somit in der Sphäre der unternehmerischen Selbstorganisation. Ausschlaggebend für das Entstehen einer *Risikokultur* – und damit die erfolgreiche Umsetzung und Anwendung von Risikomanagement in der täglichen Unternehmenspraxis – ist schließlich und endlich der *Faktor Mensch.* Die Auswahl sowie die entsprechende Aus- und Weiterbildung qualifizierter, motivierter sowie zum Unternehmen und seinen Zielen passender, eventuell sogar nonkonformistischer Mitarbeiter sind die entscheidenden Erfolgsfaktoren für die Effektivität von Risikomanagementmaßnahmen. [155] Im Kern geht es um folgende Fragen:

- Wie mobilisiert ein Unternehmen systematisch und nachhaltig die Motivation von Führung und Mitarbeitern zu rechtlich und moralisch integrem Verhalten?
- Wie schafft es Anreize, dass die Regelungen der CG lebbar und gelebt werden?

---

[154] Vgl auch *Der Standard*, 26./27. Juli 2003. Vorbildlich Regel 38 ÖCGK und Punkt 5.1.2 DCGK.
[155] *Nücke/Feinendegen*, KPMG – Integriertes Risikomanagement, 10.

- Wie eliminiert es Anreize im Unternehmen, die illegales und unmoralisches Verhalten prämieren? [156]

Letztlich hebt dies alles die Wichtigkeit der sog „*weichen*" Managementfaktoren („*soft facts*") hervor, was in der täglichen Unternehmenspraxis (nach wie vor) häufig verkannt wird. [157] Zudem müssen Schlagworte wie zB „offene Türen", „soziale Kompetenz" oder „Qualität durch (Selbst-)Kontrolle" von Vorstandsseite gegenüber den eigenen Mitarbeitern auch tatsächlich vorgelebt werden, um glaubwürdig zu wirken. Im Hinblick auf eine etablierte *Kontrollstruktur* wirken sich dementsprechend übermäßige Kontrollen mittel- bis langfristig genauso nachteilig aus wie unzureichende.

[156] *Wieland*, Wertemanagement und Corporate Governance, 4. Siehe *Hauschka*, NJW 2004, 257 (260) zum sog „Mission-Statement" als unternehmensöffentlichem Bekenntnis der Geschäftsleitung zur Gesetzestreue.

[157] Vgl *Cleemann/Kreutzer* in *Hinterhuber/Sauerwein/Fohler-Norek* (Hrsg), Betriebliches Risikomanagement, 79.

Die Vorstands- und Aufsichtsratsvergütung auf dem Prüfstand: Corporate-Governance-kompatible Anreiz- und Vergütungssysteme für Führungskräfte [1]

Dr. Manfred Büchele

Drei Viertel aller österreichischen Arbeitnehmer geben an, beruflich mehr leisten zu können als sie tatsächlich leisten (wollen). Ihrer Ansicht nach bringt mehr Leistung nichts für sie – außer das fixe Grundgehalt wird erhöht. [2] Daraus erfließend stellt sich natürlich die Frage, ob Führungskräfte sich in dieser Hinsicht von „normalen" Arbeitskräften abheben – sich also charakterliche Vorbild- und Identifikationswirkung auf die Fahnen geheftet haben – oder ob der originär Führungskräften zustehende, erweiterte berufsmäßige Handlungsspielraum diese Nivellierung nicht zu überwinden vermag. Des Weiteren wird der Frage nachzugehen sein, inwieweit Motivation und Engagement – angesichts der exorbitanten zeitlichen Arbeitspensen der Manager – wirklich zu mehr Effizienz und Leistung führen können bzw ob und wie die Unternehmen davon profitieren. [3] Gegenstand der folgenden Ausführungen ist dementsprechend auch die Thematik, ob Führungskräfte (finanziell) wirklich das verdienen, was sie verdienen – hingegen nicht die Reizthemen Verteilungsgerechtigkeit von Arbeitseinkommen, Konsumzufriedenheit etc; diese sollen im vorliegenden Beitrag zugunsten einer objektiven Betrachtung ausgeklammert bleiben.

I Einleitung

In von erhöhter betrieblicher Freisetzungsaktivität und dem Rückgang von Sozialleistungen (Stichworte: „Steuer- und Pensionsreform" bzw „sozialer Konsens") geprägten Zeiten bietet die teilweise emotional geführte Diskussion über Sinnhaftigkeit und Fairness von

[1] Die Abhandlung basiert auf Publikationen in GesRZ 2004, 165 (Teil I) sowie GesRZ 2004, 240 (Teil II).

[2] Studie des Meinungsforschungsinstituts SORA anlässlich der Europäischen Wissenschaftstage 2003. In dieses Bild passt auch die Diagnose, dass in zwei Dritteln der befragten Betriebe nicht offen über Leistungsunterschiede diskutiert wird und somit „Leistung" bzw „Resultate" zu Tabuthemen statuiert werden.

[3] Fundament hier auftretender Zweifel sind diverse Motivationstheorien (zB die ERG-Theorie von *Alderfer*, die Zwei-Faktoren-Theorie von *Herzberg*, die Leistungsmotivationstheorie von *McClelland/Atkinson*, die Valenz-Instrumentalitäts-Erwartungs-Theorie von *Vroom*, die Weg-Ziel-Theorie von *Locke* oder das Motivationsmodell von *Porter/Lawler*; siehe zudem Fn 8), die regelmäßig die Motivationsfunktion des Geldes negieren – bzw diese zumindest in ihrer Absolutheit anzweifeln – und damit den vom „Klassiker" *Taylor* in „Die Grundsätze wissenschaftlicher Betriebsführung" vertretenen (veralteten) Ansatz, nämlich Geld als *primäres* Motivationsmittel anzusehen, ablehnen.

erfolgsorientierter Entlohnung in vielfacher Euro-Millionenhöhe („*Selbstbedienungsmentalität*“ bzw „*overcompensation*“ der „*fat cats*“)[4] einen idealen Nährboden für Kritik am und Protest gegen das Bestreben vieler börsennotierter Unternehmen, andernorts übliche Vergütungsmechanismen ins eigene Besoldungsregime zu implementieren.[5] Nichtsdestotrotz besteht in Österreich und Deutschland das Verlangen nach Determinierung der erfolgsabhängigen Revenuen, maW der Festlegung des *optimalen Anreizmixes* innerhalb der von Rechts wegen erlaubten, komplexen Anreizsysteme.[6]

Dabei wird ein betriebliches Anreizsystem charakterisiert durch die Summe aller bewusst gestalteter Bedingungen der Arbeit, die im Wirkungsverbund erwünschte, zielkonforme Verhaltensweisen durch positive Anreize auslösen und unerwünschte Verhaltensweisen mittels negativer Anreize oder Sanktionen unterdrücken oder reduzieren.[7] Das Entgelt iS eines persönlichen Vorteils erfüllt dabei für Führungskräfte – wie auch für andere Mitarbeiter – verschiedene Funktionen. Einerseits stellt es die materielle Existenzgrundlage dar und erfüllt gleichermaßen Sicherheitsbedürfnisse iS einer Vorsorge vor physischen Gefahren (zB Krankheit oder Invalidität). Andererseits wird mit dem Entgelt die Wertschätzung zum Ausdruck gebracht, die ein Unternehmen seinem Personal entgegenbringt. Darüber hinaus dient das Entgelt in der Hauptsache den Führungskräften als Leistungsmaßstab für den persönlichen Erfolg und die Realisierung eigener Interessen im inner- und überbetrieblichen Vergleich (Selbstverwirklichung)[8], wobei der externe Vergleich für die einzelne Führungskraft umso bedeutsamer ist, je höher die jeweilige Position in der Unternehmenshierarchie einzuordnen und je weniger vergleichbare Positionen im Unternehmen vorhanden sind.[9]

Gemäß diesen Maximen enthalten Bezüge von Führungskräften in aller Regel neben fixen Bestandteilen (Grund- bzw Festgehalt, „*base salary*“)[10] auch variable Komponenten („*fringe benefits*“ ieS). Das variable Einkommenselement versucht dabei den erfolgsbezogenen Anteil der Führungskraft am finanziellen Erfolg des Unternehmens tunlichst

---

4 *Schaefer*, NZG 1999, 531 (531); *Legerlotz/Laber*, DStR 1999, 1658 (1658); *Paefgen*, AG 1999, 67 (72); *Ettinger*, Stock-Options, 14 f; *Handelsblatt*, 13.2.2004, http://www.handelsblatt.com/pshb/fn/relhbi/sfn/buildhbi/cn/GoArt!200014,205083,708262/SH/0/depot/0/; *Die Welt*, 28.5.2003, http://www.welt.de/data/2003/05/28/103860.html; *Financial Times Deutschland*, 21.5.2003, http://www.ftd.de/ub/fi/1053090420413.html?nv=rs; *Die Presse*, 21.5.2003. *Schneider*, ZIP 1996, 1769 (1771) spricht von „räuberischen Gehaltsgestaltungen“.

5 Ergänzend hierzu das von österreichischer Industriellenvereinigung, Wirtschaftskammer und Wirtschaftsministerium ausgearbeitete Leitbild für *Corporate Social Responsibility* (CSR), online abrufbar unter http://www.abcsd.at/website/uploads/CSR_leitbild.pdf, das eine Beachtung von nachhaltigen, ökosozialen Grundprinzipien im Wirtschaften anregt.

6 Dessen ungeachtet darf nicht übersehen werden, dass hier nur Annäherungsversuche an ein (subjektives) Optimum erfolgen können, wie *Ladeur*, RabelsZ 64 (2000), 60 (66) treffend iSd Erfolgsadressaten formuliert: „Jede Methode hat ihren blinden Fleck, der ihre Selektivität begründet.“

7 Anreize im Prozess der Motivation können ganz allgemein als situative Gegebenheiten definiert werden, die geeignet sind, die Motivation der Anreiznehmer zu aktivieren; vgl *Schüller*, Vorstandsvergütung, 55 ff; *Danielsen*, Leistungsbezogene Entgeltsysteme, 39 ff.

8 Nach *Maslow* steht ganz allg für Individuen die Selbstverwirklichung an der Spitze der sog *Bedürfnispyramide*.

9 Vgl *Thüsing*, ZGR 2003, 457 (474 f).

10 Der fixe Entgeltbestandteil als Mindestanspruch wird im Allgemeinen nicht mit dem Leistungs- bzw Erfolgsverhalten in Verbindung gebracht, sondern stellt eine Art „Entschädigung“ für die Mitgliedschaft im Unternehmen dar und beeinflusst deshalb in erster Linie die Teilnahmeentscheidung am unternehmerischen Arbeitsprozess, weniger aber die Leistungsentscheidung.

repräsentativ abzubilden („*performance pay principle*").[11] Insgesamt muss die Entgeltpolitik eines Unternehmens darauf ausgerichtet sein, qualifizierte Führungskräfte auf einem weltweiten Wettbewerbsmarkt zB mithilfe eines „*golden hello*" zu gewinnen, diese Entscheidungsträger zu einem zielgerichteten Verhalten im Rahmen eines intakten betrieblichen Wertesystems zu motivieren und die Fluktuation kundigen Personals zu verhindern.[12] In einem erweiterten Zusammenhang mit der Vergütungsproblematik steht die durchaus praxisrelevante Frage der Vereinbarung eines Selbstbehalts im Rahmen einer D&O-Versicherung („*Director's & Officer's Liability Insurance*"), welche im vorliegenden Beitrag jedoch ausgespart bleiben soll.[13]

Bei den traditionell eingeführten, erfolgsabhängigen Vergütungen dominierten und dominieren bislang die kurzfristigen Tantiemen und Boni („*short-term incentive pay*").[14] Die Einräumung von Bezugsrechten auf Aktien des eigenen Unternehmens (*Aktienoptionen, „stock options*")[15] durch individualvertragliche Vereinbarungen[16] mittels sog Aktienoptionsprogramme/Aktienoptionspläne („*stock option plans*") stellt eine weitere Möglichkeit dar, den variablen Teil erfolgsbezogen zu gestalten,[17] wobei diese langfristig ausgerichtete Entlohnungsstrategie („*longterm incentive pay*") in den angloamerikanischen Ländern schon seit langem gang und gäbe ist,[18] während in Österreich und Deutschland

---

11 Im Idealfall sind Erfolg und (Arbeits-)Leistung in Bezug auf die einzelne Führungskraft kongruent. Prinzipiell liegt jedoch der *Erfolg* im Brennpunkt der Betrachtungen, Leistung alleine reicht nicht (mehr) aus; siehe dazu auch die Ausführungen unter V. A.

12 Die Beantwortung der Frage, ob und inwieweit die Höhe der Entlohnung entweder durch einen unverzerrten, kompetitiven Arbeitsmarkt bestimmt wird oder Führungskräfte ihren eigenen Verdienst aufgrund ihrer Machtfülle selbst diktieren können, muss den Wirtschaftswissenschaften bzw der Wirtschaftspsychologie überlassen bleiben. Vgl die sog „Ausplünderungshypothese" von *Adams*, ZIP 2002, 1325 (1332 f und 1338). *Bebchuk/Fried/Walker*, Managerial Power and Rent Extraction in the Design of Executive Compensation, online abrufbar unter http://papers.ssrn.com/sol3/delivery.cfm/SSRN_ID316590_code020619140.pdf?abstractid=316590, und *Bebchuk/Fried*, Executive Compensation as an Agency Problem, online abrufbar unter http://papers.ssrn.com/sol3/delivery.cfm/SSRN_ID364220_code030106630.pdf?abstractid=364220, diagnostizieren ein teilweises Versagen des Entlohnungsmarkts für Führungskräfte. Siehe auch *Winter* in *Hommelhoff/Hopt/von Werder* (Hrsg), Handbuch Corporate Governance, 335 (351 f); *Lutter*, ZIP 2003, 737 (742).

13 Vgl dazu *Dreher/Görner*, ZIP 2003, 2321; *Notthoff*, NJW 2003, 1350 (1353); *Kiethe*, BB 2003, 537 (538); *Kollmann*, WM Sonderbeilage 1/2003, 13.

14 Tantiemen und Boni bilden zusammen mit dem Grundgehalt die Gesamt*bar*vergütung. Betriebliche Zusatz- und Nebenleistungen („*personal benefits*", „*perquisites*") wie zB Firmenwagen, Mobiltelefon, betriebliche Altersvorsorge (siehe hierzu Regel 30 ÖCGK (C)), Firmenwohnung/-haus, Versicherungen, Bewirtungspauschalen etc bleiben in dieser Untersuchung ebenfalls ausgeklammert.

15 Um die hier interessierende Anreizorientierung des Managements zu erreichen bzw zu steigern, ist es nicht erforderlich, die Optionsrechte verbrieft und handelbar zu gestalten. Eine Handelbarkeit der Optionen würde die Zielorientierung vielmehr sogar ausschließen; vgl *Kallmeyer*, AG 1999, 97 (99). Damit unterscheiden sich die im vorliegenden Beitrag untersuchten Aktienoptionen grundlegend von den auf der Handels- und Clearingplattform *Eurex*, www.eurexchange.com, gehandelten, übertragbaren Derivaten. Zum Erwerb von selbständigen Optionsscheinen vgl *Joussen*, BB 1997, 2117.

16 Die Aufnahme einer Führungskraft in ein Aktienoptionsprogramm wird einzelvertraglich durch aufschiebend bedingte Aktienkaufverträge fixiert.

17 Das Haupteinsatzfeld von Aktienoptionsprogrammen sind überwiegend börsennotierte Aktiengesellschaften. IdR lassen sich Aktienoptionsprogramme in Form von „virtuellen" Programmen für nichtbörsennotierte Gesellschaften jeglicher Rechtsform modellhaft nachbilden; vgl *Kallmeyer*, AG 1999, 97 (98).

18 In den USA haben bereits seit den 70er Jahren – in Großbritannien seit Anfang der 80er Jahre – Aktienoptionsprogramme sowohl bei jungen als auch bei etablierten Unternehmen Verbreitung gefunden. Mittlerweile steht in diesen Ländern die variable zur fixen Entlohnung in einem Verhältnis von ca 70 : 30,

erst seit ca einem Jahrzehnt über eine *Mischform* aus Fixum, Tantiemen und optionsbasierter Vergütung nachgedacht wird. [19]

Im Hinblick auf die Intention unterscheiden sich Anreizsysteme für Führungskräfte grundlegend von der Beteiligung breiter Mitarbeiterkreise: Während die klassischen Mitarbeiterbeteiligungssysteme durch eine Teilhabe am Produktivvermögen auf den Abbau des Gegensatzes zwischen Kapital und Arbeit bzw ein allgemeines Wohlverhalten abzielen, [20] sollen Führungskräfte motiviert werden, den Erfolg und Wert sowie die Wettbewerbsfähigkeit eines Unternehmens als Vertreter der Eigentümer durch nachhaltig auf Rentabilität konzentriertes Handeln und Entscheiden langfristig zu steigern (wertorientierte Unternehmensführung; Stichwort: Shareholder-Value). [21]

Aus diesem Grund werden die Vorzüge von Anreizsystemen in der Praxis vor allem der ersten und zweiten Führungsebene angeboten, da nur diesen Hierarchieebenen eine eminente Unternehmenswertsteigerung als Ausfluss ihrer direktiven Einflussmöglichkeiten zugetraut wird. [22] Denn selbst wenn der Anteil der Führungsarbeit im Unternehmen quantitativ gering ist, stellt er für den wirtschaftlichen Erfolg einen entscheidenden Faktor dar. [23] Auf derselben Einschätzung fußt auch die Kategorisierung der den einzelnen Führungskräften zuzuteilenden Vorteile; nämlich regelmäßig ausgehend vom Umstand der Seniorität bzw der Stellung im hierarchischen Gefüge des Unternehmens. Was in diesem Zusammenhang allerdings oft übersehen wird, ist die Tatsache, dass Führungskräfte grundsätzlich auf die Arbeitsleistung ihrer „normalen" Mitarbeiter angewiesen sind, um darauf aufbauend den Unternehmenswert/-erfolg steigern zu können. [24]

---

seltener 80 : 20; vgl *Pellens/Crasselt/Rockholtz* in *Pellens* (Hrsg), Unternehmenswertorientierte Entlohnungssysteme, 1 (10); *Towers Perrin*, Gesamtvergütung im internationalen Vergleich 2003/2004, online abrufbar unter http://www.towersperrin.com/hrservices/webcache/towers/United_States/publications/Reports/2003_04_Worldwide_Remuneration/WWTR_2003_English.pdf; *Schwarz/Michel*, BB 1998, 489 (490).

19 Der variable Teil an der Gesamtvergütung wird in Österreich und Deutschland mittlerweile mit beachtlichen 30 – 60 % angenommen; vgl die Einkommenserhebung des *WdF*, online abrufbar unter http://www.wdf.at; *Evers* in *Pellens* (Hrsg), Wertorientierte Entlohnungssysteme, 53 (59); *Towers Perrin*, Gesamtvergütung im internationalen Vergleich 2003/2004; *DSW*, Studie zur Vorstandsvergütung, online abrufbar unter http://www.dsw-info.de/index.php?id=234. *Der Standard*, 19./20.10.2002, berichtet unter Berufung auf eine Kienbaum Vorstandsvergütungsstudie 2001/2002, dass Aktienoptionen in Österreich mittlerweile in 93 % der börsennotierten Unternehmen Verbreitung gefunden haben.

20 Ähnlich *Peltzer*, AG 1996, 307 (308).

21 Grundlegend zum Begriff des Shareholder-Value *Rappaport*, Creating Shareholder Value. Siehe auch *Fleischer* in *Hommelhoff/Hopt/von Werder* (Hrsg), Handbuch Corporate Governance, 129; *Schilling*, BB 1997, 373; *Burkhalter*, Einheitsaktien, 190 f und 246 ff; *Mülbert*, ZGR 1997, 159 ff; *Busse von Colbe*, ZGR 1997, 271 ff; *von Werder*, ZGR 1998, 69 ff; *Lorson*, DB 1999, 1329 und krit nunmehr *Malik*, Perpetuierung falscher Corporate Governance, online abrufbar unter http://www.manager-magazin.de/koepfe/mzsg/0,2828,217433,00.html; *ders*, Die Neue Corporate Governance, 30.

22 Zwar können mithilfe von Subordination und Monitoring Leistungsanreize auch an tiefer stehende Hierarchieebenen vermittelt werden, die Übertragbarkeit des Anreizes nimmt aber mit dem „Durchdrücken" von Entscheidungen auf niedrigere Organisationsstufen ab; vgl *Weiß*, Aktienoptionspläne für Führungskräfte, 90; *Pellens/Crasselt/Rockholtz* in *Pellens* (Hrsg), Wertorientierte Entlohnungssysteme, 1 (15); *Achleitner/Wichels* in *Achleitner/Wollmert* (Hrsg), Stock Options, 1 (17); *Kühnberger/Keßler*, AG 1999, 453 (455); *von Rosen/Leven* in *Harrer* (Hrsg), Mitarbeiterbeteiligungen und Stock-Option-Pläne, Rn 20.

23 Vgl *Götze*, Aktienoptionen für Vorstandsmitglieder und Aktionärsschutz, 55.

24 So auch *Lück*, Die Gewährung von Aktienoptionen im arbeitsrechtlichen Vergütungsgefüge, 27; *Evers* in *Pellens* (Hrsg), Wertorientierte Entlohnungssysteme, 53 (56 f und 66); *Feddersen/Pohl*, AG 2001, 26 (39); *Der Standard*, 3.3.2004.

II Tantiemen

Tantiemen in Form der Ermessens-, der gewinn- und dividendenabhängigen sowie der börsenkursbezogenen Tantiemen bilden die weitaus vorherrschende Form der erfolgsabhängigen, variablen Vergütung[25] und werden in praxi zumeist am Ende eines jeden Geschäftsjahrs ausbezahlt. Mit Ausnahme der Ermessenstantiemen ist Rechtsgrundlage der Tantiemeansprüche idR der Anstellungsvertrag.[26]

A Ermessenstantiemen

Ermessenstantiemen sind eine häufig vorkommende Form der Tantiemebemessung. Hierbei ist der Aufsichtsrat befugt, die Höhe der Tantiemen nach seinem Ermessen diskretionär festzulegen, wobei er dieses Ermessen nicht willkürlich, sondern pflichtgemäß auszuüben hat. Die Ermessenstantiemen eröffnen dem Aufsichtsrat die Möglichkeit, nach Ablauf (aber auch während) eines Geschäftsjahres alle tatsächlich erzielten Erfolge und Misserfolge eines Vorstandsmitglieds abzuwägen und in die Beurteilung der Tantiemehöhe einfließen zu lassen.

Der Vorteil der Ermessenstantiemen ist darin zu sehen, dass diese eine sehr flexible Erfolgsbeurteilung erlauben. Ihr Nachteil liegt allerdings darin, dass sie sich im Vergleich zu anderen Tantiemetypen nicht exakt errechnen lassen und der Aufsichtsrat sich dazu verleiten lassen könnte, nach Art eines „Patrons" zu verfahren, um durch eine großzügige respektive knappe Bemessung der Tantiemen das Verhalten der einzelnen Vorstandsmitglieder bei der Leitung des Unternehmens stärker an den Wünschen des Aufsichtsrats auszurichten; maW die Vorstandsmitglieder „gefügiger" zu machen. Des Weiteren wird gegen die Ermessenstantiemen angeführt, dass die anreizgebende Wirkung einer Zielvorgabe fehlt, weil nur im Nachhinein, vergangenheitsbezogen nach vorher nicht bekannten Regeln belohnt wird.[27]

B Gewinn- und dividendenabhängige Tantiemen

*Gewinn*abhängige Tantiemen können relativ frei an Führungskräfte ausgeschüttet werden,[28] wobei dies leitschnurmäßig vorzugsweise für Deutschland gilt, wo nach Aufhebung des § 86 dAktG durch das TransPuG hinsichtlich der Gewinnbeteiligung für Vorstandsmitglieder keine Einschränkungen mehr bestehen.[29] Ebenfalls beliebt sind *dividenden*abhängige Tantiemen, die den Managern ein bestimmtes Anrecht in Abhängigkeit von

---

25 Vgl *WdF*, Einkommenserhebung; *Towers Perrin*, Monitor Mai 2003, online abrufbar unter http://www.towersperrin.com; *Hoffmann-Becking*, NZG 1999, 797 (797).

26 *Hüffer*, AktG^5, Rn 5 zum (nunmehr aufgehobenen) § 86 dAktG. Vgl auch *Hoffmann-Becking*, ZHR 169 (2005), 155 (161).

27 *Hoffmann-Becking*, NZG 1999, 797 (799); ähnlich *Martens*, ZHR 169 (2005), 124 (143).

28 Vgl *Strasser* in AktG^4, Rn 152 zu den §§ 77 – 84 öAktG; *Hüffer*, AktG^5, Rn 1 f zum (nunmehr aufgehobenen) § 86 dAktG.

29 Gleichsam können auch sog Genussrechte gewährt und in Form von Genussscheinen verbrieft werden. Die Genussrechte führen zu einer schuldrechtlichen Beteiligung; eine gesellschaftsrechtliche Teilhabe erfolgt nicht, sondern es entsteht lediglich eine Forderung gegen das Unternehmen; vgl *Ettinger*, Stock-Options, 10 sowie *van Husen*, Genussrechte – Genussscheine – Partizipationskapital.

der ausgeschütteten Dividende[30] zubilligen. Auch Aufsichtsratstantiemen werden häufig am Dividendensatz ausgerichtet.[31] Da die dividendenabhängige Tantieme weder auf den Bilanzgewinn noch den Jahresüberschuss, sondern auf den Umfang der Ausschüttung an die Aktionäre abstellt, führt sie zu einer Gleichschaltung sowohl der Entlohnungsinteressen der Führungskräfte als auch der Ausschüttungsinteressen der Aktionäre, sodass die Belange Letzterer jedenfalls gewahrt bleiben.

Ganz generell erfolgt bei der variablen Entlohnung über gewinn- und dividendenabhängige Tantiemen aber keine Ausrichtung am Börsenkurs. Dies bedeutet, dass die Tantiemen durch die Unternehmensleitung gestaltbar werden,[32] zB durch die großzügige Inanspruchnahme von Bewertungsvorschriften im handelsrechtlich zulässigen Umfang. Dies führt durchgängig zu einer stärkeren Akzentuierung kurzfristiger Erfolge und wird somit einer nachhaltigen Unternehmenspolitik, die eine langfristige Unternehmenswertsteigerung sowie die Berücksichtigung auch anderer Stakeholder-Interessen zum Inhalt hat, nicht voll gerecht.

C Börsenkursbezogene Tantiemen

Ein weiterer Tantiemetyp sind börsenkursbezogene Tantiemen, die sich in zwei verschiedenen Ausprägungen darstellen, nämlich als *„stock appreciation rights“* (SARs/Wertsteigerungsrechte) oder *„phantom stocks“*. Anteile am Unternehmen können hier nicht erworben werden – dementsprechend ist auch keine Kapitalmaßnahme bzw kein Aktienerwerb vonnöten, sodass für die Genehmigung und Schaffung solcher Rechte eine Regelung im Anstellungsvertrag der Führungskraft ohne Mitwirkungsbefugnis der Hauptversammlung einer Aktiengesellschaft genügt.[33]

SARs als arbeitsvertragliche Bonuszahlungen verpflichten das Unternehmen im Falle einer vordefinierten Unternehmenswert- oder Börsenkurssteigerung die Differenz zwischen dem Wert der Anteile und dem Ausübungspreis zu einem simulierten Ausübungszeitpunkt in Geld an die Entscheidungsträger zu bezahlen (sog „Barausgleich“, „cash settlement“). Dasselbe gilt, wenn – wie im Falle der „phantom stocks“ – für die Bemessung des Tantiemebetrags außer der Kursentwicklung zusätzlich die Dividendenausschüttungen und etwaig anfallende Bezugsrechtswerte aus Kapitalerhöhungen einbezogen und die Führungskräfte so gestellt werden, als besäßen sie Aktien in entsprechender Menge.

Ob und inwieweit Vorstandsmitgliedern – diese bilden den Hauptadressatenkreis der Tantiemeansprüche – börsenkursbezogene Tantiemen vermittels der Kompetenz des Aufsichtsrats gewährt werden dürfen, richtet sich nach § 78 Abs 1 öAktG (respektive § 87 Abs 1 dAktG). Demgemäß hat der Aufsichtsrat bei der Festsetzung der *Gesamtbezüge* (unter Einrechnung von Gehalt, Gewinnbeteiligungen, Aufwandsentschädigungen, Versicherungsentgelten, Provisionen und Nebenleistungen jeder Art) des einzelnen Vorstandsmitglieds dafür zu sorgen, dass die Gesamtbezüge in einem *angemessenen Verhältnis* zu den Aufgaben des Vorstandsmitglieds und zur *Lage der Gesellschaft* stehen. Aufgrund der prinzipiell korrespondierenden Ausgestaltungsmöglichkeiten stellen sich, quasi im

---

[30] Die Dividende ist der auf die Aktionäre entfallende Anteil am Bilanzgewinn der Aktiengesellschaft; vgl *Hüffer*, AktG^6, Rn 27 zu § 58 dAktG.

[31] Siehe dazu auch unter IV. und *Hoffmann-Becking*, NZG 1999, 797 (800) mwN.

[32] So auch *Lutter*, ZIP 1997, 1 (3).

[33] Vgl *Dehn/Wolf/Zehetner*, Aktienoptionsrecht, 46.

Gleichlauf mit der rein optionsbasierten, variablen Vergütung, im Falle von SARs bzw „phantom stocks" dieselben Probleme; nämlich ob zB eine ursächliche Beziehung zwischen der Leistung der Führungskräfte und der Genese des Börsenkurses zumindest vermutet werden kann bzw ob der Börsenkurs überhaupt genügend Aussagekraft für die Entwicklung des Unternehmens besitzt, und inwieweit eine Bezugshöchstgrenze [34] in Bezug auf die Gesamtbesoldung bzw die variablen Vergütungskomponenten vorgesehen werden soll und darf.

Anreizorientierte Vergütungsprogramme sehen auch die kombinierte Gewährung von börsenkursbezogenen Tantiemen und echten Optionen in Form von sog *„Tandem-Programmen"* vor. Dies vor allem zu dem Zweck, um den begünstigten Führungskräften durch die Ausübung der SARs bzw „phantom stocks" die Beschaffung der Geldmittel zu ermöglichen, die sie eventuell benötigen, um die zusätzlich gewährten echten Optionen ausüben und die dafür erhaltenen Aktien längerfristig halten zu können. Nicht zuletzt aufgrund der fehlenden Anwendbarkeit der restriktiven gesetzlichen Vorschriften [35] und der vertraglichen Dispositionsfreiheit sowie der steuerlichen Vorteile lässt sich der sicherlich noch steigende Beliebtheitsgrad der Tandem-Programme für die Zukunft leicht prognostizieren.

III Aktienoptionen

A Allgemeines

Auch Aktienoptionen („stock options") können Bestandteil der variablen Vergütung von Führungskräften sein. Dabei ist unter einer Aktienoption die Einräumung eines Rechts – nicht aber einer Pflicht [36] – zu verstehen, Beteiligungen (regelmäßig eine bestimmte [Höchst-]Zahl von Aktien) an einem Unternehmen zu einem im Voraus (nämlich bei Optionseinräumung) bestimmten Preis (dem Ausübungs- bzw Basispreis) [37] zu einem späteren Zeitpunkt im Rahmen einer vorgegebenen Frist (Optionsfrist bzw -laufzeit) zu erwerben. Die aus der Option begünstigte Führungskraft profitiert in der Folge aus dem Differenzbetrag zwischen Ausübungspreis und aktuellem Kurswert der Aktie, wobei die Option selbst eben nicht die Vergütung darstellt, sondern nur das Vehikel, um diese wirtschaftlich zuzuwenden. Weitere Erträge lassen sich über allfällige Kurssteigerungen der Aktie bis zu einem späteren Verkauf derselben erzielen.

---

[34] Sog „cap" (Kappungsgrenze), mehr dazu unter V. C. Siehe auch *Suchan/Baumunk* in *Kessler/Sauter* (Hrsg), Handbuch Stock Options, Rn 681 und den LTI-(SARs-basierten) Plan 2002 der RWE AG, online abrufbar unter http://www.rwe.com, der den potenziellen Ausübungsgewinn aus SARs mit 50 % des Ausübungspreises deckelt.

[35] So ausdrücklich die ErlRV 485 BlgNR 21. GP zum AOG, 8; *Zivny*, ÖJZ 2001, 717; *Weber* in SWK-Sonderheft Stock Options (2001), Vertrags- und verbandsrechtliche Gestaltung von Stock Options nach dem Aktienoptionengesetz, 16 (17).

[36] Die Ausübung der Option ist grundsätzlich nur dann sinnvoll, wenn der (aktuelle) Kurs der Aktie zum Ausübungstermin höher liegt als der vereinbarte Ausübungspreis. Darin zeigt sich die Eigenschaft einer Option als vertragliches Gestaltungsrecht, ein inhaltlich bereits festgelegtes Schuldverhältnis durch einseitige Erklärung in Geltung zu setzen; vgl OGH 2.6.2003, 5 Ob 122/03g; OGH 12.9.2001, 4 Ob 159/01p; OGH 25.11.1997, 1 Ob 61/97w und OGH 29.8.1994, 1 Ob 585/94.

[37] Der Ausübungs- bzw Basispreis entspricht häufig dem Börsenkurs der Aktie zum Zeitpunkt der Einräumung der Aktienoption, liegt also „At the money"; vgl dazu auch Fn 209.

In der Unternehmenspraxis sind sog „frei werdende" Aktienoptionen üblich, die nach Einräumung zunächst eine Wartefrist vorsehen, während der eine Ausübung der Optionen noch nicht möglich ist. Innerhalb dieser Wartefrist müssen jedoch einige für die Optionsausübung notwendige Bedingungen (zB das Erreichen von gewissen Erfolgszielen etc) eingetreten sein, wobei diese Vorbehalte in einem – von der Hauptversammlung beschlossenen – Aktienoptionsprogramm festgelegt sind. Auf die Wartefrist folgt dann die Ausübungsfrist, die regelmäßig in sog „Ausübungsfenster" unterteilt ist, innerhalb derer die Optionen ausgeübt werden können.[38]

Die Aktienoptionen werden entweder gegen Zahlung einer Optionsprämie entgeltlich oder – den Regelfall darstellend – unentgeltlich unter Einrechnung in die bzw durch Kürzung der Gesamtvergütung[39] an die Führungskräfte ausgegeben.[40] Im Falle einer entgeltlichen Zuteilung der Optionen stellt dieser vorab zu bezahlende Betrag das sog „*Bindegeld*" dar,[41] das zwecks *Bindung* der Führungskräfte *an das Unternehmen* zu entrichten ist,[42] wohingegen bei unentgeltlicher Ausgabe ein äquivalenter Zufluss geldwerter Vorteile an die Gesellschaft unterbleibt.[43] Da eine Ausübung der Bezugsrechte bzw ein Verkauf der erworbenen Aktien idR erst nach Ablauf der Sperrfrist(en) möglich ist (Ausübungswarte- bzw Mindesthaltefrist), werden die Führungskräfte nicht nur kurzfristig „gewonnen", sondern auch (zumindest) mittel- bis (im besten Fall) langfristig an das Unternehmen gebunden, sodass neben der Schaffung einer gewissen Abhängigkeit auch die Identifikationswirkung mit den Zielen des Unternehmens sowie der „Treueeffekt" aufgewertet werden kann.[44]

Speziell junge Unternehmen (sog „Start-ups") oder sanierungsbedürftige Gesellschaften können mithilfe von Aktienoptionen liquiditätsschonend ein leistungsfähiges Management engagieren, ohne durch hohe, fixe Gehaltskosten belastet zu werden.[45] Im Ge-

---

38 *Innovationsagentur*, Stock Options, 1 f.

39 So auch *Adam-Müller* in *Siegwart/Mahari/Ruffner* (Hrsg), Corporate Governance, Shareholder Value & Finance, 331 (358).

40 „At the money"- und „Out of the money"-Optionen verfügen über keinen inneren, sondern lediglich über einen Zeitwert, der grundsätzlich (siehe aber Fn 262) mithilfe des Black/Scholes-Modells bzw des Binomialansatzes errechnet werden kann. Ausführlich dazu *Hull*, Options, Futures And Other Derivates[5], 234 ff und 200 ff sowie die Optionsberechnungssoftware von *Hull/White*, online abrufbar unter http://www.rotman.utoronto.ca/~hull/software/ und http://www.rotman.utoronto.ca/~hull/esops/, sowie *Jurgeit*, ZBB 1990, 118.

41 Im Fall von Wandelschuldverschreibungen/Optionsanleihen müssen die Berechtigten in jedem Fall zunächst ein Eigeninvestment erbringen, welches ebenfalls die Eigenschaften eines Bindegelds aufweist; vgl *Suchan/Baumunk* in *Kessler/Sauter* (Hrsg), Handbuch Stock Options, Rn 416.

42 Ein solches Eigeninvestment kann auch im postulierten Erwerb von eigenen Aktien des Unternehmens bestehen; im Fall des BASF-Aktienoptionsprogramms BOP 2001, online abrufbar unter http://www.berichte.basf.de/de/2002/finanzbericht/jahresabschluss/anhang/mitarbeiterprogramm/?id=jYHbf4_hVbsf31f, zB in der Höhe von 10 – 30 % der variablen Gehaltsbezüge. Das Aktienoptionsprogramm 2004 der Andritz AG, online abrufbar unter http://www.andritz.com/de/optionsprogramm_d-3.pdf, verpflichtet die Führungskräfte zu einem Eigeninvestment in der Höhe von € 20.000,– bis € 40.000,–. Das ESOP 2004+ der Telekom Austria AG, online abrufbar unter http://www.telekom.at, verpflichtet die Optionsberechtigten zum Halten von 1 Aktie je 15 Optionen.

43 *Paefgen*, AG 1999, 67 (72).

44 Ähnlich *Kalss* in GesRZ-Sonderheft Aktienoptionen (2001), Erwerb eigener Aktien nach dem AOG, 42 (48); *Dehn*, RdW 2001/223; *Lück*, Die Gewährung von Aktienoptionen im arbeitsrechtlichen Vergütungsgefüge, 25; *Krejci*, RdW 2003/348.

45 Vgl die ErlRV 485 BlgNR 21. GP zum AOG, 8 und die Begr zum RegE des KonTraG, BT-Drucks. 13/9712 sowie ausführlich *Scherer* in *Achleitner/Wollmert* (Hrsg), Stock Options, 61.

gensatz zu den bar vergüteten Entlohnungsanteilen, zB in Form von Tantiemen oder erfolgsabhängigen Boni, die immer mit einem Liquiditätsabfluss verbunden sind, führen Aktienoptionsprogramme bei entsprechender Ausgestaltung zu einem Liquiditätszufluss: Einerseits im Falle der Bedienung durch Ausgabe von Wandelschuldverschreibungen/Optionsanleihen (siehe dazu gleich) in Höhe der Darlehensvaluta, andererseits bei Ausübung der Optionen in Höhe des Ausübungspreises.[46]

B Bedienung der Aktienoptionen

Zum Zeitpunkt der Einräumung der Bezugsrechte muss sichergestellt sein, dass im Falle der Ausübung der Optionen die zugrunde liegenden Anteile „bedient", also beschafft werden können. Zu diesem Zweck können die im Folgenden dargestellten Möglichkeiten ausgeschöpft werden. Vorab sei bereits an dieser Stelle die Anmerkung erlaubt, dass sich die Möglichkeiten der variablen Entlohnung von Aufsichtsratsmitgliedern in Österreich und Deutschland seit der jüngsten Rechtsprechung des BGH[47] nunmehr grundlegend, in einem verwirrenden Maße unterscheiden, womit mehr als fraglich erscheint, ob eine derartige Konstellation dem Wirtschaftsstandort Österreich zum Vorteil zu gereichen vermag.

1 Ausgabe von Wandelschuldverschreibungen bzw Optionsanleihen

Wandelschuldverschreibungen („*convertible bonds*") sind Schuldverschreibungen, die dem Gläubiger als Gegenleistung für eine Art Kreditgewährung an das Unternehmen ein Umtausch- oder Bezugsrecht auf Aktien einräumen (§ 174 Abs 1 öAktG bzw 221 Abs 1 dAktG), wobei diese Definition zwei Typen einschließt:[48]

Wandelschuldverschreibungen ieS sind Schuldverschreibungen, die dem Gläubiger von vornherein ein Umtauschrecht auf Aktien gewähren. Der Gläubiger erhält das Recht, gegen Rückgabe der Schuldverschreibung Aktien der Gesellschaft zu erwerben, wobei die Wandelschuldverschreibungen nach Ausübung des Umtauschrechts untergehen. Bei Nichtausübung des Wandlungsrechts – weil der Börsenkurs nicht gestiegen oder sogar gefallen ist – wird die Wandelschuldverschreibung zum vereinbarten Zinssatz verzinst und am Ende der Laufzeit in voller Höhe zurückbezahlt.

Eine Optionsanleihe räumt dem Gläubiger das Bezugsrecht (und eben nicht das Umtauschrecht) auf Aktien gegen Barzahlung ein, ohne dass er die Schuldverschreibung zurückgeben muss. Die Anleihe besteht generell nach dem Bezug der Aktien weiter. Das Bezugsrecht der Optionsanleihe (Optionsschein) kann daher separat bewertet und gehandelt werden.

Bei der Ausgabe von Wandelschuldverschreibungen/Optionsanleihen werden die Führungskräfte am Fremdkapital der Gesellschaft beteiligt. Erst in einem zweiten Schritt

[46] *Diregger* in GesRZ-Sonderheft Aktienoptionen (2001), Gesellschaftsrechtliche Grundfragen der Unterlegung, 29 (30). Für die Bedienung eines Aktienoptionsprogramms mithilfe zurückgekaufter eigener Aktien sowie bei Erfüllung der Optionsrechte durch einen Barausgleich wie zB im Fall des BASF-Aktienoptionsprogramms BOP 2001 vermag dieses Argument selbstverständlich nicht zu tragen.

[47] BGH 16.2.2004 – *Mobilcom*, II ZR 316/02, ZIP 2004, 613.

[48] Vgl ausführlich dazu *Nowotny*, ZGR 1994, 195 ff; *ders* in ZGR-Sonderheft Wandel- und Optionsanleihen in Deutschland und Europa (2000), 176 (177 ff); *Roschmann/Erwe* in *Harrer* (Hrsg), Mitarbeiterbeteiligungen und Stock-Option-Pläne, Rn 201 f. Zu den Sonderproblemen von Equity-linked-Emissionen siehe *Schäfer* in ZGR-Sonderheft Wandel- und Optionsanleihen in Deutschland und Europa (2000), 62 (63 ff) sowie *Nowotny* in ZGR-Sonderheft Wandel- und Optionsanleihen in Deutschland und Europa (2000), 176 (203 ff).

kommt es durch Ausübung der Umtausch- bzw Bezugsrechte zu einer tatsächlichen Beteiligung am Eigenkapital der Gesellschaft.[49]

Die in Österreich vor In-Kraft-Treten des Aktienoptionengesetzes[50] – respektive in Deutschland vor In-Kraft-Treten des KonTraG – häufig gewählte Konstruktion einer umständlichen Koppelung des letztlich für die Führungskräfte benötigten Wandel- oder Optionsrechts mit einer Anleihe verlangt(e), dass Wandel- bzw Optionsrechte nach § 174 öAktG iVm einer (bedingten) Kapitalerhöhung ausgegeben werden.[51] Dazu ist ein Bezugsrechtsausschluss der übrigen Aktionäre hinsichtlich der umwandelbaren Papiere erforderlich, der nur zusammen mit dem Beschluss über die Erhöhung des Grundkapitals als Zustimmungs- oder Ermächtigungsbeschluss gefasst werden kann und den Interessen der Altaktionäre Rechnung tragen muss (§ 153 Abs 3 öAktG bzw § 186 Abs 3 dAktG).[52] Ergeht ein Zustimmungsbeschluss, kann die Hauptversammlung das ihr zustehende Bezugsrecht selbst ausschließen; bei einem Ermächtigungsbeschluss kann sie hingegen gem § 170 Abs 2 öAktG (§ 203 Abs 2 dAktG) den Vorstand zum Bezugsrechtsausschluss ermächtigen.[53]

Der Bezugsrechtsausschluss ist allerdings nur dann rechtmäßig, wenn der Ausschluss *im (wohlverstandenen) Interesse* der Gesellschaft liegt, er zur Verwirklichung dieses Interesses *erforderlich* und schließlich bei Abwägung der Interessen von Gesellschaft und Aktionären insgesamt *angemessen* ist (sachliche Rechtfertigung),[54] was sich alles in allem nur anhand der konkreten Bedingungen des Aktienoptionsprogramms beurteilen lässt.[55] In der Folge unterliegt der Bezugsrechtsausschluss einer auf die Eckpunkte des Aktienoptionsprogramms beschränkten materiellen Beschlusskontrolle (Plausibilitätskontrolle) im Anfechtungs- bzw Nichtigkeitsprozess.[56]

Da das Bezugsrecht der Altaktionäre auf die ausgegebenen Schuldverschreibungen ausgeschlossen wird, besteht für den Vorstand eine Berichtspflicht gegenüber der Hauptversammlung gem § 170 Abs 4 iVm § 153 Abs 4 öAktG (§ 221 Abs 4 iVm § 186 Abs 4 dAktG). Der Vorstandsbericht hat – neben der gesetzlichen Normierung, welche die Angabe des Grunds hinsichtlich des Bezugsrechtsausschlusses und eine Begründung des vorgeschlagenen Ausgabebetrags vorschreibt – eine umfassende Darstellung aller Umstände zu enthalten, aus denen die materielle Rechtfertigung folgen soll. Durch die Erfüllung der Publizitätserfordernisse soll der Hauptversammlung zumindest die *Möglichkeit* eines

---

[49] *Schaschl*, Stock Options, 10 f.

[50] Aktienoptionengesetz, kurz AOG, BGBl I 2001/41, in Kraft getreten am 1.5.2001.

[51] Die Form der bedingten Kapitalerhöhung wurde (und wird) gewählt, wenn die Erhöhung des Grundkapitals nur so weit durchgeführt werden soll, wie von Umtausch- oder Bezugsrechten Gebrauch gemacht wird.

[52] Vgl *Suchan/Baumunk* und *Kessler/Suchan* in *Kessler/Sauter* (Hrsg), Handbuch Stock Options, Rn 415 und 423, mit Hinweis auf die Nichtanwendbarkeit von § 193 Abs 2 Nr 4 dAktG.

[53] *Lutter* in Kölner Komm², Rn 87 ff zu § 221 dAktG; *Karollus* in *Geßler/Hefermehl/Eckhardt/Kropff*, Komm zum AktG, Rn 49 ff und 83 ff zu § 221 dAktG.

[54] Vgl grundlegend BGH *Kali & Salz*, BGHZ 71, 40; divergent (str) BGH *Siemens/Nold*, BGHZ 136, 133 sowie neuerdings OLG München *MHM Mode AG*, ZIP 2002, 1580. *Hüffer*, AktG⁶, Rn 25 ff zu §186 dAktG mwN; *Henze*, ZHR 167 (2003), 1; *Natterer*, ZIP 2002, 1672; *Lutter*, ZIP 1997, 1 (2); *Schwarz/Michel*, BB 1998, 489 (490).

[55] Vgl *Lück*, Die Gewährung von Aktienoptionen im arbeitsrechtlichen Vergütungsgefüge, 41.

[56] *Weiß*, WM 1999, 353 (355). Gem der expliziten Regelung in § 153 Abs 5 öAktG stellt die Ausgabe von Aktienoptionen an die dort genannten potenziell Anspruchsberechtigten einen hinreichenden Grund für einen Bezugsrechtsausschluss dar.

eigenen Plausibilitätsurteils bezüglich des durch die Anreizorientierung entstehenden sog *Verwässerungseffekts*[57] eingeräumt werden, sodass für die Aktionäre eine Abwägung mit der prognostizierten Steigerung des Unternehmenswerts möglich wird.[58] In Deutschland werden ferner – in Anlehnung an die vom österreichischen Recht zusätzlich vorgegebenen inhaltlichen Anforderungen an einen Bericht gem § 159 Abs 2 Z 3 öAktG – die Angabe des Optionswerts, des Erfolgszielkurses bzw einer entsprechenden Rendite sowie eine tabellarische Aufstellung der Ausübungsverluste der Altaktionäre unter Annahme verschiedener Kursentwicklungsszenarien diskutiert.[59]

Bis zur richtungsweisenden „*Mobilcom*-Entscheidung" des BGH[60] bestand in Deutschland trotz aller Umständlichkeit nach wie vor Interesse an Aktienoptionsprogrammen auf der Basis von Wandelschuldverschreibungen bzw Optionsanleihen, weil hierdurch die Einbeziehung von Aufsichtsratsmitgliedern in den Berechtigtenkreis von Aktienoptionsprogrammen ermöglicht wurde. Dieses Argument vermochte für die österreichische Rechtslage seit In-Kraft-Treten des AOG nicht mehr zu tragen,[61] womit hierzulande als Gesichtspunkt die *dezente Risikoerhöhung* für Führungskräfte mittels der Vehikel Wandelschuldverschreibung/Optionsanleihe verblieb.[62] Denn die mit einer Anleihe verbundenen Wandlungs- oder Optionsrechte wurden idR durch eine unter dem durchschnittlichen Marktzins liegende Verzinsung der Anleihe „erkauft". Die finanzielle Herausforderung für die Führungskräfte bestand dabei in der gegenüber dem Marktzins niedrigeren Verzinsung während der gesamten Laufzeit der Anleihe; leicht ersichtlich für jene Fallkonstellation, in der der Wandlungs- oder Ausübungspreis bis zum letztmöglichen Ausübungszeitpunkt über dem aktuellen Börsenkurs der Aktie lag.

Zusätzlich zum herkömmlichen Weg der Unterlegung eines Aktienoptionsprogramms mit Wandelschuldverschreibungen bzw Optionsanleihen sind durch das AOG bzw das KonTraG zwei neue Wege zur Gestaltung derartiger Programme eröffnet worden. So wurde die Ausgabe „nackter", also nicht mehr an Schuldverschreibungen gekoppelter Optionen („*naked warrants*") ausdrücklich zugelassen. Zur Beschaffung der Aktien zwecks Bedienung der isolierten Optionsrechte stellt das Aktienrecht seitdem zwei erleichterte Wege zur Verfügung: Zum einen die bedingte Kapitalerhöhung nach § 159 Abs 2 Z 3 öAktG (§ 192 Abs 2 Nr 3 dAktG) und zum anderen den Aktienrückkauf nach § 65 Abs 1 Z 4 öAktG (§ 71 Abs 1 Nr 8 dAktG).

2 „Nackte" Aktienoptionen iVm einer bedingten Kapitalerhöhung

Nach den § 159 Abs 1 bis 4 öAktG bzw § 192 Abs 1 und Abs 2 Nr 3 dAktG kann die Hauptversammlung eine Erhöhung des Grundkapitals beschließen, die nur so weit durchgeführt werden soll, wie von einem durch die Gesellschaft eingeräumten Bezugsrecht auf die neuen Aktien – durch die hier interessierenden Führungskräfte – Gebrauch gemacht

---

57 Im gegebenen Zusammenhang umschreibt der Terminus *Verwässerungseffekt* allg eine Schmälerung der Rechtsposition der Altaktionäre. Siehe ausführlich unter V. E.

58 *Hüffer*, ZHR 161 (1997), 214 (229).

59 *Weiß*, WM 1999, 353 (356); aA OLG Braunschweig, WM 1998, 1929 (1934).

60 BGH 16.2.2004 - *Mobilcom*, II ZR 316/02, ZIP 2004, 613.

61 Siehe dazu unter IV.

62 Zudem werden Hedgeversuche der bezugsberechtigten Führungskräfte in Form einer sog *statischen Duplikation* deutlich erschwert. Vgl *Lucke*, ZBB 1999, 205 (210) und Fn 244.

wird.[63] Zur Wahl steht ein Zustimmungs- oder Ermächtigungsbeschluss durch die Hauptversammlung, wobei jeder Optionsplanauflegung eine Beschlussfassung voranzugehen hat, die nicht notwendigerweise für jeden einzelnen Plan gesondert zu treffen ist, sondern den Vorstand auch zur Auflegung jährlich neuer Pläne für einen mehrjährigen Zeitraum ermächtigen kann.[64] Der Nennbetrag des für ein Aktienoptionsprogramm zu schaffenden bedingten Kapitals darf insgesamt 10 % des Grundkapitals des Unternehmens nicht übersteigen. Die gesetzliche Fünfjahresfrist zur Ausgabe von Schuldverschreibungen (§ 174 Abs 2 öAktG) gilt für das bedingte Kapital nicht, sodass dieses auch für lang laufende Aktienoptionsprogramme – die zB die Gewährung von Bezugsrechten in mehreren Tranchen vorsehen – geeignet ist und somit Gestaltungsspielräume „auf Vorrat" geschaffen werden können.

Nach österreichischer Rechtslage wird die (Voraus-)Information und Transparenz gegenüber den Aktionären, maW: eine Vorwegkontrolle[65], nicht in Form von Mindestanforderungen an den Kapitalerhöhungsbeschluss, sondern durch eine in § 159 Abs 2 Z 3 öAktG geregelte, umfassende Berichtspflicht sichergestellt, die *zumindest* die folgenden Punkte schriftlich aufweisen muss:

- Die der Gestaltung des Aktienoptionsprogramms zugrunde liegenden Grundsätze und Leistungsanreize,
- Anzahl und Aufteilung der einzuräumenden und bereits eingeräumten Optionen auf Arbeitnehmer, leitende Angestellte und auf Organmitglieder (letztere in *individualisierter* Form; arg „einzelne Organmitglieder")[66] unter Angabe der jeweils beziehbaren Anzahl an Aktien,
- die wesentlichen Bedingungen der Aktienoptionsverträge, insbesondere
  - Ausübungspreis oder
  - die Grundlagen oder die Formel seiner Berechnung,
- Laufzeit sowie zeitliche Ausübungsfenster,
- Übertragbarkeit der Optionen[67] und
- allfällige Behaltefrist für bezogene Aktien.[68]

---

[63] Zum Zeitpunkt der Optionseinräumung ist der Bedarf an Aktien meist nicht absehbar. Eine bedingte Kapitalerhöhung bietet hier insofern einen Ausweg an, als die Erhöhung des Grundkapitals durch die Ausübung der Bezugsrechte bzw Ausgabe der Bezugsaktien (vgl § 167 öAktG und § 200 dAktG) bedingt ist und nur so weit durchgeführt wird, wie die Bezugsrechte tatsächlich ausgeübt werden.

[64] Vgl *Klawitter/Waskönig* in *Achleitner/Wollmert* (Hrsg), Stock Options, 69 (72). In Deutschland bleibt die grundsätzliche, inhaltliche Determination eines Aktienoptionsprogramms jedenfalls der Hauptversammlung überlassen, sodass der Vorstand sogar auf Grundlage eines Ermächtigungsbeschlusses im Wesentlichen nur über den Zeitpunkt und die Durchführung (das „Ob") eines Aktienoptionsprogramms entscheiden kann; vgl *Hüffer*, AktG^6, Rn 22 aE zu § 192 dAktG; *Zivny*, ÖJZ 2001, 717. Zur österreichischen Rechtslage siehe unter III. B. 3.

[65] *Schima* in GesRZ-Sonderheft Aktienoptionen (2001), Gestaltungsfragen bei Aktienoptionen, 61 (62).

[66] Die ErlRV 485 BlgNR 21. GP zum AOG, 13, sprechen missverständlich von „namentlich zu nennenden Mitgliedern", was insbesondere die begleitenden jährlichen Berichtspflichten in § 239 Abs 1 Z 5 öHGB konterkariert, die auf eine *gruppenspezifische Aufschlüsselung* gem § 239 Abs 2 öHGB abstellen, womit ein Wertungswiderspruch entsteht. Vgl *Hausmaninger/Kletter/Burger*, Corporate Governance, Rn 14 zu Regel 29 sowie Rn 8 und 12 zu den Regeln 30 und 31 ÖCGK wie auch unter VI.

[67] Die Unübertragbarkeit der hier untersuchten, Entscheidungsträgern gewährten Aktienoptionen sollte sich eigentlich von selbst verstehen; vgl unter V. J.

[68] Vgl *Diregger* in GesRZ-Sonderheft Aktienoptionen (2001), Gesellschaftsrechtliche Grundfragen der Unterlegung, 29 (41).

In Deutschland wurden die inhaltlichen Anforderungen an den Kapitalerhöhungsbeschluss, die in § 193 Abs 2 dAktG geregelt sind, durch das KonTraG erweitert. So müssen im Beschluss der Zweck der bedingten Kapitalerhöhung, der Kreis der Bezugsberechtigten, die Aufteilung der Bezugsrechte auf die Mitglieder der Geschäftsführung (und Arbeitnehmer) sowie der Ausübungspreis bzw dessen Berechnungsbasis festgehalten werden; nach hM auch das Bezugsverhältnis.[69] Wie bereits erwähnt, werden in unserem nördlichen Nachbarland, im Unterschied zu Österreich, als mögliche Optionsbezugsberechtigte eines Aktienoptionsprogramms gem § 192 Abs 2 Nr 3 dAktG Arbeitnehmer und Mitglieder der Geschäftsführung adressiert; ausgeschlossen sind hingegen Aufsichtsratsmitglieder.[70]

Ferner müssen im deutschen Kapitalerhöhungsbeschluss die *Erfolgsziele*, also jene Voraussetzungen, deren Verwirklichung erforderlich ist, um die zugeteilten Optionen ausüben zu können, definiert werden. Hierbei ergibt sich wiederum die Problematik der Wahl bzw Ausgestaltung eines geeigneten Erfolgsparameters, der den Zuspruch ungerechtfertigter Vergütungen vermeidet.[71] Während in der Begr zum RegE des KonTraG noch von „Kurszielen" die Rede war, unterstützt die Verwendung des Worts „Erfolgsziel" in der endgültigen Gesetzesfassung ein Verständnis in Richtung Wahlfreiheit hinsichtlich der Zielvorgaben, wobei als Basis sämtlicher Erfolgsziele zB der Aktienkurs, die Gesamtrendite einer Aktie, buchhalterische Daten und der (empfohlene, aber gesetzlich nicht vorgeschriebene) Vergleich mit Branchen- oder Marktindizes genutzt werden können – sowie Kombinationen zwischen diesen Parametern.[72]

In Deutschland – nicht so in Österreich – wird zudem eine Mindestwartezeit für die erstmalige Ausübung gesetzlich vorgeschrieben: Sie muss lt § 193 Abs 2 Nr 4 dAktG mindestens zwei Jahre betragen. Schließlich müssen noch neben den *Erwerbszeiträumen*, in denen die Zeichnungsfrist(en) für die Optionsrechte festgelegt wird/werden, die *Ausübungszeiträume* („Zeitfenster") beschlossen werden, innerhalb derer die Ausübung der Optionsrechte zulässig ist. Durch die Platzierung dieser Zeitfenster in Phasen maximaler Kapitalmarktinformation (etwa nach der Veröffentlichung von Geschäftsberichten, der Bilanzpressekonferenz oder einer Hauptversammlung) soll die Gefahr der missbräuchlichen Ausnutzung von Insiderinformationen minimiert und der Öffentlichkeit genügend

[69] *Krieger* in Münch HdB GesR IV^2, § 57 Rn 17; *Spiering/Grabbe*, AG 2004, 91 (92); *Lutter* in Kölner Komm^2, Rn 12 zu § 193 dAktG.

[70] Begründet wird dies damit, dass der Aufsichtsrat nicht Begünstigter sein könne, da er ansonsten die vom Hauptversammlungsbeschluss offen gelassenen weiteren Bedingungen für sich selbst festsetzen müsse und dadurch in einen Interessenkonflikt gerate; vgl die Begr zum RegE des KonTraG, BT-Drucks. 13/9712; BGH 16.2.2004 – *Mobilcom*, II ZR 316/02, ZIP 2004, 613 (614). Krit dazu *Weiß*, WM 1999, 353 (357), der einwendet, dass es durchaus möglich sei, die Hauptversammlung über sämtliche wesentlichen wertbildenden Kriterien eines Aktienoptionsprogramms selbst entscheiden und auf diese Weise dem Aufsichtsrat keinen Spielraum für eine mögliche „Selbstbedienung" zu lassen. Der österreichische Gesetzgeber entschied sich im Zuge der Einführung des AOG *für* die explizite Einbeziehung von *Aufsichtsratsmitgliedern* in den Kreis der potenziellen Teilnehmer eines Aktienoptionsprogramms. Siehe auch unter IV.

[71] Vgl die Ausführungen unter V. I.

[72] Vgl die Ausführungen unter V. D.

Reaktionszeit anlässlich der Veröffentlichung von Unternehmensdaten zugestanden werden.[73]

Problematisch ist jedoch, dass sowohl österreichisches (§ 159 Abs 2 Z 3 öAktG) als auch deutsches Recht (§ 193 Abs 2 dAktG) eine Aufklärung der interessierten Aktionäre hinsichtlich des wirtschaftlichen (ökonomischen) Werts der Optionsrechte vermissen lassen,[74] wenngleich Punkt 4.2.3 Satz 9 DCGK in Umsetzung einer früheren Empfehlung der sog *Baums-Kommission* Besserung verspricht.[75] Diese gelangte nämlich hinsichtlich einer *frühzeitigen* Information der Aktionäre über den Wert der an Führungskräfte auszugebenden Aktienoptionen zu folgendem Ergebnis:[76] „Die Regierungskommission empfiehlt, im Corporate-Governance-Kodex für börsennotierte Gesellschaften den Vorstand dazu zu verpflichten, bei Schaffung eines bedingten Kapitals oder einer Ermächtigung zum Rückerwerb eigener Aktien zur Bedienung von Aktienoptionen für Vorstände oder Mitarbeiter der Hauptversammlung einen Bericht vorzulegen. Dieser Bericht enthält die zur sachgerechten Beurteilung des Programms erforderlichen Angaben, insbesondere auch *Angaben zum Wert* oder *zur Bandbreite des Werts der Optionen.*" Dies deshalb, da „den Aktionären die Kenntnis des Gesamtwerts der Bezugsrechte oder dessen Bandbreite bereits *vor* der Hauptversammlung vermittelt werden muss, um ihnen eine sachgerechte Meinungsbildung zu ermöglichen; eine Mitteilung erst auf Nachfrage in der Hauptversammlung genügt nicht, weil gerade in diesem Punkt präzise Vorbereitung und Berechnungen erforderlich sind."

Nach österreichischer Rechtslage wird in Entsprechung der Berichtspflicht gem § 159 Abs 2 Z 3 öAktG zumindest eine Angabe zur *Optionslaufzeit* (Laufzeit eines Aktienoptionsprogramms) explizit verlangt – in Deutschland kehrte man sogar diesen Anhaltspunkt legislativ unter den Tisch, obwohl die Options(rest)laufzeit ein wesentliches Kriterium für die Bestimmung des Optionswerts[77] und damit für die Bewertung der möglichen Vermögensnachteile durch die Aktionäre darstellt.[78] Angesichts der Verwässerungsproblematik[79] empfiehlt sich in der deutschen Praxis bei gestaffelten Ausübungsmöglichkeiten die Absegnung des letzten Ausübungszeitraums bzw der gesamten Optionslaufzeit durch

---

[73] Vgl die Begr zum RegE des KonTraG, BT-Drucks. 13/9712. Zum Problem des „Aufheizens" des Aktienkurses durch *zu positive* Unternehmensnachrichten in engem zeitlichen Zusammenhang mit den Ausübungszeiträumen vgl *Hoffmann-Becking*, NZG 1999, 797 (804).

[74] *Temmel*, GesRZ 2002, 21. Die ErlRV 485 BlgNR 21. GP zum AOG, 13, begründen dies folgendermaßen: „Von einer Verpflichtung zur Angabe des Optionswertes im Bericht wurde abgesehen, da dieser vom Entwicklungspotenzial des Unternehmens abhängt und bei Einräumung häufig nur spekulativ bezifferbar ist."

[75] Zur Umsetzung des DCGK in den entlohnungsrelevanten Punkten vgl die empirische Untersuchung von *Oser/Orth/Wader*, DB 2003, 1337 (1339 f).

[76] *Baums* (Hrsg), Bericht der Regierungskommission Corporate Governance, Rn 45. Siehe auch *Wellkamp*, WM 2001, 489 (491); *Ringleb* in *Ringleb/Kremer/Lutter/von Werder* (Hrsg), Deutscher Corporate Governance Kodex, Rn 545. AA *Kiethe*, WM 2004, 458 (461).

[77] Neben der Options(rest)laufzeit stellen Aktienkurs, Ausübungspreis, Volatilität, risikoloser Zinssatz sowie erwartete Dividendenausschüttungen jene Faktoren dar, die die Höhe des Optionspreises beeinflussen; vgl *Hull*, Options, Futures And Other Derivates[5], 167 ff.

[78] AA OLG Stuttgart *DaimlerChrysler*, WM 2002, 1060 (1065); OLG Braunschweig, WM 1998, 1329 (1333 f), wonach der Wert der Optionen für die Entscheidung der Aktionäre nicht von Bedeutung sei. Krit dazu *Posch/Knoll/Rasinger*, RdW 2001/225; *Götze*, Aktienoptionen für Vorstandsmitglieder und Aktionärsschutz, 266 f; *Adams*, ZIP 2002, 1325 (1340 ff).

[79] Vgl die Ausführungen unter V. E.

die Hauptversammlung[80] sowie eine Offenlegung des Optionswerts aus Transparenzgründen.[81]

Da ein allgemeines Bezugsrecht der Altaktionäre im Rahmen einer bedingten Kapitalerhöhung bereits der Natur der Sache nach ausgeschlossen ist, erweist sich ein (gesonderter) Beschluss hierüber als nicht erforderlich.[82]

Eine gerichtliche Kontrolle des Kapitalerhöhungsbeschlusses im Anfechtungsprozess nach Maßgabe der Regeln zum Bezugsrechtsausschluss ist nicht möglich (str),[83] da im Falle der Schaffung eines bedingten Kapitals ein gesetzlich vorgesehener Eingriff in die Interessen einer Minderheit als Ausdruck einer normativen Abwägung stattfindet und folglich das Erfordernis einer sachlichen Rechtfertigung (des Bezugsrechtsausschlusses) wegfällt.[84]

3 Exkurs: Genehmigtes bedingtes Kapital

Durch das AOG wurde in Österreich gem § 159 Abs 3 öAktG die Möglichkeit begründet, kraft Ermächtigungsbeschlusses ein sog „genehmigtes bedingtes Kapital" zu schaffen, das eine Mittelstellung zwischen genehmigtem Kapital und bedingtem Kapital einnimmt.[85] Als Demarkationslinie zwischen den beiden Kapitalerhöhungsformen darf mitunter die Frage eines gesonderten Bezugsrechtsausschlusses gegenüber den Altaktionären gelten, die im Fall des genehmigten bedingten Kapitals schon dem Grunde nach zu verneinen, beim genehmigten Kapital aber – wie gehabt (vgl § 170 öAktG) – zu bejahen ist.

Der Vorteil eines genehmigten bedingten Kapitals besteht vor allem darin, dass der Vorstand mithilfe einer Satzungsänderung auf fünf Jahre ermächtigt werden kann, das vorhandene Grundkapital bis zu einem bestimmten Nennbetrag zwecks Einräumung von Aktienoptionen an Arbeitnehmer, leitende Angestellte und Mitglieder des Vorstands (nicht

---

80 *Weiß*, WM 1999, 353 (358); aA *Götze*, Aktienoptionen für Vorstandsmitglieder und Aktionärsschutz, 108 ff.

81 AA *Kessler/Suchan* in *Kessler/Sauter* (Hrsg), Handbuch Stock Options, Rn 153; OLG Stuttgart *DaimlerChrysler*, WM 2002, 1060 (1066), das hierzu festhält: „Unabhängig davon, ob der wirtschaftliche Wert von Bezugsrechten mittels der sog Black/Scholes-Formel ermittelt werden kann, ist dieser Wert für den Verwässerungseffekt und damit letztlich für die Entscheidung des Aktionärs nicht von ausschlaggebender Bedeutung. Aussagekraft kommt dem wirtschaftlichen Wert der Bezugsrechte primär hinsichtlich der Vergütung der begünstigten Personen zu. [...] Angaben zum wirtschaftlichen Wert der einzelnen Optionen und zum Umfang des Gesamtprogramms waren daher aus der Sicht eines vernünftigen Aktionärs nicht erforderlich."

82 Ferner ist auch der Vorstandsbericht nach § 186 Abs 4 Satz 2 dAktG in diesem Fall entbehrlich.

83 Selbst die *Plausibilitätskontrolle*, die die Gerichte für Aktienoptionsprogramme vor In-Kraft-Treten des KonTraG angewandt haben, entfällt. Die richterliche Kontrolle wird vielmehr von der problematischen Hinterfragung der „Angemessenheit" auf die rechtlich handhabbare Überprüfung der Transparenz von Entscheidungsvorgängen und formaler Beschlussinhalte verlagert; vgl *Weiß*, WM 1999, 353 (359 f); *Hoffmann-Becking*, NZG 1999, 797 (802); *Schwarz/Michel*, BB 1998, 489 (492); OLG Stuttgart *DaimlerChrysler*, WM 2002, 1060 (1063 f). AA *Kallmeyer*, AG 1999, 97 (100); *Lutter*, ZIP 1997, 1 (8 f); *Schima* in GesRZ-Sonderheft Aktienoptionen (2001), Gestaltungsfragen bei Aktienoptionen, 61 (63); *Diregger* in GesRZ-Sonderheft Aktienoptionen (2001), Gesellschaftsrechtliche Grundfragen der Unterlegung, 29 (39); *Zivny*, ÖJZ 2001, 717; *Hügel* in *Bernat/Böhler/Wetlinger* (Hrsg), FS Krejci, Stock Options und materielle Beschlusskontrolle nach dem Aktienoptionengesetz, 647 (659 f), welcher von einer gerichtlichen Nachprüfbarkeit der inhaltlichen Angemessenheit (insbesondere) der Erfolgsziele ausgeht.

84 *Hüffer*, AktG^{6}, Rn 18 zu § 192 dAktG; *Lutter*, ZGR 1981, 170 (176).

85 Während der Vorstand beim regulären genehmigten Kapital im Rahmen seiner Ermächtigung nur eine ordentliche Kapitalerhöhung durchführen kann, beschließt er im Rahmen der gegenständlichen Ermächtigung eine bedingte Kapitalerhöhung, für die erst zum Zeitpunkt der Optionsausübung neue Aktien geschaffen werden; vgl *Dehn*, RdW 2001/223. Krit *Kalss/Greda*, GesRZ 2004, 91 (101 und 104).

jedoch Aufsichtsratsmitglieder) *bedingt* zu erhöhen; und zwar unter dem Vorbehalt der Zustimmung des Aufsichtsrats und ohne die Hauptversammlung im Einzelnen zu befassen.

Der Gesetzgeber des AOG sah davon ab, besondere Erfordernisse für den Inhalt der Ermächtigung aufzustellen. *Zweckmäßig und zulässig* ist es aber, das pflichtgemäße Ermessen des Vorstands in der Ermächtigung näher zu determinieren. Aus Gründen des Aktionärsschutzes (Stichwort: Verwässerungsproblematik) ist zumindest die *Festlegung von Eckpunkten* eines möglichen zukünftigen Aktienoptionsprogramms im Ermächtigungsbeschluss empfehlenswert.[86]

Pythisch bleibt in diesem Zusammenhang der Zeitpunkt der Vorwegberichterstattung durch den Vorstand gem § 159 Abs 3 öAktG: Der Bericht nach § 159 Abs 2 Z 3 öAktG ist mindestens zwei Wochen vor der Beschlussfassung des Aufsichtsrats über die Genehmigung der Realisierung der bedingten Kapitalerhöhung zu erstatten. Daran schließt sich die Frage an, auf welcher Grundlage und unter Heranziehung welcher Informationen die Hauptversammlung ihren Ermächtigungsbeschluss fassen soll. Oder anders formuliert: Wie und unter Zugrundelegung welcher Maximen soll den Aktionären eine Vorstellung von der Wirkungsweise und dem Zusammenspiel von Erfolgskriterien sowie dafür vorgesehenen Belohnungen gegeben werden?[87]

Bedenklich ist dieses Informationsdefizit vor allem deshalb, da die von Vorstand und Aufsichtsrat getroffenen Entscheidungen nach einmal erfolgter Ermächtigung durch die Hauptversammlung der Überwachung durch die Aktionäre entzogen sind und sich diese mit einem (weiteren) Instrument konfrontiert sehen, dessen Handhabung durch die Gesellschaft schwer abzuschätzen ist.[88] Diese Problematik wurde vom Gesetzgeber zwar erkannt, wenngleich die vorgeschlagenen Mittel und Wege zur Problemlösung ein wenig brachial, zumindest aber kühn anmuten:[89]

> „Die Kontrolle der Verwaltungsorgane durch die Aktionäre bei der Ausgestaltung der Aktienoptionen soll sohin im Fall des Abs 3 nicht durch einen Hauptversammlungsbeschluss gewährleistet sein, sondern primär auf dem *Leitprinzip umfassender Transparenz* einer solchen Maßnahme und auf eventuellen *Schadenersatzpflichten* aufbauen. Zentrales Element des Abs 3 ist daher die Berichtspflicht des Vorstands vierzehn Tage *vor dem Zustimmungsbeschluss des Aufsichtsrats* zu dieser Kapitalmaßnahme (pretransparency)."

Wenn die ErlRV 485 BlgNR 21. GP zum AOG, 14, zudem auf eine angebliche „*Inhaltsleere* des Berichts gem § 159 Abs 2 Z 3 öAktG" vor bzw zum Zeitpunkt der Ermächtigungs-Beschlussfassung durch die Hauptversammlung verweisen, darf hierzu die mangelnde Schlüssigkeit dieses Arguments angemahnt werden, da nahezu sämtliche *Determinanten* der Berichtspflicht gem § 159 Abs 2 Z 3 öAktG bereits im Vorfeld der zu

---

86 Vgl *Diregger* in GesRZ-Sonderheft Aktienoptionen (2001), Gesellschaftsrechtliche Grundfragen der Unterlegung, 29 (35). Lt ErlRV 485 BlgNR 21. GP zum AOG, 14, kann dies zB in Form der Vorgabe des Ausübungspreises durch die Hauptversammlung geschehen. Siehe als *Praxisbeispiel* das ESOP 2004+ einschließlich zugrunde liegender Beschlussfassung auf der Hauptversammlung 2003 der Telekom Austria AG.

87 Vgl ErlRV 485 BlgNR 21. GP zum AOG, 13. Krit auch *Winner* in *Doralt/Nowotny/Kalss* (Hrsg), AktG, Rn 148 zu § 159 AktG; *Knoll/Möller*, ZBB 1999, 69 (70 ff).

88 So *Zivny*, ÖJZ 2001, 717; *Jabornegg* in *Achatz/Jabornegg Resch* (Hrsg), Mitarbeiterbeteiligung – Aktienoptionen, 1 (30).

89 Vgl die ErlRV 485 BlgNR 21. GP zum AOG, 14.

befassenden Hauptversammlung *zumindest in Grundzügen* abgeklärt und festgelegt werden können:[90]

- zB die prozentuelle oder stückmäßige Aufteilung der Aktienoptionen auf die potenziellen Anspruchsgruppen,
- die Grundlagen der (Formel-)Berechnung
  - des Ausübungspreises und
  - der Erfolgsziele,
- eine eventuelle Bezugshöchstgrenze,
- die Behaltefrist,
- die Laufzeit,
- Ausübungsfenster.

4 „Nackte" Aktienoptionen iVm einem Aktienrückkauf

Gem § 71 Abs 1 Nr 8 dAktG darf die Gesellschaft Aktien (rück)erwerben, um diese zur Bedienung von Aktienoptionen für Geschäftsleitungsmitglieder und Führungskräfte des Unternehmens zu verwenden – im Unterschied zur ansonsten vergleichbaren österreichischen Gesetzeslage nach § 65 Abs 1 Z 4 öAktG jedoch nicht für Aufsichtsratsmitglieder.[91] Hierfür ist eine Ermächtigung (Beschluss) der Hauptversammlung notwendig, die den niedrigsten und höchsten Gegenwert – dh den Mindest- und Höchstkaufpreis für die durch die Gesellschaft zurückzuerwerbenden und zu bezahlenden Aktien[92] – sowie den Anteil am Grundkapital, der 10 % (zu keiner Zeit; vgl § 65 Abs 2 und Abs 1a öAktG bzw § 71 Abs 2 dAktG) nicht übersteigen darf,[93] festlegen muss.[94] Die Ermächtigung ist höchstens 18 Monate wirksam, dh der Vorstand muss den Erwerb innerhalb dieses Zeitraums abgeschlossen haben. Nach Ablauf des Ermächtigungszeitraums ist dem Vorstand der Erwerb eigener Aktien zu diesem Zweck nicht mehr gestattet, wobei die Befristung nur für den Erwerb, nicht aber für das Halten eigener Aktien gilt.

Da die Zuteilung der eigenen Aktien an Vorstandsmitglieder und sonstige Führungskräfte wirtschaftlich einem Bezugsrechtsausschluss der Altaktionäre gleichkommt, bedeutet dies, dass es für diesen „Bezugsrechtsausschluss" einer sachlichen Rechtfertigung in Bezug auf die Abweichung vom Gleichbehandlungsgrundsatz (§ 47a öAktG bzw § 53a dAktG) bedarf (str)[95] und ein Vorstandsbericht zu erstellen ist (§ 95 Abs 6 iVm § 159 Abs 2 Z 3 öAktG bzw § 186 Abs 4 dAktG).[96] Dergestalt soll das *Sicherheitsniveau* zwischen den beiden Beschaffungsmöglichkeiten (Erwerb eigener Aktien, bedingtes Kapital) iS eines Mindestinhalts der Beschlussfassungen *angeglichen* werden. Ob ein sachlicher Grund

---

[90] Vgl zudem Fn 77 und *Winner* in *Doralt/Nowotny/Kalss* (Hrsg), AktG, Rn 149 zu § 159 AktG.

[91] BGH 16.2.2004 – *Mobilcom*, II ZR 316/02, ZIP 2004, 613. AA *Fischer*, ZIP 2003, 282 (283).

[92] Nach der Begr zum RegE des KonTraG, BT-Drucks. 13/9712 ist eine relative Anbindung an den Börsenkurs zulässig.

[93] Der Höchstumfang von 10 % des Grundkapitals in § 71 Abs 1 Nr 8 und § 192 Abs 2 Nr 3 iVm Abs 3 dAktG ist für beide Bedienungsmaßnahmen gleich. Siehe auch unter V. E.

[94] Siehe *Berrar/Schnorbus*, ZGR 2003, 59 (63 f).

[95] Vgl *Kessler/Suchan* in *Kessler/Sauter* (Hrsg), Handbuch Stock Options, Rn 557 f und 561 ff; *Kiem*, ZIP 2000, 209 (215); *Kallmeyer*, AG 1999, 97 (101 f); *Kühnberger/Keßler*, AG 1999, 453 (460); *Kau/Leverenz*, BB 1998, 2269 (2274); aA *Seibert* in *Pellens* (Hrsg), Unternehmenswertorientierte Entlohnungssysteme, 29 (35); *Weiß*, WM 1999, 353 (361 f).

[96] Zusätzlich trifft den Vorstand gem § 65 Abs 3 öAktG eine umfassende besondere Berichtspflicht in Bezug auf eigene Aktien gegenüber der nächstfolgenden Hauptversammlung.

vorhanden ist, wird sich im Anfechtungsprozess idR an den Bedingungen des Aktienoptionsprogramms messen lassen (Plausibilitätskontrolle).[97]

5 Genehmigtes Kapital und ordentliche Kapitalerhöhung

Der Fall einer Kapitalerhöhung über genehmigtes Kapital spielt zwar unabhängig von Aktienoptionsprogrammen in der Praxis eine große Rolle und erwirkt den Vorteil, bis zu 50 % des Grundkapitals zu schaffen (§ 169 Abs 3 öAktG bzw § 202 Abs 4 dAktG), ist aber für die Auflage eines Aktienoptionsprogramms mit zahlreichen Nachteilen verbunden.[98] Hinderlich ist vor allem die Frist des § 169 Abs 2 öAktG (§ 202 Abs 2 dAktG), wonach sich die Ermächtigung des Vorstands auf höchstens fünf Jahre nach Eintragung der Satzungsänderung zur Erhöhung des Grundkapitals gegen Einlagen erstreckt, was beim Einsatz langfristiger Aktienoptionsprogramme für die Adressaten zu erheblicher Unsicherheit führt und das gesamte Programm behindert.[99] Die denkbare Wiederholung der Ermächtigung nach fünf Jahren ist zwar möglich, aber die Hauptversammlung kann hierzu aufgrund von § 154 öAktG bzw § 187 dAktG nicht verpflichtet werden.

Absolut nicht praktikabel für Aktienoptionsprogramme ist die ordentliche Kapitalerhöhung gem § 149 öAktG (§ 182 dAktG), da diese Kapitalerhöhung auf einen bestimmten Betrag lauten muss[100] und zum Zeitpunkt der Aktienoptionsprogramm-Auflage die tatsächliche Anzahl der benötigten Aktien noch nicht absehbar ist.[101]

IV Die variable Vergütung von Aufsichtsratsmitgliedern

Die Grundzüge der Vergütung von Aufsichtsratsmitgliedern einer Aktiengesellschaft bestimmen sich nach § 98 öAktG (§ 113 dAktG). Danach *kann* Aufsichtsratsmitgliedern für ihre Tätigkeit eine (Pauschal-)Vergütung[102] gewährt werden, wobei aus den leg cit *kein Anspruch* auf Vergütung abgeleitet werden kann.[103] Wie bereits angedeutet bestehen hinsichtlich der Berücksichtigung von Aufsichtsratsmitgliedern (neben Vorstandsmitgliedern sowie den darunter agierenden Führungsebenen) in erfolgsorientierten, optionsbasierten Programmen gewichtige Vorbehalte. Gegen deren Einbeziehung wird nämlich vorgebracht, dass die Aufgaben des Aufsichtsrats in der Überwachung eines Unternehmens

---

[97] OLG Schleswig 18.9.2002 – *Mobilcom*, AG 2003, 102 (104 f) mit Verweis auf die Begr zum RegE des KonTraG, BT-Drucks. 13/9712. Zudem fordert das OLG Schleswig im Vorstandsbericht Angaben hinsichtlich der das Unternehmen treffenden wirtschaftlichen Gesamtkosten (Modellrechnungen) sowie Darlegungen zu eventuellen Gestaltungsalternativen einer erfolgsabhängigen Vergütung.

[98] Eine sachliche Rechtfertigung des Bezugsrechtsausschlusses ist grundsätzlich vonnöten (siehe § 170 Abs 2 öAktG bzw § 203 Abs 2 dAktG).

[99] *Hüffer*, ZHR 161 (1997), 214 (221); *Weiß*, Aktienoptionspläne für Führungskräfte, 195.

[100] *Lutter* in Kölner Komm^2, Rn 17 zu § 182 dAktG.

[101] *Kau/Leverenz*, BB 1998, 2269 (2273); *Zehetner/Wolf*, ecolex 2001, 4; *Jabornegg* in *Achatz/Jabornegg/Resch* (Hrsg), Mitarbeiterbeteiligung – Aktienoptionen, 1 (11 f).

[102] Vgl dazu die empirische Untersuchung von *Oser/Orth/Wader*, DB 2003, 1337 (1339 f) zur Umsetzung des DCGK in der Praxis.

[103] *Kalss* in *Doralt/Nowotny/Kalss* (Hrsg), AktG, Rn 9 zu § 98 AKtG; *Wellkamp*, WM 2001, 489 (489). Die Stipulation einer (eventuellen) Aufsichtsratsvergütung obliegt in jedem Fall den Aktionären, nämlich entweder durch Festlegung in der Satzung oder bewilligenden Hauptversammlungsbeschluss; vgl *Mutter*, Auskunftsansprüche des Aktionärs in der HV, 13; OLG München 27.2.2002, 7 U 1906/01, ZIP 2002, 1150; LG München I, 7.12.2000, 5 HKO 14047/00, ZIP 2001, 289 (290 f).

auf Grundlage des Neutralitätsprinzips und nicht in der Geschäftspolitik lägen – wozu aber die Steigerung des Unternehmenswerts zweifelsohne gehöre und weshalb an dieser Stelle ein Interessenkonflikt zu Tage trete. [104]

Die Problematik ist vor allem darin zu sehen, dass der Wert einer Option mit zunehmender Volatilität der zugrunde liegenden Aktie steigt, wobei die Volatilität – vereinfacht ausgedrückt – nichts anderes als ein Maßstab für die Risikoeinschätzung einer Aktie durch den Kapitalmarkt ist. Dh: Aufsichtsräte steigern ihr Einkommen bei Zugrundelegung einer teilweise variablen, optionsbasierten Vergütung ceteris paribus allein über eine Erhöhung des Unternehmensrisikos, was eindeutig deren Kontroll- und Beratungsaufgaben konterkariert. [105] Nebst der neuen „*Mobilcom*-Entscheidung" des BGH [106] erkennen dies auch die ErlRV zum AOG: [107]

„Die Frage der Einräumung von Aktienoptionen an Aufsichtsräte ist nicht unumstritten: Es besteht nämlich ein gewisses Bestreben, den Aufsichtsrat einer Gesellschaft als Gegengewicht zum Vorstand und damit eher risikoaverses Organ zu erhalten und ihn deshalb nicht durch die Chancen auf hohe Stock-Options-Gewinne dazu zu verleiten, seine Funktion als Kontrollorgan bei der Erteilung von Genehmigungen für risikogeneigte Geschäfte weniger kritisch wahrzunehmen."

Ferner wurde gegen eine Einbeziehung von Aufsichtsratsmitgliedern in Aktienoptionsprogramme vorgebracht, dass Aufsichtsräte nicht unbefangen über Aktienoptionen für den Vorstand befinden könnten, wenn sie gleichzeitig selbst von einem solchen Programm profitierten. [108]

Als einziges Positivum einer Optionsgewährung an Aufsichtsratsmitglieder verbleibt die unternehmerische *Steuerungsfunktion* von Aktienoptionsprogrammen im Hinblick auf eine Abschwächung der mehrstufigen Prinzipal-Agent-Problematik. Allein an diesen Prüfstein klammerte sich der österreichische Gesetzgeber, womit sich die Rechtslage nach Implementierung des AOG entsprechend freizügig gestaltet: Aufsichtsratsmitglieder

---

[104] *Leyens*, RabelsZ 67 (2003), 57 (94); *Kohler*, ZHR 161 (1997), 246 (265); *Fuchs*, DB 1997, 661 (668); *Temmel*, GesRZ 2002, 21; *Schima* in GesRZ-Sonderheft Aktienoptionen (2001), Aktienoptionen für Aufsichtsratsmitglieder, 19 (23); *Zivny*, ÖJZ 2001, 717; aA *Hoff*, WM 2003, 910 (910 f). Unklar der Abschlussbericht der *Winter*-Gruppe, 70, online abrufbar unter http://www.europa.eu.int/comm/internal_market/company/docs/modern/report_de.pdf, wonach eine Vergütung von Aufsichtsräten durch Aktien, *Aktienoptionen* oder eine Form, die auf andere Weise mit dem Erfolg des Unternehmens zusammenhängt, *nicht generell verboten* werden sollte.

[105] *DAI*, Empfehlungen zur Aufsichtsratsvergütung, 25, online abrufbar unter http://www.dai.de/internet/dai/dai-2-0.nsf/LookupDL/44FFE98D2890FFE1C1256D41003568F2/\$File/Studie_23.pdf. Vgl den Wahrnehmungsbericht des *Rechnungshofs* – Teilgebiete der Gebarung des Bundes, Reihe Bund 2003/3, 16, online abrufbar unter http://www.rechnungshof.gv.at/Berichte/Bund/Bund_2003_3/Bund_2003_3.pdf: „Über Veranlassung des neuen Vorsitzenden des Aufsichtsrates erhielten sowohl frühere als auch neue Vorstandsmitglieder das Recht auf Aktienoptionen in jenen Beteiligungsgesellschaften der ÖIAG eingeräumt, in denen ein Mitglied des ÖIAG-Vorstands ein Aufsichtsratsmandat innehat. Dadurch konnten die früheren Mitglieder des Vorstandes anlässlich des Börsegangs der Telekom Austria AG Aktien erwerben, die das Recht auf solche Optionen bedingten. Da die Ausübung der Optionen bis 2004 möglich und die Entwicklung des Börsekurses nicht absehbar ist, war für die ÖIAG die Höhe allfälliger Aufwendungen aus der Gewährung der Optionen *nicht kalkulierbar*. [...] Ein vom langfristigen Unternehmensinteresse möglicherweise abweichendes Interesse eines Optionsinhabers an einer kurzfristigen Wertsteigerung kann bei den davon erfassten Unternehmensorganen zu einem *Interessenkonflikt* führen."

[106] BGH 16.2.2004 – *Mobilcom*, II ZR 316/02, ZIP 2004, 613 (614).

[107] ErlRV 485 BlgNR 21. GP zum AOG, 7.

[108] *Hüffer*, ZHR 161 (1997), 214 (244); *Mäger*, BB 1999, 1389 (1393).

können ohne Umweg Begünstigte eines Aktienoptionsprogramms sein (allerdings ohne die Möglichkeit der Zugrundelegung eines genehmigten bedingten Kapitals nach § 159 Abs 3 öAktG), womit die bisherigen, bereits nach § 98 öAktG zulässigen erfolgsabhängigen Vergütungsmöglichkeiten deutlich erweitert wurden. [109]

Oppositiv hingegen die Situation in Deutschland: Aus rechtlicher Sicht erfordern anreizorientierte Entlohnungsprogramme für Aufsichtsratsmitglieder die Kompatibilität mit den herkömmlichen, erfolgsabhängigen Entlohnungsmodalitäten durchaus zugänglichen, Vergütungsvorschriften (§ 113 dAktG). [110] Allerdings verschließen sich die durch das KonTraG eröffneten Wege der Unterlegung eines Aktienoptionsprogramms über eine bedingte Kapitalerhöhung nach § 192 Abs 2 Nr 3 dAktG bzw eines (Rück-)Erwerbs eigener Aktien nach § 71 Abs 1 Nr 8 dAktG für Aufsichtsratsmitglieder. Letztendlich muss auf SARs oder „phantom stocks" zurückgegriffen werden, nachdem der Umweg via konventioneller Konstruktion vermittels Ausgabe von Wandelschuldverschreibungen/ Optionsanleihen (§ 192 Abs 2 Nr 1 iVm § 221 dAktG) durch die „*Mobilcom*-Entscheidung" des BGH abgeschnitten wurde. [111]

Punkt 5.4.7 DCGK empfiehlt eine funktionsbezogene (Vorsitz/stellvertretender Vorsitz) bzw aufwandsbezogene (Ausschusstätigkeit) Vergütungsdifferenzierung, die zusätzlich feste und erfolgsorientierte, auf den langfristigen Unternehmenserfolg Bezug nehmende Bestandteile (allerdings ohne Aktienoptionen explizit zu nennen) aufweisen und – ähnlich wie die Vorstandsvergütung [112] – individualisiert sowie aufgegliedert nach Bestandteilen in einem Corporate Governance-Bericht transparent offen gelegt werden soll.

Letztlich wird aber nur das Gefühl individueller und persönlicher Verantwortung (Haftung für Überwachungsmängel!) den unternehmerischen Anforderungen Rechnung tragen können. [113] Denn ob allein die Motivationsfunktion des Geldes [114] ausreichend motivierte, vorbildlich agierende Aufsichtsratsmitglieder – sowohl hinsichtlich ihrer Kenntnis von Unternehmen und Markt (fachliche Qualifikation) als auch hinsichtlich ihres zeitli-

---

109 Vgl dazu *Weber*, WM 2002, 367 (369).

110 Als Vergütungsarten kommen grundsätzlich dieselben Tätigkeitsentgelte in Betracht, die § 87 Abs 1 dAktG für Vorstandsmitglieder aufzählt, wenngleich in der Praxis für die Ermittlung der Aufsichtsratstantiemen nach wie vor meist die beschränkt aussagekräftige Dividende herangezogen wird; vgl *Mäger*, BB 1999, 1389 (1389); *Schima* in GesRZ-Sonderheft Aktienoptionen (2001), Aktienoptionen für Aufsichtsratsmitglieder, 19 (20 f). Vgl auch die Aufsichtsrats- (und Vorstands-)Vergütungsübersicht des *Manager-Magazins*, online abrufbar unter http://www.manager-magazin.de/unternehmen/artikel/0,2828,248628,00.html.

111 BGH 16.2.2004 – *Mobilcom*, II ZR 316/02, ZIP 2004, 613 (615); *FAZ*, 16.3.2004, http://www.faz.net/s/RubC8BA5576CDEE4A05AF8DFEC92E288D64/Doc~E89A8CF3792AA4C8B9546B3EF4C26BA42~ATpl~Ecommon~Scontent.html#top; aA *Hoff*, WM 2003, 910 (911 f); *Winter* in *Hommelhoff/Hopt/von Werder* (Hrsg), Handbuch orporate Governance, 335 (342 f); *Wiechers*, DB 2004, 696 (698); *ders*, DB 2003, 595 (596); *Zimmer*, DB 1999, 999 (1000); *Zimmer*, NJW 1998, 3521 (3530); *Meyer/Ludwig*, ZIP 2004, 940 (944 f). In Bezug auf Wandel- bzw Optionsanleihen aM *Vetter*, AG 2004, 234 (237 f) – in Bezug auf SARs bzw phantom stocks aM *Fuchs*, WM 2004, 2233 (2239); *Paefgen*, WM 2004, 1169 (1173).

112 Siehe unter VI.

113 *Feddersen*, ZHR 161 (1997), 269 (273 f); *Theisen*, RWZ 2001/51; *ders*, DB 1999, 1665 (1665); *Lutter*, ZGR 2001, 224 (229 und 231); allg *Thümmel*, AG 2004, 83; *Lutter*, ZIP 2003, 737 (737).

114 Vgl Fn 3.

chen Engagements für das Unternehmen[115] – zu generieren imstande ist, darf bezweifelt werden.[116]

V Ambivalenz erfolgsorientierter variabler Vergütungsformen

Ohne die Allegorien von Spiegelbildern bzw Licht und Schatten überstrapazieren zu wollen, sei dennoch vorweg die Feststellung erlaubt, dass sich die aus dem Einsatz erfolgsorientierter Entlohnungsformen ergebenden Vor- und Nachteile oft gegenseitig bedingen. Letztlich dürfte es im Kern aber darum gehen, die Variabilität von Vergütungsinstrumenten hinsichtlich der aus ihnen resultierenden Vermögensverschiebungen zu bewahren und sowohl Anteilseigner als auch Kader – obgleich nicht notwendigerweise auch andere Stakeholder – umfassend zufrieden zu stellen.

A Prinzipal-Agent-Konflikt und Anreizkompatibilität

Bereits im 18. Jahrhundert litten die neuzeitlichen Aktiengesellschaften unter dem durch die Trennung von Eigentum und Verfügungsmacht bedingten *Prinzipal-Agent-Problem.*[117] Die zugehörige Theorie wurde und wird als „*Agency-Theorie*" bezeichnet.[118] Diese diskutiert einerseits die ungleichen Interessenlagen der Aktionäre („principals"), welche von den Managern („agents") die Maximierung des Aktionärsvermögens erwarten,[119] und andererseits die der Manager, welche auch eigene, dem Aktionärsziel möglicherweise widersprechende Ziele verfolgen. Verschärft wird diese Konfliktlage durch

---

[115] *Schima* in GesRZ-Sonderheft Aktienoptionen (2001), Aktienoptionen für Aufsichtsratsmitglieder, 19 (22 und 26 f), bezweifelt die Motivationswirkung der „hochriskanten" Vergütung über Aktienoptionen hinsichtlich eines verstärkten zeitlichen Engagements der Aufsichtsratsmitglieder. Die professionelle Ausübung eines Aufsichtsratsmandats sei nämlich mit einem zeitlichen Aufwand von nicht unter zehn Wochenstunden verbunden, sodass, wenn Aufsichtsräte ihre Aufgabe in Ergänzung zu ihrem hauptberuflichen Manager-Fulltimejob ernst nehmen wollten, die Übernahme von einem (maximal zwei) Aufsichtsratsmandat(en) angebracht erschiene. Vgl dazu auch § 86 Abs 4 öAktG und dem folgend Regel 56 ÖCGK (L), die die Grenze in der Übernahme von acht (!) Aufsichtsratsmandaten – bei dem Vorstand börsennotierter Unternehmen angehörigen Personen in der Ausübung von vier (!) Mandaten (Regel 57 ÖCGK (C)) – sieht. Die aberwitzige, höchstzulässige Zahl von zehn (!) Aufsichtsratsmandaten gem § 86 Abs 2 Z 1 öAktG verdient hinsichtlich ihrer Sinnhaftigkeit keine weitere Vertiefung.

[116] *Zivny*, ÖJZ 2001, 717; aA *Oltmanns* in *Achleitner/Wollmert* (Hrsg), Stock Options, 213 (215); *Theisen*, DB 1999, 1665 (1671). Die ErlRV 485 BlgNR 21. GP zum AOG, 7, nehmen wie folgt Stellung: „Vor dem Hintergrund, dass der Aufsichtsrat nicht nur Kontroll-, sondern in nicht unwesentlichem Ausmaß auch strategische Funktion für den Vorstand hat, ist demgegenüber zu bedenken, dass Aufsichtsratsmitglieder selten in einem ihrer Verantwortung und Haftung entsprechenden Ausmaß entlohnt werden, bisher somit kein angemessener finanzieller Anreiz zur gewissenhaften Ausführung dieser Aufgabe gegeben war."

[117] *Adam Smith* beschäftigte sich in seinem Standardwerk „Der Wohlstand der Nationen", im Original bereits aus dem Jahre 1776 datierend, mit diesem Problem. Ein weiterer Klassiker, „The Modern Corporation and Private Property" von *Berle/Means*, stammt aus dem Jahre 1932. Vgl auch *Mann*, Corporate Governance Systeme, 23 f.

[118] Einem gänzlich anderen Ansatz folgt die sog „*Stewardship-Theorie*", die als Gegenpol zur „*Agency-Theorie*" konzipiert wurde; vgl *Donaldson/Davis*, Australian Journal of Management 1991, 49; *Davis/Schoorman/Donaldson*, Academy of Management Review 1997, 20.

[119] Den Prinzipal interessiert vordergründig der *Total Shareholder Return*, also die (Aktionärs-)Rendite, die aus der Steigerung des Börsenwerts (des Aktienkurses) plus der Dividendenzahlungen, bereinigt um Kapitalerhöhungen mit Bezugsrechtsgewährung bzw Nennwertumstellungen, erwirtschaftet wird.

eine asymmetrische Informationsverteilung[120] sowie durch unterschiedliche Risikopräferenzen (Risikoallokationsproblem).[121]

Im gegebenen Zusammenhang interessiert vor allem das Problemfeld der Anreizorientierung, uzw im untrüglichen Wissen darum, dass voller Einsatz nur dann zu erwarten ist, wenn sich dieser für den Agenten auch (monetär) auszahlt.[122] Häufigstes Problem ist dabei die sog *„hidden action"*, bei der der Agent durch das Ausnutzen seines Informationsvorsprungs den Eigennutzen maximierende Entscheidungen trifft (*„moral hazard"*) oder sich der Arbeit durch für den Prinzipal nicht beobacht- bzw beurteilbare Reduzierung des Arbeitseinsatzes (*„shirking"*)[123] zu entziehen sucht. Dabei ist weniger ein quantitativer, zeitlicher, sondern vielmehr ein qualitativer, am wirtschaftlichen Endresultat aus Ex-post-Sicht ablesbarer Aspekt angesprochen; maW: Es zählt *nicht* die Intensität der *Leistung, sondern* der *ergebnis*orientierte Inhalt der Aktivitäten (Erfolgsgerechtigkeit vs Leistungsgerechtigkeit).[124]

Zwecks Hintanhaltung bzw Bewältigung dieser Malversationen müssen Kosten aufgewendet werden, die als *„Agency-Kosten"* – zusammengesetzt aus Überwachungs- bzw Kontrollkosten („monitoring costs") des Prinzipals und Vertrauenskosten („bonding costs") des Agenten – bezeichnet werden.[125] Da sich eine Sanktionierung selten als hilfreich erwiesen hat, wird seit etwa zwei Jahrhunderten nach einem *Belohnungs*system gesucht, das den Problemen asymmetrischer Informationsverteilung durch Statuierung von *monetären Anerkennungsmomenten* bestmöglich entgegenwirkt. Idealerweise geschieht dies dadurch, dass die Agenten nur Vorteile aus Handlungen ziehen können, die auch im Interesse der Prinzipale liegen, was verbreitet als *Anreizkompatibilität* bezeichnet wird.[126]

---

[120] *Leyens*, RabelsZ 67 (2003), 57 (63); *Geppert*, ÖJZ 2002, 781 (782).

[121] Im Gegensatz zum Prinzipal, der sein Risiko relativ einfach durch Streuung seiner Anteile diversifizieren kann, ist der Agent über seinen Arbeitsplatz verhältnismäßig stark an das Unternehmensrisiko gebunden, was zu einer tendenziell höheren Risikoaversion führt.

[122] Hier darf nicht unerwähnt bleiben, dass sich so mancher Manager (nicht zuletzt aufgrund der stattlichen Arbeitsbelastung) bereits im Status quo finanziell ausreichend versorgt und stimuliert fühlen könnte – und dementsprechend hinlänglich intrinsisch motiviert wäre. Vgl *Peltzer*, AG 1996, 307 (313); *Weiß*, Aktienoptionspläne für Führungskräfte, 85.

[123] Für den Agenten besteht bei fixem Grundgehalt kein Anreiz, wertsteigernde Aktivitäten mit der gleichen Anstrengung zu entfalten, als wäre er selbst Prinzipal.

[124] So auch *Kallmeyer*, ZIP 2002, 1663. Problematisch ist jedoch auch der überzogene Konsum von firmeneigenen Ressourcen – etwa überhöhte Ausgaben zur Steigerung des eigenen Prestiges wie zuletzt im Fall der US-„Hausfrauenkönigin" *Martha Stewart*. Dabei können Agenten einen vermehrten Nutzen aus Aufwendungen ziehen, die für sie einen wesentlich höheren Wert haben als für den Prinzipal, wobei die umgelegten Ausgaben den Agenten nur einen Bruchteil dessen kosten, was sie den Prinzipal kosten. Kurz: Manager streben nach *„managerial welfare maximation"*. Vgl auch *Kühnberger/Keßler*, AG 1999, 453 (454).

[125] Vgl *Haberer*, Corporate Governance, 6. Der *„residual loss"* ist die monetäre Äquivalenz- und Wohlfahrtseinbuße, die trotz *monitoring* und *bonding* entsteht, wenn der Agent nicht im besten Interesse des Prinzipals handelt, sondern ein abweichendes Ziel verfolgt.

[126] *Murray*, Wall Street Journal Online, online abrufbar unter http://www.careerjournal.com/salaryhiring/options/20030113-murray.html, vergleicht die Anreizkompatibilität mit einer *„Goldenen Karotte"* (*„golden carrot"*). Siehe auch *Bruce/Buck* in *Keasey/Thompson/Wright* (Hrsg), Corporate Governance, 80 (85) und *Salzburger Nachrichten* 8.3.2004; *Winter* in *Hommelhoff/Hopt/von Werder* (Hrsg), Handbuch Corporate Governance, 335 (337); *Backes-Gellner/Kräkel/Geil* (Hrsg), Quantitative und qualitative Personalanpassungsstrategien, 96 f; *Clotten* in *Pellens* (Hrsg), Unternehmenswertorientierte Entlohnungssysteme, 101 (106); *Knoll/Möller*, ZBB 1999, 69 (70); *Schildbach*, DB 2003, 893 (895); *Fleischer*, ZGR 2001, 1 (9); *Kalss* in GesRZ-Sonderheft Aktienoptionen (2001), Aktienoptionen auf neuer gesellschaftsrechtlicher Grundlage, 2 (4 f).

Damit geht gleichzeitig auch eine Zielidentität und Bindung der Interessen der Agenten an die der Prinzipale (Interessensgleichschaltung) einher, die iS voller Anreizkompatibilität freilich nur dann einigermaßen angemessen verwirklicht werden kann, wenn der Agent ein „downside risk" – also das Risiko von Einkommenseinbußen – mit zu tragen hat, ohne sich auf ein „eingefrorenes" Grundgehalt verlassen zu können.[127] Je nach Ausgestaltungsvariante der Anreizorientierung wird aber der Stimulus – und damit die vom Unternehmen, bzw letzten Endes dessen Aktionären, aufzubringende Risikoprämie – zur Teilnahme am Belohnungssystem entsprechend groß sein müssen, um die mit der Variabilität und Erfolgsbezogenheit verbundene Unsicherheit auf sich zu nehmen.[128]

Zudem darf trotz aller positiver Aspekte nicht übersehen werden, dass variable Entlohnungen nach wie vor Agency-Kosten darstellen, die es vom Standpunkt der Prinzipale aus gesehen bestmöglich zu vermeiden gilt. Durch eine entsprechende Gestaltung der Programme ist dafür zu sorgen, dass der notwendig eintretende Verwässerungseffekt[129] durch einen Wertzuwachs auf Seiten der Prinzipale *überkompensiert* wird.[130] Ergo sind Entlohnungs- iSv Agency-Kosten klarerweise nur so lange als sinnvoll anzusehen, als sie durch eine Unternehmenswertsteigerung sowie die Vorteile einer verbesserten Verhaltenskontrolle aufgewogen werden.[131] Dem folgend geht es auch nicht um ein Maximum, sondern um ein Optimum an Überwachung und Beherrschung. Komplexität gewinnt diese Thematik in den „Two-Tier"-Systemen Österreichs und Deutschlands, da das Aufsichtsrecht über den Vorstand dem Aufsichtsrat zusteht und somit im Verhältnis zu den Aktionären teilweise ein Problem der „Kontrolle der Kontrolleure" und daraus resultierend eine mehrstufige, kostenintensivere Prinzipal-Agent-Beziehung („*Kontrollpyramide*") entsteht.

Ein häufiger Lapsus in der Unternehmenspraxis besteht weiters darin, variable Entlohnungselemente als *zusätzliche* Vergütung zum Grundeinkommen zu gewähren, ohne den – zumindest von seiner Konzeption her – anreizsteigernden Teil iS einer Risikoerhöhung für die beteiligten Führungskräfte *an die Stelle* eines entsprechenden Teils des Fixgehalts

---

127 *Ruffner* in *Siegwart/Mahari/Hill* (Hrsg), Corporate Development, 325 f; *Bühner*, DB 1989, 2181 (2182 f); *Kallmeyer*, ZIP 2002, 1663; *Jabornegg* in *Achatz/Jabornegg/Resch* (Hrsg), Mitarbeiterbeteiligung – Aktienoptionen, 1 (2). Krit im Hinblick auf die Gewährung von Aktienoptionen an Aufsichtsratsmitglieder *Temmel*, GesRZ 2002, 21 (24).

128 Wenn zB im Fall eines Aktienoptionsprogramms die Führungskräfte das für die Optionsausübung vorgeschriebene Erfolgsziel verfehlen, ist eine zu zahlende Optionsprämie – für die teilweise bereits liquide zur Verfügung der potenziell Berechtigten stehende Mittel eingesetzt werden – verloren, ohne dass die Manager diese durch die Optionsausübung kompensieren könnten; vgl *Schaschl*, Stock Options, 36 f; *Jost/Wolff*, Subjective Expected Utility Theory and the Value and Incentive Effets of Stock Options for Executives, online abrubar unter http://www.whu.edu/orga/geaba/Papers/2003/GEABA-DP03-05.pdf. *Friedrichsen*, Aktienoptionsprogramme für Führungskräfte, 55.

129 Siehe dazu ausführlich unter V. E.

130 *Von Einem/Götze*, AG 2002, 72 (75); *Menichetti*, DB 1996, 1688 (1689 f); *Fuchs*, DB 1997, 661 (661); *Kau/Leverenz*, BB 1998, 2269 (2271); *Seibert*, WM 1997, 1 (9).

131 *Weiß*, Aktienoptionspläne für Führungskräfte, 110. *Bebchuk/Fried/Walker*, Managerial Power and Rent Extraction in the Design of Executive Compensation, online abrufbar unter http://papers.ssrn.com/sol3/delivery.cfm/SSRN_ID316590_code020619140.pdf?abstractid=316590, und *Bebchuk/Fried*, Executive Compensation as an Agency Problem, online abrufbar unter http://papers.ssrn.com/sol3/delivery.cfm/SSRN_ID364220_code030106630.pdf?abstractid=364220, sehen die Entlohnung von Führungskräften nicht nur als Möglichkeit zur Lösung des Agency-Problems, sondern als einen Teil desselben, das diesen Konflikt gleichwohl weiter anstachelt.

(bzw der Boni) treten zu lassen.[132] MaW: Ein wichtiger Beweggrund für die Einführung und Aufrechterhaltung von erfolgsorientierten Vergütungssystemen ist die schlichte Einkommensverbesserung des Managements (sog *„skimming"*).[133]

Teilweise scheint es Managern schwer zu fallen, das die eigene Person beschäftigende Unternehmen nicht als Goldesel (*„money pump"*) zu begreifen. Wenn zB das umstrittene Aktienoptionsprogramm von *DaimlerChrysler* aus dem Jahre 2000, das nach wie vor als Grundlage für Beschlussfassungen auf der Hauptversammlung des Jahres 2004 diente, eine Bar-(rück)zahlung hinsichtlich der 20%igen Ausübungsprämie oberhalb des Referenzkurses an die bezugsberechtigten Führungskräfte vorsieht,[134] kann dies bei Anlegung objektiver Maßstäbe lediglich als Übervorteilung des Unternehmens und der hinter diesem stehenden Aktionäre bezeichnet werden.[135]

B Steigerung der Risikobereitschaft und der Motivation

Allein die gedankliche Vorstellung der *Chancenwahrung* in Bezug auf Wettbewerbsvorteile soll den Führungskräften eine forcierte Risikobereitschaft nahe legen:[136] Sofern die Führungskräfte aufgrund eines erfolgsorientierten Vergütungsprogramms an einer Steigerung des Unternehmenswerts teilhaben können, dürften sie eher zu innovativen und risikobehafteten Aktivitäten bereit sein, um über eine sthenisch variable Komponente ein insgesamt höheres Gesamtgehalt zu erzielen.[137] Denn je umfangreicher die Beteili-

---

[132] Vgl *Kühnberger/Keßler*, AG 1999, 453 (455); *Jost/Wolff*, Subjective Expected Utility Theory and the Value and Incentive Effets of Stock Options for Executives, online abrubar unter http://www.whu.edu/orga/geaba/Papers/2003/GEABA-DP03-05.pdf; krit auch *Ettinger*, Stock-Options, 32; *Schwarz/Michel*, BB 1998, 489 (490 und 493); *Fuchs*, DB 1997, 661 (667); *Hoffmann-Becking*, NZG 1999, 797 (797); *Menichetti*, DB 1996, 1688 (1689); *Kau/Leverenz*, BB 1998, 2269 (2269); *Friedrichsen*, Aktienoptionsprogramme für Führungskräfte, 54 f mwN; undiff *Kohler*, ZHR 161 (1997), 246 (254 f); *Kalss* in GesRZ-Sonderheft Aktienoptionen (2001), Aktienoptionen auf neuer gesellschaftsrechtlicher Grundlage, 2 (2 und 6).

[133] *Hall/Liebman*, Are CEOs Really Paid Like Bureaucrats?, online abrufbar unter http://papers.ssrn.com/sol3/delivery.cfm/9703251.pdf?abstractid=2086, formulieren sehr treffend: „Given public opposition to huge salaries and bonuses, it may be that options are a less visible vehicle for transferring wealth to CEOs"; *Posch/Knoll/Rasinger*, RdW 2001/225. Ähnlich *Bebchuk/Fried*, aaO (Fn 131): „To avoid or minimize outrage resulting from outsiders' recognition of the presence of rent extraction, managers have an incentive to obscure and try to legitimize – or, more generally, to camouflage – their extraction of rents." Vgl auch *Bebchuk/Fried/Walker*, aaO (Fn 131) sowie *Adams*, ZIP 2002, 1325 (1331), der in diesem Zusammenhang von einer „Ausbeutungsoffenheit" der betroffenen Unternehmen spricht.

[134] Die auf den sog „Referenzpreis" aufgeschlagene Ausübungsprämie in der Höhe von 20 % des Referenzpreises, die hier iS eines Erfolgsziels zu verstehen ist, wird im Falle der Ausübung (und demzufolge bei Erreichen oder Übertreffen dieser Hürde) in vollem Umfang an die berechtigten Führungskräfte bar rückvergütet. Im Ergebnis wird den Führungskräften nicht einmal der Abzug dieser 20 % abverlangt, sondern gewährt *DaimlerChrysler* die Aktienoptionen „at the money" (vgl Fn 209), womit ein um 20 % verminderter Mittelrückfluss (von der Führungskraft zum Unternehmen) in Kauf genommen wird. Die Eckpunkte des Aktienoptionsprogramms aus dem Jahr 2000 sind online abrufbar unter http://www.daimlerchrysler.com/Projects/c2c/channel/documents/100816_shareoptions_g.pdf, die hier interessierenden Punkte finden sich in der Wiedergabe des Tagesordnungspunkts 8a) auf Seite 2 (4) und im Bericht des Vorstands an die Hauptversammlung zu Punkt 8 der Tagesordnung auf Seite 6 (4) letzter Absatz. Die Tagesordnung zur Hauptversammlung 2004 ist online abrufbar unter http://www.daimlerchrysler.com/Projects/c2c/channel/documents/217032_agenda_hv_2004.pdf, vgl Punkt 6a) und f).

[135] Krit auch *Adams*, ZIP 2002, 1325 (1329 ff und 1340) und dessen „Ausplünderungshypothese".

[136] Zum Risikobegriff siehe *Büchele*, GesRZ 2003, 221 (222 f).

[137] So *Schaschl*, Stock Options, 21; *Menichetti*, DB 1996, 1688 (1689); *Bassen* in *Achleitner/Wollmert* (Hrsg), Stock Options, 279 (290 f); krit *Fleischer*, ZGR 2001, 1 (9); *Ruffner*, Die ökonomischen Grund-

gung des Agenten am Geschäftsrisiko ausfällt, desto höher wird dessen Risikoprämie und umso größer auch seine Chance auf Erhöhung der Vergütung (Stichwort: *vergrößerte Schwankungsbreite*).[138] Dieselbe Annahme trifft auch der DCGK in Punkt 4.2.3 Satz 2 iVm Satz 4, wenn er Aktienoptionen, Aktien des eigenen Unternehmens mit mehrjähriger Veräußerungssperre oder vergleichbare Gestaltungen (SARs, phantom stocks etc) als Komponenten der (variablen) Führungskräftevergütung mit langfristiger Anreizwirkung und *Risikocharakter* apostrophiert.

Verschiedentlich wird bezüglich des motivierenden Risikocharakters aber eine genau gegenteilige Meinung vertreten, nämlich dass ein überhöhter, risikogeneigter Anteil an der Gesamtvergütung eine Absenkung der Anreizwirkung und in der Folge gerade eine den Interessen der Aktionäre zuwiderlaufende Unternehmensführung mit sich bringen kann.[139] Denn gerade Aktienoptionen bergen neben der Chance auf Erhöhung der Gesamtvergütung im Vergleich zum bloßen Aktienbesitz ein erweitertes Frustrationspotenzial[140] in Form eines überproportionalen *downside risk* für den Fall in sich, dass Führungskräfte nach einem entsprechenden Verzicht auf fixes und/oder variables Entgelt[141] einen Teil ihrer (erhofften) Vergütung aufgrund der Wertlosigkeit ihrer Optionen verlieren, zB bei nicht gegebener Ausübbarkeit infolge Zielvereinbarungsverfehlung.[142]

C Festsetzung der Vergütung und Bezugsobergrenze („cap")

Die Festsetzung der Vorstandsvergütung durch den Aufsichtsrat ist bei der rechtlichen Ausgestaltung von Anreizsystemen hinsichtlich der Organkompetenz ein zentraler Punkt.[143] Dieser ist allein kraft seiner die Anstellungsverhältnisse umfassenden Personalkompetenz nach § 75 Abs 1 iVm § 97 Abs 1 öAktG (§ 84 Abs 1 iVm § 112 dAktG) für die Frage zuständig, *welche Vorstandsmitglieder* an einem erfolgsorientierten Entlohnungsschema teilnehmen. Zwar kann der Aufsichtsrat diese Zuständigkeit gem § 92 Abs 4 öAktG (§ 107 Abs 3 dAktG) einem Personal- oder Präsidialausschuss übertra-

lagen eines Rechts der Publikumsgesellschaft, 221; *Peltzer*, Deutsche Corporate Governance, Rn 83; *Posch/Knoll/Rasinger*, RdW 2001/225.

138 Zur sog *„Hebelwirkung"* vgl *Seibert* in *Pellens* (Hrsg), Unternehmenswertorientierte Entlohnungssysteme, 29 (32); *Achleitner/Wichels* in *Achleitner/Wollmert* (Hrsg), Stock Options, 1 (12 f); *Baums* in *Martens/Westermann/Zöllner* (Hrsg), FS Claussen, Aktienoptionen für Vorstandsmitglieder, 3 (8 f); *Weiß*, Aktienoptionspläne für Führungskräfte, 46; *Clotten* in *Pellens* (Hrsg), Unternehmenswertorientierte Entlohnungssysteme, 101 (104).

139 *Sauter/Babel* in *Kessler/Sauter* (Hrsg), Handbuch Stock Options, Rn 26.

140 AA offenbar die ErlRV 485 BlgNR 21. GP, 7 zum AOG: „[...] angesichts des fehlenden down-side-Potentials von Optionen [...]; bei unternehmerischen Misserfolgen geht zwar eine Chance verloren, darüber hinaus treten aber keine Verluste ein."

141 Siehe Fn 39.

142 Vgl *Lück*, Die Gewährung von Aktienoptionen im arbeitsrechtlichen Vergütungsgefüge, 31. Linderung verspricht für den Fall sinkender Kurse zumindest das Steuerrecht, da allein *realisierte* Optionswerte zu versteuern sind, also lediglich eine (positive) Differenz zwischen dem Kurswert der überlassenen Aktien und dem Ausübungspreis; vgl *Petereit/Neumann*, DB 2003, 1295 und 747; *Streck/Mack/Schwedhelm*, AG 2002, 287.

143 Gem § 98 öAktG (§ 113 dAktG) muss eine (eventuelle) Vergütung des Aufsichtsrats in der Satzung festgelegt oder von der Hauptversammlung bewilligt werden; vgl *Mutter*, Auskunftsansprüche des Aktionärs in der HV, 13; OLG München 27.2.2002, 7 U 1906/01, ZIP 2002, 1150; LG München I 7.12.2000, 5 HKO 14047/00, ZIP 2001, 289 (290 f).

gen,[144] jedoch ist die Bindung an eine Mitwirkung des Vorstands nicht zulässig – auch nicht indirekt über einen Hauptversammlungsbeschluss oder die Satzung.[145] Auch eine gemeinsame Kommission von Vorstand und Aufsichtsrat („*Compensation Committee*" im angloamerikanischen Board-System) ist nicht zulässig, da das Gesetz einen Ausschuss voraussetzt, den der Aufsichtsrat „aus seiner Mitte" zu bilden hat, also ohne das Hinzutreten von Vorstandsmitgliedern oder anderen Personen wie zB Mitarbeitern oder externen Sachverständigen.[146]

Die in Regel 28 letzter Satz ÖCGK (C) normierte *generelle Zuständigkeit der Hauptversammlung* zur Festlegung und Änderung von Aktienoptionsprogrammen für Vorstandsmitglieder weicht folglich sowohl vom öAktG als auch vom dAktG ab.[147] Ein wenig überraschend wurde damit in Österreich ein internationaler Trend antizipiert, der ua im Herbst/Winter 2004 in einer Kommissions-Empfehlung kulminierte.[148] Bereits im Vorfeld erlangte aber mit Beschluss der „neuen" OECD-Grundsätze der Corporate Governance durch den OECD-Ministerrat am 13./14.5.2004 die folgende Regelung Geltung:[149]

> „[...] Die Aktionäre sollten die Möglichkeit haben, ihre Ansicht zu der in Bezug auf die Vergütungen von Board und Geschäftsführung verfolgten Politik zu äußern. Die Aktienkomponente der Vergütungen von Board-Mitgliedern, Geschäftsführung und Arbeitnehmern sollte der Zustimmung durch die Aktionäre bedürfen."

Weiters hat sich der Aufsichtsrat hinsichtlich der Frage, unter *welchen Bedingungen* und in *welchem Umfang* die Vorstandsmitglieder am monetären Anreizsystem beteiligt sein sollen, an die Grundsätze zu halten, die § 78 Abs 1 öAktG (§ 87 Abs 1 dAktG) aufstellt. Dabei hat der Aufsichtsrat anlässlich der Festsetzung der *Gesamtbezüge* des einzelnen Vorstandsmitglieds dafür zu sorgen, dass sowohl die Gesamtbezüge als auch dessen Bestandteile in einem *angemessenen Verhältnis* zu den *Aufgaben* des (einzelnen) Vorstands-

---

144 Vgl *Thümmel*, AG 2004, 83 (88); *Hüffer*, AktG^6, Rn 12 zu § 84 und Rn 18 zu §107 dAktG; *Müller/Schiegl* in *Pfitzer/Oser* (Hrsg), Deutscher Corporate Governance Kodex, 93 (108 f).

145 *Wiesner* in Münch HdB GesR IV^2, § 21 Rn 15 mwN.

146 *Hüffer*, AktG^6, Rn 16 zu § 107 dAktG; *Ringleb* in *Ringleb/Kremer/Lutter/von Werder* (Hrsg), Deutscher Corporate Governance Kodex, Rn 538. Zur fachlichen Qualifikation von Aufsichtsratsmitgliedern vgl die Stellungnahme von *Sünner*, ZIP 2003, 834 (835) iVm These 3 von *Lutter*, ZIP 2003, 417 (418).

147 *Hausmaninger/Kletter/Burger*, Corporate Governance, Rn 20 zu den Regeln 27 und 28 ÖCGK; *Teichmann*, ZGR 2001, 645 (662). Vgl in diesem Zusammenhang auch die strategische Vorgehensweise der amerikanischen Wertpapieraufsichtsbehörde hinsichtlich der von NYSE (New York Stock Exchange) und NASDAQ (National Association of Securities Dealers Automated Quotations) vorgeschlagenen und von der SEC am 4.11.2003 genehmigten Corporate-Governance-Standards.

148 Siehe dazu *Maul/Lanfermann*, BB 2004, 1861 (1866 f); Empfehlung der Kommission (2004/913/EG) vom 14.12.2004 (ABl. EU Nr. L 385/55) sowie *GD Binnenmarkt*, Vergütung von Direktoren, online abrufbar unter http://www.europa.eu.int/comm/internal_market/company/directors-remun/index_de.htm, den Aktionsplan der Kommission KOM (2003) 284 endg vom 21.5.2003, 19, online abrufbar unter http://www.europa.eu.int/eur-lex/de/com/cnc/2003/com2003_0284de01.pdf, sowie den Abschlussbericht der *Winter*-Gruppe, Empfehlung III.11 und deren Erläuterungen, 68 ff; online abrufbar unter http://www.europa.eu.int/comm/internal_market/company/docs/modern/report_de.pdf.

149 Vgl Punkt II. C. 3. der OECD-Grundsätze der Corporate Governance, Neufassung vom 13./14.5.2004, online abrufbar unter http://www.oecd.org/dataoecd/57/19/32159487.pdf sowie *Schneider*, AG 2004, 429 (432).

mitglieds [150] und zur *wirtschaftlichen Lage der Gesellschaft* stehen, [151] wobei mE die Übernahme von Aufsichtsrats- bzw Beratungsmandaten in oder für fremde(n) oder konzerneigene(n) Unternehmen in jedem Fall berücksichtigt und eingerechnet werden muss. Sollte der Aufsichtsrat diesen Rahmen überschreiten, setzt er sich der Gefahr von Schadenersatzansprüchen aus. [152]

Ein verantwortungsbewusst die Interessen der Gesellschaft berücksichtigender Aufsichtsrat sollte sich bei der vertraglichen Regelung der Vorstandsbezüge dazu veranlasst sehen, neben einem unvariablen (fixen), von der wirtschaftlichen Entwicklung des Unternehmens unabhängigen Bezugsteil, gleichermaßen variable Bezugsbestandteile iVm einem Widerrufsvorbehalt vorzusehen (Flexibilisierung der Entlohnung). [153] Die Außerachtlassung dieser Prämisse, verbunden mit einer potenziell möglichen, eklatanten Verschlechterung der wirtschaftlichen Lage eines Unternehmens, berechtigt den Aufsichtsrat nach österreichischer Rechtslage – im Unterschied zum deutschen „*Rettungsanker*" in § 87 Abs 2 dAktG [154] – keineswegs, unter Berufung auf das wirtschaftliche Unvermögen der Gesellschaft *einseitig* die Vorstandsbezüge zu kürzen, [155] zusätzlich exponiert sich der Aufsichtsrat abermals haftungsmäßig.

Zur Auslotung der konkreten Rahmenbedingungen muss sich der Aufsichtsrat zunächst einen Überblick darüber beschaffen, welchen *monetären Wert* die motivierenden, variablen Stimuli im Zeitpunkt der Einräumung besitzen und zu welchem prognostizierten Vermögenszuwachs (Einschätzung der Bandbreite der Zuwachsentwicklung vor allem unter Berücksichtigung der erwarteten Volatilität und Dividendenrendite bei Auflegung eines Aktienoptionsprogramms) die Anreize im Falle ihrer Inanspruchnahme bei der berechtigten Führungskraft führen können. [156] Dies gilt umso mehr, als die zu beziehenden *Vorteile formal idR nicht vom Unternehmen gezahlt*, sondern durch private Geschäfte am Kapitalmarkt realisiert werden, die jedoch nicht im Rechnungswesen der Gesellschaft aufscheinen. [157]

---

[150] Die aktuelle Fassung von Punkt 4.2.2 Satz 3 DCGK akzentuiert im Rahmen der Angemessenheitsprüfung die individuelle Leistung des einzelnen Vorstandsmitglieds dahin gehend, dass die Individual- gegenüber der Gesamtleistung des Vorstands nuanciert vorrangig einzustufen ist. Vgl *Müller/Schiegl* in *Pfitzer/Oser* (Hrsg), Deutscher Corporate Governance Kodex, 93 (109).

[151] So auch Punkt 4.2.3 Satz 3 iVm Punkt 4.2.2 Satz 2 und 3 DCGK. Für die tatsächliche Angemessenheit der Vergütungshöhe gibt es keine festen Regeln, Maßstäbe oder mathematische bzw betriebswirtschaftliche Berechnungsmethoden; vgl *Weisner/Kölling*, NZG 2003, 465 (465) mwN. Ausführlich zur Angemessenheit *Thüsing*, ZGR 2003, 457.

[152] *Semler* in *Förschle/Kaiser/Moxter* (Hrsg), FS Budde, 599 (602); *Noack*, BB 13/2004, 1.

[153] Vgl *Mohr/Bihn* in *Kessler/Sauter* (Hrsg), Handbuch Stock Options, Rn 974 und 982 f; dBAG 28.5.1997, DB 1997, 2620; *Pulz*, Personalbindung durch aktienkursorientierte Vergütung, 24.

[154] Ausführlich dazu *Weisner/Kölling*, NZG 2003, 465 (466 ff).

[155] *Strasser* in AktG^4, Rn 143 zu den §§ 77 – 84 öAktG; OGH 11.1.1989, 9 ObA 513/88; *Schima*, RdW 1990, 448, mit Hinweis auf die divergente deutsche Rechtslage nach § 87 Abs 2 dAktG; *Peltzer* in *Schneider/Hommelhoff/Schmidt/Timm/Grunewald/Drygala* (Hrsg), FS Lutter, 571 (580 ff). Vgl dazu aber auch den freiwilligen 10%igen Gesamtgehaltsverzicht für das Jahr 2004 durch die Vorstände der *Austrian*-Fluglinie, *Der Standard*, 11.11.2003.

[156] Letzterer Punkt kann nur anhand von Modellrechnungen nachgebildet werden, da der Optionsgewinn für den Bezugsberechtigten im Zeitpunkt der Optionsberatung bzw -gewährung noch nicht feststeht. Wenigstens lässt sich jedoch ein Mindestoptionsgewinn unter Zugrundelegung des zu erreichenden Mindesterfolgsziels berechnen. So auch *Kessler/Suchan* in *Kessler/Sauter* (Hrsg), Handbuch Stock Options, Rn 128. Vgl dazu die Zusammenstellung unter IX.

[157] *Knoll/Möller*, ZBB 1999, 69 (71).

Letztlich verbleibt dem Aufsichtsrat aber immer ein erheblicher Ermessensspielraum, [158] der sogar *Verlustbeteiligungsmodelle* möglich macht. [159]

Unter Hintanstellung des Umstands, dass unsere (gegenwärtige) Wirtschaftsordnung grundsätzlich keine Entlohnungsgrenzen kennt, kann Bewertungs- und Objektivierungsproblemen ua dadurch begegnet werden, vorab für jedes Vorstandsmitglied im individuellen Anstellungsvertrag einen fixen, über Zielvereinbarungen gebundenen Höchstbetrag für die Gesamtvergütung und/oder eine relative Schwelle für den variablen Entgeltteil in Form eines Vielfachen des Fixbezugs (zB das Dreifache) [160] einzuziehen (Deckelung, „*cap*"). [161] In Bezug auf eine Begrenzungsmöglichkeit sieht das BASF Aktienoptionsprogramm BOP 2001 Folgendes vor:

„Der maximal mögliche Ausübungsgewinn für einen Teilnehmer ist auf das Zehnfache des Eigeninvestments begrenzt [...]." [162]

Ohne eine derartige, vertraglich vereinbarte Höchstbezugsgrenze begründet ein unangemessenes Anwachsen der zugesagten (variablen) Vergütung nachträglich keine Herabsetzungsrechte – *pacta sunt servanda*, [163] was vom ÖCGK in Regel 28 (C) offenbar „übersehen" wird. [164] Probleme ergeben sich demgegenüber dadurch, dass die Festlegung einer maximalen Verdienstmöglichkeit gleichsam die Motivation begrenzt: Hat die Vergütung ihren Maximalwert erreicht, werden sich die Vorstandsmitglieder auf eine Strategie der Wertsicherung verlegen und ihre Risikobereitschaft entsprechend zurückfahren. [165]

Ebenfalls sollte nicht darauf vergessen werden, die durch eine Teilnahme am erfolgsorientierten Entlohnungsprogramm verursachte Minderung des fixen Gehaltsbestandteils (bzw der Boni) entsprechend in Anschlag zu bringen und auszuweisen, da sich gerade die potenzielle Gewinnchance [166] in Form einer *Kürzung der übrigen Gehaltsbestandteile*

---

[158] Vgl *Krejci*, ecolex 1991, 776 (778).

[159] *Schneider* in *Scholz*, GmbHG^9, Rn 183 zu § 35 dGmbHG; *Semler* in *Förschle/Kaiser/Moxter* (Hrsg), FS Budde, 599 (602); BGH 3.12.1973, II ZR 85/70, BB 1974, 252 f.

[160] *Eiselsberg/Haberer*, RWZ 2004/17, urgieren eine Deckelung der variablen Vergütung mit 50 % der Fixvergütung. Ferner wurde vorgeschlagen, die Gesamtvergütung des bestbezahlten Managers auf das 25 – 50fache des Gehalts des am schlechtest verdienenden Mitarbeiters eines Unternehmens zu begrenzen; vermutlich in freier Anlehnung an *Platon*, der *Aristoteles* lehrte, dem Bestverdiener in jeglicher Gemeinschaft nicht mehr als das Fünffache des Lohns des Geringstverdienenden zu bezahlen. *Adams*, ZIP 2002, 1325 (1343), schlägt eine Begrenzung der Vergütung eines Vorstandsmitglieds auf das 150fache eines durchschnittlichen Arbeitnehmergehalts vor.

[161] Vgl Punkt 4.2.3 Satz 7 DCGK. *Vetter*, AG 2004, 234 (238); *Lutter*, ZIP 2003, 737 (739); *Semler* in *Förschle/Kaiser/Moxter* (Hrsg), FS Budde, 599 (610); ähnlich *Krejci*, ecolex 1991, 776; *Schima* in GesRZ-Sonderheft Aktienoptionen (2001), Gestaltungsfragen bei Aktienoptionen, 61 (65). AA *Kramarsch*, ZHR 169 (2005), 112 (117); *Baums* (Hrsg), Bericht der Regierungskommission Corporate Governance, Rn 44. Krit auch *Kiethe*, BB 2003, 1573 (1576 ff); *Thüsing*, ZGR 2003, 457 (487 f und 495 f); divergent *ders*, DB 2003, 1612 (1613).

[162] Ausführlich zum Eigeninvestment vgl Fn 42.

[163] So auch *Semler* in *Förschle/Kaiser/Moxter* (Hrsg), FS Budde, 599 (603).

[164] Krit *Hausmaninger/Kletter/Burger*, Corporate Governance, Rn 11 und 17 zu den Regeln 27 und 28 ÖCGK.

[165] Vgl *Götze*, Aktienoptionen für Vorstandsmitglieder und Aktionärsschutz, 218; *Schüller*, Vorstandsvergütung, 57 f.

[166] Häufig eingeräumt, indem Optionen unentgeltlich ausgegeben werden; also unabhängig von der Bezahlung eines Bindegelds (Optionsprämie) durch den Bezugsberechtigten.

niederschlagen muss,[167] um jeglicher Argumentation, die variable Vergütungsbestandteile als *Zusatz*entlohnung verstanden wissen will, vorab den Boden zu entziehen.[168]

Aufgrund der geforderten Angemessenheitsprüfung sind in den Gesamtbezügen noch weitere Faktoren zu berücksichtigen, insbesondere sonstige zufließende, geldwerte Vorteile in Form von betrieblichen Zusatz- und Nebenleistungen („*personal benefits*", „*perquisites*"), die (durchschnittliche) Entlohnung unter Abwägung der Situation in (konzerneigenen)[169] Vergleichsunternehmen sowie einzelfallbezogen die weiteren beruflichen und persönlichen Erfahrungen (vergangenheitsbezogene subjektive Qualifikation) des entsprechenden Vorstandsmitglieds.[170] Bei international agierenden Unternehmen sind etwaige Vergleichsvergütungen *weltweit* zu ermitteln, womit ein *pauschaler Verweis* auf ein andernorts geprägtes, meist utopisches Stimmungsbild als nicht zulässig erachtet werden kann – maW: Angemessenheit darf nicht automatisch mit Üblichkeit gleichgesetzt werden, wenngleich dieser Topos allein der Gefahr einer aus Unternehmensübernahmen resultierenden Anhebung der Vergütungsvergleichsbasis nicht begegnen kann.[171]

Letztendlich geht es immer darum, die Organpflichten korrekt abzubilden sowie die Gesellschaft – und mit ihr ihre Aktionäre, Gläubiger und Arbeitnehmer – vor übermäßigen Bezügen durch ein missbräuchliches Zusammenwirken von Aufsichtsrat und Vorstand (sog „*back scratching*" im „*Old-boys-Netzwerk*" bzw „*Honoratiorenkartell*" frei nach dem Motto: „Ich kontrolliere dich nicht, wenn du mich nicht kontrollierst!") zu schützen.[172]

---

[167] So auch die Begr zum RegE des KonTraG, BT-Drucks. 13/9712; vgl *Roschmann/Erwe* in *Harrer* (Hrsg), Mitarbeiterbeteiligungen und Stock-Option-Pläne, Rn 221.

[168] *Lück*, Die Gewährung von Aktienoptionen im arbeitsrechtlichen Vergütungsgefüge, 28 f. In gleicher Weise umfasst der Entgeltbegriff auf dem Gebiet des Arbeitsrechts jede Leistung, die der Arbeitnehmer vom Arbeitgeber dafür bekommt, dass er ihm seine Arbeitskraft zur Verfügung stellt; also auch erfolgsorientierte Entgeltsarten, vgl OGH 24.2.1993, 9 ObA 19/93; *Diregger* in GesRZ-Sonderheft Aktienoptionen (2001), Gesellschaftsrechtliche Grundfragen der Unterlegung, 29 (29); *Weiss*, ASoK 2001, 245. In seiner Entscheidung 8 ObA 161/02p – DRdA 2004, 303 (*Jabornegg*) stellt der OGH zusätzlich auf den Motivationsaspekt von Aktienoptionen hinsichtlich zukünftig zu erbringender Leistungen ab. Den Charakter einer Aktienoption als Entgeltbestandteil oder „Draufgabe" offen lassend *Krejci*, ecolex 2001, 16. Diff das BAG 12.2.2003, 10 AZR 299/02, DB 2003, 1065 (1066) hinsichtlich des Arbeitsentgeltcharakters der *von Dritten gewährten* Aktienoptionen; vgl auch *Lipinski/Melms*, BB 2003, 150 (151 ff).

[169] So *Müller/Schiegl* in *Pfitzer/Oser* (Hrsg), Deutscher Corporate Governance Kodex, 93 (110) unter Berufung auf Punkt 4.2.2 Satz 2 DCGK.

[170] Vgl zB die Kienbaum-, EquilarInsight- bzw Mercer Human Resource Consulting-Vergütungsstudien, online abrufbar unter http://www.kienbaum.de und http://www.worldatwork.org sowie http://www.mercerhr.com; *Achleitner/Wichels* in *Achleitner/Wollmert* (Hrsg), Stock Options, 1 (13); *OECD*, Survey of Corporate Governance Developments in OECD Countries, 67, online abrufbar unter http://www.oecd.org/dataoecd/58/27/21755678.pdf.

[171] Vgl *Hefermehl/Spindler*, Münch Komm^2, Rn 14 zu § 87 dAktG; *Thüsing*, ZGR 2003, 457 (465 ff); *Binz/Sorg*, BB 2002, 1273 (1277); *Krejci*, ecolex 1991, 776; *Hüffer*, ZHR 161 (1997), 214 (234 f); *Kallmeyer*, AG 1999, 97 (101) und ZIP 2002, 1663. Zum Prozess und zur Problematik der Vergütungsermittlung mithilfe von externen Unternehmensberatern vgl *Bebchuk/Fried/Walker*, aaO (Fn 131) und *Bebchuk/Fried*, aaO (Fn 131).

[172] *Strasser* in AktG^4, Rn 142 zu den §§ 77 – 84 öAktG; *Seibert* in *Pellens* (Hrsg), Unternehmenswertorientierte Entlohnungssysteme, 29 (40); *Weiß*, Aktienoptionsprogramme für Führungskräfte, 64.

D „Windfall Profits“ und „Windfall Losses“ sowie die Bezugsgröße Börsenkurs

Auf die Zuverlässigkeit des Börsenkurses als Erfolgs-(Performance-)Maßstab für ein Unternehmen stellt die Hypothese der (Informations-)Effizienz des Kapitalmarkts (ECMH) ab, die – wie der Name schon sagt – zumindest in der Theorie davon ausgeht, dass Aktienkurse die sich schnell verändernden Marktinformationen einschließlich des Verhaltens des Managements widerspiegeln.[173] Demgegenüber typisieren sog „*Windfall Profits*“ ungerechtfertigte zufällige Gewinne infolge von Kurssteigerungen, die allein durch exogen beeinflusste Fluktuationen des Kapitalmarkts (Wechselkursschwankungen, Zinsentwicklungen etc) bedingt sind. Als Ursachen kommen auch eine die gesamte Branche erfassende Hausse bzw Übernahmeangebote oder Teilprivatisierungen infrage[174] detto allein die Bekanntgabe der Initiierung einer erfolgsorientierten Entlohnungsform seitens eines Unternehmens (respektive deren Planung), ohne dass diese Kurssteigerungen ihre Grundlage in einer entsprechenden Anpassung des Unternehmenswerts fänden.

Hinsichtlich zufälliger Verlustmöglichkeiten (sog „*Windfall Losses*“) gilt Folgendes: Obwohl von ihrer Grundtendenz her Windfall Losses mit der gleichen Wahrscheinlichkeit und Höhe eintreten können wie Windfall Profits, ergibt sich in Bezug auf Aktienoptionen die Besonderheit, dass zufällige Börsenkursverluste für den Bezugsberechtigten grundsätzlich mit bzw durch Erreichen des Ausübungspreises abgefedert und „gedeckelt“ werden. Da die wenigsten bezugsberechtigten Führungskräfte bei einem Börsenkurs am oder unterhalb des Ausübungspreisniveaus ihre Optionen gegen Aktien umtauschen wollen (außer sie setzen ihr Vertrauen auf eine zukünftige Kurserholung) oder können (vgl dazu ausführlich unter V. I.), beschränkt sich die gedeckelte Verlustmöglichkeit auf das Verfallenlassen der Optionen. MaW: Der maximale (Windfall) Loss einer Aktienoption besteht nicht darin, den Wertverlust eines Bezugsrechts aus einem Aktienoptionsprogramm direkt hinnehmen zu müssen, sondern diesen „Ausfall“ indirekt im Rahmen und als Teil der *Gesamtvergütung* nicht kompensieren zu können.[175] Die Medien sehen diese Ausgangslage allerdings oft (tendenziös) anders oder gar nicht: Aus Ex-post-Sicht herrscht beim Auftreten von Windfall Profits ob der aufscheinenden Vergütungshöhen große Entrüstung. Vielfach wird aber eben übersehen, dass das Endresultat des Vergütungsspiels – zumindest bis zur Grenze der Deckelung – ex ante offen war.[176]

Im Übrigen lässt der Börsenkurs als alleinige Determinante der Anreizbemessung keinen Rückschluss auf die Lage der Gesellschaft zu, auf die § 78 Abs 1 öAktG (§ 87 Abs 1 dAktG) kumulativ zur Angemessenheitsprüfung abstellt. Denn der Börsenkurs drückt un-

[173] Hinsichtlich der Aussagekraft des Börsenkurses kommt es auf den Grad der verwirklichten Kapitalmarkteffizienz, und hier wiederum auf den Grad der Informiertheit des Markts an, wobei aber anerkannt ist, dass Kapitalmärkte niemals vollständig effizient sind. Theoretisch – und dies gilt auch für den Aktienkurs – mag zwar ein Betrag existieren, der den Verkehrswert zutreffend wiedergibt. Dieser Betrag ist aber wegen begrenzter Ressourcen für seine Ermittlung in der Praxis nur in Annäherungen zu finden; vgl *Stilz*, ZGR 2001, 875 (881 und 884); *Kühnberger/Keßler*, AG 1999, 453 (456 f). Ausführlich dazu *Steinhauer*, AG 1999, 299 (304 f); *Weiß*, Aktienoptionspläne für Führungskräfte, 74 ff; *Heitzer/Klose/Steiner*, FB 2000, 345 (347).

[174] *Kohler*, ZHR 161 (1997), 246 (258); *Paefgen*, AG 1999, 67 (72).

[175] Ein offensichtlicher, aber ebenfalls gedeckelter Verlust lässt sich insofern nachweisen, als eine von der bezugsberechtigten Führungskraft (sporadisch) vorab konkret zu entrichtende Optionsprämie infolge einer wenig sinnhaften oder fehlenden Optionsausübungsmöglichkeit verloren geht.

[176] Ähnlich *Weiß*, Aktienoptionspläne für Führungskräfte, 94; *Kohler*, ZHR 161 (1997), 246 (255 f).

mittelbar nur die verkehrsmäßige Bewertung aus, die das Unternehmen durch den Kapitalmarkt erfährt.[177] Ein Urteil darüber, wie sich das Unternehmen im Vergleich zu anderen entwickelt hat, ist jedoch nicht möglich.[178] Diese Problematik lässt sich jedoch *durch* eine *Anknüpfung an eine relative Kursentwicklung mindern*, also daran, wie sich der Börsenkurs der Gesellschaft im Verhältnis zu einem Branchenindex bzw übergreifenden Marktindex[179] entwickelt.[180]

Im Vergleich zu etwaigen manipulationsanfälligen und vergangenheitsbezogenen Kennzahlen bzw Erfolgsgrößen[181] – also nicht zuletzt auch *mangels Alternative* – kann (und soll) der *indexierte Aktienkurs* eines Unternehmens[182] gleichwohl als einfach messbarer Parameter für die Anreizbemessung herangezogen werden;[183] unternehmensinterne (Referenz-)Kennzahlen können allenfalls *additiv* zur Bezugsgröße Börsenkurs Einfluss auf die Erfolgsmessung finden.[184]

---

[177] *Hüffer*, ZHR 161 (1997), 214 (219 und 235). Krit auch der BGH 16. 2. 2004 – *Mobilcom*, II ZR 316/02, ZIP 2004, 613 (614).

[178] Dennoch wurde (und wird) die ausschließliche Bezugnahme auf eine absolute Börsenkurssteigerung als ausreichend und sachgerecht, somit als zulässig erachtet; vgl zB das umstrittene „alte" Aktienoptionsprogramm 2000 der *Telekom Austria AG*; OLG Stuttgart *Daimler-Benz*, WM 1998, 1936 (1942); LG Frankfurt/Main 10.2.1997, DB 1997, 517 (518); *Hüffer*, ZHR 161 (1997), 214 (235).

[179] Je weniger eindeutig ein Unternehmen bzw (Misch-)Konzern einer bestimmten, einzelnen Branche zugeordnet werden kann, desto eher kommt eine Anbindung an einen allgemeinen Marktindex oder eine individuell zusammengestellte Vergleichsgruppe in Betracht. Siehe *Mai*, AG Report 2003, R 356.

[180] Vgl *Hüffer*, ZHR 161 (1997), 214 (236); *Kallmeyer*, AG 1999, 97 (98); *Trenkwalder/Gruber* in SWK-Sonderheft Stock Options (2001), Zielsetzungen und Gestaltungsmöglichkeiten von Mitarbeiterbeteiligungen, 7 (11); *Weber* in SWK-Sonderheft Stock Options (2001), Vertrags- und verbandsrechtliche Gestaltung von Stock Options nach dem Aktienoptionengesetz, 16 (21); *Feddersen/Pohl*, AG 2001, 26 (31 f); aA OLG Braunschweig, WM 1998, 1929 (1933); OLG Stuttgart *DaimlerChrysler*, WM 2002, 1060 (1064); *Aha*, BB 1997, 2225 (2227); *Schima* in GesRZ-Sonderheft Aktienoptionen (2001), Gestaltungsfragen bei Aktienoptionen, 61 (67). Der DCGK enthält sich in Punkt 4.2.3 Satz 5 diesbezüglich einer klärenden Aussage und bleibt damit hinter Regel 28 ÖCGK (C) zurück, der eine Bezugnahme auf „vorher festgelegte Vergleichsparameter, wie zB die Wertentwicklung von Aktienindices, Kursziele oder geeignete Benchmarks" empfiehlt.

[181] ZB Gewinn pro Aktie, Umsatzrenditen (ROS), Eigen- und Gesamtkapitalrenditen (ROE, ROI, ROCE), Dividende.

[182] Volkswirtschaftliche bzw kapitalmarktspezifische Faktoren als Auslöser von Windfall Profits können über eine Indexierung gleichermaßen nicht separiert werden; vgl *Kohler*, ZHR 161 (1997), 246 (259 f); *Mäger*, BB 1999, 1389 (1392). Zu weiteren Problemen der Indexierung vgl *Löwe/Sieber* in *Achleitner/Wollmert* (Hrsg), Stock Options, 47 (54), die auf die Schwierigkeit eines nochmaligen Überflügelns bereits antizipierter, überdurchschnittlicher Leistungen im Börsenkurs abstellen. Zudem darf die Gefahr nicht unerwähnt bleiben, dass im Falle eines Verbleibens in unkonkurrenzierten, aber unrentablen Branchen „Schlendrian mit Schlendrian", namentlich schlechte Leistung mit (noch) schlechterer Leistung verglichen wird; vgl *Schmalenbach*, Selbstkostenrechnung und Preispolitik, 263.

[183] *Kohler*, ZHR 161 (1997), 246 (257 f); OLG Stuttgart *Daimler Chrysler*, WM 2002, 1060 (1064); OLG Stuttgart *Daimler-Benz*, WM 1998, 1936 (1942); OLG Braunschweig, WM 1998, 1929 (1933); krit *Feddersen*, ZHR 161 (1997), 269 (271 f).

[184] Weitere Ansätze orientieren sich an operativen Kennziffern (zB die Balanced Scorecard) oder an der ökonomischen Wertsteigerung (zB das EVA-(Economic Value Added)-Konzept. Zum Letzteren ausführlich *Greth* in *Pellens* (Hrsg), Unternehmenswertorientierte Entlohnungssysteme, 69 und *Pertl/Koch/Santorum* in *Achleitner/Wollmert* (Hrsg), Stock Options, 259.

E Der durch den Umfang der Optionsausgabe bedingte Verwässerungseffekt

Aufgrund eines Bezugsrechtsausschlusses und der daraus resultierenden *Verwässerung der Beteiligungsquoten*[185] schmälert sich die Rechtsposition der Altaktionäre – das relative Gewicht eines einzelnen Stimmrechts[186] sowie der relative Gewinn pro Aktie sinken. Für Großaktionäre ist dieser Effekt bei Schwellenwerten (zB Sperrminorität von 25 % plus einer Aktie) interessant,[187] Kleinaktionäre nehmen ihn meist nicht wahr.[188] Doch gelingt es schwerlich, diese Schwellenwert-Thematik zu einer Streitfrage aufzubauschen, da ein Aktiennachkauf für die meist institutionellen Investoren idR keine Probleme bereiten dürfte, zumal der weitaus größte Teil der Aktien nach Optionsausübung von den Führungskräften sofort wieder veräußert wird; es sei denn, die Optionsbedingungen sehen entsprechende Haltefristen vor.[189]

Vielmehr geht die Grundidee optionsbasierter Entlohnung ohnedies davon aus, dass der Verwässerungseffekt (sowohl hinsichtlich der Kapital- als auch der Beteiligungsquote), den die Altaktionäre der Gesellschaft zu tragen haben, im Verhältnis zu den Vorteilen (Unternehmenswert- bzw Börsenkurssteigerung)[190] zu vernachlässigen ist. Empirische Untersuchungen[191] aus den USA widerlegen diese Hypothese allerdings, wodurch ein – soweit ersichtlich – bisher unbeachtetes Kernproblem zum Vorschein kommt: CEOs (Anteil im Median 40 %) sowie Direktoren (Anteil im Median 60 %) einer Aktiengesellschaft partizipieren mit einer durchschnittlichen Einkommens*steigerung* (fixe und variable Vergütung) von $ 8,13 bis zu $ 13,13 an einer Unternehmenswert*steigerung* von $ 1.000,– (Beobachtungszeitraum 1980 – 1994), wobei diese Einkommens*steigerung* der Führungskräfte selbstverständlich vom Unternehmen bzw dessen Aktionären zu tragen ist.

Daraus kann weiter abgeleitet werden, dass – ohne Berücksichtigung der Steigerung der Fixgehaltskomponente – lediglich zirka $ 985,– bis zu $ 990,– an Unternehmenswert*steigerung* zur Aufteilung an die (oft in die Hunderttausende gehende) Vielzahl der

---

185 Eine Quantifizierung der *Kapitalverwässerungsquote* fällt diffiziler aus, da im Zeitpunkt der Einräumung der Optionen der Aktienkurs im Zeitpunkt der Ausübung der Optionen nur spektral angegeben werden kann. Im Fall des Erwerbs eigener Aktien (siehe unter III. B. 4.) tritt zwar ebenfalls der Kapitalverwässerungseffekt, jedoch keine Verwässerung der Beteiligungsquoten ein.

186 Der Stimmrechtsverlust tritt verständlicherweise nicht ein, wenn die Aktienoptionen mithilfe stimmrechtsloser Vorzugsaktien bedient werden; vgl *Götze*, Aktienoptionen für Vorstandsmitglieder und Aktionärsschutz, 223 f.

187 Lt *Adams*, ZIP 2002, 1325 (1326) ist dies der Grund dafür, dass bei der BMW AG keine Aktienoptionsprogramme in Gebrauch sind.

188 Krit *Paefgen*, AG 1999, 67 (72). Eine Verwässerung im Ausmaß von 1,6 % des Grundkapitals bei der Deutschen Bank und von 4 % bei *Daimler-Benz* sind als sachgerecht und zulässig erachtet worden; vgl LG Frankfurt *Deutsche Bank*, DB 1997, 517 und OLG Stuttgart *Daimler-Benz*, WM 1998, 1936; *Schaschl*, Stock Options, 37. Die jüngste Rspr billigt auch eine Verwässerungsquote von rund 6 %; vgl OLG Koblenz 16.5.2002, 6 U 211/01 (Unterbrechung des Verfahrens vor dem BGH).

189 Vgl *Friedrichsen*, Aktienoptionsprogramme für Führungskräfte, 126 f; *Henze*, ZHR 167 (2003) 1 (5 f); *Busch*, AG 1999, 58 (59). Siehe auch unter V. H.

190 So auch *Kalss* in GesRZ-Sonderheft Aktienoptionen (2001), Aktienoptionen auf neuer gesellschaftsrechtlicher Grundlage, 2 (3). Zur Relation von Unternehmenswert- und Börsenkurssteigerung vgl *Kallmeyer*, AG 1999, 97 (98 f).

191 *Jensen/Murphy*, Performance Pay and Top-Management Incentives, online abrufbar unter http://papers.ssrn.com/sol3/delivery.cfm/98060101.pdf?abstractid=94009; *Hall/Liebman*, aaO (Fn 133).

übrigen Aktionäre gelangen. MaW: Die Altaktionäre profitieren im Verhältnis zum CEO und den übrigen Führungskräften *unterproportional* von Unternehmenswertsteigerungen, obwohl doch der aus der Einführung eines anreizorientierten Vergütungssystems resultierende Vorteil für die bisherigen Aktionäre den Verwässerungseffekt übersteigen soll. Demnach ist es aus der Sicht der bisherigen Aktionäre (wohlwollend ausgedrückt) mehr als fraglich, ob die durch Aktienoptionsprogramme eingesparten Agency- sowie (verminderten) fixen Entlohnungskosten die Kosten des Verwässerungseffekts übersteigen.

Zusätzlich belastend wirkt die Tatsache, dass die – wie zuvor dargelegt – unterproportional, lediglich verhofft zum Tragen kommenden Vorteile (Aktienkurs- bzw Unternehmenswertsteigerungen iS einer unsicheren Renditechance) eines Aktienoptionsprogramms nur vorübergehend sind, da nach Ausübung der Optionen die Anreizwirkung auf die Führungskräfte nicht oder im Fall der Existenz einer Haltefrist hinsichtlich der umgetauschten Aktien nur mehr eingeschränkt vorhanden ist.[192] Die Nachteile in Form des Verwässerungseffekts bleiben hingegen dauerhaft.

Kommt es aufgrund der *voraussehbar* zeitlich begrenzten Wirkung der Vorteile zu einer vielfachen, revolvierenden Auflage bzw Abfolge von Aktienoptionsprogrammen – bei einer durchschnittlichen Laufzeit der Aktienoptionsprogramme von 6,5 Jahren[193] und unter Anlegung eines Betrachtungszeitraums von mehreren Jahrzehnten (zB über 30 Jahre) –, können sich die einzeln betrachtet geringen Verwässerungen zu insgesamt beachtlichen Auswirkungen addieren,[194] nämlich innerhalb von 30 Jahren bereits vervier- bis -fünffachen, sodass hier keinesfalls von einer Vernachlässigbarkeit des Verwässerungseffekts gegenüber den Altaktionären ausgegangen werden kann. Die angebliche Streuung des Verwässerungseffekts über lange Zeiträume führt sich bei revolvierender Programmauflegung selbst ad absurdum, da, bildlich gesprochen, „sich der Dampfdruck nicht verringert, wenn laufend Kohle nachgeschaufelt wird".[195] Zudem darf nicht vergessen werden, dass das eigentliche Ziel einer anreizorientierten Entlohnung nicht darauf gerichtet ist, die Führungskräfte auf Dauer zu Mitaktionären zu machen, sondern sie stattdessen angesichts der Möglichkeit eines realisierbaren Gewinns zu motivieren.[196]

Interessant ist in diesem Zusammenhang auch die Tatsache, dass viele Aktienoptionsprogramme sog „*Verwässerungsschutzklauseln*" – in Form einer Herabsetzung der Ausübungspreise – für die Optionsberechtigten bereithalten, uzw für den Fall, dass während der Laufzeit der Aktienoptionsprogramme Erhöhungen des Grundkapitals unter entsprechendem Ausschluss des Bezugsrechts der Führungskräfte vorgenommen werden, die den Wert der originären Rechte schmälern.[197] Dies zeigt, dass ein zukünftiger Führungskraft-Aktionär während der Laufzeit eines Aktienoptionsprogramms hinsichtlich eines eintretenden Verwässerungseffekts offenbar schützenswerter ist als ein (Alt-)Aktionär hinsichtlich seines bloßen Aktiendepots.[198]

---

[192] Ähnlich *Ekkenga*, DB 2004, 1897 (1900 f). Zudem entfällt der Wettbewerbsvorteil des Unternehmens hinsichtlich der Gewinnung und Bindung der Führungskräfte.

[193] *Feddersen/Pohl*, AG 2001, 26 (32).

[194] Vgl *Götze*, Aktienoptionen für Vorstandsmitglieder und Aktionärsschutz, 64.

[195] Dies offenbar außer Acht lassend *Pulz*, Personalbindung durch aktienkursorientierte Vergütung, 74.

[196] *Lutter*, ZIP 1997, 1 (3).

[197] Vgl *von Einem/Pajunk* in *Achleitner/Wollmert* (Hrsg), Stock Options, 85 (100).

[198] Verwässerungsschutzklauseln befürwortend *Lutter*, ZIP 1997, 1 (7).

Um das Ausmaß der Verwässerung zu limitieren, wurde durch das KonTraG für die bedingte Kapitalerhöhung nach § 192 Abs 2 Nr 3 dAktG durch § 192 Abs 3 dAktG eine Höchstgrenze von 10 % des Grundkapitals eingezogen.[199] Dieselbe 10 %-Begrenzung findet sich zudem in § 71 Abs 1 Nr 8 dAktG, der den für Aktienoptionsprogramme ebenfalls gangbaren Weg über einen Aktienrückerwerb regelt.[200] Das Argument, § 71 Abs 1 Nr 8 dAktG verweise lediglich auf § 193 Abs 2 Nr 4 dAktG – und nicht auf die Volumensgrenze des § 192 Abs 3 dAktG – kann allerdings nicht dafür dienstbar gemacht werden, dass eine gegenseitige Anrechnung dieser beiden Optionsbedienungsformen zu unterbleiben habe. Dementsprechend dürfen die Nennbeträge eines (oder auch mehrerer) Aktienoptionsprogramms/(-e) auf der Basis *eines* Beschlusses der Hauptversammlung nach § 71 Abs 1 Nr 8 dAktG und §192 Abs 2 Nr 3 dAktG *zusammen* 10 % des zum Zeitpunkt der Beschlussfassung vorhandenen Grundkapitals nicht übersteigen.[201]

Aufgrund der Tatsache, dass ein bedingtes Kapital durch Aktienausgabe infolge Optionsausübung in Grundkapital umgewandelt wird (§ 167 öAktG bzw § 200 dAktG), können Unternehmen für ihre Führungskräfte allerdings wiederholt neue, revolvierende Aktienoptionsprogramme auflegen, ohne durch die reziproke 10 %-Quote in ihrer Bedienungsfreiheit wirklich eingeengt zu werden. Für den unwahrscheinlichen Fall, dass die 10 %-Höchstgrenze wirklich überschritten werden sollte, könnten ein genehmigtes Kapital und/oder ein bedingtes Kapital iVm Wandelschuldverschreibungen ergänzend einspringen, wobei allerdings die Voraussetzungen für einen (zulässigen) Bezugsrechtsausschluss zu beachten sind.[202] Im Spektrum des Möglichen und Zulässigen bleibt darüber hinausgehend natürlich auch die Ausgabe von SARs oder „phantom stocks", da hier keine Unternehmensanteile erworben werden können.[203]

Bedenklich stimmt im gegebenen Zusammenhang der (missverständliche) Wortlaut von § 159 Abs 4 öAktG, wonach die auf das Grundkapital bezogene 10 %-Grenze hinsichtlich des genehmigten bedingten Kapitals nach § 159 Abs 3 öAktG nicht zur Anwendung gelangen soll.[204] Einzuräumen ist freilich, dass sich das für die Altaktionäre ergebende Höchstausmaß an Verwässerung(srisiko) in Grenzen hält, da § 159 Abs 5 öAktG das Gesamtausmaß aller aufgrund von Optionen an Mitarbeiter und Organmitglieder beziehbarer Aktien auf hohem Niveau, nämlich auf 20 % des Grundkapitals, beschränkt.[205] Durch diese gemeinsame, absolute Höchstgrenze von 20 % des im Firmenbuch einge-

---

[199] Der *Nennbetrag* eines noch nicht ausgeschöpften, früheren bedingten Kapitals ist hier jedenfalls zu berücksichtigen; vgl *Hüffer*, AktG[6], Rn 23 zu § 192 dAktG. In die *Berechnungsbasis des Grundkapitals als Referenzgröße* sind ein noch nicht ausgeschöpftes bedingtes Kapital sowie ein genehmigtes Kapital nicht mit einzubeziehen; *Kalss* in GesRZ-Sonderheft Aktienoptionen (2001), Aktienoptionen auf neuer gesellschaftsrechtlicher Grundlage, 2 (10).

[200] § 65 Abs 2 öAktG enthält zwar ebenfalls diese 10 %-Grenze, lässt aber aufgrund der Textierung keinen Zweifel daran aufkommen, dass eine *gegenseitige Anrechnung* der beiden angesprochenen Optionsbedienungsformen *zu unterbleiben* hat.

[201] So auch *Hoffmann-Becking*, NZG 1999, 797 (804); tendenziell *Hüffer*, AktG[6], Rn 24 zu §192 dAktG mwN; *Kessler/Suchan* in *Kessler/Sauter* (Hrsg), Handbuch Stock Options, Rn 559.

[202] *Schaefer*, NZG 1999, 531 (533).

[203] Vgl die Ausführungen unter II. C.

[204] AA ErlRV 485 BlgNR 21. GP zum AOG, 9 und 15; *Dehn*, RdW 2001/223, Fn 19; *Zivny*, ÖJZ 2001, 717, welcher jedoch in Fn 54 Ungereimtheiten im Gesetzeswortlaut von § 159 Abs 4 öAktG zugesteht.

[205] AM *Zivny*, ÖJZ 2001, 717, der ohne nähere Begründung von keiner relevanten Verwässerungsproblematik ausgeht.

tragenen Grundkapitals[206] sollen darüber hinausgehende Umgehungen bzw Unterwanderungen des Begrenzungsgedankens mit Zielrichtung Verwässerungsschutz durch Unterlegung eines Aktienoptionsprogramms, zB mit Wandelschuldverschreibungen oder Aktien von dritter Seite ausgeschlossen werden,[207] wobei an dieser Stelle der Hinweis erlaubt sei, dass das deutsche Aktienrecht eine vergleichbare Regelung vermissen lässt.

F Der Ausübungspreis

Der Ausübungspreis (Basispreis) stellt eine Schlüsselgröße dar, die maßgeblich über die Höhe des zuzuwendenden geldwerten Vorteils mit entscheidet. Dessen Festlegung – folglich die Festsetzung[208] der Höhe jener Zahlung, die beim Bezug von Aktien der Gesellschaft durch die Führungskraft zu leisten ist – spiegelt archetypisch den Referenzkurs der Aktie im *Zeitpunkt* der Einräumung der Option[209] bzw eine kontinuierliche Entwicklung desselben innerhalb eines damit konnektierten *Zeitraums* wider.[210] Dabei sollte die Festlegung dieses Zeitpunkts/-raums nicht nach Gutdünken des mit Insiderwissen ausgestatteten Optionsempfängers selbst erfolgen können, um Kursmanipulationen, die dann in der Folge auf den Ausübungspreis durchschlagen, zu erschweren.[211]

Des Weiteren kann aber auch ein variabler Ausübungspreis iVm einer zeitlichen Staffelung (Tranchierung) der Ausgabe von Optionsrechten festgelegt werden.[212] Gerade hier bietet sich eine Indexierung des Ausübungspreises, ergo eine Gestaltung in Abhängigkeit von der Entwicklung des Aktienkurses des betreffenden Unternehmens im Vergleich zu einem allgemeinen Marktindex oder einem spezielleren Branchenindex an. Die begünstigten Führungskräfte verdienen auf diese Weise an ihren Aktienoptionen nur dann, wenn die eigenen Kurssteigerungen höher als zB jene der Branchenkonkurrenten ausfallen, wenn also eine sog „*Outperformance*" erzielt wird.[213] Eine relative Outperformance bei – absolut gesehen – negativer Kursperformance darf jedoch keinesfalls zu einer Zusatzentlohnung führen, da mangels Unternehmenswertsteigerung iS einer gelebten Anreizkompatibilität keine Besserstellung der Agenten gegenüber den Prinzipalen vertretbar

[206] Vermehrt um die auf der Grundlage eines bedingten Kapitals ausgegebenen Aktien; vgl *Diregger* in GesRZ-Sonderheft Aktienoptionen (2001), Gesellschaftsrechtliche Grundfragen der Unterlegung, 29 (41, Fn 105).

[207] *Zehetner/Wolf*, ecolex 2001, 4; *Dehn*, RdW 2001/223; *Schima* in GesRZ-Sonderheft Aktienoptionen (2001), Gestaltungsfragen bei Aktienoptionen, 61 (64).

[208] § 159 Abs 2 Z 3 öAktG statuiert eine diesbezügliche Berichtspflicht, wobei die ErlRV 485 BlgNR 21. GP zum AOG, 13, die Bedeutung der Ausübungspreisfestsetzung ausdrücklich durch Rechenbeispiele veranschaulicht sehen wollen.

[209] Sog „At the money"-Optionen. Bei sog „Out of the money"-Optionen liegt der Ausübungspreis über dem zum Zeitpunkt der Optionseinräumung geltenden Börsenkurs, wohingegen – gem § 255 Abs 2 dAktG verbotene – sog „In the money"-Optionen einen unterhalb dieser Schwelle liegenden Ausübungspreis aufweisen; aA OLG Koblenz 16.5.2002, 6 U 211/01 (Unterbrechung des Verfahrens vor dem BGH), das einen um 40 % (!) reduzierten Ausübungspreis gutheißt.

[210] Teilweise wird auch an einen Kurs zum Zeitpunkt oder zeitnah zur Ausübung der Optionen angeknüpft, wobei dieser um einen gedeckelten Performanceabschlag vermindert wird. Dadurch kann der maximal mögliche Ausübungsgewinn begrenzt werden; vgl *Weiß*, Aktienoptionsprogramme für Führungskräfte, 118 f.

[211] *Baums* in *Martens/Westermann/Zöllner* (Hrsg), FS Claussen, Aktienoptionen für Vorstandsmitglieder, 3 (3 und 16).

[212] Vgl *Pulz*, Personalbindung durch aktienkursorientierte Vergütung, 82.

[213] Vgl *Ettinger*, Stock-Options, 16.

ist. Das nunmehr – zugegebenermaßen – fehlende motivatorische Anreizmoment muss an dieser Stelle zurückstehen.[214]

Die von *Adams* am Beispiel des Aktienoptionsprogramms von *Daimler-Chrysler* aufgezeigte Variante,[215] wonach anlässlich negativer Kurskonstellationen der Ausübungspreis *frisch auszugebender* Aktienoptionen einzelner Tranchen jährlich je nach Höhe des bestehenden Aktienkurses neu – unterhalb des ursprünglichen Referenzkurses – festgesetzt wird, sollte nicht als *Repricing* ieS (siehe dazu gleich unten) angesehen werden, da nicht in einen laufenden Vertrag bzw geltende Optionsbedingungen eingegriffen wird. Nichtsdestotrotz ergeben sich auch in diesem Fall ähnliche Anreizprobleme, denen in Bezug auf *1* (in Worten: ein) von der Hauptversammlung gebilligtes Aktienoptionsprogramm schadensbegrenzend zumindest dahin gehend begegnet werden muss, dass die Ausübungspreise der jeweils folgenden Teiltranchen (orientiert am jeweils aktuellen Börsenkurs) keinesfalls unterhalb des „ersten" – für dieses *1* (eine) Aktienoptionsprogramm geltenden – Ausübungspreises festgesetzt werden dürfen.[216]

IdS muss das geltende,[217] vom OLG Stuttgart für in Ordnung befundene Aktienoptionsprogramm von *DaimlerChrysler*[218] als schwer aktionärsschädigend und unzulässig angesehen werden, da die *dynamische Verweisung* auf einen jeweils zu einem bestimmten Stichtag geltenden Ausübungspreis eben auch Anpassungen nach unten, sogar unterhalb des „ersten" Ausübungspreises ermöglicht. Der Prämienaufschlag von 20 % vermag an dieser Einschätzung nichts zu ändern.[219] In ähnlicher Weise lässt das aktuelle ESOP 2004+ der *Telekom Austria AG* in Zusammenhang mit der (dynamischen?) Festsetzung der Ausübungspreise für die Optionstranchen der Jahre 2005 und 2006 letzte Klarheit vermissen.[220]

Für nachfolgende, zukünftige Aktienoptionsprogramme gilt die vorgenannte Einschränkung natürlich nicht, da keine „ewige" Bindung an ein einmal erreichtes Aktienkursniveau aufrechterhalten werden soll.

G Das „Repricing"

Im Falle eines sog „*Repricing*" werden bei Kursverlusten der Ausübungspreis bzw sonstige Zielvorgaben nicht auf dem vereinbarten Niveau belassen, sondern mit einem Hinweis auf exogene, den Führungskräften nicht anzulastende negative Faktoren *unter Eingriff in bestehende Verträge* nach unten revidiert,[221] während im umgekehrten Fall (also bei steigenden Kursen) keine Korrektur nach oben erfolgt. Bei einer nachfolgenden Erholung des

[214] Im Ergebnis ähnlich *Kallmeyer*, AG 1999, 97 (98 f); *Ackermann/ Suchan*, BB 2002, 1497 (1499); aA *Menichetti*, DB 1996, 1688 (1691).

[215] *Adams*, ZIP 2002, 1325 (1329 f).

[216] AM *Ackermann/Suchan*, BB 2002, 1497 (1500); *Frey* in Großkomm[4], Rn 65 zu § 193 dAktG.

[217] Vgl Fn 134.

[218] OLG Stuttgart *DaimlerChrysler*, WM 2001, 1060 ff.

[219] Die Eckpunkte des Aktienoptionsprogramms aus dem Jahr 2000 sind online abrufbar unter http://www.daimlerchrysler.com/Projects/c2c/channel/documents/100816_shareoptions_g.pdf; der hier interessierende Punkt findet sich in der Wiedergabe des Tagesordnungspunkts 8a) auf Seite 2 (4).

[220] Vgl das ESOP 2004+ der *Telekom Austria AG*, online abrufbar unter www.telekom.at, S. 4 des Berichts des Aufsichtsrats und des Vorstands.

[221] Ein vergleichbarer Fall liegt vor, wenn alte Optionen gegen neue, „angepasste" Optionen eingetauscht werden (sog „*Option Swaps*"); vgl *Baums* in *Martens/Westermann/Zöllner* (Hrsg), FS Claussen, Aktienoptionen für Vorstandsmitglieder, 3 (17); *Bebchuk/Fried/Walker*, aaO (Fn 131).

Börsenkurses findet deshalb eine ungerechtfertigte Benachteiligung der Aktionäre statt, da auf diese Aufwendungen zukommen, von denen sie nicht profitieren (Stichwort: Anreizkompatibilität).[222]

Gerade für jene, über eine Anbindung an eine relative Kursentwicklung grundsätzlich „besseren" Aktienoptionsprogramme bildet das Repricing eine Achillesferse, die mE unter einem Regime guter Corporate Governance ausnahmslos nicht geduldet werden kann,[223] da die Anreiz- und Motivationswirkung von Aktienoptionsprogrammen ausgehebelt und Gewinn- bzw Verlustrisiko gegen ein sicheres Einkommen getauscht werden; die Entscheidungsträger erhalten in jeder Variante – also auch im Falle ihres Scheiterns – ein zusätzliches Körberlgeld, sodass bereits im Vorfeld keine besonderen Anstrengungen zur Erreichung der Erfolgsziele geboten sind.

Die Textierung der mit 21.5.2003 beschlossenen Empfehlung in Punkt 4.2.3 Satz 5 DCGK darf hinsichtlich eines beabsichtigten Repricing-Verbots als verunglückt bzw zumindest als missverständlich interpretierbar bezeichnet werden, da die Konjunktion „oder" grundsätzlich nur ein Repricing bezüglich *1* (einer) der beiden zur Disposition stehenden Möglichkeiten („Erfolgsziele *oder* Vergleichsparameter") eliminiert. Mithin wird auch eine nachträgliche Absenkung des *Ausübungspreises* durch den DCGK nicht ausgeschlossen, da „Erfolgsziel" schwerlich iSv „Ausübungspreis" verstanden werden kann, obwohl grundsätzlich – und das sei hier zugestanden – mit beiden Determinanten ähnliche Anreiz- und Bindungswirkungen erzielt werden können.

H Ausübungs- bzw Verkaufshindernisse: Wartefrist – Behaltefrist (Sperrfristen)

Dem sog „*Horizontproblem*" – dabei wird kurzfristigen Gewinnen im Zeichen einer „*Hit-and-run*-Politik" einseitig der Vorrang gegenüber langfristigen, nachhaltigen Investitionen eingeräumt – (auch gedanklich) kurz vor dem Ausscheiden aus dem Unternehmen stehender Entscheidungsträger kann dadurch begegnet werden, dass Aktienoptionen nur dann ausgeübt (Wartefrist) bzw – im Falle der Ausübung der Optionen – die bezogenen Aktien nur dann verkauft (Behaltefrist)[224] werden dürfen, wenn sie der Begünstigte zumindest eine gewisse Zeit besessen hat.[225] Ausgedehnte Behaltefristen haben ferner den Vorteil, Motivation und Anreizorientierung der Führungskräfte aufrecht erhalten zu können,[226] ohne – nach Ablauf der Wartefrist – zusätzliche Optionen ausgeben zu müssen,

222 *Weiß*, Aktienoptionspläne für Führungskräfte, 97 und 101.

223 So auch Regel 28 ÖCGK (C); *Geppert*, ÖJZ 2002, 781 (788); *Baums* (Hrsg), Bericht der Regierungskommission Corporate Governance, Rn 46; *Hoffmann-Becking*, NZG 1999, 797 (803); *Peltzer*, NZG 2002, 10 (16); zweifelnd *Müller/Schiegl* in *Pfitzer/Oser* (Hrsg), Deutscher Corporate Governance Kodex, 93 (118); aA der Delaware Court of Chancery, 698 A2d 384 (Del. Ch. 1997) im Fall *Zupnick v. Goizueta*. Grundsätzlich hängt die Entscheidung über die Bewilligung eines Repricing aber von der Zustimmung der Hauptversammlung ab.

224 Durch die Vereinbarung einer Behaltefrist wird allerdings die Durchführung eines sog „*Barausgleichs*" vereitelt; vgl Fn 46 und *Friedrichsen*, Aktienoptionsprogramme für Führungskräfte, 181 f.

225 *Baums* in *Martens/Westermann/Zöllner* (Hrsg), FS Claussen, Aktienoptionen für Vorstandsmitglieder, 3 (10).

226 *Pulz*, Personalbindung durch aktienkursorientierte Vergütung, 84.

wobei ein ähnlicher Effekt gleichermaßen mithilfe *auf Tranchen verteilter, gestaffelter* Ausübungs- bzw Verkaufsmöglichkeiten erzielt werden kann.[227]

Hinsichtlich der Dauer der *Warte*frist ist in der Praxis eine Bandbreite von zwei bis vier Jahren üblich,[228] während – ohne gesetzliche Vorgabe – *Behalte*fristen für erworbene Aktien von einem halben bis zu einem Jahr gebräuchlich sind. Jedoch sind hinsichtlich überzogen langer *Behalte*fristen, der BGH spricht von „Unveräußerlichkeit auf unabsehbare Zeit",[229] sicherlich Bedenken anzumelden (für *Warte*fristen mag differenzierter zu entscheiden sein), da der für den Erwerb der Bezugsaktien zum Ausübungspreis erforderliche Geldbetrag die Aktionäre (in spe) zT erheblich in ihrer Vermögensdisposition treffen kann.[230] Wenn dieser gravierende Nachteil der Vereinbarung von Behaltefristen vermieden werden soll, bieten sich sog Tandem-Programme[231] als Ausweg an.

Ohne zusätzliche Vorkehrungen bewirken Warte- bzw Behaltefristen iSv temporären Übertragbarkeits- bzw Verfügungsbeschränkungen aber lediglich, dass sich ein kurzfristiges Anheizen des Börsenkurses durch entsprechende Maßnahmen für das Management jedenfalls *während* der Fristen nicht lohnt. Diese allein können allerdings nicht verhindern, dass kurz *vor* Verstreichen der Sperrfristen der Versuch unternommen wird, den Aktienkurs noch einmal kräftig in die Höhe zu treiben. Als Lösungsweg bietet sich hier das Heranziehen von Durchschnittskursen – gebildet über möglichst lange Referenzperioden – an.[232]

I Ausübungshürden: Erfolgsziele

Allgemein gesprochen sind unter Erfolgszielen diejenigen Voraussetzungen zu verstehen, deren Verwirklichung erforderlich ist, um die zugeteilten Optionen ausüben zu können.[233] In der Praxis werden Erfolgsziele meist iSv Kurs- bzw Kennzahlenhürden definiert, deren Überschreiten die unter einer aufschiebenden Bedingung stehenden Optionen freigibt.

---

227 Das Aktienoptionsprogramm 2004 der *Andritz AG*, online abrufbar unter http://www.andritz.com/de/optionsprogramm_d-3.pdf, normiert unter Ziffer 3.3 aE: „Im Falle der Erfüllung der Ausübungsbedingungen können 50 % der Optionen [Anm: gemeint wohl „*der Aktien*"] sofort, 25 % der Optionen nach drei Monaten und die restlichen 25 % nach weiteren drei Monaten bezogen werden." Vgl *Feddersen/Pohl*, AG 2001, 26 (29 und 32); OLG Stuttgart *Daimler-Benz*, WM 1998, 1936 (1943); *Trenkwalder/Gruber* in SWK-Sonderheft Stock Options (2001), Zielsetzungen und Gestaltungsmöglichkeiten von Mitarbeiterbeteiligungen, 7 (11 f).

228 Der OGH erachtete jüngst eine 5-jährige Wartefrist, wenngleich im „oberen Bereich" liegend, als zulässig; vgl OGH 22.5.2003 – 8 ObA 161/02p – DRdA 2004, 303 (*Jabornegg*). In Österreich wird legislativ überhaupt keine Frist vorgeschrieben (was der *Andritz AG* in ihrem Aktienoptionsprogramm 2004 die Festlegung einer Wartefrist von lediglich 23 Monaten ermöglicht), während in Deutschland die in § 193 Abs 2 Nr 4 dAktG für die bedingte Kapitalerhöhung vorgesehene gesetzliche Mindestwartefrist von zwei Jahren zu beachten ist. Die Begr zum RegE des KonTraG, BT-Drucks. 13/9712, empfiehlt jedoch, dass drei Jahre nur in Ausnahmefällen unterschritten werden sollen. Vgl auch *Aha*, BB 1997, 2225 (2226).

229 BGH 1.12.1986, II ZR 287/85, DB 1987, 679.

230 Im Ergebnis ähnlich *Weber* in *Achleitner/Wollmert* (Hrsg), Stock Options, 27 (37). Eine Kreditvergabe an die Führungskräfte durch das Unternehmen in Bezug auf rückerworbene eigene Aktien scheidet aufgrund von § 71a dAktG aus. Der Sarbanes-Oxley Act aus dem Jahr 2002 sieht nunmehr für amerikanische Unternehmen ein Verbot der Darlehensgewährung an Executives vor.

231 Vgl die Ausführungen unter II. C.

232 *Friedrichsen*, Aktienoptionsprogramme für Führungskräfte, 143; *Kühnberger/Keßler*, AG 1999, 453 (457 f). Siehe auch Fn 236.

233 Vgl *Schaschl*, Stock Options, 39. Ausübungshürden können – von der Definition über die hier behandelten (wirtschaftlichen) Erfolgsziele abgesehen – mit derselben Wirkung gleichsam über die Gestaltung des Ausübungspreises modelliert werden; vgl das Aktienoptionsprogramm von *DaimlerChrysler*, online abrufbar

Um die Ausübungshürden in Form von Erfolgszielen konsequent als Ansporn für effektivere Leistung zu nutzen, müssen deren Anknüpfungspunkte umsichtig und verständig bemessen sein: Liegen sie zu hoch (und können schon deshalb nicht genommen werden), wird der Motivations- in einen Frustrationseffekt umschlagen. Liegen sie hingegen zu niedrig, wird ein Aktienoptionsprogramm zu einer ohne jedes Risiko behafteten, zusätzlichen Ergänzung der Arbeitsvergütung abgewertet.[234]

Effiziente Erfolgsziele sehen beispielhaft vor, dass die Optionen erst dann ausgeübt werden können,

- wenn sich der Kurs der Aktie im Vergleich zum Zeitpunkt der Optionszuteilung zumindest um einen bestimmten Prozentsatz verbessert oder einen im Voraus festgelegten Börsenkurs überschritten hat (*absolute Hürde*),[235]
- wobei eine auf Referenzperioden[236] beruhende Kopplung an einen Vergleichsindex (*relative Hürde*) und eine jährlich steigende Mindestrendite[237] sowie die ausgeschüttete Dividende generell zu befürworten ist.

Durch eine Kombination aus absoluter und relativer Hürde kann eine – mE unverdiente – variable Vergütung von Führungskräften in Zeiten absolut sinkender Aktienkurse vermieden werden. Diesbezüglich gibt sich der DCGK in Punkt 4.2.3 Satz 5 erneut missverständlich: Wenn die ursprüngliche Fassung von Punkt 4.2.3 Satz 4 DCGK empfahl, dass „diese [*Anm.*: Aktienoptionen oder vergleichbare Gestaltungen] auf vorher festgelegte Vergleichsparameter wie zB die Wertentwicklung von Aktienindices *oder* das Erreichen bestimmter Kursziele bezogen sein sollen", kam dies einer Absage an eine Kombination von absolutem und relativem Erfolgsziel gleich. Der nunmehrige, die alte Regelung ersetzende Satz 5 geht von einer Verknüpfung mit „anspruchsvollen, relevanten Vergleichspa-

---

unter http://www.daimlerchrysler.com; der hier interessierende Punkt finden sich in der Wiedergabe des Tagesordnungspunkts 8a) auf Seite 2 (4); *Friedrichsen*, Aktienoptionsprogramme für Führungskräfte, 146 f; *von Einem/Götze*, AG 2002, 72 (74).

[234] *Feddersen/Pohl*, AG 2001, 26 (31).

[235] Kurshürden mit absoluten Werten zwischen 10 % und 30 % (Kurs-)Wertsteigerung bis zum Ausübungszeitpunkt werden als zulässig erachtet, wobei eine rechnerische jährliche Verteilung auf die Gesamt-Sperrfrist (Bandbreite in der Praxis zirka 2 1/2 bis 5 Jahre) zu erfolgen hat; vgl das „alte" Aktienoptionsprogramm 2000 der *Telekom Austria*; *Lutter*, ZIP 1 (6); *Suchan/Baumunk* in *Kessler/Sauter* (Hrsg), Handbuch Stock Options, Rn 123; *Kohler*, ZHR 161 (1997), 246 (253); *Peltzer*, NZG 2002, 10 (16); OLG Stuttgart *DaimlerChrysler*, WM 2002, 1060 (1064); OLG Stuttgart *Daimler-Benz*, WM 1998, 1936 (1942). Das in der Hauptversammlung 2001 beschlossene – und immer noch in Geltung befindliche – Aktienoptionsprogramm der *Infineon AG* legt als Ausübungspreis und -bedingung (Erfolgsziel) eine Wertsteigerung des Aktienkurses von mindestens 5 % während der Laufzeit der Optionen fest (dies entspricht einer geforderten durchschnittlichen Kurssteigerung von lediglich 0,7 % pro Jahr), womit dieses Erfolgsziel als zu geringfügig und damit unzulässig erachtet werden muss; vgl das Corporate-Governance-Konzept der *Infineon AG*, online abrufbar unter http://www.infineon.com/boerse/jahresbericht2003/deutsch/4_2_corporate_governance.htm sowie die *DSW*-Studie zur Vorstandsvergütung 2003, online abrufbar unter http://www.dsw-info.de/index.php?id=234.

[236] Um zu verhindern, dass kurzfristige Marktschwankungen Einfluss auf den Vergleich der Wertentwicklungen gegenüber dem Referenzindex erlangen, basiert der Vergleich der Wertentwicklungen auf Durchschnittswerten, zB auf den 100 Börsetagen vor Feststellung des Anfangs- bzw Schlusswerts; vgl *Clotten* in *Pellens* (Hrsg), Unternehmenswertorientierte Entlohnungssysteme, 101 (110); *Weber* in *Achleitner/Wollmert* (Hrsg), Stock Options, 27 (41); *Lucke*, ZBB 1999, 205 (212); *Kallmeyer*, AG 1999, 97 (98).

[237] Unter Zugrundelegung der Verzinsung einer alternativen Veranlagung zuzüglich eines Risikozuschlags.

rametern“ aus, spricht jedoch eine Kombination aus absolutem und relativem Erfolgsziel erneut nicht an.[238]

Problematisch ist jedenfalls die Tatsache, dass Aktienkurssteigerungen die erzielte Marktwertsteigerung eines Unternehmens nur dann korrekt wiedergeben, wenn keine Dividenden ausgeschüttet worden sind. Umgekehrt lässt sich daraus nämlich der Schluss ziehen, dass Führungskräfte in Unternehmen mit Ausschüttungen ceteris paribus schlechter gestellt werden als ohne Ausschüttung. Dies erhöht wiederum den Anreiz, die Dividendenpolitik entsprechend gewinnthesaurierend zu gestalten, sofern die „ausgeschüttete Dividende“ nicht in die Erfolgsziele mit einbezogen wird.[239]

J Weitere Bedingungen

Alle weiteren Bedingungen einer anreizorientierten Vergütung können im Einzelnen von den für die Vergütung allgemein zuständigen Kompetenzebenen festgesetzt werden.[240] Zu diesen weiteren Bedingungen zählen zB die Arbeitsplatzsicherheit von Dienstnehmern[241], das Verfahren der Zeichnung und Ausübung, Bankprovisionen, die (ohnehin selbstverständliche)[242] Unübertragbarkeit und Nicht-Handelbarkeit von bezogenen Aktienoptionen[243] sowie ein Verbot des sog Hedging.[244] Fragen der Verpfändbarkeit, der Dividendenberechtigung, der Möglichkeit einer Kreditfinanzierung (unter Beachtung von § 66a öAktG respektive § 71a dAktG) sowie Kündbarkeit durch die Gesellschaft sind ebenfalls zu regeln. Details wie etwa ein ersatzloser Verfall von Bezugsrechten[245] beim Ausscheiden (evt „*golden goodbyes*“, „*golden handshakes*“ bzw „*golden parachutes*“[246], also Abfertigungen infolge von Abberufung, Amtsniederlegung oder Kündigung) bzw beim Eintritt in den Ruhestand (zweckgebundenes Ruhe- bzw Übergangsgeld)[247] oder im Todesfall des Berechtigten[248] bedürfen gleichermaßen einer abschließenden Regelung.

---

238 Undiff *Müller/Schiegl* in *Pfitzer/Oser* (Hrsg), Deutscher Corporate Governance Kodex, 93 (116).

239 *Baums* in *Martens/Westermann/Zöllner* (Hrsg), FS Claussen, Aktienoptionen für Vorstandsmitglieder, 3 (14); *Weber* in *Achleitner/Wollmert* (Hrsg), Stock Options, 27 (41 f); *Bassen* in *Achleitner/Wollmert* (Hrsg), Stock Options, 279 (287 f); *Menichetti*, DB 1996, 1688 (1689); aA *Aha*, BB 1997, 2225 (2228).

240 Vgl ausführlich zur Zuständigkeitsverteilung *Weber*, WM 2002, 367 (368 f); *Roschmann/Erwe* in *Harrer* (Hrsg), Mitarbeiterbeteiligungen und Stock-Option-Pläne, Rn 216 f.

241 Siehe das Schwerpunktthema in *Die Zeit* 1.12.2005, 25 ff.

242 Vgl die Begr zum RegE des KonTraG, BT-Drucks. 13/9712.

243 *Lück*, Die Gewährung von Aktienoptionen im arbeitsrechtlichen Vergütungsgefüge, 8.

244 In den USA unternimmt Section 16(c) des Securities Exchange Act 1934 den Versuch, Hedgebestrebungen der Führungskräfte zu unterbinden. Zur hier angesprochenen *statischen* sowie zur *dynamischen Duplikation* vgl *Lucke*, ZBB 1999, 205 (207 ff).

245 Mithilfe sog (gestaffelter) „vesting periods“ werden die Optionsrechte nach Ablauf bestimmter periodischer Fristen unkündbar bzw unverfallbar gestellt; vgl *von Einem/Pajunk* in *Achleitner/Wollmert* (Hrsg), Stock Options, 85 (106 f).

246 Siehe dazu *FTD* 21.5.2003, online abrufbar unter http://www.ftd.de/ub/fi/1053090420413.html?nv=rs; *Leyens*, RabelsZ 67 (2003), 57 (74) und Regel 30 ÖCGK (C). Ausführlich zu freiwilligen Anerkennungsprämien (sog „*appreciation awards*“) anlässlich einer Demission *Wollburg*, ZIP 2004, 646 (651) und *Bayer* in der *FAZ* 28.4.2004.

247 Vgl dazu ausführlich *Fonk* in *Bierich/Hommelhoff/Kropff* (Hrsg), FS Semler, 139; *Die Presse* 22./23.11.2003.

248 Vgl die Begr zum RegE des KonTraG, BT-Drucks. 13/9712 und *Seibert* in *Pellens* (Hrsg), Unternehmenswertorientierte Entlohnungssysteme, 29 (46 f).

VI Offenlegung der Vergütungen – Transparenz

Mehr Flexibilität bei der Gestaltung der Vergütung erfordert im Gegenzug mehr Transparenz bei der Zusammensetzung der Vergütungsbestandteile.[249] Denn wer in ein Unternehmen investiert, verbindet damit in gleicher Weise das berechtigte Interesse, über die Verwendung der Gelder Bescheid zu wissen. Nach wie vor scheint es allerdings in Österreich und Deutschland nicht zum guten Ton zu gehören, sich über seine eigene Entlohnung zu äußern, frei nach dem Motto: „Über Geld (das man verdient) spricht man nicht!" Nach wie vor verschließen sich viele Führungskräfte, mit einem Hinweis auf die durch mediale Schelte ausgelöste mangelnde Akzeptanz in der Öffentlichkeit, dem Argument, wonach ihnen für gute Arbeit auch gutes Geld zustehe.[250] Denn nicht der Erfolg erregt das öffentliche Interesse, sondern lediglich dessen ambivalente Fehlentwicklungen.[251]

Hinzu kommt, dass die Vergütungstransparenz sowohl in Bezug auf fixe als auch variable Entgeltbestandteile vergleichsweise wenig entwickelt ist:[252] Zu publizieren sind im Anhang des Jahresabschlusses gem § 239 Abs 1 Z 4 und 5 öHGB (vgl § 285 Nr 9a dHGB iVm § 160 Abs 1 Nr 3 und 5 dAktG) lediglich die unaufgeschlüsselten/nicht individualisierten *Gesamtbezüge* des Vorstands[253] bzw die *Gesamtzahl* der ausgegebenen Bezugsrechte. Wenn § 239 Abs 1 Z 5 lit a und b öHGB eine Angabe zu „Anzahl und Aufteilung (sowie real entrichtetem Ausübungspreis) von einzelvertraglich eingeräumten bzw ausgeübten Optionen auf Arbeitnehmer, leitende Angestellte sowie *namentlich anzuführende Organmitglieder*" ins Treffen führen, besagt dies noch nicht, dass eine individualisierte Aufschlüsselung und Zuordnung der Optionen zu den namentlich zu nennenden Organmitgliedern stattzufinden hat.[254] Vielmehr sind damit die gem § 239 Abs 2 öHGB nament-

---

249 *Roschmann/Erwe* in *Harrer* (Hrsg), Mitarbeiterbeteiligungen und Stock-Option-Pläne, Rn 221.

250 Vgl *Wall Street Journal Europe*, 23.-25.7.2004; *FAZ*, 1.8. und 21.7.2004. Nur vier (*Boehler-Uddeholm*, *OMV*, *Verbund* und *Wienerberger*) der 21 ATX-Unternehmen weisen die Vergütungen ihrer Vorstandsmitglieder gem Regel 31 ÖCGK (R) individualisiert aus (Stand Januar 2006). Nach Auswertung der Entsprechenserklärungen gem § 161 dAktG kommen lediglich 6 (respektive 9) der DAX-30-Unternehmen der Empfehlung in Punkt 4.2.4 Satz 2 DCGK nach, die Vorstandsvergütungen individualisiert offen zu legen bzw kündigen eine entsprechende Vorgehensweise für das Geschäftsjahr 2004 an.

251 Ähnlich *Frühauf*, ZGR 1998, 407 (407 und 413). *Schüppen*, ZIP 2002, 1269 (1269) zitiert als weitere Parole: „Kontrolle ist gut, aber Transparenz liefert ans Messer!"

252 Die amerikanische Wertpapieraufsichtsbehörde SEC (Securities and Exchange Commission) sah sich bereits 1992 gezwungen, ihre Publizitätsvorschriften betreffend Vorstandsvergütungen einer umfassenden Revision zu unterziehen. Die SEC-Regeln fordern seither, dass in den sog *„proxy statements"* der Verwaltung an die Aktionäre einer Gesellschaft mit öffentlich gehandelten Anteilen detaillierte Angaben über die Vergütung des Managements (Grundgehälter und Boni des CEO sowie der vier am besten bezahlten Manager des Unternehmens, Vergütungsgrundsätze, Performancekriterien, Zusammenhang von Vergütung und Unternehmensperformance, Aufteilung und Wert von Aktienoptionen etc) enthalten sind. Näheres bei *Kailer*, Preparing the Executive Compensation Tables, online abrufbar unter http://www.realcorporatelawyer.com/pdfs/CLE02-26-02Mat3.pdf; *Baums* in *Martens/Westermann/Zöllner* (Hrsg), FS Claussen, Aktienoptionen für Vorstandsmitglieder, 3 (21 f). In Zusammenhang mit einer unzulänglichen Finanzberichterstattung eines Unternehmens ist auch die durch den Sarbanes-Oxley Act 2002, Sec. 304, eingeführte Befugnis der SEC von Interesse, CEOs und CFOs zur Rückzahlung von (Bonus-)Vergütungen an die gewährende Gesellschaft zu verpflichten; vgl *Schwarz/Holland*, ZIP 2002, 1661 (1666).

253 Falls ein „Group Executive Committee" an die Stelle oder neben das Leitungsorgan Vorstand tritt, sind auch dessen Gesamtbezüge – zumindest gegenüber den Aktionären – offenzulegen; vgl LG Frankfurt/Main, 18.1.2005, 3-5 O 83/04 – *Deutsche Bank AG*, AG 2005, 259 (260).

254 Gem § 241 Abs 4 öHGB (vergleichbar § 286 Abs 4 dHGB) kann sogar die Angabe der Gesamtbezüge unterbleiben, da dadurch eine Rückrechnung auf die Einzelbezüge eines ein- bzw zweiköpfigen Kollegiums erleichtert würde.

lich im Anhang anzuführenden Organmitglieder als „Gruppe" adressiert, womit dieses Ergebnis nun erst recht in einem klaren Wertungswiderspruch zu der von den ErlRV geforderten *Informationsgleichschaltung* zwischen den Berichtspflichten gem § 159 Abs 2 Z 3 öAktG und § 239 Abs 1 Z 5 öHGB steht.[255]

Sowohl der Aktionsplan der Kommission als auch eine vor kurzem veröffentlichte Kommissions-Empfehlung[256], zudem der Abschlussbericht der *Winter*-Gruppe „Moderne gesellschaftsrechtliche Rahmenbedingungen in Europa" vom 4.11.2002[257] sehen neben einer Offenlegung der Vergütungsstrategie/Gehaltspolitik in den Finanzinformationen einen detaillierten *Einzel*vergütungsausweis für Vorstands- und Aufsichtsratsmitglieder im Jahresabschluss vor. Dadurch soll den Aktionären eine umfassende Einschätzung der Relation zwischen Unternehmensergebnis und Höhe der Führungskräftegehälter – sowohl ex ante als auch ex post – ermöglicht sowie Stellung und persönliches Gewicht einzelner Mitglieder in den Gesamtorganen ersichtlich gemacht werden.[258] Dem Argument, wonach offen gelegte individualisierte Vergütungen anlässlich eines „peer group"-Vergleichs der Führungskräfte – quasi aus Eigenantrieb der unterdurchschnittlich Bezahlten in kooperativer Neidgenossenschaft – zwangsläufig in einer „Neidspirale" münden würden, wurde somit eine Absage erteilt.[259]

In Deutschland wurde mittlerweile die Dringlichkeit der *individualisierten* Vergütungsoffenlegung für Vorstands- und Aufsichtsratsmitglieder in einem Corporate-Governance-Bericht von der Kodex-Kommission erkannt und korrespondierend die *Anregungen* in Punkt 4.2.4 Satz 2 und Punkt 5.4.7 Satz 6 DCGK zu *Empfehlungen* aufgewertet,[260] die somit der gesetzlichen Vorgabe den Rang ablaufen.[261] Damit direkt in

---

[255] ErlRV 485 BlgNR 21. GP zum AOG, S. 15. Vgl *Hausmaninger/Kletter/Burger*, Corporate Governance, Rn 11 und 14 zu Regel 29 sowie Rn 8 und 12 zu den Regeln 30 und 31 ÖCGK. AA *Eiselsberg/Haberer*, RWZ 2004/17.

[256] Empfehlung der Kommission (2004/913/EG) vom 14.12.2004 (ABl. EU Nr. L 385/55); KOM (2003) 284 endg vom 21.5.2003, 19, aaO (Fn 148). Allg zum Aktionsplan *Bayer*, BB 2004, 1 (7); *Maul*, BB 2003, 1289; *Hopt* in *Hommelhoff/Hopt/von Werder* (Hrsg), Handbuch Corporate Governance, 29 (42). Vgl dazu auch die *GD Binnenmarkt*, Vergütung von Direktoren, online abrufbar unter http://www.europa.eu.int/comm/internal_market/company/directors-remun/index_de.htm sowie dazu *Maul/Lanfermann*, BB 2004, 1861 (1866 f).

[257] Abschlussbericht der *Winter*-Gruppe, Empfehlung III.11 und deren Erläuterungen, 68 ff. Allgemein zum Abschlussbericht *Wiesner*, BB 2003, 213; *Maul*, DB 2003, 27.

[258] Krit *Wiesner*, ZIP 2003, 977 (979).

[259] Abschlussbericht der *Winter*-Gruppe, 70. Vgl dazu auch das Interview mit dem Aufsichtsratsvorsitzenden der *Siemens AG*, *Baumann*, in der FAZ vom 3.8.2002; ähnlich *Schiessl*, AG 2002, 593 (594 f) und *Vagts* in *Schneider/Hommelhoff/Schmidt/Timm/Grunewald/Drygala* (Hrsg), FS Lutter, 767 (772). Dass die Ablehnung einer individualisierten Vergütungsangabe freilich auch mit dem genau entgegen gesetzten Argument (und der daraus resultierenden Besorgnis) begründet werden kann, zeigen die *Daimler-Chrysler AG* bzw die *E.ON AG* in ihren Entsprechenserklärungen nach § 161 dAktG: „Im Übrigen droht eine individualisierte Angabe zu einer Nivellierung leistungs- und aufgabenbezogener Vergütungsdifferenzen zu führen." (DaimlerChrysler AG); bzw: „Insbesondere führt eine individualisierte Angabe der Vorstandsbezüge zu der unerwünschten Tendenz einer Nivellierung von Vergütungsdifferenzen." (E.ON AG). Vgl dazu auch die Entsprechenserklärung der *Allianz AG*: „[...] Zudem zeigt die Praxis, dass der individuelle Vergütungsausweis tendenziell zu einer Nivellierung der Vergütungshöhe der einzelnen Vorstandsmitglieder führt. [...]".

[260] § 161 dAktG, eingeführt durch das TransPuG, verpflichtet Unternehmen seit Juli 2002 darzulegen, ob sie den DCGK einhalten, oder in welchen Punkten und aus welchen Gründen sie von dessen Empfehlungen abweichen (sog „comply or explain"). Von den Anregungen des DCGK können die Unternehmen hingegen abweichen, ohne die Öffentlichkeit darüber aufklären zu müssen.

[261] In Deutschland führte der Gesetzgeber mittlerweile seinen jüngsten Schachzug zu Ende: Vgl dazu das Ge-

Zusammenhang stehend empfiehlt der DCGK in Punkt 4.2.4 Satz 1 – analog Regel 30 ÖCGK (C) – zusätzlich eine aufgespaltene Angabe der Gesamtbezüge nach Fixum, erfolgsbezogenen Komponenten und Komponenten mit langfristiger Anreizwirkung (*Segmentierung*) und nimmt damit wiederum Bezug auf Punkt 4.2.3 Satz 1 und 2 DCGK. Die diesbezüglichen faktischen Probleme erschöpfen sich in praxi freilich nicht allein in der Frage des wertmäßigen Ansatzes der erfolgsorientierten Vergütungsbestandteile[262] (Stichwort: „*fair value*")[263], sondern reichen bis zu den in Anstellungsverträgen enthaltenen Verschwiegenheits- bzw Vertraulichkeitsvereinbarungen, die einen Mehrheitsbeschluss hinsichtlich der Entscheidung über eine individualisierte Entgeltpublizität als nicht ausreichend erscheinen lassen.[264]

Unter Anlegung eines modernen Corporate-Governance-kompatiblen Maßstabs sollte aber ganz allgemein leitschnurmäßig die Einsicht stehen, dass durch eine Offenlegung der Gehälter nicht der soziale Futterneid genährt, sondern die funktional-motivatorischen Aspekte von Aktienoptionsprogrammen und damit ein nachvollziehbares Verhältnis zwischen Entlohnung und Geschäftserfolg ins Licht der Öffentlichkeit gerückt werden sollen – als Symbol eines transparenten und kommunikativen Umgangs der Unternehmen(sführung) mit dem Zielpublikum.[265]

VII Ergebnis

Im Zuge der Einführung bzw Umstrukturierung von Corporate-Governance-kompatiblen Anreiz- und Vergütungssystemen (und hier insbesondere Aktienoptionsprogrammen) ist als Gefahrenquelle die potenzielle Fehlorientierung von Führungskräften zu bedenken, die ihre Aufmerksamkeit einseitig auf Aktivitäten richten, welche den größten Einfluss auf ihre Entlohnung haben (siehe ausführlich unter V. A. und V. H.). Unter Einhaltung dezidierter Rahmenbedingungen (vgl den unter IX. befindlichen Überblick) muss jedoch

setz über die Offenlegung der Vorstandsvergütungen (Vorstandsvergütungs-Offenlegungsgesetz – VorstOG), welches am 10.8.2005 durch BGBl I, Nr. 47, S. 2267 verkündet wurde und am 11.8.2005 in Kraft trat. Regel 31 ÖCGK (R) gibt sich im Vergleich zur deutschen Festlegung konservativ, indem sie die individualisierte Veröffentlichung der Vergütung lediglich der Rubrik „Recommendation" zuordnet, deren Nichteinhaltung weder offenzulegen noch zu begründen ist. Krit dazu *Büchele*, GesRZ 2003, 221 (229).

262 Sowohl das *Black/Scholes*-Modell als auch das *Binomial*-Modell wurden für Finanzmarktderivate und nicht für Vergütungsinstrumente entwickelt. Durch komplexe Parameter, wie absolute und relative Erfolgsziele, Warte- bzw Sperrfristen, Ausübungsfenster etc, werden oft zahlreiche Annahmen notwendig, die einen gewissen Bewertungsspielraum gewähren; vgl *Filbert/Kramarsch*, Management Pay, online abrufbar unter http://www.towersperrin.com.

263 Vgl dazu *Jüttner-Nauroth*, Relevanz des Fair Value von Aktienoptionsrechten, 11 f; *Barth/Landsman*, Accounting Horizons 9, 97; *Cairns*, A Guide to Applying International Accounting Standards, 94 sowie das Fair-Value-Bewertungsgesetz (FVBG), BGBl I 2003/118, in Umsetzung der Fair-Value-Richtlinie vom 27.9.2001 (2001/65/EG).

264 *Ringleb* in *Ringleb/Kremer/Lutter/von Werder* (Hrsg), Deutscher Corporate Governance Kodex, Rn 555 ff; *Kollmann*, WM Sonderbeilage 1/2003, 13 f. Vgl dazu auch die Entsprechenserklärung der Metro AG nach § 161 dAktG: „Der in Ziffer 4.2.4 Satz 2 des Deutschen Corporate Governance Kodex enthaltenen Empfehlung einer Individualisierung der Angaben zur Vergütung der Vorstandsmitglieder wird nicht gefolgt, da eine solche Individualisierung im Widerspruch zu den berechtigten Ansprüchen der Mitglieder des Vorstands auf Persönlichkeitsschutz stünde."

265 Vgl *Der Standard*, 7.4.2003; Pressemitteilung der *Kodex-Kommission* vom 21.5.2003, online abrufbar unter http://www.corporate-governance-code.de/ger/news/presse-20030521.html.

das (Be-)Streben nach Überwindung dieses Konflikts zumindest so lange als effektiv und ökonomisch sinnvoll angesehen werden, als die Anreizkomponente die distributive Komponente überwiegt.[266]

Wenngleich durch steigende Ausdifferenzierung und Flexibilisierung hinsichtlich sich ändernder Umgebungsvariablen und Programmparameter auch die Komplexität von Aktienoptionsprogrammen erhöht wird – und damit die Gefahr, dass die Programminhalte für die Begünstigten nicht mehr (zeitnah) nachvollziehbar mit ihrer individuellen Leistung korrelieren, steigt[267] –, ist für die Anreizkompatibilität eines Aktienoptionsprogramms die *richtige Wahl* der vom Gesetz geforderten *Erfolgsziele* (vgl unter V. I.) entscheidend. Werden nämlich die Ziele zu hoch gesteckt, ist der Motivationseffekt (vgl unter V. B.) trotz großer Anstrengungen schnell verschwunden.[268] Werden die Erfolgsziele jedoch zu niedrig angesetzt, werden die Aktionäre benachteiligt, während die Berechtigten leichtes Spiel haben, um ohne besonderen Einsatz einen (relativ) risikolosen Vorzug zu erlangen.

Darüber hinausgehend entsteht außertourlicher Rechtfertigungsbedarf vor allem dann, wenn die exakten „Spielregeln" der Anreizstrukturen nicht ausreichend offen gelegt werden.[269] Deshalb sollte es nicht bei den Offenlegungspflichten von § 239 Abs 1 Z 4 und 5 öHGB (vgl §§ 285 Nr 9a iVm 314 Abs 1 Nr 6a dHGB) bleiben (siehe unter VI.), sondern wäre ein ergänzender Bericht nach dem Vorbild amerikanischer „proxy statements" im Geschäftsbericht börsennotierter Unternehmen wünschenswert.[270]

Im Bereich der Rechnungslegung setzt das International Accounting Standards Board (IASB) vermöge seiner IAS-Nachfolgeregelungen IFRS (International Financial Reporting Standards) neue Maßstäbe,[271] wonach (reale) Aktienoptionen, Stock Appreciation Rights (vgl unter II. C.) und Kombinationsmodelle mit Barvergütungskomponenten jedenfalls als Personalaufwand verbucht werden müssen – was laut Prognosen zu einer Gewinnreduzierung bzw Verlusterhöhung der betroffenen Unternehmen um zirka 10 % führt![272] Grundidee der neuen Bilanzierungsregelung ist nämlich, dass die einem Unter-

---

266 *Ruffner*, Die ökonomischen Grundlagen eines Rechts der Publikumsgesellschaft, 221.

267 Vgl *Pellens/Crasselt/Rockholtz* in *Pellens* (Hrsg), Unternehmenswertorientierte Entlohnungssysteme, 1 (16); *Weiß*, Aktienoptionspläne für Führungskräfte, 66 f. Zwecks Vereinfachung der variablen Entlohnungsstruktur, die aufgrund der Gestaltung moderner Aktienoptionsprogramme mitunter sehr kompliziert und unübersichtlich geworden ist, schlägt *Evers* in *Pellens* (Hrsg), Wertorientierte Entlohnungssysteme, 53 (66), vor, auf ein altbekanntes Mittel, nämlich die Gewährung von Aktien als Teil der variablen Bezüge der Führungskräfte, zurückzugreifen.

268 *Eiselsberg/Haberer*, RWZ 2004/17; *von Einem/Pajunk* in *Achleitner/Wollmert* (Hrsg), Stock Options, 85 (101).

269 Ähnlich das *DTI*, Directors' Remuneration, 21, online abrufbar unter http://www.dti.gov.uk/cld/4864rewards.pdf.

270 So auch *Baums*, ZIP 2004, 1877; *Baums* in *Martens/Westermann/Zöllner* (Hrsg), FS Claussen, Aktienoptionen für Vorstandsmitglieder, 3 (48); *Schwark* in *Hommelhoff/Lutter/Schmidt/Schön/Ulmer* (Hrsg), Corporate Governance, 75 (98) sowie die nunmehrigen Empfehlungen in Punkt 4.2.3 Satz 8 und 9 DCGK.

271 Die hier interessierende Regelung findet sich in IFRS 2 „Sharebased Payment", der am 19.2.2004 verabschiedet wurde und online unter http://www.iasb.org verfügbar ist. IFRS 2 – Anteilsbasierte Vergütung ist lt der Verordnung (EG) Nr. 211/2005 vom 4.2.2005, ABl L 41/1 vom 11.2.2005, rückwirkend mit 1.1.2005 anzuwenden.

272 *Ekkenga*, DB 2004, 1897 (1897); *Filbert/Kramarsch*, aaO (Fn 262). Mitunter mag die oa abschreckende Prognose den Vorstandsvorsitzenden der *Deutschen Telekom AG*, *Ricke*, zur Einschätzung bewogen haben, wonach „Aktienoptionen der Makel der Vergangenheit anhafte", vgl *Financial Times Deutschland*, 29.3.2004, online abrufbar unter http://www.ftd.de/tm/tk/1080371875119.html?nv=se.

nehmen zugehenden (Arbeits-)Leistungen und nicht der Wert der hingegebenen Aktienoptionen für die Erfassung in der GuV ausschlaggebend sein sollen.[273]

Des Weiteren ist zwecks Absicherung der sog Unternehmensbindung (siehe unter III. A.) ein (Vorab-)Eigeninvestment der aus einem Aktienoptionsprogramm Berechtigten zu fordern, womit diesen ein Vertrauens- bzw Treuebeweis abverlangt wird. Ein gangbarer Weg liegt zB darin, dass Führungskräfte Aktien aus eigenen Mitteln ankaufen (und halten)[274], um dann je Aktie eine bestimmte Anzahl Optionen zugewendet zu erhalten. Ein *zusätzliches* Eigeninvestment könnte den Berechtigten über eine im Zeitablauf steigende Barzuzahlung abverlangt werden, deren jährliche Steigerung die erwartete Rendite der Aktionäre vorwegnimmt. Vermöge dieser direkten Interessenverknüpfung tragen die Führungskräfte wenigstens zum Teil am gleichen Risiko mit, dem auch die Aktionäre ausgesetzt sind.[275] Für die Zukunft stellt sich freilich die Frage, ob es nicht generell sinnvoller wäre, diesen Interessengleichlauf *allein* durch die Gewährung von (während der Beschäftigungsdauer) gesperrten Aktien (sog „*restricted stock*") sicherzustellen.[276]

Werden reale Aktienoptionen ausgegeben, dh Optionen, die ein Recht auf effektive Lieferung von Aktien gewähren, stellt sich die Frage nach der Herkunft der zu liefernden Aktien. Üblicherweise werden diese im Wege eines Aktien(rück)erwerbs (vgl unter III. B. 4.) oder einer bedingten Kapitalerhöhung (vgl unter III. B. 2.) beschafft. *Aus Sicht der Aktionäre* ist es zu begrüßen, wenn die Finanzierung eines Aktienoptionsprogramms durch den *Erwerb eigener Aktien* erfolgt, da so die Verwässerungsproblematik hinsichtlich der Altanteile vermieden wird. Der Aktienrückkauf führt allerdings zu einem Abfluss an Liquidität,[277] wenngleich im Zeitpunkt der Ausübung der Aktienoptionen zumindest ein Teil der aufgewendeten Mittel in Form des Ausübungspreises wieder an das Unternehmen zurückfließt.[278] *Für das Unternehmen* indes ist die *bedingte Kapitalerhöhung* die komfortabelste, weil einfachste Finanzierungsform, deren „Kosten" von den Altaktionären vermittels langfristig nicht zu unterschätzender Verwässerung ihrer Anteile (vgl unter V. E.) zu tragen sind. Ergänzend wurde in Österreich durch das AOG in § 159 Abs 3 öAktG die Möglichkeit geschaffen, Aktienoptionen durch ein sog genehmigtes bedingtes Kapital (siehe unter III. B. 3.) abzusichern.

---

[273] Vgl *Schildbach*, DB 2003, 893; *Gebhardt*, BB 2003, 675; *Zeimes/Thuy*, KoR 2003, 39 (41), online abrufbar unter http://www.orcf.de/downloads/KoR_Stock_Options.pdf; *Hasbargen/Seta*, BB 2003, 515. Ähnlich der (nicht weiter verfolgte) Entwurf des Deutschen Rechnungslegungsstandards Nr 11 (E-DRS 11), online abrufbar unter http://www.standardsetter.de/drsc/docs/drafts/11.pdf, Tz 12 und 13. Krit *Peltzer*, Deutsche Corporate Governance, Rn 95.

[274] ZB durch Verpflichtung zur Verwahrung der Aktien in einem Sperrdepot oder durch Gebrauch von Unübertragbarkeits- bzw Verfallsklauseln in den Optionsbedingungen. Das Aktienoptionsprogramm 2004 der *Andritz AG* verpflichtet die Führungskräfte zu einem Eigeninvestment in der Höhe von € 20.000,– bis € 40.000,–. Das ESOP 2004+ der *Telekom Austria AG* verpflichtet die Optionsberechtigten zum Halten von 1 Aktie je 15 Optionen. Das *BASF*-Aktienoptionsprogramm BOP 2001 sieht ein Eigeninvestment in der Höhe von 10 bis 30 % der variablen Gehaltsbezüge vor.

[275] Vgl *Bühner*, DB 1989, 2181 (2185).

[276] Vgl Fn 267 sowie Punkt 4.2.3 Satz 4 DCGK. Schon der sog „*Greenbury Report*", Rn C 6, aus dem Jahr 1995, online abrufbar unter http://www.ecgi.org/codes/documents/greenbury.pdf, empfiehlt eine Abwägung mit anderen langfristigen, erfolgsabhängigen Vergütungsinstrumenten.

[277] Siehe *Kalss* in GesRZ-Sonderheft Aktienoptionen (2001), Erwerb eigener Aktien nach dem AOG, 42 (48).

[278] *Seibert* in *Pellens* (Hrsg), Unternehmenswertorientierte Entlohnungssysteme, 29 (34); *Friedrichsen*, Aktienoptionsprogramme für Führungskräfte, 227; *Schaefer*, NZG 1999, 531 (532).

Liquiditätsmäßig problematisch – in Zukunft gleichwohl unverzichtbar – sind diskretionäre Tantiemen (vgl unter II. A.), da Optionen in erster Linie dazu geeignet sind, den Gesamterfolg aller Führungskräfte *als Team* zu belohnen,[279] während eine besondere Vergütung für ausgezeichnete Einzelresultate nur über Ermessenstantiemen erfolgen kann. Außergewöhnliche Erfolge können dergestalt *individuell belohnt*, Versagen *individuell geahndet* werden.[280]

VIII Kurzübersicht

Summa summarum sollte ein Aktienoptionsprogramm im Idealfall eine Fusion der Interessen
- der Aktionäre an geringen finanziellen Nachteilen und der Steigerung der Rendite,
- des Unternehmens an einer geringen Finanzierungsbelastung und
- des Managements an einem hohen Anreiz

ausgewogen in sich vereinigen.

IX Überblick über die Anforderungen an ein optimales Aktienoptionsprogramm[281]

Merkmale	**Ausgestaltung**
Berechtigte Hierarchieebenen	– Vorstand/Geschäftsführung erweitert um die ersten beiden Führungsebenen
Intervall	– Jährliche (Neu-)Auflegung des Aktienoptionsprogramms bzw gestaffelte Ausübungsmöglichkeiten (siehe unter V. H.)
Bezugsgröße für den Ausübungspreis bzw die Erfolgsziele	– Börsenkurs des eigenen Unternehmens und Branchen-/Marktindex (Vergleichsindex) unter Einbeziehung von Dividendenausschüttung/internen Kennzahlen
Ausübungspreis	– Kurswert im Zeitpunkt der Einräumung der Aktienoptionen, evt ergänzt um einen Zuschlag in Abhängigkeit von den Erfolgszielen – Zeitlich gestaffelte Anpassungsmöglichkeit nach oben hin (siehe unter V. C.)

279 Der Börsenkurs als alleinige Basisdeterminante der Anreizbemessung vermag den besonderen Erfolgs- oder Misserfolgsbeitrag der *individuellen Führungskraft* ohnehin nicht abzubilden („*Trittbrettfahrer*"- bzw sog „*1/n-Problematik*"). Vgl *Hüffer*, ZHR 161 (1997), 214 (235); *Feddersen*, ZHR 161 (1997), 269 (271); *Kohler*, ZHR 161 (1997), 246 (254 f).

280 So im Ergebnis auch *Baums* in *Martens/Westermann/Zöllner* (Hrsg), FS Claussen, Aktienoptionen für Vorstandsmitglieder, 3 (12).

281 In Anlehnung an *Bassen* in *Achleitner/Wollmert* (Hrsg), Stock Options, 279 (294), den (nicht weiter verfolgten) Entwurf des Deutschen Rechnungslegungsstandards Nr 11 (E-DRS 11), online abrufbar unter http://www.standardsetter.de, Tz 40 sowie IFRS 2 „Share-based Payment" des IASB.

Erfolgsziele	– Grundlegendes Erfordernis einer Unternehmensentwicklung *über* den Vergleichsmaßstäben – „Outperformance“ mit Werten zwischen 10 und 30 % in Abhängigkeit vom Ausübungspreis – Zeitlich gestaffelte Anpassungsmöglichkeit nach oben hin (siehe unter I. C.)
Wartefrist	– Wartezeit von mindestens 3 Jahren – Bei Festlegung von gestaffelten Wartefristen auch (bis zu) 5 Jahre
Haltedauer	– (Gestaffelte) Sperrfristen für die Veräußerung von über Optionen bezogenen Aktien
Einschränkung der Manipulationsmöglichkeiten	– *Kombination* absoluter und relativer Vergleichsmaßstäbe in Bezug auf Ausübungspreis(e) und Erfolgsziele – Berechnungsbasis: Durchschnittliche Kursentwicklung anstelle von Stichtagskursen – Festlegung von insiderneutralen Ausübungsfenstern – Ausschluss der Übertragbarkeit der Optionen
Bezugshöchstgrenzen	– Festlegung eines „*cap*“ als absolute Gesamtgehaltsgrenze für *alle* Vergütungsbestandteile, evt in Relation zum Fixgehalt – Minderung des Fixgehalts bei der Einführung von erfolgsorientierten Vergütungsbestandteilen
Transparenz (unter Verwendung sämtlicher zur Verfügung stehender Informationskanäle einschließlich des Internets)	– Bekanntgabe des intendierten Verhältnisses zwischen fixer und erfolgsorientierter Entlohnung – Bekanntmachung der Struktur (Anzahl und Art der zuzuteilenden Rechte), der Laufzeit, der Ausübungspreise und -fristen, der Erfolgsziele sowie der Warte- bzw Sperrfristen – Veröffentlichung des *vorläufigen* Optionswerts – mit allen zugrundeliegenden Annahmen (zB Kurs bei Gewährung, erwartete Volatilität und Dividendenrendite, risikoloser Zinssatz) und eingesetzten Berechnungsmodellen sowie daraus resultierender Bandbreite – *vor* der Genehmigung durch die Hauptversammlung – Aufgeschlüsselte Angaben zur Optionsanzahl und zum durchschnittlichen Ausübungspreis für alle, vor und am Ende des Bilanzierungszeitraums ausstehenden, während des Bilanzierungszeitraums gewährten, ausgeübten, aufgrund von Ausübungsbedingungen erloschenen und am Ende der Laufzeit verfallenen sowie am Ende des Bilanzierungszeitraums ausstehenden und ausübbaren Rechte

	– Ex-post-Publikation des *Gesamtwerts* (innerer Wert + Zeitwert) aller innerhalb eines Jahres gewährten Optionsrechte – Einzel- und Gesamtvergütungsausweis in Bezug auf sämtliche Vorstands- und Aufsichtsratsmitglieder aufgeschlüsselt nach fixen und variablen Bezügen Angaben zur Auswirkung der variablen Vergütung auf das Unternehmensergebnis

Die Organstruktur der österreichischen Societas Europaea und Corporate Governance[1]

Dr. Katharina Murschitz, LL.M.

Das SEG[2] ist am 8.10.2004 gleichzeitig mit der VO (EG) Nr 2157/2001 des Rates vom 8.10.2001 über das Statut der Europäischen Gesellschaft (im Folgenden: SE-VO) und mit dem Ablauf der Umsetzungsfrist für die RL 2001/86/EG vom 8.10.2001 zur Ergänzung des Statuts der Europäischen Gesellschaft hinsichtlich der Beteiligung der Arbeitnehmer (im Folgenden: MitbestimmungsRL) in Kraft getreten. Der österreichische Gesetzgeber schafft dadurch die nötigen Bestimmungen, um die VO (EG) Nr 2157/2001 auszuführen (Art 68 SE-VO).

Bedingt durch die Wahlmöglichkeit zwischen den beiden Organstrukturen werden zwei unterschiedliche Themenbereiche erläutert:

- für das dualistische System das Verhältnis der Societas Europaea (SE) zum österreichischen Corporate Governance-Kodex und
- für das monistische System österreichischer Prägung eine allgemeine Betrachtung unter Corporate Governance-Aspekten.

Der erste Teil dieser Abhandlung setzt sich daher mit der Frage auseinander, ob der österreichische Corporate Governance-Kodex für die SE anwendbar ist und in der Folge, ob er mit der SE-VO vereinbar ist. Der zweite Teil beschäftigt sich mit exemplarischen Ansatzpunkten für Corporate Governance (CG) im und für das monistische System und versucht dabei eine kritische Durchleuchtung der bestehenden Regelungen.

Einleitend ist noch darauf aufmerksam zu machen, dass es auf europäischer Ebene nach derzeitigem Stand keinen einheitlichen CG-Kodex geben wird.[3] In diesem Zusammenhang ist daher erwähnenswert, dass die inhaltlichen Regelungen der SE mitunter als Mindeststandard für einen CG-Kodex gesehen werden.[4]

---

[1] Diese aktualisierte Abhandlung basiert auf einer Publikation in der GesRZ 2005, 227 (Teil I), 284 (Teil II).

[2] Gesetz über das Statut der Europäischen Gesellschaft (Societas Europaea – SE) – (SE-Gesetz-SEG) BGBl I 2004/67.

[3] KOM (2003) 284 vom 21.5.2003, Mitteilung der Kommission an den Rat und das europäische Parlament, Modernisierung des Gesellschaftsrechts und Verbesserung der Corporate Governance in der EU – Aktionsplan, 14.

[4] *Doralt*, Die Anpassung an das europäische Gesellschaftsrecht, in FS Oberhammer (1999) 1 (7); zust *Arlt/Bervoets/Greching/Kalss*, Die Europäische Corporate-Governance-Bewegung (Frankreich, Niederlande, Spanien, Italien), GesRZ-Sonderheft Corporate Governance (2002) 64.

I Grundlegendes

A EG-VO allgemein

Für beide Teile dieser Abhandlung ist es wesentlich, das Regelungsinstrument einer europäischen VO zu verstehen:

- EG-VO enthalten europarechtliche Begriffe, die der Auslegung des EuGH unterliegen (Art 220 iVm Art 234 EGV)[5] und mit gleich oder ähnlich bedeutenden Begriffen des nationalen Rechts nicht unbedingt deckungsgleich sind.
- Eine EG-VO gilt unmittelbar (Art 249 EGV).
- Für das Europarecht besteht grundsätzlich Anwendungsvorrang vor dem nationalen Recht.[6]

Ausführungsgesetze[7] für EG-VO sind nicht ungewöhnlich.[8] Aus den oben genannten Punkten ergeben sich für ein solches Gesetz folgende Besonderheiten: Europarechtliche Begriffe dürfen nicht iSd nationalen Verständnisses interpretiert werden.[9] Die VO gilt unmittelbar und darf daher nur in Ausnahmefällen im Ausführungsgesetz wiederholt werden[10] (siehe dazu unten im Zusammenhang mit der Satzung). Das Europarecht verdrängt entgegenstehendes nationales Recht.[11] Weiters darf, wie stets, die Interpretation eines Gesetzes nie dem Europarecht widersprechen.

B SE-VO

Die Regelungsstruktur der SE findet sich in Art 9 SE-VO. Die SE unterliegt primär den Bestimmungen der SE-VO; soweit es die SE-VO ausdrücklich zulässt, aber auch den Bestimmungen der Satzung. Für Bereiche, die die SE-VO nicht oder nur teilweise regelt, gelten die eigens von den Mitgliedstaaten für die SE erlassenen Rechtsvorschriften, die Rechtsvorschriften, die auf eine nach dem Recht des Sitzstaates der SE gegründete AG Anwendung finden würden und die Bestimmungen der Satzung unter den gleichen Voraussetzungen wie im Fall einer nach dem Recht des Sitzstaates der SE gegründeten AG.

Auf zwei Punkte dieser Regelungsstruktur sei besonders hingewiesen: Die von den Mitgliedstaaten zur Ausführung der SE-VO erlassenen Rechtsvorschriften müssen mit den RL für die AG in Einklang stehen (Art 9 Abs 2 SE-VO). Der Begriff der RL kann hier

---

5 EuGH 6.10.1982, Rs 283/81, Slg 1982, I – 3415, Rn 19; siehe auch *Lind*, Die Europäische Aktiengesellschaft, 37 und weiterführend 45 f; *Schwarze*, EU-Kommentar, Art 220 Rn 21. Durch den Vertrag von Nizza ist diese Bestimmung geändert worden, was aber für den hiesigen Zweck nur von geringer Bedeutung ist (vgl *Pernice/Mayer* in *Grabitz/Hilf*, Das Recht der Europäischen Union, Art 220 Rn 88).

6 Siehe auch *Lind*, Die Europäische Aktiengesellschaft, 37 mwN.

7 Der Begriff wurde in Anlehnung an das EWIV-Ausführungsgesetz, BGBl 1995/521 idF BGBl I 2004/67, gewählt.

8 Vgl zB EWIVG, Produktpirateriegesetz – PPG.

9 Siehe auch *Lind*, Die Europäische Aktiengesellschaft, 37 mwN.

10 EuGH 10.10.1973, Rs 34/73, *Variola*, Slg 1973, I – 981, Rn 10; 7.2.1973, Rs 39/72, *Kommission/Italien*, Slg 1973, I – 101, Rn 17; 31.1.1978, Rs 94/77, Slg 1978, I – 99, Rn 22/27; *Nettesheim* in *Grabitz/Hilf*, Das Recht der Europäischen Union, Art 249 Rn 121; *Egermann/Heckenthaler*, Der Verwaltungsrat in der Europäischen Gesellschaft (SE) österreichischer Prägung – Überlegungen zu §§ 38 ff SEG, GesRZ 2004, 256 (257); *Kalss/Greda* in *Kalss/Hügel*, Europäische Aktiengesellschaft, SE-Kommentar, AT Rn 25 und 33 mwN.

11 Siehe auch *Lind*, Die Europäische Aktiengesellschaft, 37 mwN.

nur im europarechtlichen Sinn verstanden werden.[12] Für die AG gelten insb alle derzeit erlassen gesellschaftsrechtlichen RL (1–4, 6–8, 11, 12) sowie die Take-over-RL und die VerschmelzungsRL.

Eine Besonderheit besteht für die SE in der Weise, dass ihre Satzung zwei Grundlagen hat: Einerseits die Ermächtigungen aus der VO (Art 9 Abs 1 lit b SE-VO), andererseits diejenige für die nationalen Satzungen nach Art 9 Abs 1 lit c Z iii) SE-VO. Während die Satzungsgrundlage nach dem Recht des Mitgliedstaats unproblematisch ist, wirft die aus der SE-VO (Art 9 Abs 1 b SE-VO) einige Unklarheiten auf. Schon aus der SE-VO ergibt sich für sie das Prinzip der Satzungsstrenge.[13] Das bedeutet, dass die Satzung nur das regeln darf, was ihr aufgrund der SE-VO ausdrücklich zukommt.[14] Zum einen resultiert daraus die Frage, ob die im Rahmen der gewährten Satzungsautonomie erlassenen Bestimmungen, wie in Art 10 SE-VO gefordert, mit dem nationalen Aktienrecht übereinstimmen müssen. Zum anderen wird die Frage aufgeworfen, ob der nationale Gesetzgeber der Satzung durch gesetzliche Regelung vorgreifen darf.[15]

Art 10 SE-VO bestimmt, dass vorbehaltlich der Bestimmungen dieser VO eine SE in jedem Mitgliedstaat wie eine AG behandelt wird, die nach dem Recht des Sitzstaats der SE gegründet wurde. „Vorbehaltlich der Bestimmungen dieser Verordnung" meint wohl auch vorbehaltlich der Regelungen, die von der VO der Satzung überlassen werden. Würde dieser Vorbehalt nur die materiellen Bestimmungen der SE-VO erfassen, müsste dort, wo dem Gesetzgeber oder der Gesellschaft Ermessen eingeräumt wird, jeweils die nationale Regelung durchschlagen. Der Verweis auf die Satzung wäre obsolet und der europäische Gesetzgeber hätte das nationale Aktienrecht für anwendbar erklären können. Die Satzung auf Grundlage der SE-VO kann daher inhaltliche Abweichungen vom nationalen Recht vorsehen. *Brandt* begründet den im Ergebnis gleichen Schluss ua mit einem Umkehrschluss aus Art 47 Abs 3 SE-VO, der eine ausdrückliche Anlehnung an das nationale Aktienrecht vorsieht.[16]

Anders gestaltet sich die Frage, ob der nationale Gesetzgeber in die durch die VO gegebene Satzungsautonomie eingreifen darf, wenn er nicht dazu ermächtigt ist. Doch was passiert, wenn der Gesetzgeber hier tätig wird? Sieht sich der Gesetzgeber befugt, eine der Satzung überlassene Angelegenheit zu regeln, so wäre es letztlich vom nationalen Verständnis der Satzung gegenüber dem Gesetz abhängig, ob die Satzung der SE davon abweichen darf. Das kann von der SE-VO nicht gemeint sein, denn dann hätte man dergleichen dem nationalen Gesetzgeber überlassen können.

Der nationale Gesetzgeber darf schon aufgrund des europarechtlichen Grundsatzes des Anwendungsvorrangs die Ermächtigung aus der SE-VO weder einschränken noch erweitern.[17] Diese Ansicht wird auch dadurch untermauert, dass es zB in Art 48 SE-VO Satzungsermächtigungen gibt, die dem Gesetzgeber ausdrücklich erlauben, bestimmte Re-

---

[12] Vgl *Schröder/Fuchs* in *Manz/Mayer/Schröder*, Europäische Aktiengesellschaft SE, Art 9 Rn 20.

[13] *Lind*, Die europäische Aktiengesellschaft, 91 mwN; *Hirte*, Die Europäische Aktiengesellschaft, NZG 2002, 1 (5); *Brandt*, Die Hauptversammlung der Europäischen Aktiengesellschaft (SE), 162 mwN, 269, Tz 2; *Hommelhoff*, Zur Organisationsverfassung der Europäischen AG, AG 2001, 279 (287).

[14] Vgl *Hommelhoff*, AG 2001, 287.

[15] Vgl *Egermann/Heckenthaler*, GesRZ 2004, 257 f.

[16] *Brandt*, Hauptversammlung, 165: Die Begründung des Autors über die Normenhierarchie vermag aufgrund der Existenz von Art 10 SE-VO nicht zu überzeugen.

[17] Im Ergebnis identisch, jedoch mit anderer Begründung *Egermann/Heckenthaler*, GesRZ 2004, 257 f.

geln vorzugeben. Im Umkehrschluss bedeutet dies, dass der Gesetzgeber ansonsten nicht eingreifen darf.[18] Die Regelung zB der Sitzungshäufigkeit nach § 53 Abs 3 SEG ist daher unzulässig.[19] Offen bleibt dabei, ob der Gesetzgeber denselben Rahmen für die Satzung geben darf wie die SE-VO, sprich die VO wiederholen darf. Wiederholungen des Verordnungstextes im nationalen Recht sind prinzipiell unzulässig.[20] Der EuGH begründet dies in mehreren Urteilen[21] unterschiedlich. Als Tenor lässt sich mE herauslesen, dass es den Mitgliedstaaten nicht erlaubt ist, die unmittelbare Geltung der Verordnungsbestimmung zu verschleiern. Einerseits würde dadurch die gleichzeitige und einheitliche Anwendung der VO gefährdet und andererseits der Normadressat über die gemeinschaftliche Natur einer Rechtsvorschrift und die sich daraus ergebenden Wirkungen im Unklaren gelassen. Lediglich in einem Fall[22] hat der EuGH die Wiederholung einer VO nicht als Verstoß gewertet; dies mit der Begründung, dass es sich hier um ein Zusammentreffen einer ganzen Reihe gemeinschaftsrechtlicher, einzelstaatlicher und regionaler Vorschriften handle. In einem solchen Fall solle es nicht als Verstoß gegen das Gemeinschaftsrecht gesehen werden können, dass Regionalgesetze im Interesse ihres inneren Zusammenhangs und ihrer Verständlichkeit für den Adressaten bestimmte Punkte der Gemeinschaftsverordnung wiederholen.

Der EuGH macht dabei klar, dass es sich um einen Ausnahmefall handelt.[23] Für den hiesigen Fall ist Folgendes daraus zu gewinnen: Die Normstruktur der SE ist kompliziert, sie erreicht mE auch eine vergleichbare Komplexität wie der Sachverhalt in Rs 272/83. Für den Rechtsanwender gibt es auf europäischer Ebene für die SE nicht nur die SE-VO, sondern auch die MitbestimmungsRL sowie über Art 9 Abs 2 SE-VO eine Reihe von RL. Auf nationaler Ebene wird die SE von einer Reihe von Gesetzen geregelt, die das nationale Aktienrecht umfassen, sowie letztlich von der Satzung, die sich aus der SE-VO und der im jeweiligen Aktienrecht vorgesehenen Satzung ergibt. Vergleicht man aber den Stufenbau der Normen in den beiden Fällen, treten Unterschiede zu Tage. In Rs 272/83 sind drei Stufen erkennbar: Europarechtliche Regelungen (VO), nationale Gesetze und regionale Gesetze. Der Unterschied zur SE-Normenstruktur (SE-VO, nationales Aktienrecht, Satzung) besteht darin, dass hier nicht auf der letzten Stufe der Normenhierarchie, der Satzung, Vorschriften wiederholt werden, sondern auf der des nationalen Gesetzgebers, somit der 2. Stufe. Die letzte Stufe im hiesigen Fall unterscheidet sich darin wesentlich von der in Rs 272/83, als sie der Normadressat selbst entwickelt.

In Bezug auf die SE kann daher diese Überlegung abgeschlossen werden, indem man zugesteht, dass zwar die Normenstruktur kompliziert sein mag, es aber zu bezweifeln ist, dass der innere Zusammenhang und die Verständlichkeit für den Normadressaten durch

---

18 Vgl die Argumentation *Brandts* für die freie Gestaltung der Satzung aus Art 47 Abs 3 SE-VO in Hauptversammlung; siehe Fn 16.

19 Vgl die Satzungsermächtigung in Art 44 Abs 1 SE-VO; siehe auch unter III.C.3.a.

20 EuGH 10.10.1973, Rs 34/73, *Variola*, Slg 1973, I - 981, Rn 10; 7.2.1973, Rs 39/72, *Kommission/Italien*, Slg 1973, I - 101, Rn 17; 31.1.1978, Rs 94/77, Slg 1978, I - 99, Rn 22/27; *Nettesheim* in *Grabitz/Hilf*, Das Recht der Europäischen Union, Art 249 Rn 121; *Egermann/Heckenthaler*, GesRZ 2004, 257; *Kalss/Greda* in *Kalss/Hügel*, Europäische Aktiengesellschaft, SE-Kommentar, AT Rn 25 und 33 mwN.

21 EuGH 10.10.1973, Rs 34/73, *Variola*, Slg 1973, I - 981, Rn 11; 7.2.1973, Rs 39/72, *Kommission/Italien*, Slg 1973, I - 101, Rn 17; 31.1.1978, Rs 94/77, Slg 1978, I - 99, Rn 22/27.

22 EuGH 28.3.1985, Rs 272/83, *Kommission/Italien*, Slg 1985, I - 1057, Rn 27.

23 EuGH 28.3.1985, Rs 272/83, *Kommission/Italien*, Slg 1985, I - 1057, Rn 27.

Wiederholungen im Gesetzesrang verbessert werden.[24] Im Gegenteil, mE wird dadurch eine Verschleierung des gemeinschaftsrechtlichen Ranges der Normen erst provoziert. Wiederholungen sind daher mE unzulässig. Dieser Schluss lässt sich mit der gleichen Begründung auf die ganze SE-VO ausdehnen. Letztlich obliegt es aber dem EuGH, in diesem Fall Wiederholungen für unzulässig zu erklären.

C Zusammenfassung

Die Normenstruktur der SE ist schwierig. Bedacht ist stets auf die unmittelbare Geltung der VO und den Anwendungsvorrang des Gemeinschaftsrechts zu nehmen. Besondere Schwierigkeiten macht die zweifache Rechtsgrundlage der Satzung. Aus der Untersuchung der Rechtsgrundlage aus Art 9 Abs 1 lit b SE-VO entwickeln sich zwei Grundsätze: Die Satzung der SE aus den Ermächtigungen der SE-VO heraus ist nicht an Art 10 SE-VO gebunden. Der nationale Gesetzgeber darf die VO nicht wiederholen.

II Die österreichische SE und der österreichische CG-Kodex

Geht man auf das Thema SE und CG aus der Perspektive des dualistischen Systems ein, so stellt man zunächst fest, dass die dualistische Organisationsstruktur der SE sich im Wesentlichen an das deutsche und österreichische System anlehnt.[25] Wie aber bereits erwähnt, überlagert die SE-VO dort, wo sie materielle Regelungen trifft, das nationale Recht. Daher ergeben sich für die österreichische SE im Vergleich zur österreichischen AG Abweichungen in der Anwendung des AktG. Dabei kann man sowohl eine Aufweichung (zB § 86 Abs 2 - 6 AktG[26] iVm Art 47 Abs 3 SE-VO) als auch ein Verschärfung (zB § 75 Abs 4 AktG iVm Art 39 Abs 2 SE-VO) mancher CG-Konzepte feststellen.

Seit 2002 spiegeln sich die österreichischen Überlegungen zu CG in einem eigenen CG-Kodex wider. Interessant ist daher, ob und, wenn ja, inwieweit für eine SE ein Kodex geschaffen werden könnte oder sogar der geltende österreichische Kodex anwendbar ist oder für anwendbar erklärt werden könnte.

Um die Frage der Anwendbarkeit lösen zu können, muss Folgendes beantwortet werden: Ist die SE überhaupt einem Kodex zugänglich? Wenn ja, kann der nationale Kodex, der für die AG gilt, herangezogen werden? Zusammenfassend könnte man die Frage auch so formulieren: Braucht die SE einen eigenen Kodex?

In der Literatur wird, soweit es überhaupt erwähnt wird, an der Zulässigkeit eines Kodex nicht gezweifelt. Mit Selbstverständlichkeit wird davon gesprochen, dass CG oder CG-Kodizes für die SE sowohl im monistischen als auch im dualistischen System thematisiert werden muss bzw müssen.[27] Ernsthaft auseinander gesetzt hat sich mit dieser Frage bisher, soweit ersichtlich, niemand.

---

24 AA *Kalss/Greda* in *Kalss/Hügel*, Europäische Aktiengesellschaft, SE-Kommentar, AT Rn 34; *Kalss*, Gründung und Sitzverlegung der SE, GesRZ-Sonderheft Societas Europaea (2004) 24 (25).

25 *Lind*, Die europäische Aktiengesellschaft, 22.

26 Die Bestimmung wurde mit dem GesRÄG 2005 geändert.

27 Siehe *Teichmann*, Gestaltungsfreiheit im monistischen Leitungssystem der Europäischen Aktiengesellschaft, BB 2004, 53 (55). Er will den deutschen CG-Kodex auch für das monistische System der SE anwendbar sehen, für das dualistische wird die Verbindung über Art 9 SE-VO und § 161 dAktG konstruiert.

Die SE ist nach Art 1 Abs 2 SE-VO eine AG. Das Principal-Agent-Problem, das Ausgangspunkt der CG ist[28], gilt für sie wie für die nationale AG; erschöpfend gelöst ist es für diese ebenso wenig wie für jene. Ein Kodex kann also auch hier einen Ordnungsrahmen schaffen, der zu den gesetzlichen Normierungen hinzutritt. Die Erörterung der prinzipiellen Zulässigkeit eines solchen Kodex hat sich somit rasch erschöpft. Bedeutend sind die Folgefragen, die sich aus der prinzipiellen Zulässigkeit ergeben: Wer kann legitimerweise einen solchen Kodex entwickeln bzw auf welcher Ebene ist er anzusiedeln (national, europaweit, international)? Im Folgenden wird versucht, diese Fragen über eine nähere Untersuchung des österreichischen CG-Kodex zu lösen.

A *Inhalt und Rechtsnatur des CG-Kodex*

Der österreichische Kodex steht unter der Maxime der Selbstverpflichtung. Der CG-Kodex tritt als selbstgewählter Ordnungsrahmen zum Gesetz hinzu.[29] Eine gesetzliche Verankerung wie in § 161 dAktG gibt es nicht. Der Kodex enthält unterschiedliche Regelungskategorien (L, C und R).[30] Deren Inhalt kann vereinfacht wie folgt unterschieden werden: Das Gesetz wiedergebende, konkretisierende und ergänzende Regelungen zum Gesetz.[31] Erstere lassen sich klar als L-Regelungen abgrenzen.

Die beiden anderen bilden sowohl C- als auch R-Regelungen. Konkretisierende Regelungen betreffen Gesetzesvorschriften, deren strengere Anwendung durch den Kodex empfohlen wird. Als Beispiel sei hier Regel 31 genannt, die empfiehlt, die Vergütung, sowohl die fixe wie auch die erfolgsabhängige, für jedes Vorstandsmitglied einzeln zu veröffentlichen. Die Verschärfung zu § 239 Abs 1 Z 4 iVm § 241 Abs 4 HGB ist unübersehbar. Ergänzende Regelungen zum Gesetz meint Empfehlungen, die im Gesetz keine unmittelbare Grundlage haben, wie zB die C-Regel 27, die Grundsätze der Vergütung des Vorstandes auch auf leitende Mitarbeiter auszudehnen.

Da die L-Regelungen des Kodex andere Fragen aufwerfen als C- und R-Regelungen, werden sie im Folgenden, nach Feststellung der nationalen Komponente in jedem Kodex, getrennt behandelt.

B *Nationale Individualität der Kodizes*

Zum Verständnis des CG-Kodex ist vorerst wesentlich, dass den jeweiligen CG-Kodizes der verschiedenen Mitgliedstaaten der EU auch eine gewisse nationale Komponente innewohnt. Wenn es auch, wie zB in Deutschland[32] und England[33], mehrere Kodizes gibt, so sind sie doch im Kontext der jeweiligen nationalen Rechtsordnung entstanden.[34] Sie

Derselbe in *Lutter/Hommelhoff*, Die Europäische Gesellschaft, 205f, 210. Ebenfalls zum monistischen System *Merkt*, Die monistische Unternehmensverfassung für die Europäische Aktiengesellschaft aus deutscher Sicht, ZGR 2003, 650 (652); *Hommelhoff*, AG 2001, 284.

28 *Roth/Büchele*, Corporate Governance: Gesetz und Selbstverpflichtung, GesRZ 2002, 63 (66).

29 *Roth/Büchele*, GesRZ 2002, 65; zust *Birkner*, Normqualität und Anwendungsbereich des Corporate Governance Kodex, GeS 2002, 65 (66).

30 L – Legal Requirement, C – Comply or Explain, R – Recommendations.

31 Für die letzten beiden mit ähnlichen Ausdrücken *Haesler/Gampe*, Corporate Governance, 142; für Deutschland *Dörner/Orth* in *Pfitzer/Oser*, Deutscher Corporate Governance Kodex, 17.

32 Siehe www.ecgi.org/codes/all_codes.php (30.12.2005).

33 Siehe www.ecgi.org/codes/all_codes.php (30.12.2005).

34 Vgl *Schneider*, Corporate Governance und Kapitalmarkt, ÖBA 2001, 275 (276).

basieren auf dem vorhandenen Regelungssystem. Daher sind sie auch Ausdruck der jeweiligen aktienrechtlichen Individualität. Als Beispiel sei die Wiederholung der gesetzlichen Mitbestimmungsregeln im österreichischen CG-Kodex genannt. Die Mitbestimmungsregeln unterscheiden ihn ua deutlich vom englischen Combined Code on Corporate Governance.[35] Das verwundert auch nicht, kennt doch das englische System die Mitbestimmung nicht.

Jeden Kodex prägt daher ein gewisses nationales Verständnis, wenn sich auch die Kodizes letztlich mehr gleichen als die nationalen Aktienrechte.[36] Der Aspekt der Untrennbarkeit der Kodizes von ihrem sozial-rechtlichen Umfeld[37] ist bei der Anwendbarkeit auf europäischer Ebene jedenfalls zu beachten.

C Methodisch anwendbar?

1 Die L-Regeln des CG-Kodex

Besonders spiegelt sich diese aktienrechtliche Individualität in den L-Regelungen wider. Sie sind die Wiedergabe der wesentlichen Regelungen des österreichischen Aktienrechts. Ihre Verbindlichkeit ergibt sich ebenso wenig aus dem Kodex wie die der anderen Regelungsinhalte. Ihre Verbindlichkeit gründet sich auf das Gesetz.[38] Daher ist ihr Inhalt für eine österreichische SE ohnehin aufgrund des Gesetzes zwingend. Widerspricht das Gesetz der SE-VO oder wird die Bestimmung durch die SE-VO ersetzt, wie Art 39 Abs 1 SE-VO § 70 Abs 1 AktG (zumindest den 1. Halbsatz) ersetzt, kann die L-Bestimmung jedenfalls aufgrund der gesetzlichen Regelung nicht mehr herangezogen werden. Der Kodex gibt aber nicht nur das Gesetz selbst wieder, er gibt in seinen L-Regelungen auch die herrschende Meinung wieder. Als Beispiel dient Regel 14 Satz 1: Grundlegende Entscheidungen obliegen dem Gesamtvorstand.

Die an den Kodex angepasste Terminologie sowohl der Wiedergabe der gesetzlichen Bestimmungen als auch der Interpretation soll, wie der Kodex selbst klarstellt, keine Änderung der Interpretation der gesetzlichen Vorschriften herbeiführen. Die L-Regelungen im Kodex dienen daher dazu, gleich ob Wiedergabe des Gesetzes oder der Interpretation, bedeutsame Regelungen des österreichischen Aktienrechts aufzunehmen, wie schon die Präambel sagt. Als freiwilliger Ordnungsrahmen für die SE taugen sie nicht, da sie nicht diesen Zweck haben. Klar führt das auch die Kodex-Regel 59 über die Mitbestimmung vor Augen. Aufgrund der MitbestimmungsRL ist § 110 ArbVG für die SE nicht anwendbar. Eine Einstufung der L-Regel 59 als Ordnungsrahmen würde versuchen, die österreichische Regelung über die Hintertüre der Standardsetzung der SE aufzuzwingen. Das ist europarechtlich unzulässig, da europäischen Bestimmungen nicht der Inhalt des nationalen Rechts unterstellt werden darf.

---

[35] www.ecgi.org/codes/all_codes.php (30.12.2005).

[36] Comparative Study of Corporate Governance Codes Relevant to the European Union and its Member States, Generaldirektion Binnenmarkt für die Kommission im Jänner 2002, 3, online abrufbar unter www.europa.eu.int/comm/internal_market/company/docs/corpgov/corp-gov-codes-rpt-part1_en.pdf (30.12.2005).

[37] *Zumbansen*, The Privatization of Corporate Law? Corporate Governance Codes und Commercial Self-Regulation, juridikum 2002, 136 (141).

[38] Siehe *Haberer*, Corporate Governance, 122.

2 *Die C- und R-Regeln des CG-Kodex*

Da die Rechtsnatur der CG-Kodizes an und für sich umstritten ist[39], wirft die erörterte nationale Komponente ein entscheidendes Problem für C- und R-Regelungen auf: Was unterscheidet diese Regelungen des österreichischen Kodex von einer Interpretation des AktG?

Vielleicht mag man auf diese Frage im ersten Moment mit Kopfschütteln reagieren. Blickt man aber genauer in den Kodex, so scheinen vor allem die C-Regeln der Interpretation des AktG manchmal nicht unähnlich, zB die fixen und erfolgsabhängigen Bestandteile der Vorstandsvergütung (Regel 27)[40] oder die Vorbereitung der Aufsichtsratssitzungen durch den Aufsichtsratsvorsitzenden (Regel 37 Satz 1).[41]

Von Bedeutung ist diese Abgrenzung aus folgendem Grund: Ist der österreichische Kodex nur Aufstellung von einerseits Interpretation und andererseits ergänzender Rechtsfortbildung[42] zum AktG, ist die Anwendung auf ein europarechtliches Gebilde wie die SE problematisch. Vor allem für die materiellen Bestimmungen der SE-VO käme dann eine Anwendung nicht in Betracht, da dem europäischen Recht nicht der Inhalt und das Verständnis des nationalen oktroyiert werden darf. Stellen die C- und R-Regelungen des Kodex jedoch nur unverbindlich die Möglichkeit eines besseren Ordnungsrahmens durch Selbstverpflichtung zur Verfügung, wären sie der SE zugänglich, dies unter der Einschränkung, dass diese Regelungen nicht unmittelbar den Bestimmungen der SE-VO widersprechen. Klar wird bei simpler Gegenüberstellung der Themenbereiche des Kodex und der SE-VO sowie bei Beachtung der umfangreichen Verweise der SE-VO in das nationale Recht, dass es sich letztlich um wenige Regelungen handelt, die von dieser Unterscheidung betroffen sind.

Um nun festzustellen, ob die genannten konkretisierenden und ergänzenden Regelungen des Kodex als Interpretation bzw ergänzende Rechtsfortbildung gewertet werden können, ist klarzustellen, was unter den Letzteren zu verstehen ist.

a Grundlegendes

Interpretation will das Gesetz auslegen. Die Interpretation unterscheidet sich von der ergänzenden Rechtsfortbildung[43] in der Weise, dass die Interpretation durch den noch möglichen Wortsinn begrenzt ist.[44] Die ergänzende Rechtsfortbildung ist somit die Erweiterung der Interpretation, da sie über den Wortsinn hinausgeht.[45] Für die ergänzende Rechtsfortbildung muss eine planwidrige[46] Gesetzeslücke[47] bestehen.[48] Bei diesem Ab-

---

39 *Haberer*, Corporate Governance, 127 ff.

40 Vgl *Strasser* in *Jabornegg/Strasser*, AktG^4, §§ 77 - 84 Rn 143.

41 Vgl *Kalss* in *Doralt/Nowotny/Kalss*, AktG, § 92 Rn 30; *Strasser* in *Jabornegg/Strasser*, AktG^4, §§ 92–94 Rn 16.

42 Um der klassischen Einteilung zu folgen: *Bydlinski*, Juristische Methodenlehre und Rechtsbegriff^2, 468, der sich auf die Analogie als wesentlichen Teil der ergänzenden Rechtsfortbildung bezieht.

43 *Bydlinski*, Juristische Methodenlehre^2, 441.

44 Zippelius, Einführung in die Juristische Methodenlehre, 52 f.

45 *Zippelius*, Einführung, 52 f. Für die Abgrenzung zur systematischen Interpretation siehe *Bydlinski*, Juristische Methodenlehre^2, 468.

46 Zur Planwidrigkeit siehe *Larenz*, Methodenlehre der Rechtswissenschaft^4, 358.

47 *Canaris*, Die Feststellung von Lücken im Gesetz, 16 und 39; für das schweizerische Recht *Kramer*, Juristische Methodenlehre^2, 163.

48 *Canaris*, Feststellung, 17 f; *Bydlinski*, Juristische Methodenlehre^2, 472 mwN.

grenzungsversuch ist sowohl bei Behandlung der Interpretation als auch bei der ergänzenden Rechtsfortbildung (Lückenfüllung) jeweils ausschließlich von der wissenschaftlichen Form (Kommentare udgl) die Rede. Das ist von großer Bedeutung, da die Auslegung durch Gerichte [49] einen anderen Stellenwert hat. Sie ist verbindlich [50], wenn auch nur subsidiär [51] gegenüber dem Gesetz. [52] Die rechtswissenschaftliche Auslegung hat demgegenüber keine normativ zuerkannte Rechtsautorität. [53]

Wissenschaftliche Interpretation [54] und wissenschaftliche ergänzende Rechtsfortbildung können, so wie ein Kodex von jedermann geschaffen werden. Die Tatsache, dass sie von jedermann geschaffen werden können, stellt klar, dass sie keine allgemein verbindliche normative Kraft haben. Normative Kraft haben nur vom Gesetzgeber erlassene Regelungen (und bis zu einem gewissen Grad Präjudizien). Gemeinsam ist der wissenschaftlichen Interpretation, der wissenschaftlichen Rechtsfortbildung und dem Kodex, dass sie verbindlich erst durch Übernahme in die Rspr oder durch Aufnahme in den Gesetzestext werden. [55] Wenn das aber für den Kodex sowie die Interpretation/Lückenfüllung gegeben ist, warum und welche Relevanz haben sie dann im juristischen System? Und wo unterscheiden sie sich?

b Unterschiede im Geltungsgrund

Diese drei Formen, Interpretation, Lückenfüllung und der Kodex, entwickeln eine Art der De-facto-Verbindlichkeit unter bestimmten Voraussetzungen. Diese De-facto-Verbindlichkeit ist dogmatisch nicht eindeutig zu erklären. Sie aber nachzuweisen und ihre Voraussetzungen aufzuzeigen, ist der Zweck dieses Teils. Zu beachten ist, dass Interpretation und Lückenfüllung gemeinsam behandelt werden und so gleichsam dem Kodex gegenübergestellt werden.

aa Interpretation/Lückenfüllung

Gleich welcher Auslegungsmethode [56] und welchem Ansatz [57] die rechtswissenschaftliche Auslegung folgt, sie versucht, durch das Gewicht ihrer Begründung [58] andere an den im-

---

49 *Aarnio*, Denkweisen der Rechtswissenschaft, 208 bezeichnet die beiden Arten der Auslegung als praktische und wissenschaftliche; *Kelsen*, Reine Rechtslehre, 346, 352 unterscheidet strikt zwischen den beiden Formen.

50 *Ehrenzweig*, System des allgemeinen Privatrechts I, 56 bezeichnet diese Verbindlichkeit als Verallgemeinerung („Ausdehnung") des im Urteil angewendeten Rechtssatzes; *Zippelius*, Einführung, 83 leitet sie aus den Prinzipien der Gleichbehandlung und der Rechtssicherheit ab; so auch *Bydlinski*, Juristische Methodenlehre^2, 506 mwN.

51 *Bydlinski*, Juristische Methodenlehre^2, 511; aA *Rill*, Juristische Methodenlehre und Rechtsbegriff, Gedanken zum gleichnamigen Buch von Franz Bydlinski, ZfV 1985, 577 (586).

52 *Bydlinski*, Juristische Methodenlehre^2, 510.

53 *Bydlinski*, Juristische Methodenlehre^2, 504; zust für das schweizerische Recht, *Kramer*, Juristische Methodenlehre^2, 222.

54 Ausgeklammert ist die authentische Interpretation; siehe dazu *Bydlinski*, Juristische Methodenlehre^2, 433 f.

55 *Kelsen*, Reine Rechtslehre, 349, 353 sieht es als Aufgabe des Rechtsvollzugsorgans, zwischen den möglichen Bedeutungen zu entscheiden. Die Jurisprudenz hat sich nach seiner Auffassung als deskriptive Disziplin auf den Rahmen möglicher Bedeutungen zu beschränken; zust *Thaler*, Mehrdeutigkeit und juristische Auslegung, 168 f.

56 Vgl *Bydlinski*, Juristische Methodenlehre^2, 436 ff.

57 Vgl *Bydlinski*, Juristische Methodenlehre^2, 428 ff.

58 *Bydlinski*, Juristische Methodenlehre^2, 433 f und 504; zust für das schweizerische Recht *Kramer*, Juristische Methodenlehre^2, 222.

plizierten Wortsinn der Norm zu binden. Ergänzende Rechtsfortbildung durch die wissenschaftliche Forschung will mit Lückenschließung aufgrund von Analogie [59] ebenfalls eine allgemein gültige Lösung herbeiführen. Interpretation und ergänzende Rechtsfortbildung haben daher beide den *Anspruch*, allgemein verbindlich zu wirken. Rechtliche Verbindlichkeit erhalten sie aber, wie erwähnt, nur durch Gesetz und Rspr. Dennoch wird dieser Anspruch mitunter auch ohne Gesetz und Rspr erfüllt. Eine Art De-facto-Verbindlichkeit erlangen sie mitunter als hL. Als Beispiel nennt *Kramer* die Ausgestaltung der lauterkeitsrechtlichen Generalklausel im UWG-Kommentar *Hefermehls*. [60] Dieser Status fußt auf der Überzeugungskraft der Lehre, die schwer abstrakt zu umreißen ist. Sie liegt sowohl in der Art der Argumentation [61] als auch in der Person des Autors. [62] Für sie zählt letztlich mehr Qualität, denn Quantität. [63]

ab CG-Kodex

Der Kodex verfolgt dieses Ziel der allgemeinen Verbindlichkeit zwar auch, verbindlich bedeutet hier aber Selbstunterwerfung. Dabei zählt nicht das Gewicht der rechtlichen Begründung aus der Norm oder dem System heraus, sondern die Standardsetzung, die sich aus praktischen, betriebswirtschaftlichen und rechtlichen Erwägungen im internationalen Vergleich ergibt. Der Kodex hat nicht den Anspruch, aus der Norm oder dem System heraus zu gelten. Der Kodex ist ein Vorschlag, eine Anregung, eine Empfehlung [64] zur Effizienzsteigerung, die auch die Setzung von Mindeststandards enthält. [65] Er belässt dem einzelnen Unternehmen die Flexibilität, seine Unternehmensverfassung entsprechend den Vorgaben des Kodex zu gestalten. Dabei entfaltet der Kodex im jeweiligen Einzelfall lediglich insofern eine verbindliche Wirkung, als eine Abweichung von den Kodexregelungen offen gelegt und erklärt werden muss. Es steht dem Unternehmen unter dieser Einschränkung also frei, sich selbst zu binden. [66] Der Kodex ist sich sozusagen seiner unverbindlichen Stellung bewusst und akzeptiert daher Abweichungen, um möglichst viele Unternehmen zur Teilnahme zu bewegen, wodurch erst Gruppenzwang entstehen und er sein Ziel der De-facto-Verbindlichkeit erreichen kann. Konkret geschieht das, indem der

---

[59] *Bydlinski*, Juristische Methodenlehre², 475.

[60] *Kramer*, Juristische Methodenlehre², 224. Der Autor nennt das Beispiel eigentlich für bewährte Lehre. Die Fn 716 macht aber mE deutlich, dass der Autor unter bewährter Lehre die von der Praxis akzeptierte hL versteht.

[61] Näheres siehe *Kramer*, Juristische Methodenlehre, 186.

[62] *Kramer*, Juristische Methodenlehre², 224. *Kramer* nennt diese beiden Argumente eigentlich für die bewährte Lehre. Nach seiner Definition für die bewährte Lehre (siehe Fn 59) wäre aber diese bereits ohnehin durch Rspr verbindlich geworden. Die Begründung aufgrund der Überzeugungskraft kann sich daher nur auf die hL hinter der bewährten Lehre beziehen.

[63] *Kramer*, Juristische Methodenlehre², 225.

[64] *Claussen/Bröcker*, Corporate-Governance in Deutschland, AG 2000, 481 (482).

[65] Vgl *Theisen*, Corporate Governance – eine neue Leitkultur für die Unternehmensführung? RWZ 2001/51, der mE unrichtig zwischen Effizienzsteigerung und Mindeststandards unterscheidet. Mindeststandards werden mE stets den Sinn der Effizienzsteigerung haben und sind daher nur *eine* Form der Effizienzsteigerung.

[66] *Roth/Büchele*, GesRZ 2002, 70.

Kodex als Vorsetzung zur Börsenzulassung[67] oder durch „peer pressure"[68] zum quasizwingenden Rahmen wird.[69]

Im Gegensatz zur Interpretation und Lückenfüllung bleibt aber für das einzelne Unternehmen stets die Möglichkeit, durch Erklärung Abweichungen vom Kodex offen zu legen. Die Interpretation und Lückenfüllung würden das ihrem Anspruch nach nicht zulassen; sie pochen, salopp ausgedrückt, auf ihre in der rechtlichen Begründung liegende Autorität und brauchen daher den „Deal" des Kodex nicht.

Der Unterschied zwischen Interpretation/Lückenfüllung und dem Kodex besteht also einmal, trotz gleichen normativen Anspruchs, in der jeweiligen Geltungsgrundlage; die heißt allgemeine Verbindlichkeit durch die rechtliche Begründung im ersten und Selbstbindung im zweiten Fall. Anders formuliert: Interpretation und Lückenfüllung benötigen, um De-facto-Verbindlichkeit zu erreichen, mehr Qualität[70], der Kodex mehr Quantität.

c Technische Hindernisse

Ein weiterer Punkt der Unterscheidung ist, dass der Kodex in seiner inhaltlichen Gestaltung über die Möglichkeiten der technischen Interpretation und der Lückenfüllung hinausgeht. Der Kodex enthält Regelungen, die weder eine Lücke im Gesetz füllen noch mit dem noch möglichen Wortlaut des Gesetzes vereinbar sind. Als Beispiel kann Regel 26 letzter Satz herangezogen werden. Dass der Aufsichtsrat das Wettbewerbsverbot für Vorstandsmitglieder nicht aufheben soll, ist weder Lückenfüllung (hier gibt es eine Norm: § 79 AktG) noch Interpretation. Denn aus § 79 AktG („... dürfen ohne Einwilligung des Aufsichtsrats ... ") kann die Empfehlung des Kodex an den Aufsichtsrat nicht abgeleitet werden, die Einwilligung zu verweigern. Selbst wenn man vom Vorliegen einer planwidrigen Lücke ausgeht, da dem Aufsichtsrat keine Entscheidungskriterien im Gesetz vorgezeichnet werden, taugt Regel 26 letzter Satz schon aufgrund ihres Inhalts nicht zur Lückenfüllung. Das führt zu dem Schluss, dass der Kodex in seiner Gesamtheit aufgrund der technischen Voraussetzungen keine Interpretation oder Lückenfüllung sein kann.

Genau in solchen Regelungen wie Regel 26 letzter Satz tritt der Charakter des Kodex zu Tage: Er ist ein Mehr, ein Plus zum Aktienrecht. Der Kodex liegt oft nahe an dem, was Gesetz, Rspr und Interpretation der AG als Rahmen vorgeben, aber letztlich geht er mit seinen Empfehlungen und Vorschlägen unverbindlich darüber hinaus.

d Die C- und R-Regelungen – eine Empfehlung einer Interpretationsweise?

Dieser Kodex stimmt in manchen seiner Vorstellungen für einen Ordnungsrahmen für gute Unternehmensführung mit der wissenschaftlichen Interpretation des Gesetzes überein. Die logische Frage daraus: Ist der Kodex eine Empfehlung für eine Interpretationsweise? Dies ist mE zu verneinen. Der Kodex will einen Ordnungsrahmen schaffen, er will nicht das Gesetz interpretieren. Die Regelungen des Kodex beruhen mE ausschließlich

---

67 *Lutter*, Vergleichende Corporate Governance – Die deutsche Sicht, ZGR 2001, 224 (236 f); *Roth/Büchele*, GesRZ 2002, 68.

68 *Roth/Büchele*, GesRZ 2002, 68.

69 Vgl die Einführung einer verpflichtenden Erklärung über die Einhaltung des CG-Kodex im Prime Market an der Wiener Börse nach dem 1.1.2004: http://www.wienerboerse.at/corporate/pdf/Presseaussendung.pdf (30.12.2005).

70 Vgl *Kramer*, Juristische Methodenlehre², 225 mwN in Bezug auf die hL: „Es wird nicht gezählt, sondern gewogen."

darauf, was der Arbeitskreis für CG als zweckentsprechende Regelung empfunden hat. Daraus eine Bestätigung abzuleiten, was unter einer bestimmten Norm zu verstehen ist, kann nicht vertreten werden. Eine Unterscheidung zwischen Empfehlungen des Kodex, die einen Ordnungsrahmen darstellen und somit Wiedergabe der Wertvorstellungen der Arbeitsgruppe sind, oder solchen, die eine Empfehlung einer Interpretation sind, also den Sinn des Gesetzes wiedergeben sollen, ist eine reine Mutmaßung.

D Anwendung praktisch sinnvoll?

Im Verlauf dieser Ausführungen hat sich gezeigt, dass ein Kodex von jedermann geschaffen werden kann. Die Frage der Akzeptanz eines solchen Kodex unter den Adressaten ist eine andere. Aus der Tatsache, dass jedermann einen Kodex verfassen kann, ergibt sich auch, dass er auf jeder beliebigen Ebene angesiedelt werden kann.

Summa summarum ist es aber mE für die SE empfehlenswert, keinen bereits bestehenden nationalen Kodex ex aequo anzuwenden, sondern den bestehenden Kodex an die Erfordernisse der SE entweder anzupassen oder – besser – einen neuen Kodex zu gestalten. Grund dafür ist nicht nur, dass gewisse L-Bestimmungen des österreichischen Kodex bei Überlagerung der gesetzlichen Bestimmungen durch die SE-VO nicht zur Anwendung gelangen und damit das Regelungswerk des Kodex undurchsichtig wird. Die Verdeutlichung der gesetzlichen Bestimmungen für ausländische Investoren ist wesentlicher Bestandteil des Daseinszwecks des Kodex. Zumindest teilweise und in einer für den individuellen Anwender schwer ersichtlichen Form würde dieses erklärte Ziel des Kodex vereitelt.

In zweifacher Weise muss auch die Sinnhaftigkeit einer entsprechenden Anwendung des bestehenden Kodex hinterfragt werden: Einmal aus Sicht des Kodex und einmal aus Sicht der SE. Aus Sicht des Kodex kann zum einen nicht ganz ausgeschlossen werden, dass die in jedem Kodex zum Ausdruck kommende aktienrechtliche Individualität bei Anwendung auf eine europäische Gesellschaft dazu verleitet, die europäische Geltungsgrundlage zu verschleiern. Diese Gefahr ist bei der schwierigen Regelungsstruktur der SE besonders groß. Zum anderen ergeben sich gerade bei der Frage der Anwendbarkeit der L-Vorschriften viele Auslegungsprobleme europäischer Begriffe und damit auch die Fragen, wann die SE-VO abschließend regeln wollte und wann nicht.

Beispiel: Art 40 Abs 1 Satz 2 SE-VO bestimmt, dass das Aufsichtsorgan nicht berechtigt ist, die Geschäfte selbst zu führen. Inwieweit das mit der CG-Regel 32, die als Aufgabe des Aufsichtsrates neben der Überwachung des Vorstandes die Unterstützung des Vorstands im Rahmen des Unternehmens insb bei Entscheidungen von grundlegender Bedeutung nennt, und der Regel 11, nach der der Vorstand die strategische Ausrichtung des Unternehmens mit dem Aufsichtsrat abzustimmen hat und mit ihm in regelmäßigen Abständen den Stand der Strategieumsetzung erörtert, vereinbar ist, ist aus dem CG-Kodex heraus zu beantworten. Beide CG-Regeln sind L-Vorschriften. Da eine Änderung der Interpretation der gesetzlichen Vorschriften nicht beabsichtigt ist, kann die Auslegung der gesetzlichen Vorschriften herangezogen werden, um den Inhalt der Kodexregelungen zu verdeutlichen. Das macht sehr schnell klar, dass trotz unterschiedlicher Gewichtung in der Formulierung einmal zu Gunsten der Geschäftsführungsbefugnis (SE-VO) und einmal zugunsten der Mitwirkung (CG-Kodex), die SE-VO und der CG-Kodex das Gleiche meinen: Das Aufsichtsorgan/der Aufsichtsrat hat keine Geschäftsführungsbefugnisse.[71] Eine Mitwirkung des Aufsichtsrats an der Geschäftsführung ist in Österreich in Form einer erweiterten Überwachungsfunktion vorgesehen[72] und im Rahmen der Zustimmung[73] des § 95 Abs 5 Z 8 AktG zur Festlegung allgemeiner Grundsätze der Geschäftspolitik.[74] Dies versuchen die Regeln 11 und 32 des CG-Kodex mE zu verdeutlichen. Somit stehen sie mit Art 40 Abs 1 Satz 2 iVm Art 48 SE-VO im Einklang; vorbehalten bleibt eine andere Interpretation durch den EuGH.

Aus Sicht der SE ist fraglich, ob ein solcher national basierender Kodex den Anforderungen der SE gerecht werden kann. Ein Beispiel: Bedarf es nicht eines „Ersatzes" des für die SE nicht anwendbaren § 86 Abs 2 - 6 AktG[75] und nicht noch viel mehr genaueren Regeln für die Sitzverlegung?

E Zusammenfassung

Die L-Regelungen können nicht als Ordnungsrahmen für die SE herangezogen werden. Sie haben den Zweck, das Gesetz und die Interpretation des Gesetzes in Leitlinien wiederzugeben. Für die SE gelten sie entweder aufgrund des Gesetzes oder gar nicht.

Für C- und R-Regeln gilt: Weder die Konkretisierung noch die Ergänzung des Gesetzes durch den Kodex darf als Interpretation oder Lückenfüllung im technischen Sinn verstanden werden. Das wäre eine Fehleinschätzung des Ziels und auch des Inhalts des CG-Kodex. Es geht nicht um die Frage, wie ein Gesetz zu verstehen ist, sondern um die Frage, wie und wo der Ordnungsrahmen freiwillig verbessert werden kann. Deshalb sind Kodexregelungen auch keine Empfehlung einer Interpretationsweise. Der Kodex ist eine der Selbstunterwerfung unterliegende Erweiterung des nationalen Aktienrechts, die konkretisiert, verschärft und ergänzt. Die Anwendung des österreichischen CG-Kodex auf eine österreichische SE ist daher als freiwillige Selbstverpflichtung möglich. Aufgrund des Diskriminierungsverbots von Art 10 SE-VO sind börsenotierte SE sogar aufgerufen, sich zur Beachtung der C- und R-Regelungen des Kodex zu verpflichten.[76] Ausgeschlossen wird die freiwillige Anwendung des Kodex dort, wo der SE-VO widersprochen wird. Praktisch sinnvoll wäre allerdings ein neuer Kodex, der den Anforderungen der SE entspricht und durch seine Einheitlichkeit den Zweck eines CG-Kodex auch voll erfüllen kann.

---

[71] *Kalss/Greda* in *Kalss/Hügel*, Europäische Aktiengesellschaft, SE-Kommentar, § 37 SEG Rn 5 f.

[72] *Strasser* in *Jabornegg/Strasser*, AktG^4, §§ 95–97 Rn 4.

[73] Diese Zustimmung hat nur interne Wirkung; dazu *Kalss* in *Doralt/Nowotny/Kalss*, AktG, § 95 Rn 90; *Strasser* in *Jabornegg/Strasser*, AktG^4, Vor Vierter Teil Rn 4.

[74] Siehe zur näheren Umschreibung *Kalss* in *Doralt/Nowotny/Kalss*, AktG, § 95 Rn 107.

[75] Mit dem GesRÄG 2005 wurde die Bestimmung geändert.

[76] IdS wohl auch *Kalss/Greda* in *Kalss/Hügel*, Europäische Aktiengesellschaft, SE-Kommentar, AT Rn 30 und allgemein Vor § 34 SEG Rn 15.

III CG im und für das monistische Verwaltungssystem der SE

A Die Einführung des monistischen Systems

Der österreichische Gesetzgeber hat in seinem Ausführungsgesetz die Option des Art 38 lit b SE-VO, das dualistische und das monistische System für die SE als Verwaltungssysteme einzuführen, wahrgenommen. Die Regelungen finden sich in §§ 34 ff SEG. Die Literatur scheint sich über die Bedeutung des Art 43 Abs 4 SE-VO, auf den sich die Einführung des monistischen Systems stützt, nicht einig zu sein.[77] ME kann aus der VO keine unmittelbare Verpflichtung abgeleitet werden, die monistische Struktur im Gesetzesrang einzuführen,[78] sondern lediglich die Verpflichtung, der SE diese Struktur nicht zu verwehren. Das ergibt sich aus dem Wortlaut des Art 43 Abs 4 SE-VO („kann") sowie aus dem Wahlrecht der Satzung gem Art 38 lit b SE-VO. Hätte der österreichische Gesetzgeber keine eigenen Vorkehrungen getroffen, so wäre eine Wahl der monistischen Struktur für die SE durch die Satzung aufgrund der SE-VO möglich, ohne nationale Rahmengesetzgebung.[79] Dies beruht auf der Ermächtigung für die Satzung aufgrund des Art 38 lit b SE-VO, die als europarechtliche Regelung Anwendungsvorrang vor dem nationalen Recht genießt. Da der österreichische Gesetzgeber nun ein monistisches System geschaffen hat, sind weiterführende Überlegungen hier müßig. Für das SEG muss Folgendes gelten: Art 10 SE-VO lässt nur den Schluss zu, dass neue Regelungen in Bereichen, die von der SE-VO nicht oder nur teilweise geregelt werden, in einem neuen Gesetz (SEG) nur dann zulässig sind, wenn eine Ermächtigung hierfür besteht.[80] Neue Regelungen müssen aber, wie Art 9 Abs 2 SE-VO sagt, mit den für das Aktienrecht maßgeblichen RL im Einklang stehen. Für die Schaffung eines neuen monistischen System enthält Art 43 Abs 4 SE-VO eine weitreichende Ermächtigung. Die Grenze der Ermächtigung ist mE dort zuziehen, wo durch die Änderung der Organisationsstruktur keine unterschiedliche Regelung mehr erzwungen wird. Beschränkt wird die Ermächtigung nur durch die Regelungen der SE-VO selbst. Einschränkungen aufgrund der SE-VO finden sich nicht nur im Abschnitt über die gemeinsamen Vorschriften für das monistische und das dualistische System, sondern mE bereits in Art 43 Abs 4 SE-VO. Das Wort „entsprechend" knüpft hier an die vorhergehenden Absätze des Art 43 SE-VO an.[81]

---

77 Nach Ansicht von *Kalss/Greda*, Die Europäische Gesellschaft (SE) österreichischer Prägung nach dem Ministerialentwurf, GesRZ 2004, 91 (100) ist das „kann" in Art 43 Abs 4 SE-VO als „muss" zu lesen; aA *Hirte*, NZG 2002, 5; auch *Haberer*, Corporate Governance, 296 mwN; *Artmann*, Die Organisationsverfassung der Europäischen Aktiengesellschaft, WBl 2002, 190f. Manche Autoren meinen aufgrund der unklaren Gestaltung, dass sogar die Auffassung vertreten werden könnte, dass ein Wahlrecht der SE nur besteht, wenn das innerstaatliche System beide Regelungen vorsieht; so etwa *Torggler*, Zur Europäischen Aktiengesellschaft (SE), ecolex 2001, 533; *Artmann*, WBl 2002, 190 mwN; vgl dazu auch *Haberer/Eiselsberg* in *Straube/Aicher*, Handbuch zur Europäischen Aktiengesellschaft, 182; zur Übersicht siehe *Lind*, Die europäische Aktiengesellschaft, 126 f.

78 *Brändle/Noll*, Die Societas Europaea – Droht ein Wettkampf der Führungssysteme? AnwBl 2004, 442 (443); *Manz* in *Manz/Mayer/Schröder*, Europäische Aktiengesellschaft, Art 38 Rn 10 ff.

79 So auch *Teichmann*, Einführung der Europäischen Aktiengesellschaft, ZGR 2002, 383 (442); *Manz* in *Manz/Mayer/Schröder*, Europäische Aktiengesellschaft, Art 38 Rn 10.

80 So auch *Teichmann*, ZGR 2002, 399; *Kalss/Greda* in *Kalss/Hügel*, Europäische Aktiengesellschaft, SE-Kommentar, AT Rn 24 mwN.

81 Siehe dazu unter III.C.1.b.ab.

B Das monistische System im SEG und in der SE-VO

Ausgestaltet ist das monistische System der SE auf europarechtlicher Ebene in Art 43 ff SE-VO. Auf nationaler Ebene ist das monistische System ausführlich in den §§ 38 bis 60 SEG geregelt. Der österreichische Gesetzgeber strebte dabei eine in sich geschlossene Gesamtregelung an. Ermöglicht wurde dies aufgrund des rudimentären Regelungsgehalts der SE-VO.[82] Über diese Gesamtregelung erfolgt zuerst ein kursorischer Überblick, sodann wird detailliert auf CG-Probleme eingegangen.

1 Leitung und Geschäftsführung

Nach der SE-VO führt das Verwaltungsorgan die Geschäfte (Art 43 Abs 1 SE-VO). Das SEG sieht als Verwaltungsorgan den Verwaltungsrat vor (§ 34). Dabei bleibt es nach Art 43 Abs 1 SE-VO den Mitgliedstaaten überlassen, einen oder mehrere Geschäftsführer vorzusehen, der oder die in eigener Verantwortung unter denselben Voraussetzungen, wie sie für die AG vorgesehen sind, die laufenden Geschäfte führt oder führen.[83] Das SEG regelt die Geschäftsführung in § 39 Abs 1, § 40 Abs 1, §§ 56 und 57 Abs 1. Dabei wird dem Verwaltungsrat prinzipiell die Leitung der Gesellschaft und die gemeinschaftliche Geschäftsführung zugeteilt, solange diese nicht den geschäftsführenden Direktoren übertragen ist (§ 40 Abs 1 SEG). Eine Übertragung der Aufgaben, die dem Verwaltungsrat gesetzlich zugewiesen sind, an die geschäftsführenden Direktoren ist jedoch nicht möglich (§ 56 Satz 2 SEG). Die geschäftsführenden Direktoren führen die laufenden Geschäfte grundsätzlich gemeinschaftlich (§ 57 Satz 1 SEG). Für die österreichische SE ist zumindest ein geschäftsführender Direktor zwingend zu bestellen (§59 Abs 1 SEG).

2 Der Verwaltungsrat

Die Zahl der Mitglieder des Verwaltungsrats oder die Regeln für ihre Festlegung sind durch die Satzung der SE festzulegen (Art 43 Abs 2 SE-VO). Der Verwaltungsrat besteht nach SEG aus drei bis zehn Mitgliedern (§ 45 Abs 1 SEG iVm Art 43 Abs 2 SE-VO), die von der Hauptversammlung (im Folgenden: HV) bestellt werden (Art 43 Abs 3 SE-VO und § 46 SEG). Den Mitgliedstaaten steht es frei, eine Höchst- und Mindestzahl festzulegen (Art 43 Abs 2 SE-VO). Das Verwaltungsorgan muss jedoch mindestens drei Mitglieder haben, wenn die Mitbestimmung der Arbeitnehmer in der SE gem der RL geregelt wird (Art 43 Abs 2 SE-VO).[84] Die ersten Mitglieder des Verwaltungsrates könnten aber auch durch die Satzung bestimmt werden (Art 43 Abs 3 SE-VO).

Der Verwaltungsrat wird von der HV bestellt (§ 46 Abs 2 SEG) und kann von dieser auch vor Ende der Funktionsperiode abberufen werden (§ 48 Abs 1 SEG).[85] Die Festlegung der Funktionsdauer ist der Satzung vorbehalten (Art 46 SE-VO)[86]. Die Befristung

---

82 RV 466 BlgNR 22. GP, AT 3.

83 Näheres zur mittelbaren Anwendbarkeit des Art 43 Abs 1 SE-VO unter III.C.1.b.ab.

84 Die Formulierung des Art 43 Abs 2 SE-VO ist etwas irreführend, da die Mitbestimmung bei der SE stets nach der MitbestimmungsRL geregelt wird. Gemeint ist wohl, wenn eine Mitbestimmung der Arbeitnehmer gem der RL besteht.

85 AA *Hommelhoff*, AG 2001, 283; zust *Hirte*, NZG 2002, 5; weiterführend *Haberer/Eiselsberg* in *Straube/Aicher*, Handbuch, 196 f.

86 Mit dem GesRÄG 2005 wurde die unzulässige Befristung auf fünf Jahre in § 46 Abs 1 SEG gestrichen.

des ersten Verwaltungsrats durch § 48 Abs 2 SEG ist damit unzulässig.[87] § 46 SEG bezieht sich nur auf die Kapitalvertreter.[88] Verwaltungsratsmitglied können natürliche Personen unter den in Abs 3 des § 45 SEG genannten Bedingungen des AktG sein (Näheres siehe unten).[89] Für die Verwaltungsratsmitglieder gelten die Bestimmungen des § 98 AktG über die Vergütung des Aufsichtsrats sinngemäß (§ 54 Satz 1 SEG).

Der Verwaltungsrat wählt aus seiner Mitte einen Vorsitzenden (Art 45 SE-VO) und mindestens einen Stellvertreter (§ 50 Abs 1 SEG). Wenn die Hälfte der Mitglieder des Verwaltungsrates aus Arbeitnehmern besteht, darf nur ein von der HV der Aktionäre gewähltes Mitglied zum Vorsitzenden gewählt werden (Art 45 Satz 2 SE-VO). Der Vorsitzende hat ein Dirimierungsrecht (§ 50 Abs 2 SEG), das durch die Satzung abbedungen werden kann (Art 50 Abs 2 SE-VO).

Das Verwaltungsorgan tritt in den durch die Satzung bestimmten Abständen zusammen, jedoch mindestens alle drei Monate, um über den Gang der Geschäfte der SE und deren voraussichtliche Entwicklung zu beraten (Art 44 Abs 1 SE-VO). § 53 Abs 3 SEG bestimmt hierzu ein zweimonatliches Zusammenkommen, also mindestens sechsmal im Jahr. Diese Festlegung durch den Gesetzgeber ist durch die SE-VO nicht gedeckt.

Der Verwaltungsrat kann aus seiner Mitte einen oder mehrere Ausschüsse bestellen (§ 51 Abs 3 SEG).[90] § 51 Abs 5 SEG bestimmt die Vertretung innerhalb des Verwaltungsrats. § 52 SEG regelt die Teilnahme an den Sitzungen des Verwaltungsrats und seiner Ausschüsse. Jedes Mitglied kann von allen Informationen, die diesem Organ übermittelt werden, Kenntnis nehmen (Art 44 Abs 2 SE-VO). Zu den Berichtspflichten siehe unten.

3 Die geschäftsführenden Direktoren

Die geschäftsführenden Direktoren werden vom Verwaltungsrat auf höchstens fünf Jahre bestellt. Diese können Mitglieder des Verwaltungsrats sein, solange die Mehrheit des Verwaltungsrats aus nicht-geschäftsführenden Mitgliedern besteht (§ 59 Abs 1 SEG). Für Börsegesellschaften gilt, dass die geschäftsführenden Direktoren nicht dem Verwaltungsrat angehören dürfen, also externe Direktoren sein müssen (§ 59 Abs 2 SEG). Der Verwaltungsrat kann die geschäftsführenden Direktoren jederzeit durch Beschluss abberufen (§ 59 Abs 5 SEG). Der Verwaltungsrat kann bei mehreren geschäftsführenden Direktoren einen zum Vorsitzenden bestimmen; dieser hat ein Dirimierungsrecht (§ 57 Abs 2 SEG). Für die geschäftsführenden Direktoren gelten die Bestimmungen der §§ 77 bis 80 AktG sinngemäß.

4 Gemeinsame Bestimmungen für geschäftsführende Direktoren und Verwaltungsratsmitglieder

Eine Notfallbestellung durch das Gericht ist für Verwaltungsratsmitglieder ebenso vorgesehen wie für die geschäftsführenden Direktoren (§ 47 SEG). Erfasst sind aber nur die

---

87 *Egermann/Heckenthaler*, GesRZ 2004, 263 f.

88 *Kalss/Greda* in *Kalss/Hügel*, Europäische Aktiengesellschaft, SE-Kommentar, § 46 SEG Rn 3.

89 § 45 SEG wurde durch das GesRÄG 2005 geändert.

90 Das GesRÄG 2005 hat mit § 51 Abs 3a SEG den Ausschuss zur Prüfung und Vorbereitung der Feststellung des Jahresabschlusses näher definiert.

Kapitalvertreter.[91] Jede Änderung dieser Personen und der Vertretungsbefugnis muss dem Firmenbuch gemeldet werden (§ 49 Abs 1 SEG). Mitglieder des Verwaltungsrats und die geschäftsführenden Direktoren können nach § 53 Abs 1 und 2 SEG den Verwaltungsrat einberufen. Weiters unterliegen beide der Sorgfaltspflicht und der Verantwortlichkeit nach § 84 AktG (§§ 55 und 57 Abs 3 SEG), die Verwaltungsratsmitglieder allerdings auch der des § 99 AktG.

Für die geschäftsführenden Direktoren und die Verwaltungsratsmitglieder gelten die Bestimmungen der §§ 100 und 101 AktG sinngemäß (§ 61 SEG).

5 Weitere Aufgaben des Verwaltungsrats und der geschäftsführenden Direktoren

Der Verwaltungsrat beruft die HV ein (§ 39 Abs 2, § 41 Abs 5 SEG) und hat dafür zu sorgen, dass ein entsprechendes Rechnungswesen und ein internes Kontrollsystem geführt wird (§ 39 Abs 3 SEG). Zusätzlich steht ihm eine Prüfungs- und Berichtskompetenz zu (§ 39 Abs 4, 5 Satz 2, § 41 Abs 2, 3, §§ 42, 58 Abs 1 SEG).

Vertreten wird die Gesellschaft nach außen durch den Verwaltungsrat und die geschäftsführenden Direktoren (§ 43 Abs 1 SEG), jedoch unter der Einschränkung des § 38 Abs 3 SEG.[92] Prinzipiell ist die Vertretung gemeinschaftlich, wenn nichts anderes in der Satzung bestimmt oder durch den Verwaltungsrat beschlossen wird (§ 43 Abs 2, 3 SEG).

Den geschäftsführenden Direktoren sind Berichtspflichten wie folgt zugeteilt: Für Aktienoptionen (§ 39 Abs 5 Satz 1 SEG), für den Jahres- und Konzernabschluss (§ 41 Abs 1 SEG),[93] die Quartalsberichte und Sonderberichte (§ 58 Abs 1 SEG) und nach § 58 Abs 2 SEG eine Berichtspflicht gegenüber dem Verwaltungsrat, die jederzeit von diesem eingefordert werden kann.

6 Die Mitbestimmung

§ 45 Abs 2 SEG regelt, dass die Bestimmungen über die MitbestimmungsRL unberührt bleiben.

C CG und das monistische System

Für das monistische System gibt es derzeit keinen CG-Kodex. Bei näherer Betrachtung dieser neuen Organisationsstruktur fallen einige Unstimmigkeiten auf. Daher sollen im Folgenden wesentliche Punkte dieses neuen Systems für die CG aufgezeigt werden.

1 Das Organisationssystem

Der Verwaltungsrat ist nach § 39 Abs 1 SEG prinzipiell zur Geschäftsführung und Leitung der Gesellschaft berufen. Diese Norm birgt iVm anderen Regelungen drei wesentliche inter- bzw intrastrukturelle Ansatzpunkte: Das Verhältnis Verwaltungsrat zur HV

---

[91] *Hämmerle/Wünsch*, Handelsrecht^3 II, 275; *Jabornegg* in *Jabornegg/Strasser*, AktG^4, §§ 87–89 Rn 28, 35; *Kalss/Greda* in *Kalss/Hügel*, Europäische Aktiengesellschaft, SE-Kommentar, § 47 SEG Rn 5 mwN.

[92] § 38 Abs 3 SEG: Soweit solche Bestimmungen den gesetzlichen Vertretern der Gesellschaft oder vertretungsbefugten Organen bestimmte Rechte und Pflichten zuweisen, treffen diese den Verwaltungsrat.

[93] Der Konzernabschluss wurde erst mit dem GesRÄG 2005 aufgenommen.

in Geschäftsführungsangelegenheiten, das Verhältnis des Verwaltungsrates zu den geschäftsführenden Direktoren und die Frage, welcher Gestalt die Überwachung durch den Verwaltungsrat ist.

a Verwaltungsrat und HV

Die Formulierung des § 39 Abs 1 SEG ist § 70 Abs 1 AktG nachempfunden. Der wichtige Unterschied zur Bestimmung des AktG liegt darin, dass der Verwaltungsrat die Gesellschaft nicht in eigener Verantwortung führt.[94] Die Diktion „in eigener Verantwortung" bedeutet für den Vorstand im Aktienrecht die Weisungsfreiheit.[95] Aus dem Fehlen dieser Formel könnte für den Verwaltungsrat geschlossen werden, dass er an Weisungen der HV gebunden ist. Um sich vom Aufsichtsrat oder Vorstand abzuheben, müssten aber die Zuständigkeiten der HV im SEG/in der SE-VO vom AktG verschieden sein. Die einzelnen Zuständigkeiten der HV richten sich gem Art 52 SE-VO sowohl nach der SE-VO als auch nach nationalem Recht, für Österreich daher nach dem Gesetz und nach der Satzung. Ein Eingehen auf die einzelnen Zuständigkeiten würde zu weit führen. Kurz sei daher ausgeführt, dass die SE-VO selbst keine Ermächtigung für ein Eingreifen der HV in die Geschäftsführung als solche normiert.

Für die SE kommt mangels Regelung (Art 59 SE-VO spricht nur die Beschlussquoren an) gem Art 52 Satz 2 SE-VO nationales Recht für die Frage der Zuständigkeit zur Anwendung; und zwar für das dualistische und das monistische System das geltende Aktienrecht, da es für die monistische Struktur keine eigenen Bestimmungen in der SE-VO gibt. Aufgrund der Formulierung des Art 52 Satz 2 SE-VO erscheint es nicht zulässig, im SEG Bestimmungen für die HV vorzusehen („… einer dem Recht des Sitzstaates der SE unterliegenden Aktiengesellschaft … "). Damit können der HV nur über § 103 Abs 1 und 2[96] AktG vereinzelt Entscheidungsbefugnisse über Geschäftsführungsmaßnahmen zukommen.[97] Auch die Änderung der Satzung kann nach österreichischem Recht der HV nicht mehr Kompetenzen verleihen, als das Gesetz zulässt.[98] Das bedeutet in der Konsequenz, dass der HV schon von Gesetzes wegen in der österreichischen SE kaum Kompetenzen[99] durch eine Satzungsänderung hinzugefügt werden können.[100]

Für den Verwaltungsrat heißt das: Keine Einschränkung seiner Kompetenzen gegenüber dem dualistischen System durch die HV in Geschäftsführungsangelegenheiten.[101]

---

94 Vgl *Kalss/Greda* in *Kalss/Hügel*, Europäische Aktiengesellschaft, SE-Kommentar, § 39 SEG 4; *Egermann/Heckenthaler*, GesRZ 2004, 260; *Kalss/Greda*, GesRZ 2004, 106.

95 *Nowotny*, Zur Organisationsverfassung der Europäischen Aktiengesellschaft, GesRZ-Sonderheft Societas Europaea (2004) 39 (44).

96 Zweifelnd *Bachner* in *Doralt/Nowotny/Kalss*, AktG, § 103 Rn 6.

97 Vgl *Bachner* in *Doralt/Nowotny/Kalss*, AktG, § 103 Rn 9.

98 *Bachner* in *Doralt/Nowotny/Kalss*, AktG, § 103 Rn 16.

99 *Bachner* in *Doralt/Nowotny/Kalss*, AktG, § 103 Rn 17 und Rn 6 mit anderer Begründung.

100 Hinsichtlich der Satzungsermächtigungen sind zwei Aspekte zu erwähnen: Die SE unterliegt Satzungsbestimmungen nach Art 9 Abs 1 lit c Z iii SE-VO nur unter den gleichen Voraussetzungen, wie sie für die mitgliedstaatliche AG gelten. Es kann daher nur die gleichen Ermächtigungen geben wie in der AG. Faktisch würde somit auch daraus keine Änderung der Zuständigkeit der HV gegenüber der AG erfolgen, selbst wenn das Gesetz dies zulassen würde. Ein zweiter Aspekt ist der Einfluss der HV durch die Beschlussquoren bei der Änderung der Satzung nach Art 59 SE-VO. Da aber jede Satzungsänderung in der österreichischen AG nach § 145 AktG der HV obliegt, bringt dies keine wesentlichen Einschränkungen.

101 *Nowotny*, GesRZ-Sonderheft Societas Europaea (2004) 45; mit anderer Begründung, aber im Ergebnis gleich *Egermann/Heckenthaler*, GesRZ 2004, 260 ff; aA *Kalss/Greda* in *Kalss/Hügel*, Europäische Akti-

Lediglich durch die Möglichkeit der Abberufung der Verwaltungsratsmitglieder erhält die HV eine leicht gestärkte Stellung.[102]

b Die geschäftsführenden Direktoren und der Verwaltungsrat

Das SEG schreibt zumindest einen geschäftsführenden Direktor für das monistische System zwingend vor (§ 59 SEG). Die SE-VO überlässt die Einführung von geschäftsführenden Direktoren den Mitgliedstaaten (Art 43 Abs 1 iVm Art 43 Abs 4 SE-VO).[103]

aa SEG

Den geschäftsführenden Direktoren ist von Gesetzes wegen die Führung der laufenden Geschäfte übertragen (§ 56 SEG).[104] Die Unterscheidung zwischen laufenden Geschäften und der Geschäftsführung als solche markiert die Trennlinie zwischen der Kompetenz der geschäftsführenden Direktoren und des Verwaltungsrats. Kernkompetenzen müssen dabei dem Verwaltungsrat zugewiesen bleiben.[105] Die RV will die Trennlinie bei der Übertragbarkeit der Agenden aber erst dort sehen, wo diese dem Kompetenzbereich des Gesamtverwaltungsrats übertragen sind, und meint, dass auch die konkrete Ausführung von Leitungsentscheidungen vom Verwaltungsrat delegiert werden kann, wobei das Initiativrecht und die Leitungsverantwortung beim Verwaltungsrat verbleibt. Als delegationsresistent sieht sie insb die Leitung der Gesellschaft sowie die Bestellung und Abberufung der geschäftsführenden Direktoren.[106] Die RV übersieht dabei, dass § 56 SEG eindeutig vorsieht, dass gesetzlich dem Verwaltungsrat Zugeordnetes nicht den geschäftsführenden Direktoren übertragen werden kann. Somit ist die von der RV vorgeschlagene Abgrenzung verfehlt. Die Grenze zwischen der Leitung und dem Tagesgeschäft kann allerdings gem § 40 Abs 2 SEG sowohl durch die Satzung als auch durch den Verwaltungsrat selbst verschoben werden.[107] ME ist diese gesetzliche Vorgabe für den Verwaltungsrat nicht zulässig, da § 40 Abs 2 letzter Satz SEG durch Art 48 Abs 1 Satz 3 SE-VO nicht gedeckt ist. Art 48 Abs 1 Satz 3 bezieht sich nur auf das Aufsichtsorgan und nicht auch auf das Verwaltungsorgan. Die klare Unterscheidung zwischen den Organen und ihren Zuständigkeiten in Art 48 SE-VO lässt eine Ausdehnung auf den Verwaltungsrat nicht zu.[108] Die Abgrenzung zwischen laufenden Geschäften und der Leitung kann daher mE nur durch die Satzung erfolgen.

---

engesellschaft, SE-Kommentar, § 39 SEG Rn 4, 43, 45 und 46, § 55 SEG Rn 24; *Kalss/Greda*, GesRZ 2004, 106; aA *Haberer/Eiselsberg* in *Straube/Aicher*, Handbuch, 202.

[102] *Kalss/Greda* in *Kalss/Hügel*, Europäische Aktiengesellschaft, SE-Kommentar, § 39 SEG Rn 37.

[103] Wäre in Österreich ein derartiger geschäftsführender Direktor nicht bestimmt, wie noch im Ministerialentwurf vorgesehen, würden sich einige Bestimmungen des SEG zum monistischen System ohnehin ad absurdum führen (zB § 39 Abs 4 SEG).

[104] Eine ausführliche Aufzählung aller Rechte und Pflichten der geschäftsführenden Direktoren findet sich bei *Kalss/Greda* in *Kalss/Hügel*, Europäische Aktiengesellschaft, SE-Kommentar, § 56 SEG Rn 14.

[105] *Kalss/Greda* in *Kalss/Hügel*, Europäische Aktiengesellschaft, SE-Kommentar, § 39 SEG Rn 5.

[106] RV 466 BlgNR 22. GP zu § 56.

[107] *Prändl/Sammer*, Das monistische System in der Europäischen Aktiengesellschaft (SE), GeS 2004, 300 (304); *Kalss/Greda* in *Kalss/Hügel*, Europäische Aktiengesellschaft, SE-Kommentar, § 39 SEG Rn 31 mwN.

[108] So auch *Manz* in *Manz/Mayer/Schröder*, Europäische Aktiengesellschaft, Art 48 Rn 6; *Minuth*, Führungssysteme der Europäischen Aktiengesellschaft (SE), 159; aA *Teichmann* in *Lutter/Hommelhoff*, Die Europäische Gesellschaft, 211 f.

Der Verwaltungsrat hat nach *Kalss/Greda* ein umfassendes Weisungsrecht, auch in Angelegenheiten des Tagesgeschäftes flexibel einzugreifen.[109] Die RV geht ebenso von einem generellen Weisungsrecht aufgrund der Leitungsfunktion des Verwaltungsrates für die Gesellschaft aus, legt sich dabei aber nicht fest, ob dies auch für die laufenden Geschäfte gilt. Vielmehr meint sie, dass eine über die laufenden Geschäfte hinausreichende Weisungsfreiheit nicht in Betracht kommt.[110] Im Umkehrschluss bedeutet diese Ausführung der RV, dass aber gerade eine Weisungsfreistellung für die laufenden Geschäfts möglich sein muss. ME stellt sich für diese im österreichischen System neue Struktur die Frage der Weisungsgebundenheit oder -freiheit nicht. Zum einen muss sich der geschäftsführende Direktor an die Leitlinien des Verwaltungsrats halten, sonst bräuchte dieser keine aufzustellen. In dieser Hinsicht ist er sicherlich weisungsgebunden. Auf der anderen Seite hieße Weisungsgebundenheit, die Sinnhaftigkeit der Teilung zwischen internen und externen Direktoren in Frage zustellen, die ja mangels gesetzlicher Unterscheidung gleich zu behandeln wären. Die Regelung des § 59 Abs 1 SEG, dass mindestens die Hälfte der geschäftsführenden Direktoren nicht dem Verwaltungsrat angehört, und erst recht die des § 59 Abs 2 SEG, dass nur externe Direktoren für eine börsenotierte Gesellschaft bestellt werden dürfen, würden keinen Sinn ergeben. Denn weisungsgebunden wären mangels gesetzlicher Unterscheidung alle geschäftsführenden Direktoren, ob dies nun interne oder externe sind. Die Unterteilung würde daher keinen Vorteil bringen, weil mangels ausgeprägter Kontrollfunktion der geschäftsführenden Direktoren der einzige Benefit der externen Direktoren, nämlich ihre Objektivität, durch die Weisungsgebundenheit beeinträchtigt wäre. Die wirklich gemeinte Positionierung der geschäftsführenden Direktoren liegt daher mE zwischen den beiden genannten Formen der Weisungsgebundenheit und der Weisungsfreiheit. Das zeigt sich darin, dass die geschäftsführenden Direktoren nach der SE-VO keine Organe sind. Vergleichbar[111] ist das System mit dem „directeur général" des französischen Rechts (Art L225 - 35 Code commerce: *„Le conseil d'administration détermine les orientations de l' activité de la société et veille à leur mise en oeuvre.* Sous reserve des pouvoirs expressément attribués aux assemblées d'actionnaires et dans la limite de l'object social, il se saisit de toute question intéressant la bonne marche de la société et règle par ses délibérations les affaires qui la concernent"; Art L225 - 56 Code commerce: „Le directeur général est investi des pouvoirs les plus étendus pour agir en toute circonstance au nom de la société. *Il exerce ces pouvoirs dans la limite de l'objet social et sous réserve de ceux que la loi attribute expressément aux assemblées d'actionnaires et au conseil d'administration...* "). Dieses System ist für einen Juristen des deutschsprachigen Raums wahrscheinlich noch eher zu verstehen als die schwierige englische Konstruktion zwischen „agent" und „trustee".[112] Auch im englischen Companies Act wird man eine eindeutige Lösung für das Verhältnis von „board" und „directors" in der Kompetenzver-

---

[109] *Kalss/Greda* in *Kalss/Hügel*, Europäische Aktiengesellschaft, SE-Kommentar, § 39 SEG Rn 31; ebenso *Haberer/Eiselsberg* in *Straube/Aicher*, Handbuch, 208; vgl § 44 Abs 2 dSEAG.

[110] RV 466 BlgNR 22. GP zu § 56.

[111] *Wendt*, Kontrolle der Geschäftsführung in Personen- und Kapitalgesellschaften in Deutschland, Frankreich und England, 255f; allgemein rechtsvergleichend *Haberer/Eiselsberg* in *Straube/Aicher*, Handbuch, 185 ff.

[112] *Triebel/Hodgson/Kellenter/Müller*, Englisches Handels- und Wirtschaftsrecht^2, Rn 726.

teilung vergebens suchen.[113] Letztlich werden also die geschäftsführenden Direktoren an die Leitlinien des Verwaltungsrates gebunden sein, innerhalb derer aber freie Hand haben.

ab Die Rechtsgrundlagen aus der SE-VO

Auch die SE-VO bietet letztlich für die Frage der Weisungsgebundenheit keine Anhaltspunkte. Ob tatsächlich auch in die laufenden Geschäfte eingegriffen werden kann, erscheint fraglich, da Art 43 Abs 1 SE-VO vorsieht, dass diese „in eigener Verantwortung" zu führen sind. Auch wenn es sich hierbei um einen europarechtlichen Begriff handelt, könnte diese Bezeichnung als Form der Weisungsfreiheit verstanden werden, so wie in Österreich[114] und in Deutschland[115] in § 70 öAktG und § 76 Abs 1 dAktG.[116] In der Tat hat der europäische Gesetzgeber den Mitgliedstaaten aber die Regelung in dieser Angelegenheit selbst überlassen, und das soeben Ausgeführte beruht einzig und allein auf Übersetzungsproblemen. Diese Überlegungen erübrigen sich nämlich, blickt man in andere sprachliche Fassungen der SE-VO. Viel deutet darauf hin, dass die deutsche Fassung besonders in Abs 1 des Art 43 unglücklich gewählt ist. Der englische/italienische/französische Text lässt die Schwierigkeit der Übersetzung ins Deutsche deutlich erkennen. Eine klare Einordnung, ob mit „to be responsible for", „siano responsabili della" und „sont responsable de" „verantwortlich" oder „zuständig" gemeint ist, ist schwer zu treffen. Die deutsche, die englische und die französische Fassung unterscheiden sprachlich nicht zwischen Art 39 Abs 1 SE-VO und Art 43 Abs 1 SE-VO.[117] Dabei ist die deutsche Fassung die einzige, die die Diktion „in eigener Verantwortung" enthält. Einzig die italienische Fassung unterscheidet zwischen Art 39 Abs 1 SE-VO und Art 43 Abs 1 SE-VO, aber auch hier nur hinsichtlich des Leitungsorgans im dualistischen System und nicht hinsichtlich der geschäftsführenden Direktoren. Dabei kommt in Art 39 Abs 1 SE-VO der italienischen Fassung klar die eigene Verantwortung zum Ausdruck. Zusammenfassend, bedeutet das, dass nur die deutsche Fassung die Diktion „in eigener Verantwortung" in Art 43 Abs 1 SE-VO aufgenommen hat, letztlich aber aus den genannten Fassungen eine sprachlich eindeutige Interpretation nicht abgeleitet werden kann.[118]

Die teleologische Auslegung des Art 43 Abs 1 SE-VO wirft die Frage auf, warum der europäische Gesetzgeber nur weisungsfreie Direktoren zulassen sollte, wenn es den Mitgliedstaaten überlassen bleibt, geschäftsführende Direktoren im Allgemeinen einzuführen. Eine solche Annahme würde nur Sinn ergeben, wenn die bereits bestehenden monistischen Systeme zeigen würden, dass eine Weisungsfreiheit der geschäftsführenden Direktoren die einzige gewinnbringende Lösung gegenüber einem System ist, das nur

---

[113] Art 72 Table A Companies Act: „The directors may delegate any of their powers to any committee consisting of one or more directors. They may also delegate to any managing director or any director holding any other executive office such of their powers as they consider desirable to be exercised by him. Any such delegation may be made subject to any conditions the directors may impose, and either *collaterally with or to the exclusion of their own powers* and may be revoked or altered. Subject to any such conditions, the proceedings of a committee with two or more members shall be governed by the articles regulating the proceedings of directors so far as they are capable of applying"; siehe http://www.companylawclub.co.uk (30.12.2005).

[114] *Nowotny*, GesRZ-Sonderheft Societas Europaea (2004) 44.

[115] *Kalss/Greda* in *Kalss/Hügel*, Europäische Aktiengesellschaft, SE-Kommentar, § 39 SEG Rn 41.

[116] So auch *Nowotny*, GesRZ-Sonderheft Societas Europaea (2004) 44.

[117] *Manz* in *Manz/Mayer/Schröder*, Europäische Aktiengesellschaft, Art 39 Rn 13.

[118] *Manz* in *Manz/Mayer/Schröder*, Europäische Aktiengesellschaft, Art 43 Rn 3 und 17.

aus einem Verwaltungsrat besteht. Völlige Weisungsfreiheit funktioniert aber im monistischen System schon deshalb nicht, da die geschäftsführenden Direktoren letztlich den Leitlinien des Verwaltungsorgans folgen müssen, auch bei der Führung der laufenden Geschäfte. Das zeigt auch das französische Recht. Zudem ist ein zwingendes Erfordernis für Weisungsfreiheit nicht gegeben, da die nationalen Ausgestaltungen des monistischen Systems viele Möglichkeiten haben, den Mangel an Kontrolle in dieser Struktur durch ein Zusammenspiel von externen und internen Direktoren zu gestalten.

Teichmann ua halten Art 43 Abs 1 Satz 2 SE-VO überhaupt für nationale Aktienrechte, in denen ein solcher Geschäftsführer nicht vorgesehen ist, für unanwendbar.[119] Dem muss man zustimmen. Vielfach übersehen wird jedoch, dass Art 43 Abs 4 SE-VO den Mitgliedstaaten, die kein monistisches System kennen, freistellt, *entsprechende* Vorschriften zu erlassen. „Entsprechende Vorschriften" kann nur die Vorschriften der SE für das monistische System meinen. Damit kommt auf Umwegen Art 43 Abs 1 Satz 2 SE-VO wieder ins Spiel. „Entsprechend" lautet aber in der französischen Fassung „appropriées", in der italienischen „appropriate" und in der englischen „appropriate". Diese Begriffe können „entsprechend" heißen, allerdings ist auch ein „geeignet" möglich[120], was den inhaltlichen Konnex zu den anderen Absätzen wohl nicht mehr herstellt.

Dennoch greift hier folgendes Argument: Hätte der europäische Gesetzgeber diesen Bereich völlig den Mitgliedstaaten überlassen wollen, so hätte er die Art 43 Abs 1 bis 3 SE-VO auch weglassen und die Ausgestaltung vollständig den Mitgliedstaaten überlassen können. Eine Differenzierung zwischen Systemen, die ein monistisches System bereits kennen, und solchen, die das nicht tun, dadurch herbeizuführen, dass Erstere an gewisse Regeln gebunden sind und Zweitere nicht, würde zu einer sachlich nicht gerechtfertigten Unterscheidung innerhalb der verschiedenen SE führen. Die Übersetzung mit „entsprechend" ist daher mE zweckmäßig.

c Die Überwachung als Aufgabe des Verwaltungsrats

Die Überwachung des Unternehmens wird von *Kalss/Greda* als gleichwertig neben den Leitungsaufgaben[121] und als primäre Aufgabe des Leitungsorgans gesehen.[122] *Kalss/Greda* leiten die Überwachungsaufgabe aus implizierter Aufgabe des Vorstandes[123], Kernkompetenz des Verwaltungsrats[124] und der Möglichkeit von Überwachungsausschüssen[125] ab. Das SEG normiert die Überwachung zwar implizit, aber nicht ausdrücklich[126]. Die RV will aus § 39 SEG eine Pflicht der Verwaltungsratsmitglieder zur gegenseitigen Überwachung ersehen, konkret wird dies aus der Gesamtverantwortlichkeit des Verwal-

---

[119] BB 2004, 59 f; so auch *Kalss/Greda* in *Kalss/Hügel*, Europäische Aktiengesellschaft, SE-Kommentar, § 56 SEG Rn 3 und § 59 SEG Rn 3; *Minuth*, Führungssysteme, 157.

[120] Für diese Lösung „angemessen" *Manz* in *Manz/Mayer/Schröder*, Europäische Aktiengesellschaft, Art 43 Rn 12.

[121] Zu einer Auflistung der Leitungsaufgaben *Kallmeyer*, Das monistische System der SE mit Sitz in Deutschland, ZIP 2003, 1531, 1532; *Nowotny*, GesRZ-Sonderheft Societas Europaea (2004) 40 und *Kalss/Greda* in *Kalss/Hügel*, Europäische Aktiengesellschaft, SE-Kommentar, § 39 SEG Rn 6ff.

[122] *Kalss/Greda* in *Kalss/Hügel*, Europäische Aktiengesellschaft, SE-Kommentar, § 39 SEG Rn 12.

[123] *Kalss/Greda* in *Kalss/Hügel*, Europäische Aktiengesellschaft, SE-Kommentar, § 39 SEG Rn 12.

[124] *Kalss/Greda* in *Kalss/Hügel*, Europäische Aktiengesellschaft, SE-Kommentar, § 39 SEG Rn 13.

[125] *Kalss/Greda* in *Kalss/Hügel*, Europäische Aktiengesellschaft, SE-Kommentar, § 39 SEG Rn 16.

[126] Vgl auch *Haberer/Eiselsberg* in *Straube/Aicher*, Handbuch, 194.

tungsrates abgeleitet.[127] Nicht geklärt wird dabei, ob es sich um die Überwachung der Geschäftsführung oder um Unternehmenskontrolle allgemein handelt.

Unweigerlich wirft diese Kumulierung von Aufgaben Fragen der CG auf. Als Beispiel bietet sich ein Blick in § 39 Abs 4 SEG an: Dem Verwaltungsrat ist hier das Recht auf Augenschein übertragen, das im Aktienrecht dem Aufsichtsrat zusteht. Abgesehen von der praktischen Bedeutung – die ist zu bezweifeln, weil dem Leitungsorgan vermutlich ohnehin ein Recht auf Augenschein zusteht –, ist offensichtlich, dass sich hier der Verwaltungsrat selbst kontrolliert. Die Tatsache, dass die geschäftsführenden Direktoren von diesem Prüfungsrecht ausgeschlossen sind, kann den Eindruck einer Interessenskollision schwer mindern, denn das oberste Leitungsorgan ist und bleibt der Verwaltungsrat selbst. Noch schwerer wiegt die Kompetenzkumulation, wenn man wie die RV[128] dem Verwaltungsrat ein Weisungsrecht gegenüber den geschäftsführenden Direktoren einräumt. Widersprüchlich dazu ist die RV, die gleichzeitig, allerdings an anderer Stelle, von einer prinzipiellen Teilung von Leitung und Kontrolle in einem monistisch strukturierten System spricht.[129] Diese Teilung von Leitung und Kontrolle ist jedenfalls vom SEG selbst nicht vorgesehen.

Dieses Beispiel zeigt, dass auf die Frage des Umfangs der Überwachungsaufgabe des Verwaltungsrats und eventuelle Unvereinbarkeiten in der organisatorischen Struktur näher einzugehen ist: Aus der Leitung der Gesellschaft ergibt sich eine immanente Kontrollfunktion, nämlich die Unternehmenskontrolle, wie sie auch der Vorstand der AG kennt.[130] Sorgfaltspflichten und Verantwortung sind gem § 55 SEG dieselben wie im Aktienrecht (§§ 84 und 99 AktG). Für den Verwaltungsrat ergibt sich daher eine Überwachungsfunktion gleich der des Vorstands. Der Verwaltungsrat mag zwar in der generellen Verteilung von Aufgaben und Befugnissen eine Mischung von Vorstand und Aufsichtsrat sein, die Aufgabe des Aufsichtsrates ist ihm aber in § 41 Abs 3 SEG nur sehr unpräzise übertragen. Die Kontrollaufgabe in der Form, wie man sie durch den Aufsichtsrat kennt, kann der Verwaltungsrat nicht ausführen, da er ja selbst die Geschäftsführung innehat. Das Wechselspiel zwischen Verwaltungsrat und geschäftsführenden Direktoren kann zur Lösung dieser Kompetenzüberlagerung nicht beitragen, wenn man, wie offenbar die derzeit hM[131], von einer Weisungsbefugnis des Verwaltungsrats gegenüber den geschäftsführenden Direktoren ausgeht (Näheres dazu oben). Geht man von der Weisungsfreiheit der geschäftsführenden Direktoren aus, bessert sich zwar das Bild, dennoch gibt es keine effiziente Kontrolle der *Geschäftsführung*, vielmehr handelt es sich hier um Selbstkontrolle in Form der *Unternehmens*kontrolle, die der eines Vorstands ohne Aufsichtsrat gleicht. Daran ändern auch § 41 Abs 3 SEG und das Recht auf Augenschein nach § 39 Abs 4 SEG nichts. Für den Betrachter aus einer dualistischen Tradition mag dieser Mangel an Kontrolle besonders befremdlich wirken; mag dies auch Bestandteil des monistischen

[127] RV 466 BlgNR 22. GP zu § 39 Abs 1.
[128] So zB RV 466 BlgNR 22. GP, AT, 3.
[129] RV 466 BlgNR 22. GP zu § 41 Abs 1.
[130] *Semler*, Leitung und Überwachung der Aktiengesellschaft, Rn 18.
[131] RV 466 BlgNR 22. GP, AT, 3; *Kalss/Greda*, GesRZ 2004, 106; *Prändl/Sammer*, GeS 2004, 300; *Kalss/Greda* in *Kalss/Hügel*, Europäische Aktiengesellschaft, SE-Kommentar, § 56 SEG Rn 15; *Rauter*, Societas Europaea, JAP 2004/2005/25; abwägend *Egermann/Heckenthaler*, GesRZ 2004, 265.

Systems sein [132], so haben dennoch in den letzten Jahren auch die mit dem monistischen System Vertrauten den Mangel erkannt. [133]

2 *Zwischenbilanz*

- Die Entscheidungsbefugnis der HV gegenüber dem Verwaltungsrat in Geschäftsführungsangelegenheiten erfährt für das monistische System im Vergleich zum Aktienrecht keine Ausweitung.
- Die im Gesetz nicht festgelegte, aber von der hL vertretene Weisungsbefugnis des Verwaltungsrats gegenüber den geschäftsführenden Direktoren sollte im Interesse eines besseren Kontrollsystems, der vorherigen rechtsvergleichenden Erwägungen und der klareren Abgrenzung zwischen den laufenden Geschäften und den Leitungsentscheidungen nochmals überdacht werden. Die laufenden Geschäfte sind von der Geschäftsführung nach derzeitigem Meinungsstand nicht eindeutig abzugrenzen. Auch wenn diese Abgrenzung immer schwierig bleiben wird, so schafft die Weisungsfreiheit der geschäftsführenden Direktoren für die laufenden Geschäfte doch Klarheit hinsichtlich der somit vom Verwaltungsrat nicht mehr delegierbaren Aufgabenbereiche und der Haftungsfragen. [134]
  Wird eine Weisungsgebundenheit angenommen so muss nach dem Unterschied zwischen internen und externen Direktoren gefragt werden. Der Zweck vor allem der externen Direktoren als geschäftsführende Direktoren von Börsegesellschaften würde mE ernsthaft in Zweifel gezogen.
- Betrachtet man die §§ 38 ff SEG, so stellt man bei einem Vergleich mit dem AktG fest, dass der Verwaltungsrat ein Konstrukt zwischen Vorstand und Aufsichtsrat ist. [135] Es sind ihm sowohl Aufgaben des Vorstands als auch des Aufsichtsrats der AG zugeordnet. [136] Um ein Beispiel zu nennen, ein Blick in § 39 SEG: Abs 1 ist der Vorstandsbestimmung des § 70 Abs 1 AktG nachempfunden, Abs 2 ist eine gekonnte Mischung aus § 83 (Vorstand) und § 95 Abs 4 AktG (Aufsichtsrat), Abs 3 entspricht § 82 AktG (Vorstand). Es findet daher eine Kumulation von Leitung, Geschäftsführung und Kontrolle statt. [137] Diese Kumulation ist jedoch keine schlichte Fusion der beiden Organe. Dem Verwaltungsrat obliegen die Geschäftsführung, das Vertretungsrecht, das Initiativrecht [138] als wesentliche Bestandteile der Aufgabe des Vorstands. Allerdings sind im Vergleich zum Vorstand gewisse Einschränkungen dieser wesentlichen Aufgaben mit Ausnahme des Initiativrechts zu erkennen, zB hinsichtlich der Geschäftsführung und des Vertretungsrechts, die der Verwaltungsrat mit den geschäftsführenden Direktoren teilen muss; die Aufstellung des Jahresabschlusses ist dem Verwaltungsrat gänzlich entzogen. [139] Letztlich ist der Verwaltungsrat mehr Vorstand als Aufsichtsrat, wenn auch hinsichtlich der Vorstandsaufgaben im Vergleich zum dualistischen System ein we-

[132] *Merkt*, ZGR 2003, 651.
[133] *Goldenberg*, Reforming Corporate Governance – A Very British Solution, Business Law Review 2003, 82.
[134] Siehe dazu *Egermann/Heckenthaler*, GesRZ 2004, 259.
[135] So auch die RV 466 BlgNR 22. GP zu § 55.
[136] Siehe *Merkt*, ZGR 2003, 658.
[137] *Eder*, Die monistisch verfasste Societas Europaea – Überlegungen zur Umsetzung eines CEO – Modells, NZG 2004, 544 (547).
[138] RV 466 BlgNR 22. GP zu § 38 Abs 3.
[139] Es sei denn, man nimmt hier ein Weisungsrecht des Verwaltungsrates an.

nig entmachtet. Hinsichtlich der Kontrolle bleibt festzuhalten, dass es im monistischen System keine Kontrolle der Geschäftsführung, sondern nur eine Unternehmenskontrolle gibt.

3 Besonderheiten

Im Folgenden werden Besonderheiten der einzelnen Personengruppen und spezieller Bereiche aufgezeigt, die für die CG wesentlich sind.

a Verwaltungsrat

Die Sitzungsfrequenz des Verwaltungsrats bereitet einiges Kopfzerbrechen: Nach § 53 Abs 3 SEG trifft sich der Verwaltungsrat mindestens sechsmal im Jahr, also alle zwei Monate. Dies hat seinen Grund in dem verstärkten Einsatz in der Geschäftsführung – im Vergleich zum Aufsichtsrat.[140] Diese Bestimmung findet in der SE-VO keine Deckung: Erstens ist sie der Satzung vorbehalten[141] und zweitens entspricht sie weder der Regelung für den Vorstand noch der für den Aufsichtsrat. Die Abweichung vom Aktienrecht könnte noch mit den Eigenheiten des monistischen Systems begründet werden und in der Ermächtigung des Art 43 Abs 4 SE-VO Deckung finden. Die Festlegung der Sitzungshäufigkeit im Gesetz ist jedoch eindeutig europarechtswidrig.[142] Auch lässt sich über die Sinnhaftigkeit dieser Norm in CG-Hinsicht trefflich streiten.[143]

b Verwaltungsratsmitglieder

Nach § 45 Abs 3 SEG[144] ist auf die Verwaltungsratsmitglieder § 86 Abs 2 Z 1 und 2 sowie Abs 3 bis 6 AktG sinngemäß anzuwenden. Der Gesetzgeber hat übersehen, dass solche Regelungen nach Art 47 Abs 3 SE-VO der Satzung vorbehalten sind. Der nationale Gesetzgeber hätte hier nicht eingreifen dürften. Daran ändert auch die neue Fassung des § 45 Abs 3 SEG nichts. Weiters wirft diese Bestimmung iVm der Normierung des Wettbewerbsverbots nach § 79 AktG, das durch §§ 54 und 60 SEG gilt, Probleme auf.[145]

§ 46 Abs 3 SEG verweist ins Aktienrecht. Somit können Minderheitsvertreter und entsandte Vertreter Mitglied des Verwaltungsrats werden. Sie wirken dabei ebenso am Leitungsorgan mit wie die Arbeitnehmervertreter. Sie haben aber keinen durchsetzbaren Anspruch auf Delegation in einen Ausschuss.[146] Zulässig wird die Regelung insgesamt durch Art 47 Abs 4 SE-VO.

§ 52 SEG schafft spezielle Voraussetzungen für die Teilnahme an den Sitzungen des Verwaltungsrats. Dies soll eine unbefangene Diskussion sicherstellen[147] und der Effizienz dienen.[148] Die Satzung kann nach § 52 Abs 3 SEG Personen, die dem Verwaltungsrat nicht angehören, an Verwaltungsratssitzungen und Ausschüssen teilnehmen lassen, wenn diese von dem zu vertretenden Verwaltungsratsmitglied hierzu schriftlich ermächtigt sind. Eine

---

[140] RV 466 BlgNR 22. GP zu § 53 Abs 3.
[141] *Prändl/Sammer*, GeS 2004, 304; *Egermann/Heckenthaler*, GesRZ 2004, 263.
[142] AA *Haberer/Eiselsberg* in *Straube/Aicher*, Handbuch, 200.
[143] Siehe *Prändl/Sammer*, GeS 2004, 304; *Egermann/Heckenthaler*, GesRZ 2004, 263.
[144] Diese Bestimmung wurde durch das GesRÄG 2005 geändert. § 45 Abs 4 und 5 SEG sind entfallen; vgl *Haberer/Eiselsberg* in *Straube/Aicher*, Handbuch, 197 f.
[145] Siehe dazu *Prändl/Sammer*, GeS 2004, 303.
[146] *Kalss/Greda* in *Kalss/Hügel*, Europäische Aktiengesellschaft, SE-Kommentar, § 46 SEG Rn 15f.
[147] RV 466 BlgNR 22. GP zu § 52.
[148] *Kalss/Greda* in *Kalss/Hügel*, Europäische Aktiengesellschaft, SE-Kommentar, § 52 SEG Rn 1.

schriftliche Stimmabgabe kann dem Vorsitzenden überreicht werden. Grundsätzlich kann sich auch ein Verwaltungsratsmitglied durch ein anderes bei Sitzungen vertreten lassen, wenn die Satzung dies zulässt (§ 51 Abs 5 SEG).

c Verwaltungsratsvorsitzender

Der Verwaltungsratsvorsitzende und sein Stellvertreter dürfen nicht zugleich geschäftsführende Direktoren sein (§ 50 Abs 2 SEG).[149] Das stellt eine wesentliche Bestimmung in CG-Hinsicht dar, die eine übermäßige Machtkonzentration verhindern soll.[150] Der Verwaltungsratsvorsitzende steht im Vergleich zu einfachen Verwaltungsratsmitgliedern in keinem übergeordneten Verhältnis. Er hat aber die Funktion, das Zusammenwirken der Organe (HV und Verwaltungsrat) zu fördern.[151] Die zahlreichen Aufgaben des Verwaltungsratsvorsitzenden sind bei *Kalss/Greda* aufgelistet.[152] Wesentlich sind dabei vor allem aber die allgemeine Leitungsbefugnis des Verwaltungsrats und die Position des Verwaltungsratsvorsitzenden als Gegenpol zu den geschäftsführenden Direktoren.[153]

Mangels eines Aufsichtsratsvorsitzenden ist der Verwaltungsratsvorsitzende auch Vorsitzender der HV. Dies wird vermehrt zu Interessenskonflikten führen.[154]

Die Wahl des Verwaltungsratsvorsitzenden ist durch das Plenum des Verwaltungsrats vorzunehmen und kann nicht an einen Ausschuss delegiert werden.[155] Die Abberufung des Verwaltungsratsvorsitzenden bedarf keines wichtigen Grundes.[156] Zu den Beschlusserfordernissen siehe unten III.C.3.h.

d Geschäftsführende Direktoren, die Verwaltungsratsmitglieder sind, und „einfache" Verwaltungsratsmitglieder

Die Mitglieder des Verwaltungsrates können zu geschäftsführenden Direktoren bestellt werden, solange die Mehrheit weiterhin aus nicht-geschäftsführenden Mitgliedern besteht (§ 59 Abs 1 letzter Satz SEG).

Hinzuweisen ist darauf, dass die Gesamtheit der geschäftsführenden Direktoren oder zwei Verwaltungsratsmitglieder den Verwaltungsrat selbst einberufen können, auch wenn sich der Vorsitzende weigert (§ 53 Abs 2 SEG).[157]

Für manche Bereiche sieht das SEG eine feine Abgrenzung zwischen Verwaltungsratsmitgliedern, die gleichzeitig geschäftsführende Direktoren sind und solchen, die das nicht sind, vor, so zB in § 39 Abs 4 SEG. Hier sind geschäftsführende Direktoren, die Verwaltungsratsmitglieder sind, vom Recht auf Augenschein ausgenommen.[158] Nach

---

149 Anders hier der deutsche Vorschlag: *Eder*, NZG 2004, 546; soweit ersichtlich durch das Gesetz zur Einführung der Europäischen Gesellschaft (SEEG), dBGBl 2004/73, Art I übernommen. Ausführlich zur prinzipiellen Diskussion rechtsvergleichend *Merkt*, ZGR 2003, 664 ff; *Lind*, Die europäische Aktiengesellschaft, 161.

150 RV 466 BlgNR 22. GP zu § 50 Abs 2.

151 *Kalss/Greda* in *Kalss/Hügel*, Europäische Aktiengesellschaft, SE-Kommentar, § 50 SEG Rn 3 f.

152 *Kalss/Greda* in *Kalss/Hügel*, Europäische Aktiengesellschaft, SE-Kommentar, § 50 SEG Rn 12.

153 *Kalss/Greda* in *Kalss/Hügel*, Europäische Aktiengesellschaft, SE-Kommentar, § 50 SEG Rn 13 f.

154 *Kalss/Greda*, GesRZ 2004, 103.

155 *Kalss/Greda* in *Kalss/Hügel*, Europäische Aktiengesellschaft, SE-Kommentar, § 50 SEG Rn 5.

156 *Lutter/Krieger*, Rechte und Pflichten des Aufsichtsrats^4, Rn 542.

157 Siehe hinsichtlich der Mehrheitserfordernisse *Haberer/Eiselsberg* in *Straube/Aicher*, Handbuch, 199; anders für das deutsche Recht *Teichmann*, BB 2004, 55. Vgl das Gesetz zur Einführung der Europäischen Gesellschaft (SEEG), dBGBl 2004/73, Art I § 37.

158 *Kalss/Greda* in *Kalss/Hügel*, Europäische Aktiengesellschaft, SE-Kommentar, § 39 SEG Rn 23.

Kalss/Greda wird auch bei der Bestellung des Sachverständigen ein Stimmrechtsverbot der geschäftsführenden Direktoren bei der Beschlussfassung anzunehmen sein.[159]

Das Entgelt der geschäftsführenden Direktoren ist im Gegensatz zu dem der Verwaltungsratsmitglieder nicht herabsetzbar, da für diese der Verweis auf § 98 AktG fehlt.[160]

e Geschäftsführende Direktoren

Geschäftsführende Direktoren können, müssen aber nicht Verwaltungsratsmitglieder sein. Direktoren börsenotierter Gesellschaften dürfen nur Personen sein, die dem Verwaltungsrat nicht angehören; sie werden gesondert unter III.C.3.f. behandelt.

Für die geschäftsführenden Direktoren finden sich einige Besonderheiten: Aus § 54 SEG wird nach der RV abgeleitet, dass die Dienstverträge mit den geschäftsführenden Direktoren von den „einfachen" Mitgliedern des Verwaltungsrates abgeschlossen werden.[161] In der RV zu § 57 Abs 2 SEG wird zu diesem Zweck auch ein Stimmrechtsausschluss angenommen.[162] Zu den Beschlusserfordernissen siehe unter III.C.3.h. Eine wiederholte Bestellung von geschäftsführenden Direktoren bedarf nach § 59 Abs 3 SEG der schriftlichen Bestätigung des Verwaltungsratsvorsitzenden. Die geschäftsführenden Direktoren können ohne wichtigen Grund abberufen werden (§ 59 Abs 5 SEG).[163] Geschäftsführende Direktoren, die gleichzeitig Verwaltungsratsmitglieder sind, sind über § 48 Abs 1 iVm § 59 Abs 5 SEG durch die HV abberufbar.[164] Eine ausgedehnte Anwendung bei Amtsverlust durch Zeitablauf oder Rücktritt ist ausgeschlossen. Dieses Recht darf nicht dazu genutzt werden, um die Zuständigkeit des Verwaltungsrats zur Abberufung auszuhebeln.[165]

Die umgekehrte Rechtsfolge, dass die Absetzung als geschäftsführender Direktor auch zum Verlust des Verwaltungsratsmandats führt, ist nicht zulässig.[166] Zu Recht hat aber *Nowotny* hier aufgrund der gestörten Harmonie im Gremium Bedenken.[167] Daher sollte die Absetzung bei internen geschäftsführenden Direktoren den jeweils wechselseitigen Mandatsverlust herbeiführen, ausgenommen sollten lediglich Zeitablauf und Rücktritt sein.

Gem § 60 SEG gilt für die Besoldung der geschäftsführenden Direktoren § 78 AktG. Der Verweis in § 54 Satz 2 SEG kann aber mE nur als Hinweis gedeutet werden, dass bei internen geschäftsführenden Direktoren die bereits bestehende Besoldung als Verwaltungsratsmitglied zu berücksichtigen ist.[168] Der Verwaltungsrat ist somit für die Besoldung der geschäftsführenden Direktoren zuständig; die Satzung oder die HV für die der Verwaltungsratsmitglieder.[169]

---

159 *Kalss/Greda* in *Kalss/Hügel*, Europäische Aktiengesellschaft, SE-Kommentar, § 39 SEG Rn 24.

160 *Kalss/Greda* in *Kalss/Hügel*, Europäische Aktiengesellschaft, SE-Kommentar, § 54 SEG Rn 17, allerdings hinsichtlich der internen Direktoren verfehlt.

161 RV 466 BlgNR 22. GP zu § 54 SEG.

162 Eine Zuständigkeit der HV, wie sie *Egermann/Heckenthaler*, GesRZ 2004, 266 vorschlagen, ist hier nicht notwendig.

163 RV 466 BlgNR 22. GP zu § 59 Abs 5.

164 *Kalss/Greda* in *Kalss/Hügel*, Europäische Aktiengesellschaft, SE-Kommentar, § 48 SEG Rn 15.

165 *Kalss/Greda* in *Kalss/Hügel*, Europäische Aktiengesellschaft, SE-Kommentar, § 48 SEG Rn 16 und 18.

166 *Nowonty*, GesRZ-Sonderheft Societas Europaea (2004) 42.

167 GesRZ-Sonderheft Societas Europaea (2004) 42.

168 *Kalss/Greda* in *Kalss/Hügel*, Europäische Aktiengesellschaft, SE-Kommentar, § 54 SEG Rn 16, mE aber zu weit hinsichtlich § 77 AktG.

169 AA *Kalss/Greda* in *Kalss/Hügel*, Europäische Aktiengesellschaft, SE-Kommentar, § 54 SEG Rn 18 und § 60

Die geschäftsführenden Direktoren sind für die Führung der laufenden Geschäfte verantwortlich (§ 56 SEG). Nimmt man wie die RV eine Weisungsgebundenheit der geschäftsführenden Direktoren an, so ist auch deren Sorgfaltspflicht gem § 57 Abs 3 SEG aufgrund der Leitungsfunktion des Verwaltungsrats eingeschränkt.[170]

Die internen geschäftsführenden Direktoren sind unter Berücksichtigung eventueller Verschwiegenheitspflichten zum Ausgleich von Informationsasymmetrien gegenüber externen Direktoren verpflichtet.[171]

f Externe Direktoren

Externen Direktoren ist nach Art 49 SE-VO keine Verschwiegenheitspflicht auferlegt, da sie nicht Mitglied eines Organs sind.[172] Diese wurde aber durch Verweis auf § 84 AktG durch § 57 Abs 3 SEG eingeführt. Nach Art 51 SE-VO sind externe Direktoren auch von den Haftungsvorschriften nicht erfasst.[173] Der österreichische Gesetzgeber hat die geschäftsführenden Direktoren durch die § 57 Abs 3 und § 61 SEG den §§ 84, 100 und 101 AktG unterstellt. Die Zulässigkeit dieser Regelungen ergibt sich beide Male aus Art 9 Abs 1 lit c Z ii SE-VO, da die externen Direktoren nicht in der SE-VO geregelt sind. Externe Direktoren unterliegen den Bestimmungen des Wettbewerbsverbots nach § 79 AktG und des Kreditverbotes nach § 80 AktG (§ 60 SEG). Weiters sind sie dem Zugriff der HV über § 48 Abs 3 SEG entzogen. Auch eine Gesamtabberufung des Verwaltungsrats schlägt nicht auf die externen Direktoren durch.[174]

Die externen Direktoren sind keine Verwaltungsratsmitglieder und sind daher an sich gem § 52 SEG von der Teilnahme ausgeschlossen. Die RV zu § 52 nimmt aber an, dass die externen Direktoren grundsätzlich zur Teilnahme an den Sitzungen des Verwaltungsrats verpflichtet, aber nicht unmittelbar dazu berechtigt sind.[175] Sie können aber als Sachverständige und Auskunftspersonen jederzeit zugezogen werden (§ 52 Abs 1 SEG). Die fehlende Teilnahmeberechtigung führt auch bei der Einsicht in Sitzungsprotokolle zu Schwierigkeiten.[176] *Kalss/Greda* gehen von einer prinzipiellen Teilnahme aller geschäftsführenden Direktoren an den Verwaltungsratssitzungen aus.[177] Eingeschränkt wird die Teilnahme aber für solche Sitzungen, die Dienstverträge und die Feststellung des Jahresabschlusses behandeln.[178] Dieser Ansicht kann nicht gefolgt werden, würden doch damit die externen Direktoren den internen Direktoren in einer Weise gleichgestellt, die den Zweck der beiden Kategorien von Direktoren verwischen und die Unbefangenheit des Verwaltungsrats beeinträchtigen würde.

SEG Rn 9.

170 RV 466 BlgNR 22. GP zu § 57 Abs 3; siehe auch *Kalss/Greda* in *Kalss/Hügel*, Europäische Aktiengesellschaft, SE-Kommentar, § 57 SEG Rn 24 f, idS wohl auch § 55 SEG Rn 4; vgl *Hoffmann-Becking*, Organe: Strukturen und Verantwortlichkeiten, insbesondere im monistischen System, ZGR 2004, 355 (380); siehe dazu im Detail *Völkl* in *Straube/Aicher*, Handbuch, 249 ff.

171 *Kalss/Greda* in *Kalss/Hügel*, Europäische Aktiengesellschaft, SE-Kommentar, § 57 SEG Rn 13 und § 58 SEG Rn 14.

172 *Merkt*, ZGR 2003, 670.

173 *Merkt*, ZGR 2003, 674.

174 *Kalss/Greda* in *Kalss/Hügel*, Europäische Aktiengesellschaft, SE-Kommentar, § 59 SEG Rn 25.

175 RV 466 BlgNR 22. GP zu § 52.

176 Siehe *Kalss/Greda* in *Kalss/Hügel*, Europäische Aktiengesellschaft, SE-Kommentar, § 51 SEG Rn 13.

177 *Kalss/Greda* in *Kalss/Hügel*, Europäische Aktiengesellschaft, SE-Kommentar, § 52 SEG Rn 3.

178 *Kalss/Greda* in *Kalss/Hügel*, Europäische Aktiengesellschaft, SE-Kommentar, § 52 SEG Rn 8.

Fraglich ist, ob die Aktienoptionen der externen Direktoren aufgrund von §139 Abs 5 HGB offen gelegt werden müssen, da sie mE weder unter Organmitglieder noch unter leitende Angestellte fallen.[179]

g Ausschüsse

Ein wesentliches Mittel der CG sind die Ausschüsse; dies zeigt sich schon aus deren Regelung im österreichischen CG-Kodex.[180] § 51 Abs 3 SEG sieht vor, dass der Verwaltungsrat aus seiner Mitte einen oder mehrere Ausschüsse bestellen kann, um einerseits Verhandlungen und Beschlüsse vorzubereiten und andererseits deren Ausführung zu überwachen. Sind mehr als fünf Personen Mitglieder des Verwaltungsrats oder ist die SE börsenotiert, so muss zur Prüfung und Vorbereitung des Jahresabschlusses ein Ausschuss bestellt werden. Diesem Prüfungsausschuss darf kein geschäftsführender Direktor angehören. Für börsenotierte Gesellschaften gilt weiters, dass diesem Ausschuss ein Finanzexperte angehören muss. Er und der Vorsitzende dieses Ausschusses dürfen in den letzen drei Jahren weder geschäftsführender Direktor, leitender Angestellter, Abschlussprüfer der Gesellschaft gewesen sein noch den Bestätigungsvermerk unterfertigt haben (§ 51 Abs 3a SEG).[181] Nach der RV zu § 57 Abs 2 sollte für die Vergütung der geschäftsführenden Direktoren ein Remunerationsausschuss gebildet werden.[182] Weiters ist nach § 248 ArbVG ein Personalausschuss vorgesehen.[183] Geschäftsführende Direktoren[184] und Arbeitnehmervertreter dürfen diesem Ausschuss nicht angehören; Letztere jedoch dann, wenn es sich um das Bestellungen oder Abberufen von geschäftsführenden Direktoren oder das Einräumen von Aktienoptionen handelt (§ 248 Abs 2 ArbVG).[185] Darüber hinaus darf kein Ausschuss für die laufenden Geschäfte gebildet werden (§ 51 Abs 3 SEG).

Verwaltungsratsmitglieder, die einem Ausschuss nicht angehören, können nach § 52 Abs 2 SEG daran teilnehmen, wenn die Satzung und der Verwaltungsratsvorsitzende nichts anderes vorsehen. Ein Anspruch eines Mitgliedes oder einer Aktionärsgruppe auf Entsendung in einen Ausschuss besteht nicht.[186] Kommt aber die Auffangregelung der MitbestimmungsRL zur Anwendung, sind die Ausschüsse nach § 248 ArbVG drittelparitätisch zu besetzen.[187] Nach *Kalss/Greda* kann hier auch der Ausschussvorsitzende und nicht nur der Verwaltungsratsvorsitzende über den Ausschluss entscheiden.[188] Weiters gehen die Autoren davon aus, dass jeder Ausschuss mindestens zwei Mitglieder hat und die Ausschüsse, wie der Verwaltungsrat, mehrheitlich durch nicht-geschäftsführende Verwaltungsratsmitglieder zu besetzen sind.[189]

---

[179] AA *Kalss/Greda* in *Kalss/Hügel*, Europäische Aktiengesellschaft, SE-Kommentar, § 54 SEG Rn 9 f.
[180] Vgl österreichischer CG-Kodex Regel 38ff.
[181] Dieser Absatz wurde erst mit dem GesRÄG 2005 eingefügt.
[182] RV 466 BlgNR 22. GP zu § 57 Abs 2.
[183] *Kalss/Greda* in *Kalss/Hügel*, Europäische Aktiengesellschaft, SE-Kommentar, § 51 SEG Rn 33.
[184] *Kalss/Greda* in *Kalss/Hügel*, Europäische Aktiengesellschaft, SE-Kommentar, § 51 SEG Rn 33, § 52 SEG Rn 18 und § 59 SEG Rn 23.
[185] *Kalss/Greda* in *Kalss/Hügel*, Europäische Aktiengesellschaft, SE-Kommentar, § 51 SEG Rn 42, § 59 SEG Rn 23.
[186] *Kalss/Greda* in *Kalss/Hügel*, Europäische Aktiengesellschaft, SE-Kommentar, § 51 SEG Rn 37.
[187] *Kalss/Greda* in *Kalss/Hügel*, Europäische Aktiengesellschaft, SE-Kommentar, § 51 SEG Rn 41; *Kalss/Greda*, GesRZ 2004, 105.
[188] In *Kalss/Hügel*, Europäische Aktiengesellschaft, SE-Kommentar, § 52 SEG Rn 19.
[189] In *Kalss/Hügel*, Europäische Aktiengesellschaft, SE-Kommentar, § 51 SEG Rn 37 f.

h Beschlussquoren und -fähigkeit

Die Beschlussquoren für den Verwaltungsrat bestimmen sich prinzipiell nach Art 50 SE-VO. Bestimmt die VO oder die Satzung nichts anderes, so ist die Beschlussfähigkeit bei der Anwesenheit mindestens der Hälfte der Mitglieder (anwesend oder vertreten) gegeben. Die Beschlussfassung erfolgt mit der Mehrheit der abgegebenen Stimmen (anwesend oder vertreten). Ist nichts anderes durch die Satzung bestimmt, hat der Vorsitzende ein Dirimierungsrecht. Die Zulässigkeit von § 51 Abs 5 [190] („... ein so vertretenes Mitglied ist bei der Feststellung der Beschlussfähigkeit nicht mitzuzählen... ") SEG darf daher bezweifelt, wenn nicht bestritten werden. [191]

Weiters ist es bedenklich, Beschlussquoren aufgrund der Arbeitnehmerbeteiligung nach § 248 ArbVG einfach auf die doppelte Mehrheit hinaufzusetzen. [192] Art 50 Abs 3 SE-VO, der eine solche Regelung zulässig machen würde, bezieht sich eindeutig nur auf den Aufsichtsrat. Ein Schluss, dass dies automatisch auch den Verwaltungsrat umfasst, ist mE unzulässig. Dagegen spricht schon die klare Differenzierung zwischen den Organen im Abschnitt 3 der SE-VO. [193]

i Einmannverwaltungsrat

Aufgrund der Bestimmung, dass die SE mindestens einen geschäftsführenden Direktor (§ 59 Abs 1 SEG), einen Verwaltungsratsvorsitzenden [194] und einen Stellvertreter [195] (§ 50 Abs 2 SEG) haben muss, ist ein Einmannverwaltungsrat unmöglich. [196] Für die mitbestimmte SE ergibt sich das aus Art 43 Abs 2 SE-VO, wonach der Verwaltungsrat mindestens drei Mitglieder haben muss (abgesehen von Arbeitnehmervertretern). [197]

j Wettbewerbsverbot und Kreditgewährung

§ 54 Satz 3 und § 60 SEG verweisen auf §§ 79 und 80 AktG. Damit gelten für Verwaltungsratsmitglieder ebenso wie für geschäftsführende Direktoren das Wettbewerbsverbot und die Regeln über die Kreditgewährung. Geändert werden können diese für die Verwaltungsratsmitglieder aber nur in der Satzung, wogegen für die geschäftsführenden Direktoren lediglich die Zustimmung des Verwaltungsrats nach § 38 Abs 2 SEG iVm §§ 79, 80 AktG anstelle des Aufsichtsrats notwendig ist. [198] Bemerkenswert ist, dass die Regelung für die Verwaltungsratsmitglieder somit schwerer zu ändern ist als für die geschäftsführenden Direktoren. Wiederum wird hier ein Stimmverbot für die geschäftsführenden Direktoren angenommen, die zugleich ein Verwaltungsratsmandat innehaben. [199]

---

[190] Mit dem GesRÄG 2005 wurden die hinsichtlich ihrer Europarechtskonfromität zweifelhaften ersten 3 Sätze des § 51 Abs 4 SEG aufgehoben.

[191] *Kalss/Greda* in *Kalss/Hügel*, Europäische Aktiengesellschaft, SE-Kommentar, § 51 SEG Rn 18.

[192] Siehe zur Vorstandsberufung und -abberufung *Kalss/Greda* in *Kalss/Hügel*, Europäische Aktiengesellschaft, SE-Kommentar, § 59 SEG Rn 14, für die geschäftsführenden Direktoren, § 51 SEG Rn 24, für den Verwaltungsratsvorsitzenden § 50 SEG Rn 6 und 9.

[193] AA *Kalss/Greda* in *Kalss/Hügel*, Europäische Aktiengesellschaft, SE-Kommentar, § 51 SEG Rn 25.

[194] RV 466 BlgNR 22. GP zu § 50 Abs 1.

[195] *Prändl/Sammer*, GeS 2004, 302.

[196] So auch die RV 466 BlgNR 22. GP zu § 45 Abs 1; siehe zum Einmannverwaltungsrat im deutschen Recht auch *Merkt*, ZGR 2003, 676 f.

[197] RV 466 BlgNR 22. GP zu § 45 Abs 1.

[198] So auch *Kalss/Greda* in *Kalss/Hügel*, Europäische Aktiengesellschaft, SE-Kommentar, § 54 SEG Rn 28.

[199] *Kalss/Greda* in *Kalss/Hügel*, Europäische Aktiengesellschaft, SE-Kommentar, § 60 SEG Rn 14.

Zu diesem Ergebnis kommt man auch für die Kreditgewährung.[200] Erschwerend kommt hinzu, dass sich durch den Wortlaut des § 54 SEG der Sinn des § 80 AktG in das Gegenteil verdreht.[201] Das widerspricht nicht nur dem Zweck der Bestimmung[202], sondern auch Art 10 SE-VO.

k Abschlussprüfer

Das Beiziehen eines Abschlussprüfers ist zwingend nur für die Sitzung vorgesehen, die sich mit der Feststellung des Jahresabschlusses und deren Vorbereitung sowie der Prüfung des Jahresabschlusses befasst (§ 52 Abs 1 SEG). Der Abschlussprüfer wird mangels eigenständiger Regelung im SEG nach § 270 HGB von der HV bestellt.

l Jahres- und Konzernabschluss/Berichte

Problematisch wird die Trennung von Leitung und Kontrolle dann, wenn man – wie die RV – ein Weisungsrecht des Verwaltungsrates gegenüber den geschäftsführenden Direktoren hinsichtlich des Jahres- und Konzernabschlusses[203] annimmt.[204] Dies würde, da die HV nach § 41 Abs 5 und 6 SEG bei Billigung des Jahresabschlusses nicht unbedingt einzubeziehen ist, zu einer Billigung eines Jahresabschlusses führen, den der Verwaltungsrat selbst in Auftrag gegeben hat. Auch ein Stimmrechtsverbot, das für den Feststellungsbeschluss von der RV für die internen Direktoren vorgesehen ist, vermag dieses Manko nicht auszugleichen.[205] Einziges Kontrollmittel stellt hier der nach § 270 HGB zu bestellende Abschlussprüfer dar (siehe oben).

Auch Berichtspflichten kommt in der CG-Diskussion besondere Bedeutung zu. § 58 Abs 1 SEG sieht dazu vor, dass der Verwaltungsrat mindestens einmal jährlich der HV über die laufenden Geschäfte der Gesellschaft sowie über die künftige Entwicklung der Vermögens-, Finanz-, Ertragslage zu berichten hat. Die geschäftsführenden Direktoren haben demgegenüber mindestens vierteljährlich dem Verwaltungsrat einen Quartalsbericht und nötigenfalls die Sonderberichte vorzulegen. Einen Jahresbericht der geschäftsführenden Direktoren gibt es nicht.[206] Gem § 58 Abs 2 SEG kann der Verwaltungsrat unter gewissen Voraussetzungen einen Bericht über die Angelegenheiten der Gesellschaft einschließlich ihrer Beziehungen zu einem Konzernunternehmen verlangen. Die Berichtspflicht unterscheidet sich daher in Folgendem von der des § 81 Abs 1 AktG: Erstens wird hier über laufende Geschäfte berichtet und zweitens findet die künftige Geschäftspolitik keine Erwähnung.[207]

---

200 *Kalss/Greda* in *Kalss/Hügel*, Europäische Aktiengesellschaft, SE-Kommentar, § 54 SEG Rn 30 und 34 und § 60 SEG Rn 18.

201 *Kalss/Greda* in *Kalss/Hügel*, Europäische Aktiengesellschaft, SE-Kommentar, § 54 SEG Rn 32.

202 *Kalss/Greda* in *Kalss/Hügel*, Europäische Aktiengesellschaft, SE-Kommentar, § 54 SEG Rn 32.

203 Mit dem GesRÄG 2005 wurde der Konzernabschluss in § 41 SEG aufgenommen.

204 RV 466 BlgNR 22. GP zu § 41 Abs 1.

205 RV 466 BlgNR 22. GP zu § 41 Abs 5 und 6.

206 *Kalss/Greda* in *Kalss/Hügel*, Europäische Aktiengesellschaft, SE-Kommentar, § 58 SEG Rn 11.

207 *Kalss/Greda* in *Kalss/Hügel*, Europäische Aktiengesellschaft, SE-Kommentar, § 58 SEG Rn 3: Die Autoren wollen dies damit begründen, dass eine zu konkrete Berichterstattung über Strategiefragen dem Unternehmensinteresse widerspräche. Dieses Argument würde aber für die AG genauso gelten und ist daher mE nicht stichhaltig.

Weiters gibt es nach § 41 Abs 3 SEG einen sog Rechenschaftsbericht des Verwaltungsrates, in dem er die Art und den Umfang der Prüfung während des Jahres offen legt.[208]

m § 38 Abs 2 und 3 SEG

§ 38 Abs 2 SEG[209] wirft allein durch seine Pauschalverweisung CG-Probleme auf. Legistisch wurde erstens übersehen, die §§ 35 bis 37 SEG aus der Pauschalverweisung auszunehmen, zweitens ist aufgrund der Formulierung des Gesetztextes nicht klar, ob sich diese Pauschalierung auch auf andere Gesetze erstreckt. Das stellt nur die RV klar.[210]

Problematisch wird diese Pauschalierung allerdings bereits bei einem näheren Blick in die Sitzverlegungsvorschriften bzw die Vorschriften für die Verschmelzung. Nach § 8 SEG hat der Aufsichtsrat den Bericht des Vorstandes über die Sitzverlegung zu prüfen. Dies fällt aufgrund von § 38 Abs 2 SEG in die alleinige Zuständigkeit des Verwaltungsrats. Dasselbe gilt auch für den Verschmelzungsbericht nach § 221c AktG.

§ 38 Abs 2 SEG schafft auch hinsichtlich der Aktienoptionen für den Verwaltungsrat ein Problem. Da diese in § 39 Abs 5 SEG nicht zusätzlich geregelt sind, ist gem § 54 SEG iVm § 98 Abs 3 AktG die HV für den Beschluss zuständig. § 38 Abs 2 SEG iVm § 98 AktG schafft aber die Situation, dass der Verwaltungsrat hierüber selbst Bericht erstatten müsste.[211]

Im Widerspruch stehen die Anordnungen des § 38 Abs 3 SEG („Soweit solche Bestimmungen den gesetzlichen Vertretern der Gesellschaft oder vertretungsbefugten Organen bestimmte Rechte und Pflichten zuweisen, treffen diese den Verwaltungsrat.") und § 43 Abs 2 SEG, der prinzipiell die gemeinschaftliche Vertretung der Gesellschaft durch den Verwaltungsrat und die geschäftsführenden Direktoren festlegt. Dies kann im Einzelfall zu Abgrenzungsproblemen hinsichtlich der rechtmäßigen Vertretung führen.[212]

Probleme schafft § 38 Abs 3 SEG auch in der Hinsicht, als diese Bestimmung in Kompetenzen eingreift, die vom SEG den geschäftsführenden Direktoren zugeordnet werden. Die RV zu § 38 Abs 3 SEG verweist zB auf § 222 HGB. Die Erstellung des Jahresabschlusses ist aber nach § 41 Abs 1 SEG den geschäftsführenden Direktoren zugewiesen.[213] Das Gleiche ergibt sich für den Konzernabschluss aufgrund von § 244 HGB.[214] Dies ist durch die einfache Regel von Lex specialis und Lex generalis zu lösen. Bei dieser Lösung ist aber trotz der unterschiedlichen Formulierung von § 38 Abs 2 und 3 SEG in Hinblick auf die Funktion der geschäftsführenden Direktoren kein Unterschied zu erkennen.

Es bleiben aber Fälle, in denen sich § 38 Abs 2 und 3 SEG als unzweckmäßig und überschießend darstellen, so wie bei § 49 SEG, wo eine Zuständigkeit der geschäftsführenden Direktoren durchaus sinnvoll erscheinen würde.[215] Eine nach der Zielrichtung der

[208] *Kalss/Greda* in *Kalss/Hügel*, Europäische Aktiengesellschaft, SE-Kommentar, § 58 SEG Rn 5.

[209] Siehe dazu auch *Prändl/Sammer*, GeS 2004, 306, *Kalss/Greda*, GesRZ 2004, 101.

[210] RV 466 BlgNR 22. GP zu § 38 Abs 2.

[211] *Kalss/Greda* in *Kalss/Hügel*, Europäische Aktiengesellschaft, SE-Kommentar, § 39 SEG Rn 25 und § 54 SEG Rn 3.

[212] Vgl auch *Haberer/Eiselsberg* in *Straube/Aicher*, Handbuch, 194; siehe dazu im Detail *Völkl* in *Straube/Aicher*, Handbuch, 238 ff.

[213] *Kalss/Greda* in *Kalss/Hügel*, Europäische Aktiengesellschaft, SE-Kommentar, § 38 SEG Rn 9; *Prändl/Sammer*, GeS 2004, 306.

[214] Der Konzernabschluss wurde erst durch das GesRÄG 2005 in § 41 SEG aufgenommen.

[215] *Kalss/Greda* in *Kalss/Hügel*, Europäische Aktiengesellschaft, SE-Kommentar, § 49 SEG Rn 7.

Materiengesetze folgende Zuteilung an geschäftsführende Direktoren und Verwaltungsrat wollen *Kalss/Greda* für die kapitalmarktrechtlichen Pflichten sehen.[216]

n Mitbestimmung

Die MitbestimmungsRL sieht als Auffangregelung vor, dass sich, außer bei der Gründung durch Umwandlung, die Zahl der Arbeitnehmervertreter nach dem höchsten maßgeblichen Anteil in den beteiligten Gesellschaften bemisst (Anhang zur MitbestimmungsRL Teil 3 b.) Dies wirft, wie *Teichmann*[217] und *Kallmeyer*[218] richtig meinen, einige CG-Probleme auf. Erstens stellt sich hier die Frage, wie viele Bestellungen der Arbeitnehmer im Verwaltungsrat eine „gleiche Anzahl" darstellen.[219] Wesentlich ist dabei zu erkennen, dass der Verwaltungsrat ja nicht nur prüfende Funktion hat, sondern vor allem leitende. Damit ergibt sich eine qualitativ stärkere Stellung der Arbeitnehmervertreter.[220] Im österreichischen Recht findet sich keine Regelung, dass Arbeitnehmervertreter nicht geschäftsführende Direktoren werden könnten.[221] Dies wirft auch haftungsrechtliche Fragen für die Arbeitnehmer auf, die mit der Unternehmensleitung zwangsläufig verbunden sind.[222]

Irrigerweise geht die RV davon aus, dass Art 45 Satz 2 SE-VO keine Auswirkung auf eine österreichische SE haben kann[223], übersieht dabei aber die Möglichkeiten aufgrund der MitbestimmungsRL (Import oder Beschluss eines weitreichenderen Systems als des österreichischen, siehe oben).

4 Zusammenfassung

Das monistische System ist prinzipiell flexibler[224] und gestaltungsoffener[225] als das dualistische. Es hat auch den Vorteil, dass alle, wie es *Teichmann* formuliert, „um einen Tisch sitzen" und der Informationsfluss daher besser und schneller funktioniert.[226] Dieser Vorteil ist aber abhängig von der Anzahl der geschäftsführenden bzw externen Direktoren.[227] Das Manko eines Überwachungsorgans wird mit verschiedenen Maßnahmen auszugleichen versucht. Hier seien die wichtigsten noch einmal aufgelistet:

- Geschäftsführende Direktoren,

---

216 In *Kalss/Hügel*, Europäische Aktiengesellschaft, SE-Kommentar, § 55 SEG Rn 18.

217 BB 2004, 56 f.

218 ZIP 2003, 1534 f.

219 *Teichmann*, BB 2004, 56; so auch *Haberer/Eiselsberg* in *Straube/Aicher*, Handbuch, 196.

220 *Teichmann*, BB 2004, 57; *Kalss/Greda* in *Kalss/Hügel*, Europäische Aktiengesellschaft, SE-Kommentar, Vor § 34 Rn 11.

221 *Kalss/Greda* in *Kalss/Hügel*, Europäische Aktiengesellschaft, SE-Kommentar, § 59 SEG Rn 10, die sich auf das Gleichbehandlungsgebot stützen und festhalten, dass dies jedoch das Mehrheitsprinzip nicht beeinträchtigt, da dies nur für Kapitalvertreter gilt. Anders offensichtlich der deutsche Entwurf; siehe *Kallmeyer*, ZIP 2003, 1534. Vgl aber das Gesetz über die Beteiligung der Arbeitnehmer in einer Europäischen Gesellschaft (SEBG), dBGBl 2004/73, Art II § 38 Abs 2.

222 *Kallmeyer*, ZIP 2003, 1534; vgl auch *Kalss/Greda* in *Kalss/Hügel*, Europäische Aktiengesellschaft, SE-Kommentar, § 57 SEG Rn 13.

223 RV 466 BlgNR 22. GP zu § 51 SEG.

224 *Brändle/Noll*, AnwBl 2002, 446; *Kalss/Greda* in *Kalss/Hügel*, Europäische Aktiengesellschaft, SE-Kommentar, AT Rn 42; *Nowotny*, GesRZ-Sonderheft Societas Europaea (2004) 45; wenn auch diese Flexibilität durch das zwingende Erfordernis der geschäftsführenden Direktoren eingeschränkt wird, *Kalss/Greda* in *Kalss/Hügel*, Europäische Aktiengesellschaft, SE-Kommentar, § 59 SEG Rn 5.

225 *Teichmann*, BB 2004, 54; *Haberer/Eiselsberg* in *Straube/Aicher*, Handbuch, 190.

226 BB 2004, 54; so auch *Rauter*, JAP 2004/2005/25.

227 IdS wohl auch *Teichmann* in *Lutter/Hommelhoff*, Die Europäische Gesellschaft, 208.

- mehr als die Hälfte der Mitglieder des Verwaltungsrates als nicht-geschäftsführende Mitglieder,[228]
- die jederzeitige Abberufbarkeit der Direktoren[229] und der Verwaltungsratsmitglieder,[230]
- die Inkompatibilität von geschäftsführenden Direktoren und Verwaltungsratsvorsitzenden und dessen Stellvertreter,
- eine leicht[231] gestärkte Funktion der HV im Vergleich zum dualistischen System,
- die Möglichkeit, Ausschüsse einzurichten, sowie
- diverse Berichtspflichten.

All dies schafft zwar ein gewisses System von „checks and balances“, doch kann dies mE nicht mit der Ausgewogenheit von Vorstand und Aufsichtsrat verglichen werden. Dem Erfordernis der Trennung zwischen Geschäftsführung und Aufsicht, wie dies Erwägungsgrund 14 der SE-VO für wünschenswert hält, wird damit letztlich nicht entsprochen.[232]

Eine sinngemäße Übernahme einiger Bestimmungen aus dem CG-Kodex in einen eventuell eigenen Kodex für das monistische System würde sich anbieten. Beispielhaft seien hier nur die Regeln über die Interessenskonflikte sowie die Vergütung und die Qualifikationen für Aufsichtsratsmitglieder genannt. Diese Regeln könnten für Verwaltungsratsmitglieder und geschäftsführende Direktoren herangezogen werden, soweit sie nicht ohnehin aufgrund des SEG oder AktG gelten.

D Exkurs: Gesellschaftsrechtsharmonisierung und das Wahlrecht zwischen monistischer und dualistischer Struktur für die SE

Durch die Eröffnung der Wahlmöglichkeit in der Satzung der SE (Art 38 lit b SE-VO) zwischen einer monistischen/dualistischen Struktur für die SE erfolgt eine Angleichung der Struktur der AG innerhalb Europas im Allgemeinen.[233] Hierdurch werden Mitgliedstaaten, die bisher nur die monistischen Struktur kannten, wie Großbritannien, oder Mitgliedstaaten, die nur die dualistische Struktur kannten, wie Deutschland und Österreich, gezwungen, sich zumindest bei der SE der jeweils bisher unbekannten Form anzunehmen und sich mit ihr vertraut zu machen. Dies könnte einen weiteren Harmonisierungsschritt des europäischen Gesellschaftsrechts durch beiderseitiges besseres Verständnis mit sich bringen. Letztlich könnte dies auch zu einer Einführung der Wahlmöglichkeit in der nationalen AG[234] führen.

Dies würde in der Folge zu einer effektiveren Form des Vergleichs dieser beiden Strukturen führen, da sie einander innerhalb des nationalen Kontextes und im Rahmen

---

[228] So auch für den deutschen Entwurf *Teichmann*, BB 2004, 54; RV 466 BlgNR 22. GP zu § 45 Abs 1. Siehe Gesetz zur Einführung der Europäischen Gesellschaft (SEEG), dBGBl 2004/73, Art I § 40 Abs 1.

[229] Für das deutsche Recht *Teichmann*, BB 2004, 54. Siehe Gesetz zur Einführung der Europäischen Gesellschaft (SEEG), dBGBl 2004/73, Art I § 40 Abs 5.

[230] Siehe auch *Kalss/Greda* in *Kalss/Hügel*, Europäische Aktiengesellschaft, SE-Kommentar, § 48 SEG Rn 6.

[231] Durch die Möglichkeit der Abberufung nach § 48 Abs 1 SEG.

[232] Die RV erwähnt dies bereits im Vorblatt: „... und einem monistischen Modell mit einem Kontrolle und Geschäftsführung vereinenden Verwaltungsrat ... “ (Vorblatt zu RV 466 BlgNR 22. GP, 1). Anders RV 466 BlgNR 22. GP § 41 Abs 1.

[233] Siehe auch *Doralt* in FS Oberhammer, 7.

[234] In Frankreich und in Italien ist dies bereits möglich, so auch *Arlt/Bervoets/Grechenig/Kalss*, GesRZ-Sonderheft Corporate Governance (2002) 72, 73; in der Arbeitsgruppe im BMJ war dies auch für das österreichische Aktienrecht noch vorgesehen (*Kalss* in *Baums/Cahn*, Die Europäische Aktiengesellschaft, 108).

der Insolvenzrechts-, Mitbestimmungs- und Finanzmarktregelungen[235] gegenübergestellt werden könnten.[236] *Kallmeyer* ist darin beizupflichten, dass eine europaweit einheitliche Anwendung der CG nur im Einheitsunternehmen der SE möglich ist.[237]

E Schlussfolgerung

Für das monistische System der SE haben sicher noch weitreichende CG-Überlegungen stattzufinden.[238] Zu berücksichtigen ist, dass dieses System vor dem Hintergrund eines funktionierenden Kapitalmarktes[239] und einer anderen Aktionärsstruktur[240] erfolgreich ist. Die Aktionärsstruktur des angloamerikanischen Raumes unterscheidet sich vom deutschen bzw österreichischen System dadurch, dass Kleinaktionäre und Investoren im Vordergrund stehen, während hier zu Lande Familienanteile bzw Großaktionäre einem kleinen Anteil an Streubesitz gegenüberstehen. Die HV des angloamerikanischen Raums ist zwar in ihrem rechtlichen „Pouvoir" stärker[241], ihre eigentliche Macht erreicht sie aber durch die Flexibilität der Aktionäre, die der funktionierende Kapitalmarkt mit sich bringt; nämlich einfach zu verkaufen und damit unter Umständen die Gesellschaft und das Management der Take-over-Gefahr auszusetzen. Dies lässt sich signifikant zusammenfassen als System, in dem „Exit" wichtiger ist als „Voice".[242]

Manches an der Ausgestaltung des monistischen Systems hat bei Kritikern die Frage laut werden lassen, ob es sich hier nicht nur um ein verdecktes dualistisches System handelt.[243] Dem kann nach der Darstellung des österreichischen SEG nicht beigepflichtet werden.[244] Fraglich bleibt nur, ob in einem an die dualistische Tradition gewöhnten Unternehmertum die Vorteile des monistischen Systems den schlagenden Nachteil der mangelnden Kontrolle wirklich aufwiegen können und wie sehr die österreichische Form der Mitbestimmung diese Vorteile noch zusätzlich einschränken wird.[245] Diese Zweifel werden auch durch das in zentralen Punkten unklare SEG nicht gemindert.

---

235 Vgl *Hopt/Leynes*, Board Models in Europe: Recent Developments of Internal Corporate Structure in Germany, The United Kingdom, France, and Italy, ECGI Law Working Paper No 18/2004, 24, online abrufbar unter http://ssrn.com/abstract=487944 (30.12.2005).

236 Vgl *Davies*, Struktur der Unternehmensführung in Großbritannien und Deutschland: Konvergenz oder fortbestehende Divergenz, ZGR 2001, 268; siehe auch die Ausführungen über die unterschiedlichen Inhalte und Zielsetzungen des CG-Codes in *Micheler*, Corporate Governance and Comparative Law, GesRZ-Sonderheft Corporate Governance (2002) 47 (49 f); zur Konvergenzdiskussion allgemein *Teichmann*, ZGR 2002, 447 mwN; siehe auch *Theisen/Hölzl* in *Theisen/Wenz*, Die Europäische Aktiengesellschaft, 285.

237 Europa-AG: Strategische Optionen für deutsche Unternehmen, AG 2003, 197 (202).

238 So auch *Hommelhoff*, AG 2001, 284.

239 *Merkt*, ZGR 2003, 652.

240 *Deakin*, Regulatory Competition versus Harmonization in European Company Law, ESRC Center for Business Research, University of Cambridge Working Paper No 163, 9 f, online abrufbar unter http://www.cbr.cam.ac.uk/pdf/wp163.pdf (30.12.2005).

241 IdS wohl *Nowotny*, GesRZ-Sonderheft Societas Europaea (2004) 45; siehe rechtsvergleichend *Kalss/Greda* in *Kalss/Hügel*, Europäische Aktiengesellschaft, SE-Kommentar, § 39 SEG Rn 39.

242 *Merkt*, ZGR 2003, 652.

243 *Nowotny*, GesRZ – Sonderheft Societas Europaea (2004) 41; im Vorblatt zur RV ausdrücklich nicht so vorgesehen. Von einer konzeptionellen Angleichung sprechen *Kalss/Greda* in *Kalss/Hügel*, Europäische Aktiengesellschaft, SE-Kommentar, Vor § 34 SEG Rn 4 und § 59 SEG Rn 5 mwN; zur Konvergenzdiskussion allgemein Teichmann, ZGR 2002, 447 mwN.

244 Für Deutschland vgl *Teichmann* in *Lutter/Hommelhoff*, Die Europäische Gesellschaft, 217 ff.

245 *Brändle/Noll*, AnwBl 2004, 446; vgl auch *Haberer/Eiselsberg* in *Straube/Aicher*, Handbuch, 191.

IV Gesamtresümee

Ein eigener CG-Kodex für die SE, sowohl für das monistische wie auch das dualistische System, wäre in den Schranken des Art 10 SE-VO wünschenswert. Aufgrund der geringen Zahl von SE-Gründungen im ersten Jahr wird aber trotz der vorhandenen Probleme die praktische Erforderlichkeit nur begrenzt gegeben sein.

vor allem die Sonderregelungelungen im Bereich der Landwirtschaft, der Kredit- und Versicherungswirtschaft, der Arbeitsmärkte, der Verkehrswirtschaft und des Sports. Darüber hinaus existiert ein Sonderproblem bei der Beeinflussung der Regierung durch Interessengemeinschaften.
Bd. 99, 2004, 256 S., 19,90 €, br.,
ISBN 3-8258-7439-7

Otto Sandrock; Bernhard Großfeld; Claus Luttermann; Reiner Schulze; Ingo Saenger
Rechtsvergleichung als zukunftsträchtige Aufgabe
Bd. 100, 2004, 200 S., 34,90 €, gb.,
ISBN 3-8258-6619-x

David Stechern
Das Recht in den Romanen von Sir Walter Scott
Bd. 101, 2003, 184 S., 19,90 €, br.,
ISBN 3-8258-6673-4

Mike Westkamp
Der Vertrag über entgeltliche und unentgeltliche Dienstleistungen im niederländischen Recht
Bd. 102, 2003, 240 S., 19,90 €, br.,
ISBN 3-8258-6680-7

Evelyn Schindler
Das Zusammenspiel der Verbraucherschutzgesetze unter Berücksichtigung der europarechtlichen Vorgaben
Das deutsche Verbraucherschutzrecht wird wesentlich durch die verbraucherschützenden Richtlinien des europäischen Rechts beeinflusst. Diese Richtlinien wurden in getrennten Regelungskomplexen in das deutsche Recht umgesetzt. Verschiedene Konkurrenzregelungen grenzen die einzelnen Regelungsbereiche voneinander ab. Die Arbeit zeigt die durch die Konkurrenzregelungen für den Verbraucher entstandenen Schutzlücken auf und überprüft die Vereinbarkeit dieser Regelungen mit dem europäischen Verbraucherschutzrecht.
Bd. 103, 2003, 328 S., 24,90 €, br.,
ISBN 3-8258-6879-6

Lars Björn Gutheil
Der Schutz des Werktitels im U.S.-amerikanischen Recht
Eine rechtsvergleichende Untersuchung unter Berücksichtigung des Urheber-, Wettbewerbs- und Markenrechts
Das Wachstum der Medienwirtschaft hat den Schutz für die Titel von Büchern, Filmen, Zeitschriften und Rundfunksendungen (Titelschutz) in den Vordergrund gerückt. Damit entstehen Rechtsfragen, die nicht leicht den herkömmlichen Kriterien des Urheber-, Wettbewerbs- und Markenrechts zuzuordnen sind. Das Recht des Titelschutzes liegt „irgendwie“ dazwischen. Die Arbeit untersucht den Schutz des Titels im Recht der Vereinigten Staaten und zieht rechtsvergleichende Schlüsse zum deutschen Recht. Zunächst bestimmt sie die wesentlichen Begriffe und zeichnet die Rechtsentwicklung nach. Anschließend werden ausführlich die urheber-, wettbewerbs- und kennzeichenrechtlichen Schutzmöglichkeiten des Titels dargestellt. Schwerpunkt ist dabei der kennzeichenrechtliche Titelschutz, dessen Grundlagen im *Lanham Trademark Act*, den Gesetzen der Bundesstaaten und im Fallrecht liegen. Die Arbeit erörtert die Stellung des Titels im Kennzeichengefüge, seine mögliche Verletzung durch andere Zeichen und die Ansprüche des Berechtigten. Im Anhang finden sich darüber hinaus zahlreiche Einzelentscheidungen.
Bd. 104, 2003, 384 S., 29,90 €, br.,
ISBN 3-8258-6935-0

Markus Jh. Richter
Common Law Begriffe und Eigentumsrechte der kanadischen Indianer
Bd. 105, 2003, 176 S., 19,90 €, br.,
ISBN 3-8258-7023-5

LIT Verlag GmbH & Co. KG Wien
Auslieferung Österreich: Österreichisches Buchzentrum (ÖBZ) IZ-NÖ.
Süd, Straße 1, Objekt 34, A-2356 Wiener Neudorf, Postfach 133
Tel. +43 (0) 2236/63 535 - 236, Fax +43 (0) 2236/63 535 - 243, e-Mail: oebz@oebz.co.at
Auslieferung Deutschland: Fresnostr. 2 48159 Münster
Tel.: 0251 – 62 03 222 – Fax 0251 – 23 19 72
e-Mail: vertrieb@lit-verlag.de – http://www.lit-verlag.de

Ann-Katrin Ponick
Die Richtlinie über mißbräuchliche Klauseln in Verbraucherverträgen und ihre Umsetzung im Vereinigten Königreich
Bd. 106, 2003, 320 S., 29,90 €, br., ISBN 3-8258-7101-0

Severin Strauch
House of Lords
Geschichte und Stellung des höchsten Gerichts im Vereinigten Königreich
Das House of Lords ist zugleich Parlamentskammer und oberstes Gericht für straf- und zivilrechtliche Verfahren im Vereinigten Königreich. In einem rechtshistorischen Teil erforscht die Arbeit zunächst die geschichtliche Entstehung dieser Aufgabenverteilung. Darüber hinaus werden die heutige Struktur des Gerichts, die Stellung innerhalb des Gerichtsaufbaus und die inhaltlichen Einflussmöglichkeiten auf das Rechtssystem sowie der Umfang seiner Tätigkeiten eingehend besprochen. Hier wird die überragende Bedeutung des Gerichts deutlich. Besonders wird dabei auf den Lord Chancellor eingegangen, der die zentrale Figur des englischen Justizsystems ist. In dem letzten Teil werden die Probleme dieser Doppelstellung und die aktuelle Diskussion über Reformen nachgezeichnet.
Bd. 107, 2003, 256 S., 29,90 €, br., ISBN 3-8258-7151-7

Sara Tat
Die Rechtssubjektivität und Haftung der Gesellschaft bürgerlichen Rechts in Deutschland und Frankreich
Bd. 108, 2003, 360 S., 29,90 €, br., ISBN 3-8258-7215-7

Roland Hagemeister
Der Handelsvertreter im englischen Recht und seine Ansprüche bei Beendigung des Vertretervertrages
Bd. 109, 2004, 368 S., 29,90 €, br., ISBN 3-8258-7335-8

Christina Peus
Schadensersatz bei Ehrverletzungen im englischen Recht
Deutsche Gerichte gewähren Geldersatz bei Ehrverletzungen nur in schweren Fällen, wenn ein Ausgleich auf andere Weise nicht zu erreichen ist. In England dagegen ist der Schadensersatzanspruch seit Jahrhunderten die wichtigste Rechtsfolge. Die Unterscheidung zwischen Diffamierungen in flüchtiger (slander) und in verkörperter Form (libel) wird seit langem kritisiert. Die von der Jury zugesprochenen Beträge gelten als überhöht, sie können die Pressefreiheit gefährden. Das heutige Schadensersatzrecht als Mittel zur Kompensation, zur Strafe und zur Feststellung ist nur vor dem Hintergrund seiner geschichtlichen Entwicklung verständlich.
Bd. 110, 2004, 144 S., 11,90 €, br., ISBN 3-8258-7777-9

Stefan Feuerriegel
Die vorvertragliche Phase im Franchising
Eine rechtsvergleichende Untersuchung des deutschen und spanischen Rechts
Die Anwerbung geeigneter Franchisenehmer ist einer der Schlüsselfaktoren für die erfolgreiche und nachhaltige Expansion eines Franchisesystems. Schon seit längerem sind die Gefahren bei der Akquise von Franchisenehmern erkannt worden. Eine Reihe von Gesetzen in ausländischen Rechtsordnungen, ein Modellgesetz der UNIDROIT sowie der Ethikkodex des Europäischen Franchiseverbandes suchen den Franchisenehmer vor Informationsdefiziten bei der Entscheidung über den Anschluss an ein Franchisesystem zu schützen, indem dem Franchisegeber Offenbarungspflichten auferlegt werden. Die vorvertragliche Phase erweist sich damit als einer der Schwerpunkte in der Diskussion eines Rechts des Franchising.
Bd. 111, 2004, 416 S., 34,90 €, br., ISBN 3-8258-7719-1

LIT Verlag GmbH & Co. KG Wien
Auslieferung Österreich: Österreichisches Buchzentrum (ÖBZ) IZ-NÖ.
Süd, Straße 1, Objekt 34, A-2356 Wiener Neudorf, Postfach 133
Tel. +43 (0) 2236/63 535 - 236, Fax +43 (0) 2236/63 535 - 243, e-Mail: oebz@oebz.co.at
Auslieferung Deutschland: Fresnostr. 2 48159 Münster
Tel.: 0251 – 62 03 222 – Fax 0251 – 23 19 72
e-Mail: vertrieb@lit-verlag.de – http://www.lit-verlag.de

Oliver Niedostadek
Die Proprietary Company – das Recht der australischen private company
Bd. 112, 2004, 184 S., 15,90 €, br.,
ISBN 3-8258-8008-7

Qiang Ding
Die Produktionshaftung nach deutschem und chinesischem Recht
Bd. 113, 2004, 144 S., 12,90 €, br.,
ISBN 3-8258-8104-0

Frank Edelkötter
Der Anwalt in Deutschland und in England
Eine rechtsvergleichende Untersuchung im europäischen Kontext
Bd. 114, 2005, 272 S., 24,90 €, br.,
ISBN 3-8258-8817-7

Christine Thissen
Die Verbrauchsgüterkaufrichtlinie und die Haftung des Verkäufers für öffentliche Äußerungen Dritter in Frankreich
Bd. 115, 2005, 248 S., 19,90 €, br.,
ISBN 3-8258-8831-2

Ming-En Hsiang
Die Entwicklung der kaufrechtlichen Garantie im deutschen Recht unter Berücksichtigung der EG-Verbrauchsgüterkaufrichtlinie – im Vergleich zum taiwanesischen Recht
Bd. 116, 2005, 376 S., 36,90 €, br.,
ISBN 3-8258-9095-3

Constantin Kruse
Alternative Kausalität im Deliktsrecht – Eine historische und vergleichende Untersuchung
Bd. 117, 2006, 288 S., 24,90 €, br.,
ISBN 3-8258-9127-5

Heinrich Scholler;
Silvia Tellenbach (Hg.)
Faktoren der Entstehung und Überwindung unfreier Arbeit in Europa und in den afrikanischen Kolonien
Der Band enthält die Vorträge (samt einem Diskussionsbericht), die auf der Tagung der Gesellschaft für Rechtsvergleichung 2003 in Dresden in der Sektion Rechtsgeschichte, orientalische Rechte und Rechtsethnologie gehalten wurden. Sie behandeln die unfreie Arbeit im alten Rom, bei den germanischen Stämmen der Völkerwanderungszeit, aber auch als Phänomen der Moderne, z. B. in Afrika, und schildern völkerrechtliche Abkommen zu ihrer Zurückdrängung. Der Band wendet sich an Juristen und Historiker sowie an Interessenten an praktischer Menschenrechtsarbeit in der Dritten Welt.
Bd. 119, 2006, 112 S., 12,90 €, br.,
ISBN 3-8258-9153-4

Filippo Ranieri
Juristen für Europa
Voraussetzungen und Hindernisse für ein „europäisches" juristisches Ausbildungsmodell
In diesem Band publiziert der Verf. die Ergebnisse einer Untersuchung zur Juristenausbildung in Europa. Analysiert und verglichen werden nicht nur der rechtliche Rahmen der Universitätsausbildung und der Zugänge zu den juristischen Professionen, sondern auch die recht unterschiedlichen Traditionen bei der juristischen Didaktik und bei den Prüfungsformen. Diese werden in ihren historischen Zusammenhängen und aus einer funktional vergleichenden Perspektive im Einzelnen beschrieben. Den Verf. bewegt vor allem die Frage, unter welchen Voraussetzungen es im Rahmen des „Bologna-Prozesses" zu Formen einer „europäischen" Juristenausbildung kommen kann. Bestehende Modelle werden analysiert und verglichen. Neue didaktische und organisatorische Strategien, die künftig den Weg zu einem „europäischen Rechtsunterricht" eröffnen könnten, werden anschließend vorgeschlagen.
Bd. 122, 2006, 104 S., 12,90 €, br.,
ISBN 3-8258-9595-5

LIT Verlag GmbH & Co. KG Wien
Auslieferung Österreich: Österreichisches Buchzentrum (ÖBZ) IZ-NÖ.
Süd, Straße 1, Objekt 34, A-2356 Wiener Neudorf, Postfach 133
Tel. +43 (0) 2236/63 535 - 236, Fax +43 (0) 2236/63 535 - 243, e-Mail: oebz@oebz.co.at
Auslieferung Deutschland: Fresnostr. 2 48159 Münster
Tel.: 0251 – 62 03 222 – Fax 0251 – 23 19 72
e-Mail: vertrieb@lit-verlag.de – http://www.lit-verlag.de